45ᵉ FESTIVAL INTERNATIONAL DU FILM
CANNES 1992   7 AU 18 MAI
Affiche éditée par le Groupement Interprofessionnel des Publicitaires du Spectacle. Maquette Michel LANDI, imprimée par KARCHER.
Portrait par DON ENGLISH pour Shanghai Express (Paramount 1932) grâce à l'aimable autorisation de la collection KOBAL.

Marlene

DIE BIOGRAPHIE EINER LEGENDE
1901-1992 VON BERNDT SCHULZ

BASTEI
LÜBBE

BASTEI-LÜBBE-TASCHENBUCH
Band 61 260

Originalausgabe
Copyright © 1992 by Gustav Lübbe Verlag GmbH, Bergisch Gladbach
Printed in Great Britain, Juni 1992
Umschlaggestaltung: K. K. K.
Titelfoto (Marlene Dietrich in dem Film »Tatjana«, 1937):
Deutsches Institut für Filmkunde e. V., Frankfurt
Frontispiz: Stills Studio
Tafel 48: René Durand
Alle übrigen Fotos im Innenteil:
Deutsches Institut für Filmkunde e. V., Frankfurt
Satz: Fotosatz Schell, Bad Iburg
Druck und Bindung: Cox & Wymann
ISBN 3-404-61 260-4

Inhalt

Vorwort

Am 6. Mai 1992 starb Marlene Dietrich nach langer Einsamkeit und kurzem Leiden in Paris. Der einzige deutsche Weltstar, den das Kino je hervorbrachte, hatte sich schon seit den späten siebziger Jahren ins Pariser Domizil in der Avenue Montaigne Nr. 12 zurückgezogen. Dort, in ihrer geräumigen Altbauwohnung, hat sie an einem schönen Frühlingsnachmittag um 15 Uhr beim Lesen und Durchstöbern alter Fotos der Tod ereilt, vor dem sie sich nicht gefürchtet hatte.

»Marlene«, wie die einen sie liebevoll nannten, oder auch »Die Dietrich« – was wie ein bewunderndes Stottern klang – bleibt in der Erinnerung ihres Publikums die brave, preußische Offizierstochter aus Berlin, die sich in Hollywood in ein Leinwand-Luxusgeschöpf verwandelte und die im dritten Abschnitt ihrer langen Karriere als eine Art gefeiertes Gesamtkunstwerk auf den Show-Bühnen der Welt zu Hause war.

Marlene Dietrich bestand nicht nur aus Beinen, obwohl sie diese im Alter für zwei Millionen bei Lloyds in London versichern ließ. Blaue Augen, dunkelblondes Haar, eine wehmütig-brüchige Stimme, ein verschleiert-herausfordernder Blick, lässig-frivole Bewegungen und dieses verwischte Dauerlächeln um Mund, Augen und die marmornen Wangenknochen – so kannten und liebten wir sie. Und mit diesem in alle Welt hineinprojizierten Bild zog sie sich zurück, »zu Tode fotografiert«, wie sie selbst resigniert befand. Eine Jahrhundertgestalt, die sich freiwillig ins Altersdunkel abblendete.

Als Kameras und Scheinwerfer sie noch gierig erfaßten, träumte Marlene Dietrich selbst diesen verführerischen und trivialen Kinotraum mit, gleichzeitig unberührbare Sexgöttin und Sünderin von der Stange zu sein. Sie war immer mehr als die göttliche Garbo, nämlich (be)greifbar, und immer mehr als die ordinären Busenstars, nämlich die sehnsüchtige Verheißung des Ewig-Weiblichen. Und die Zeitgenossen rühmten ihre außergewöhnlichen individuellen Tugenden: Treue, Warmherzigkeit, Hilfsbereitschaft, Zuverlässigkeit.

Den Zweiten Weltkrieg erlebte sie auf seiten der Amerikaner und hat den Deutschen Hitler nie verziehen. Aber sie blieb dennoch immer eine Berlinerin mit Leib und Seele. Und zum Glück tauchte sie aus dem Dunkel des Krieges wieder auf, tuschte ihr Make-up nach und sang ihre herrlichen Songs mit verschleppter Männerstimme.

»Mehr als ein Mann war nötig, um mich zur Shanghai-Lily zu machen«, sagte sie in dem Film »Shanghai-Expreß«. Mehr als eine Generation war im Kino mit dabei. Und trauert nun untröstlich um eine große Verstorbene.

Das war in Schöneberg

Egal, ob man sie später mit Lola-Lola, Shanghai-Lily oder der Blonden Venus identifizierte – noch war Marlene nicht soweit. Noch war sie ein braves Bürgermädchen. Wir schreiben den Beginn des 20. Jahrhunderts.

Fast am Anfang dieses Jahrhunderts, genauer am 27. Dezember 1901, wurde sie im Berliner Stadtteil Schöneberg in eine Militärfamilie hineingeboren. »Berliner Aristokratie«, wie sie das später selbst nannte.

Der Vater, Louis Erich Otto Dietrich, ein Polizeioffizier, und die Mutter Josefine, geborene Felsing, konnten ihrer Tochter das bieten, was man ein gutbürgerliches Elternhaus nannte. Ein preußisches, bürgerliches, ordentlich wilhelminisches Elternhaus mit festen Regeln.

»Meine Kindheit war so wie alle anderen Kindheiten«, so sah es Marlene später selbst. Ihr Vater starb früh. Und er hat ihr erklärtermaßen nicht gefehlt, denn »wenn man etwas nicht kennt, kann es einem nicht fehlen«. Sie kannte ihn als Kind nicht lange genug, um ihn zu kennen, also vermißte sie ihn nicht über Gebühr – und hielt sich um so stärker an die Mutter.

»Ich war ein Kind aus guter Familie«, erinnerte sich die Dietrich später, »wurde gut erzogen, mit guten Manieren. Ich wurde auf gute Schulen geschickt, und dadurch habe ich natürlich große Vorteile gehabt. Meine Mutter hat mich erzogen, anständig zu sein – nach dem Motto: ein Mädchen aus gutem Hause tut dies und jenes nicht. Und dann bin ich durch die Schule gegangen – ja, das war schon alles. Nicht furchtbar interessant.«

Aussagen wie diese gehören zu einem Understatement, das bei Marlene Dietrich immer wieder auffällt. Auch das Fazit über ihre Kindheit in Berlin-Schöneberg gehört dazu:

»Das einzige Gute, an was ich mich erinnere, aus dieser ganzen Zeit war, daß wir alle gute Zähne hatten – es gab keinen Zucker!«

Wie auch immer. Jedenfalls gab es an der Seite von Marlene damals noch eine ältere Schwester – Elisabeth. Auf alten Fotos kann man beide zusammen sehen, Elisabeth, ein Jahr älter, ein paar Zentimeter größer und selbstsicher, Marlene pummelig, abwartend. Elisabeth wurde später Lehrerin, sie stand ein Leben lang im Schatten ihrer berühmten Schwester. Und Marlene hat diese Schwester so sehr verdrängt, daß sie bei späterer Gelegenheit sogar behauptete, keine Geschwister zu haben und allein aufgewachsen zu sein.

War das Bitterkeit im Alter, Kurzzeitgedächtnis oder aber einfach Understatement? Auf jeden Fall liegt im Leugnen der Schwester eine biographische Rigorosität, die für Marlenes übriges Leben ebenso typisch geworden ist.

Daß Marie Magdalene Dietrich – so lautete ihr eigentlicher Name – Berlinerin war, weiß man. Denn sie ist im Verlauf ihrer Karriere immer wieder in ihre geliebte Heimatstadt zurückgekommen – in Filmen, durch einen Besuch und vor allem in vielen Liedern, mit denen sie sich, schon im Ausland, ihr Heimweh von der Seele sang.

Das war in Schöneberg, aber nicht im Monat Mai, als Marie Magdalene das Licht der Welt erblickte. Berlin war damals eine blühende Stadt voll von pulsierendem Leben und voll von preußischer Disziplin und wilhelminischer Weltanschauung.

Untern Linden, untern Linden, geh'n spazier'n die Mägdelein — aber zackig begleitet von einer jener unzähligen Militärkapellen. — Habe die Ehre, Herr Major — Küß die Hand, gnä' Frau. — Berlin strotzte in jener Zeit vor Tüchtigkeit und Exerziergeist.

Das Leben Maries war streng geregelt, die bürgerliche Familie legte größten Wert auf Etikette. Und da sie auch größten Wert auf die musische Erziehung der Töchter legte, erhielt Marie nach und nach eine profunde Bildung in den Grundlagen des klassischen bürgerlichen Seins: Sie spielte Geige, las Goethe, konnte Blumen arrangieren und Tee einschenken. Die Eltern ließen nichts unversucht, um Maries Sinn für die guten, schönen und wahren, also höheren Dinge zu entwickeln. Und das gelang, wie die spätere Marlene Dietrich zu zeigen bereit war, auch.

Zu Maries ersten Eindrücken muß etwas gezählt haben, das sie stark prägte und in ihrem späteren Leben immer wieder zum Vorschein kam. Das war »die Wende«.

In diesem Fall war es die schlichte Jahreswende zum Jahr 1902. Feiern, Licht, Feuerwerk, Musik. Die Wende von einem Zustand in den anderen, man könnte auch sagen, der Gegensatz von Alt und Neu, der Widerspruch von einem Zustand zu einem anderen, das blieb eine charakteristische Erfahrung ihres Lebens. Sich in Widersprüchen zu bewegen, ja auch, sich widersprüchlich zu verhalten — das wird uns noch oft auffallen an Marlene Dietrich oder Marie Magdalene.

Vielleicht fing dieses Typische für sie schon nach vier Lebenstagen an — eben mit der Erfahrung der Jahreswende. Vielleicht hat es sich aber auch erst später als Konstante ergeben. Wir wissen nur, daß der Widerspruch zu

Marlene Dietrich gehören wird wie ihr Blauer Engel zur Filmgeschichte.

Die Erziehung von Marie Magdalene Dietrich war jedenfalls praktisch, preußisch – auf die zukünftige Bewältigung des Alltags an der Seite eines Mannes ausgerichtet. Zum Träumen blieb für das Mädchen nicht viel Zeit, Gefühle waren nicht gefragt, sondern Kenntnisse und Fertigkeiten.

In dem späteren Film »*Das Urteil von Nürnberg*« gibt es einen Monolog, den die Dietrich in einer Szene mit Spencer Tracy spricht und der, obwohl er in einen anderen Zusammenhang gehört, verdeutlichen kann, wie das Mädchen Marie Magdalene in jenen Tagen erzogen wurde:

»Ich bin nicht zerbrechlich. Mein Vater war Offizier. Und was das bedeutet, wissen Sie sicher. Es bedeutet, ich habe Disziplin gelernt, eine unerbittliche Disziplin. Als ich ein Kind war, pflegten meine Eltern mich bei ihren Ausflügen aufs Land mitzunehmen. Aber es wurde mir nicht erlaubt, mit anderen Kindern zusammen zum Limonadenstand zu laufen. Bezwinge deinen Durst, bezwinge deinen Hunger – beherrsche deine Gefühle. Das half mir später.«

Tatsächlich kann dieser Filmmonolog aus dem Film von 1961 erhellend herangezogen werden, um einige spätere Verhaltensweisen von Marlene Dietrich zu erklären. Menschen, die sie gut kannten, bestätigen dies. Doch davon später.

Marie Magdalene und ihre Schwester wuchsen sowohl wohlbehütet als auch zur Tüchtigkeit angehalten heran. Marie war folgsam, logisch, praktisch, zuverlässig. Und so blieb sie ihr ganzes Leben lang.

Sie war allerdings in einem Punkt auch ungeduldig und blieb es, nämlich allen gegenüber, die ihre eigene Sache nicht richtig und ernsthaft erledigten. »Ich bin ein praktischer, logischer Mensch!« – diese Aussage konnte man von ihr später immer wieder hören. Dieser Kernsatz bildete ihr Leben lang eine Richtlinie, nach der sie sich verhielt. Zugleich war diese Selbsteinschätzung ein Schutzschild gegen die Gefahren des Irrationalen, gegen die Angst, gegen Krisen aller Art.

Marie Magdalene wuchs mit Frauen auf, mit der Mutter, der Großmutter, mit Tanten. Der Vater war nur im Hintergrund gegenwärtig als stattlicher Uniformträger, dessen Beweggründe und Ideale sie nicht verstand. Eines Tages verschwand er ganz – und das war in seinem Todesjahr 1911.

Marie lernte erstaunlich früh die deutschen Klassiker schätzen, dafür sorgte die Mutter. Und sie erhielt Einblicke in die französische Sprache, die ihr in späteren Lebenszeiten halfen – ja sogar beinahe überlebenswichtig wurden.

Sie las viel und begann schon, sich für das Theater zu interessieren. Natürlich war dies in jenen frühen Jugendjahren nur eine Marotte, die Schwärmerei eines jungen Mädchens für das Fremde und Unbekannte. Aber es war eine Marotte, die sie nicht mehr aufgegeben hat. Und insofern war es wichtig, daß sie früh damit anfing. So blieb ihr viel Zeit, sich mit der Bühne zu beschäftigen. Und ihr Wunsch, zu spielen, entwickelte sich bereits in jenen Jahren.

In der Schule wurde diese erwachende Liebe zum Theater gefestigt. Marie besuchte seit dem Jahr 1906, also schon seit dem fünften Lebensjahr, und damit eigentlich zu früh, die Auguste-Viktoria-Schule für Mädchen – das heutige Goethe-Gymnasium. Die Schule war streng und wurde in ihrem Unterrichtsprogramm getragen von den Ideen preußischer Tugenden.

Marlene hatte Angst vor den Lehrern, und sie haßte das Eingesperrtsein. Die Schultüren waren groß und schwer, sie ließen sich nur knarrend öffnen, die Schulräume waren karg, die Stühle hart, aber die Lehrer schienen, jedenfalls nach Aussagen von Zeitzeugen, durchaus befähigt.

Marie war, obwohl sie bereits lesen und schreiben konnte, keine überragende Schülerin, dazu war sie einfach zu schüchtern und still. Nur im Fach Deutsch glänzte sie und konnte bald hervorragend rezitieren. Langsam zeichneten sich ihre Talente ab und wurden von den entsprechenden Lehrkräften auch gesehen und gefördert.

Marie verfolgte ungeduldig den langsamen und eintönigen Gang der Jahre. Sie, die sich seit ihrer Einschulung immer einen Tick zu jung gegenüber ihren Kameradinnen fühlte, wollte endlich erwachsen werden, hinter die Geheimnisse des Lebens kommen und das andere Ufer erblicken.

Schülerinnen beschreiben sie in der Erinnerung an jene Zeit als brav, religiös veranlagt und nachdenklich. Sie flüchtete sich oft in die Einsamkeit ihres Zimmers, um nachzugrübeln oder zu lesen. Hin und wieder hörte man auch ihr Geigenspiel durch ihre verschlossene Zimmertür. An ihrer prinzipiellen Zurückgezogenheit konnten auch die wenigen Freundinnen, die sie besaß, nichts ändern.

Und wenn sich Marie einmal öffnete, dann war es meist gegenüber ihrer Französisch-Lehrerin, dem Fräulein Breguand, dem sie blind vertraute. Das Fräulein mit dem aparten französischen Akzent in der perfekten deutschen Sprache und dem schlanken Körper in der anmutigen Kleidung interessierte sie, weil sie eine Sympathie bei ihr spürte, die sie bei anderen Menschen sonst vermißte. Marlene trug ihr bald die Bücher und hielt sich in ihrer ganzen Einsamkeit im Windschatten der jungen Lehrerin, begierig, von dieser zu lernen, und übervoll von Liebe zu der Älteren. Marlenes Französischkenntnisse nahmen auf diese Weise nach und nach unverhältnismäßig zu.

Bei Ausbruch des Ersten Weltkriegs mußte die Lehrerin jedoch von einem Tag auf den anderen nach Frankreich zurück – ein schwerer Verlust für Marie, der ihre Einsamkeit nur noch verstärkte.

In der Erinnerung hat dieser Verlust sie härter getroffen, als der Tod des Vaters oder auch als der Verlust ihres Stiefvaters Eduard von Losch im letzten Kriegsjahr 1917 – ein Offizier, den die Mutter kurze Zeit nach dem Tod ihres Gatten geheiratet hatte.

Im Jahre 1915 wurde Marie konfirmiert.

Eintönigkeit beherrschte jene Jahre. Marie spielte Geige, las, nähte viel und sang – entweder allein oder mit der Mutter, der Schwester, der Hausangestellten. Es quälte sie die Tatsache, daß ihr Heimatland Deutschland mit dem Nachbarn Frankreich Krieg führte – Frankreich galt ihre heimliche Liebe, schon damals. So ist es kein Zufall, daß sie ihre letzten Lebensjahre in diesem Land verbringen wird.

Frankreich, das Land ihrer schönsten Phantasien, war natürlich unauslöschlich mit dem Namen ihrer Lehrerin Marguerite Breguand verbunden. Marie konnte sich damals beim besten Willen nicht vorstellen, daß die junge Frau nun ihre »Feindin« sein sollte. Aber offiziell war es so.

Dennoch strickte Marlene in den jetzt angeordneten Strickstunden in der Schule Socken und Handschuhe nicht für die deutschen Soldaten im Feld, sondern für Mlle Breguand, für die sie auch heimlich betete. Und sie zahlte gerne die angedrohten zehn Pfennig in die Klassenkasse, wenn sie wieder einmal, in Erinnerung an Mlle Breguand, einen französischen Satz rezitierte, was im deutschnationalen Klima der Zeit ausdrücklich verboten war.

Und da eben Krieg war, weilte auch der neue Vater Maries, jener Eduard von Losch, nicht zu Hause. Wieder waren die Frauen unter sich.

Marie wuchs also, wie schon erwähnt, in einer reinen Frauenwelt auf. Unter Frauen mit ihrem betörenden Duft, mit ihren weichen, zärtlichen Armen, mit ihren melodischen Stimmen, mit ihrer Fürsorge. Diese Welt der weiblichen Wesen hat sie geformt und ihre Ideale geprägt – auch wenn ihre Mutter stets hehre und strenge Erziehungsgrundsätze walten ließ.

Und so streng die Erziehungsmoral in diesem Haus auch war, es war eine schöne Zeit, eine musische Zeit, eine Zeit der Ruhe für Marie und ihre Familie. Eine Zeit, in der sich alles zu sammeln und reif zu werden schien für die späteren Aufbrüche und Expeditionen, eine behütete Zeit der Ausbildung und unschätzbarer Kenntnisse und Fertigkeiten.

Das war jedoch für Marie der einzige Vorteil, den sie im Krieg sehen konnte. Sie haßte den Aufmarsch der Soldaten in den Straßen von Berlin, die Paraden, die prahlerischen Feiern, das Getöse der Militärmusik, den Waffenkult. In den Augen des jungen Mädchens war der Krieg barbarisch, nicht zuletzt deshalb, weil er ihr die Person, die sie liebte, fortgenommen hatte.

Und eines Tages in den großen Ferien, am 14. Juli, mitten im Krieg, faßte sie einen spontanen Entschluß. Sie wollte zu einem Kriegsgefangenenlager ganz in der Nähe ihres Ferienortes gehen und Frankreichs Ruhmestag, den Sturm der Bastille und den Beginn der Französischen Revolution, auf ihre Weise feiern. Marie pflückte bei Sonnenuntergang einen Strauß weißer Rosen im Garten und schenkte sie den armseligen, bemitleidenswerten Gestalten hinter dem Stacheldraht.

Daß sie dabei gesehen wurde und zumindest in der Schule mit Abmahnungen zu rechnen hatte, störte das junge Mädchen nicht. Sie wußte bereits, daß sie zu dem, was sie tat, auch stehen mußte – um jeden Preis!

Und außerdem war ihre Abneigung gegen den Krieg einfach zu groß. Sie hoffte schon damals als 15jährige, nie wieder als Erwachsene damit in Berührung zu kommen. Das allerdings war eine Hoffnung, die sich grausam und gründlich ins Gegenteil verkehrte.

Die Beschäftigung mit dem Krieg, mit der Abwesenheit der Väter, Brüder, der Freunde und Freundinnen, durfte Marie jedoch nicht davon abhalten, ihre Pflichten zu erfüllen. Und auch nicht davon, ihre Träume weiter zu träumen. Was wollte sie? Was machte ihr Spaß?

Beispielsweise das Musizieren!

Marie war musikalisch äußerst begabt. Sie kannte alle diese Straßenlieder, die in Berlin zu hören waren. Dieses »Untern Linden, untern Linden, geh'n spazier'n die Mägdelein«. Oder: »Das war in Schöneberg im Monat Mai, ein kleines Mädelchen war auch dabei ...« Lieder, die im Berlin jener Jahre beinahe jedes Kind kannte, die man summte oder pfiff.

Von diesen musikalischen »Einflüssen« blieb Marie, die spätere Marlene Dietrich, bis ins hohe Alter geprägt. Ihre Karriere als Chansonsängerin begann hier in Berlin, rund um den Bayrischen Platz in Schöneberg, zur Zeit des Ersten Weltkrieges.

Bei Schüleraufführungen konnte Marie neben ihrer Vorliebe für Klaviermusik mit ihren Geigenkenntnissen glänzen. Jeder, vor allem natürlich die Musiklehrer, schätzte sie und ihre Spielkunst, wenn Konzerte des kleinen Schulorchesters auf dem Programm standen. Die Erste Violine im Orchester deutete schon an, daß das Mädchen, das sie spielte, für eine Streicherkarriere geeignet war, und dies lange, bevor ihr Interesse an der Schauspielerei erwachte.

Und in der Erinnerung ihrer Mitschülerinnen ist die Marie Magdalene jener Jahre mit den langen Zöpfen, in die schwarze Bänder gebunden waren, eine perfekte, kleine Künstlerin gewesen, die jeder bewunderte. Es schien nur natürlich, daß eine erfolgreiche Konzertkarriere auf Marie wartete — wenn das Schicksal nicht anders entscheiden würde.

Maries Idole

Als sie die Schule nach dem Abitur 1918 verließ, wirkte das Mädchen reifer als ihre Altersgenossinnen, bereit dafür, in eine Welt hinauszutreten, in der sie doch bis dahin nur wenig Erfahrungen gemacht haben konnte. Jedenfalls kaum in der Praxis, wenn auch um so mehr in ihrer Phantasie, in ihren Wünschen und Träumen.

Die Schulzeit war für Marie günstig verlaufen, sie hatte ihr ein praktikables Rüstzeug mit auf den Weg gegeben, auch wenn damit Ängste und Einsamkeit verbunden gewesen waren. Am Ende der Schulzeit stand Marie Magdalene von Losch mit beiden Beinen fest und unerschütterlich auf dem Berliner Erdboden. Und für die gleichaltrigen Schulkameradinnen war sie schon eine ernstzunehmende Beraterin in allen Lebensfragen. Sie war bereits etwas Besonderes, neigte jedoch dazu, abzuwiegeln.

So praktisch und vernünftig erzogen Marie auch war, besaß sie doch einen Hang zur zärtlichen Verehrung von Vorbildern. An der ersten Stelle stand dabei natürlich ihre Mutter, mit der das Mädchen jeden Tag verbrachte. Die schöne, stattliche, kluge und zuverlässige Mutter Wilhelmina Josefine und sie verband ein inniges Verhältnis, durch welches das junge Mädchen die Prüfungen der Schul- und Kriegsjahre unbeschadet überstand.

An zweiter Stelle stand ihre Großmutter, für die Marie

uneingeschränkte Bewunderung empfand. Von ihr lernte sie die Liebe zu den schönen Dingen. Sie lernte, sich stilsicher zu kleiden, elegant aufzutreten, sich in Schwung zu halten, fröhlich und treu zu sein. Preußische Tugenden, die sie sich für immer einprägte.

In der Musik waren, neben Frédéric Chopin, ihre großen Vorbilder Händel, Toselli und Bach, in der Literatur der Geheimrat Goethe, im Bereich des Theaters die große Duse und, was den Film anging, Henny Porten.

Die Porten, als »blonde Blinde« in einer Zeit, in der die Darsteller noch anonym blieben, so bekannt geworden, daß von da an der »Henny-Porten-Film« in aller Munde war, galt als Phänomen. So gesehen, stand Marie mit ihrer Anbetung nicht allein da. »Liebesglück einer Blinden« hatte der rührselige Stummfilmstreifen geheißen, mit der die Porten im Jahr 1911 zur ungekrönten Kinokönigin der 10er Jahre aufgestiegen war. Seitdem trat sie als ideale Germania auf die Leinwand, mal Walküre, mal verlassene Mutter, mal heroisch, mal zart. Nur eins spielte sie nie: die Femme fatale, die Männern Unglück bringt, dazu war sie zu charaktervoll. Ihre blonde Anmut fand direkt und ohne Hinterlist den Weg zum Mann der Träume.

Das gefiel Marie, die die Welt von Gefühl und Liebe noch ohne Arg und ganz naiv und schwärmerisch betrachtete. Und wenn man alte Fotos von ihr aus jener Zeit anschaut, so erkennt man eine gewisse Ähnlichkeit zwischen dem jungen Mädchen und ihrem Idol: eine Art spröden, ernsten Glamours, mit Herz und Schmerz verbunden, eine Art allgemeiner Melancholie. Die Normen, die in jener Zeit über das deutsche Mädel kursierten, erfüllte die Porten auf der Leinwand mühelos; erst in späteren Jahren, als sie auch derbe Landfrauen, Komödiantinnen oder elegante Damen mit Mittelklasseeinkommen spielen konnte, löste sie ihr

Gartenlaubenimage zugunsten einer gebildeten, menschlich-warmen und realitätsbetonten Darstellung auf. Aber da schätzte Marie Magdalene schon andere Stars bzw. schickte sich an, selbst als Schauspielerin zu reüssieren.

Maries Liebe zu ihrem Star ging in den 10er Jahren soweit, daß sie der Porten Kuchen und Cremeschnitten schickte und einmal sogar ein selbstgearbeitetes Gobelinkissen, das sie später in einem der Filme ihres Idols wiedererkannte. Und zu einem Geburtstag wurde sie sogar höchstpersönlich eingeladen, eine Begegnung, bei der sie vor lauter Schüchternheit kaum zu atmen wagte und die sie nie wieder vergaß.

In späteren Zeiten trafen die beiden Schauspielerinnen ein paarmal zusammen – da fiel es Marlene Dietrich leichter, sich ungezwungen zu verhalten, denn sie war inzwischen eine Frau und ein Star geworden, und ihre überschwengliche Zuneigung aus jugendlicher Gefühlsunsicherheit war dem Respekt für seriöses, handwerkliches Arbeiten gewichen.

Es liegt was in der Luft ...

Nach Ende des Ersten Weltkriegs herrschte in ganz Deutschland und damit auch in Berlin ein großes Durcheinander. Die deutschen Militärs hatten den Krieg verloren. In Kiel und Wilhelmshaven begannen die Soldaten gegen das preußisch-wilhelminische Kaiserreich zu meutern, und der Kaiser hatte unter dem Druck dieser Tatsachen abgedankt.

Politische Strömungen jeder Farbe und Richtung versuchten, das Chaos im politischen Vakuum jener Zeit für sich zu nutzen. Die alten Parteien traten schnell mit neuen Namen und Programmen auf, und in Berlin versuchten Arbeiter- und Soldatenräte eine neue Republik von »unten« zu bilden. Es gab Straßenkämpfe zwischen der Polizei und Resten der Armee auf der einen Seite und den revolutionären Arbeitern und Soldaten auf der anderen Seite. Die Führer der radikalen Linken, Karl Liebknecht und Rosa Luxemburg, wurden von reaktionären Söldnern im Januar 1919 ermordet. Berlin war damit selbst zum Kriegsschauplatz geworden. In den Straßen wurde Tag und Nacht geschossen, die bürgerlichen Vororte blieben davon nicht verschont.

Von diesen Zuständen blieb auch die junge Marie Magdalene nicht unberührt.

Ihre Mutter konnte als konservative Offizierswitwe die Ereignisse nach dem Fall des preußischen Staates nur als

Anarchie und Chaos empfinden – und zugegebenermaßen mußte man die Monate nach Kriegsende auch als äußerst bedrohlich ansehen.

Da Josefine von Losch Angst um ihre Tochter hatte, nicht nur um ihr seelisches, sondern vor allem auch um ihr leibliches Wohl, schickte sie Marie Magdalene in ein Internat nach Weimar. Das Mädchen sollte in der Stadt der deutschen Klassik und Klassiker in aller Ruhe Musik studieren.

Weimar schien wegen seiner Bezüge zur Kunst der geeignete Ort für das Mädchen. Und nicht nur für sie, denn auch die gesamte deutsche Regierung agierte inzwischen von dort aus.

Man hatte Berlin aus ähnlichen Gründen verlassen wie Marie, wenn auch natürlich mit ganz unterschiedlichen Zielen. Die Politiker suchten nach einer Verfassung, die nicht von »der Straße« diktiert werden sollte, und die Mutter von Marie suchte nach einer Hochschule, auf der sich die Tochter unbehelligt ganz dem Violinstudium widmen konnte.

Für die Verfassungsgebende Nationalversammlung in Weimar, die sich am 19. Januar 1919 konstituiert hatte und der Weimarer Republik bis 1933 den Namen gab, interessierte sich Marie Magdalene nicht besonders. Sie verstand nichts von Politik, außer daß sie diese unmusikalisch und unkünstlerisch fand – und damit stand sie nicht allein.

Marie gewöhnte sich nur langsam an die fremde Stadt Weimar, die auf sie im Vergleich mit ihrem geliebten Berlin wie ein Marktflecken mit Theaterkulissen wirkte. Sie vermißte ihr Zuhause, die Mutter, die nur alle drei Wochen zu Besuch kam, die Großmutter, die Freundinnen. Weimar war so ganz anders. Und der Drill im Internat – Gehen in Zweierreihen, Schlafen zu sechst in einem Raum, Essen im Takt und in vorbildlicher Haltung – machte ihr überhaupt keinen Spaß.

Sie tröstete sich damit, auf den Spuren des großen Johann Wolfgang von Goethe zu wandeln, der in Weimar seine vielleicht fruchtbarste, in jedem Fall jedoch einflußreichste Zeit verbracht hatte. Goethe war für Marie schon durch die Erziehung im Elternhaus zu einem dichterischen Idol geworden, jetzt reifte er für sie zu einem Giganten und Olympier heran. Sie pilgerte zu seinen Stätten wie eine Wallfahrerin. »Um unsere Seelen zu läutern«, schrieb sie schwärmerisch in ihren Lebenserinnerungen.

Im Internat nahm Professor Paul Elgers das junge, hübsche Mädchen mit dem geraden, kräftigen Körper unter seine Fittiche. Und die männlichen Kommilitonen dankten den Berliner Verhältnissen, die ihr diese preußische Schönheit beschert hatten. Denn Marie war zu jener Zeit wirklich schon zu einer Kostbarkeit erblüht – nur sie selbst schien das noch gar nicht zu merken. Still und zurückgezogen, den schönen Künsten ergeben, lebte sie nur für ihr Musikstudium und hatte wohl zumindest in dieser Zeit eine Karriere als Konzertgeigerin durchaus im Sinn.

Aber das Schicksal hatte anderes mit ihr vor.

Beim Spielen und ausdauernden Üben einer Bach-Sonate zog sich Marie eine Sehnenentzündung im linken Ringfinger zu, die einfach nicht mehr heilen wollte. Das Mädchen quälte sich noch eine Weile, dann gab Marie ihre Absicht auf, musikalisch als Violin-Solistin weiterzukommen. Ganze elf Monate lang war sie in Weimar gewesen, hatte zunächst im Internat, dann in einer ruhigen Pension gewohnt. Jetzt legte sie ihre alte Geige in den Kasten zurück und wickelte sie mit einem Seidentuch ein. Wer weiß, vielleicht konnte sie später wieder spielen?

Im Jahr 1920 fuhr Marie Magdalene von Losch nach Berlin und damit in ihr Elternhaus zurück.

In ihre Geburtsstadt zurückgekehrt, genoß es Marie erst

einmal, wieder in die vielen, wunderschönen Kinos der Metropole gehen zu können. Die Straßen der Hauptstadt waren inzwischen etwas sicherer geworden, aber noch immer nicht sicher genug. Putsch und Gegenputsch waren zumindest als Prophezeiung an der Tagesordnung und hingen drohend über den Köpfen der Menschen. Und die Entwurzelten des furchtbaren Krieges trieben noch immer als Strandgut durch die Straßen der Riesenstadt.

Deutschland befand sich in einer tiefen Krise, die sowohl ökonomisch, politisch und kulturell, vor allem jedoch moralisch begründet war. Aber in dieser allumfassenden Krise brachte das Land ein phantastisches und blühendes Kino hervor. Für ein junges, schon damals filminteressiertes Mädchen wie Marie Magdalene war die Nachkriegszeit als Kinozeit ein Märchenland, das sie oft und gern betrat.

So vielfältig wie damals war die deutsche Filmlandschaft kaum jemals wieder. Einer der Gründe dafür lag in der staatlichen Förderung, die das Kino genoß. Der deutsche Film war noch in Kriegszeiten als eine Waffe geschmiedet worden, die mit den entsprechenden Waffen der Kriegsgegner gekreuzt werden konnte. 1916 hatte deshalb die Regierung des Kaiserreichs zu Propagandazwecken die Deutsche Lichtspiel-Gesellschaft (Deulig), im April 1917 dann das Bild- und Filmamt (Bufa) und im Dezember 1917 die Universum-Film AG (Ufa) gegründet. Produktionstechnisch gesehen war der deutsche Film jener Zeit hoch gerüstet.

Daß Filmdeutschland nach den Niederlagen im Krieg nun tatsächlich eine Weltmacht wurde − eine Weltmacht der Leinwand −, lag aber hauptsächlich an seinen künstlerischen Talenten. Das Erbe von Romantik und Expressionismus trug reiche Früchte.

Marie Magdalene konnte sich aussuchen, für welchen deutschen Star sie neben Henny Porten noch schwärmen wollte. Das nach ihrer Rückkehr aus Weimar 19jährige, attraktive Mädchen kannte bereits Pola Negri, Asta Nielsen, Emil Jannings, Harry Piel und Conrad Veidt – natürlich nur von Starpostkarten her. Und sie ging in die Filme bedeutender Regisseure wie Ernst Lubitsch, F. W. Murnau, Fritz Lang, G. W. Papst.

Die ersehnte internationale Reputation brachten dem deutschen Kino seit Kriegsende monumentale historische Ausstattungsfilme, die Marie sich besonders gerne ansah. Diese Reputation war möglich, weil die deutsche Finanzkraft nicht mehr in Kanonenboote gesteckt werden mußte, die um die Welt fuhren, sondern in Menschenmassen, spektakuläre Tatorte und Kulissen, die zu abendfüllenden Shows auf der Leinwand organisiert wurden. Filme wie »Madame Dubarry« (1919) – er gehörte zu dem halben Dutzend absoluter Lieblingsfilme Maries – »Anna Boleyn« (1920) oder »Das Weib des Pharao« (1922) wurden ins Ausland verkauft und spielten für damalige Verhältnisse ungeheure Summen ein.

Das größte Kino Berlins, der Hauptstadt auch Filmdeutschlands, der Ufa-Palast am Kurfürstendamm, sah am 18. September 1919 die Premiere von »Madame Dubarry«. Maries Mutter hatte Karten, auch sie war eine Kinonärrin und besaß in manchem Jahr ein Kino-Abonnement für Premieren. Marie konnte den Film erst später bewundern. In diesem Film verquirlte der Meister-Regisseur Ernst Lubitsch Liebe, Historie und Kostüme zum großen Entertainment. Geschichte als Spektakel: Dieses Rezept geht noch heute auf. Eine Ironie der Zeitgeschichte lag allerdings darin, daß Filme dieser Machart, von Kritikern entweder als »historischer Realismus« gefeiert oder als »Werkzeuge der Rache« verteufelt, die Historie als Resultat von Intrigen korrupter und übermächtiger Einzelfiguren vorführten. Und das in einer Zeit, die mit revolutionärem Optimismus gerade daranging, die Geschichte in die Hände einer demokratischen Allgemeinheit zu legen.

Aber Ungereimtheiten gab es sowieso genug in dieser Zeit, die das Kino als ideale Ausdrucksform suchte und fand. Eine der ersten Maßnahmen des revolutionären Rates der Volksbeauftragten, der Deutschland nach dem Krieg bis zur Wahl der Nationalversammlung regierte, war es, die Zensur abzuschaffen. Die Folge davon war jedoch nicht, wie viele hofften, daß sich die Kinokünste entfalteten. Die Folge war im Gegenteil, daß Spekulationsobjekte den Filmmarkt überschwemmten. Lotterfilme mit angeblicher Aufklärungstendenz fläzten sich auf den Leinwänden. Der Produzent und Regisseur Richard Oswald warf vier wenig erhellende Teile seines sexuellen Aufklärungswerkes »Es werde Licht« ins Kino. Andere Streifen, wie »Keimendes Leben« oder »Gelübde der Keuschheit« usw. gaben zwar vor, das Sexleben zu entkrampfen, lockten jedoch nur mit Voyeurismus.

Die durch Krieg und wirtschaftliche Not verstörten Menschen Deutschlands drängten ins Kino, um ihre frustrierten Sehnsüchte zu erfüllen. Sie bekamen nicht, was sie wollten. Nicht im Kino und nicht auf der Straße. Die schnellen und heimlichen Instinkte, die hastigen Bedürfnisse von Soldatennaturen machten das Kino vorübergehend nur zur aufgetakelten Peep-Show. Von Befreiung des Sexuellen war ebensowenig die Rede, wie von politischer Befreiung. Kein Zufall also, daß im Mai 1920 die Zensur wieder eingeführt wurde.

Obwohl sich Marie Magdalene von Losch jene Filme hätte ansehen können, verzichtete sie darauf. Mit künstlerischem Feingefühl war sie einfach nicht interessiert an solchen »Aufklärungswerken«. Obgleich Aufklärung nottat.

Von ihrer Mutter hatte sie in dieser Hinsicht nicht allzu viel zu erwarten. Es war nicht üblich in jenem preußischen Elternhaus, die Töchter mit biologischem Realismus zu verwirren. Und da Marie Magdalene auch nicht übermäßig viel Interesse an den speziellen Verhältnissen zwischen Männern und Frauen zeigte, sondern sich eher den musischen Dingen verschrieben hatte, ließ es Mutter Josefine von Losch wie es war.

Es ist nicht genau überliefert, in welche Filme Marie Magdalene in jener Zeit ging. Es waren wohl immer noch die Werke ihres Idols Henny Porten. Die populärsten Filme der Nachkriegszeit waren ohnehin jene, die sich von der Alltagsrealität weit genug entfernten. Sie wollten nicht mehr und nicht weniger als »unterhalten«. Politische Realitäten kamen darin nicht vor. Entlegenste Schauplätze etablierten sich auf der Leinwand, denn die Grinzinger Gartenlokale, Pariser Pensionen, die fröhlichen Weinberge und Gletscher im Alpenglühen, die bisher ein ahnungsloses Publikum erfreut hatten, genügten schon lange nicht mehr. Serienfilme wie »Die Herrin der Welt« (1919) oder Joe Mays (bei ihm wird Marie später ihren zukünftigen Mann Josef Sieber kennenlernen) »Das indische Grabmal« von 1921, für sage und schreibe 20 Millionen Reichsmark vor Ort heruntergekurbelt, reizten die Phantasien des Publikums. Und sie reizten auch Maries Phantasie, die sich zwar nicht gern aus ihrem geliebten Berlin fortträumte – aber wenn sie es schon tat, dann im Kino mit üppigen Historienschinken.

Während Deutschland nach Kriegsende immer mehr in geistige Lethargie verfiel, weil sich nichts wirklich änderte, der revolutionären Idee den Laufpaß gab und sich in einen schleichenden Bürgerkrieg verstrickte, an dessen Ende der Faschismus stand, flüchteten die Kinogänger in exotische Winkel der Welt. Der unpolitischen Marie konnte man dies nicht zum Vorwurf machen, ihr fehlte noch die Erfahrung mit der politischen Alltagswelt. Aber den erwachsenen Kinogängern mußte man es vorwerfen.

Nach allen gescheiterten Expansionsträumen der Kaiserzeit wurde das »feindliche« und das exotische Ausland wenigstens im Kino, auf der Leinwand also, doch noch besetzt und eingemeindet. Die Paraden der Elefanten, Tiger, Pharaonen und chinesischen Volksmassen zu Ehren des deutschen Kinogängers waren wirklich beeindruckkend.

Tagträume waren bei der Bevölkerung gefragt – da allerdings unterschied sich kein Normalverbraucher von Marie Magdalene von Losch, obwohl diese von ihrer nüchternen Mutter immer wieder aus ihren Träumen gerissen wurde mit dem Befehl: »Tue etwas, träume nicht!«

»In harten und schweren Zeiten sehnen wir uns noch mehr als in Zeiten der Sicherheit und des Reichtums nach ... unbeschwertem Spiel.« Diese Einsicht des Komödienregisseurs Ludwig Berger teilte auch das junge Mädchen Marie Magdalene von Losch. Die Einsicht markierte, vor dem Hintergrund der sozialen und politischen Wirren, den Fluchtweg, auf dem die Kinogänger der Nachkriegszeit enteilten. Auf der Leinwand heirateten die kleinen Ladenmädchen ihren strahlenden Leutnant, siegte das Gute über die Mächte der Finsternis, erreichte der heroische Bergsteiger die Spitze seines Wolkenkuckucksheims. Das Schicksal zeigte sich im Kintopp gut gelaunt. Und Henny Porten trat als »Geier-Wally« und »Frauenopfer« auf die Leinwand – diesmal war Marie im Kinosaal mit dabei.

Der Kintopp erweckte die Leidenschaften aus der Zeit von Jahrmarkt und Schaubude zu neuem Leben. Kammerspiele des trivialen Trieblebens wetteiferten miteinander. Hintertreppe und Schlafzimmer, die Welt der Dienstmädchen, billige Cafés und freudlose Gassen, Luxushotels, Stundenhotels, Polizeireviere und Schnellgerichtssäle waren die Kino-Tatorte, an denen die Affären gelebt oder abgeurteilt wurden.

Berlin war in diesen Jahren eine der aufregendsten Städte der Welt. Nur ob Marie Magdalene dies genauso empfand wie ihre Mitmenschen, sei dahingestellt. Später hat sie in Interviews immer betont, die Stadt zu jeder Zeit, in jedem Lebensalter geliebt zu haben, doch man verklärt ja in der Rückschau auch. Immerhin betitelte sie ihren 1984 zunächst in Frankreich erschienenen Memoirenband »Ich bin, Gott sei Dank, Berlinerin« – ein Titel, der für sich sprechen dürfte. Berlin ging ihr unter die Haut.

Tatsache ist jedenfalls, daß sie, als sie viel später, 1945, also gleich nach dem Zweiten Weltkrieg, einmal nach Berlin zurückkehrte, die Orte ihrer Kindheit nicht besuchte. Nicht jene Straße, in der sie aufgewachsen war, die Sedanstraße, die später Leberstraße hieß, und nicht das Haus Nummer 65 – im Parterre befand sich das Polizeirevier, in dem ihr Vater gearbeitet hatte.

Berlin hat sie nicht nur verwöhnt, sondern ihr auch Narben zugefügt. Und einige davon gehen sicher auf jene Jahre zurück, in denen sich das Mädchen recht orientierungslos zurechtfinden mußte – in einer gigantischen Stadt, die keine Notiz von einem musisch begabten, jungen und schwärmerischen Mädchen nahm.

Das Mädchen selbst nahm um so mehr Notiz von diesem städtischen Moloch, der – trotz aller Wirren – schließlich einen Vorteil hatte: Er entfaltete nämlich ein reiches, künstlerisches Leben. Marie Magdalene besaß eine gute Schulbildung, gesunden Ehrgeiz und jede Menge Energie, die zu diesem Zeitpunkt allerdings noch brachlag, denn sie wußte nach dem gescheiterten Musikstudium einfach nicht wohin, hatte viel Zeit und versuchte herauszufinden, was sie wollte.

Die Vorstellungen, die sie sich machte, gingen in die unterschiedlichsten Richtungen. Natürlich war ihre Theaterleidenschaft bereits erwacht, aber sie konnte sich auch vorstellen, einen Mann kennenzulernen und mit diesem aufs Land zu ziehen, um das Feld zu bestellen. Auch dazwischen gab es noch so manches, das vorstellbar erschien.

Aus Marie wird Marlene

Zunächst einmal zog Marie Magdalene zu Hause aus. Sie bezog ein kleines, sauberes Zimmer in einer ehrbaren Pension, in der auch ihre neue Freundin Gerda Huber, eine Journalistin, billig wohnte. Nun mußte jedoch auch ernsthaft darangegangen werden, die Miete zu verdienen.

Möglichkeiten für ein junges, energisches Mädchen gab es dazu genug. Marie Magdalene beschloß, hin und wieder ihre alte Geige auszupacken und in Kinos die Begleitmusik zu den Stummfilmen zu spielen. Dies war damals ein durchaus gefragter, wenn auch künstlerisch nicht besonders angesehener Beruf. Die Qualität der Begleitmusik schwankte sehr. Zu den großen Premieren in den Uraufführungskinos rund um den Kurfürstendamm spielten ganze Orchester, in den Vorstadtkinos kam die Musik von einem Pianisten oder eben von einer Violinistin.

Die Tätigkeit hatte den Vorteil, Maries musikalische Begabung mit ihrer Liebe zu Theater und Film zu verbinden. Auf diese Weise sah sie viel vom zeitgenössischen Filmschaffen, ohne dafür Eintritt bezahlen zu müssen.

Die junge Musikerin beschloß außerdem, einmal ihre Chancen in einer Theaterschule zu testen. Die Schauspielschule von Max Reinhardt, dem großen Theaterregisseur und Lehrer, der das Deutsche Theater leitete und die nebenan gelegene Schule ebenfalls, schien ihr dafür bestens geeignet. Reinhardt war »Spitze«, und Marie wollte gleich oben anfangen.

Das Mädchen bat um ein Vorsprechen und erhielt die Möglichkeit. Zu diesem Zweck legte sie sich einen neuen Namen zu. Aus Marie und Magdalene zog sie ihren »Künstlernamen« zusammen: Marlene.

Da sie auf Weisung ihrer gestrengen Mutter den nach der Adoption angenommenen Familiennamen von Losch ohnehin nicht benutzen durfte, weil das Theatermilieu angeblich einen zwielichtigen Schein auf die militärischen und großbürgerlichen Kreise warf, in denen die Mutter verkehrte, beschloß sie, sich nun Marlene Dietrich zu nennen. Ein stolzer Name, der ihr allein gehörte und sie in ihrem Bestreben, Karriere zu machen, von ihrer Familie befreite.

Doch ihre erste Erfahrung mit der Bühne war negativ.

Als sie – es war Ende 1921 – zum Vorsprechen erschien, fand sie nicht die Aufmerksamkeit, die sie erwartete. Marlene sprach einen Text von Hugo von Hofmannsthal, der dem damaligen leitenden Lehrer Berthold Held auch durchaus gefiel – aber nicht dem anwesenden, allgewaltigen Reinhardt selbst. Auch eine Stelle aus Goethes »Faust«, und zwar Gretchens Gebet, konnte den Schulleiter nicht überzeugen. Marlene mußte wieder gehen und wurde nicht angenommen.

Die Enttäuschung war groß. Aber sie wurde dadurch gemildert, daß der Reinhardt-Lehrer Held versprach, ihr Privatunterricht zu geben. Das war immerhin etwas. Denn wenn sie diesen Unterricht absolviert hatte, durfte sie damit rechnen, in den von Max Reinhardt geleiteten vier großen Theatern in die Bühnentruppe aufgenommen zu werden.

Während des daraufhin folgenden Unterrichts bei Held gelang es Marlene, als Statistin aufzutreten, und zwar in sogenannten Girltruppen am Varieté zu tanzen und hin und wieder auch ein Lied auf der Bühne zu trällern oder zu musizieren. Das war alles nichts Weltbewegendes, aber es brachte ein paar Groschen für die Miete. Und es bestärkte sie in ihrem unbedingten Wunsch, als Schauspielerin weiterzumachen.

Im Jahr 1922 gelang es Marlene Dietrich sogar, in einem Film als Statistin aufzutreten. Der Regisseur Georg Jacoby verschaffte ihr diese kleine Rolle in seinem Film »So sind die Männer«, den die Europäische Film-Allianz in Berlin produzierte.

Marlene spielte eine junge Zofe, und wenn sie schauspielerisch auch nicht glänzte, dafür war die Rolle zu unbedeutend, so sah doch jeder, welche physische Ausstrahlung die junge Actrice vor die Kamera mitbrachte und mit welcher Sicherheit sie sich bewegte.

Eines war Marlene klar: Für eine junge Schauspielerin gibt es nichts Besseres, als in einem Film aufzutreten. Die beste schulische Ausbildung konnte diese Erfahrung nicht ersetzen.

Ihre besten Freundinnen, wie zum Beispiel die später berühmte Schauspielerin Grete Mosheim, mit der sie gemeinsam Unterricht nahm, teilten diese Ansicht und bemühten sich nach Kräften, kleine Rollen zu bekommen.

Eine Hilfe war dabei, daß der deutsche Film in jenen Jahren außerordentlich boomte.

Es wurden Stoffe gesucht, gute Regisseure und Nachwuchs-Sternchen, denn es gab nicht nur den künstlerisch wertvollen Film, sondern vor allem auch die Massenware für die »Ladenmädchen«, die sich im Kino einfach nur unterhalten wollten. Melodramen, Komödien, Revuefilme – in diesen stummen Lichtspielen eine kleine Rolle zu finden, sollte für eine so attraktive Erscheinung, wie es

Marlene Dietrich Anfang der 20er Jahre war, nicht schwer sein.

Und tatsächlich, es schien so, als sollte die Filmkarriere der blutjungen Marlene Dietrich langsam in Gang kommen. Zwar sah sie das selbst gar nicht so und hielt sich für eine Theater-Schauspielerin, aber das spielte keine Rolle, denn die Filmkamera brachte die Reize und Vorzüge dieser Darstellerin in Großaufnahmen und Naheinstellungen, in Posen und besonderen Gesten erst richtig zur Geltung.

Die große Liebe

Eines Tages lernte Marlene im Berliner Romanischen Café, dem Treffpunkt von Künstlern, Intellektuellen und solchen, die es sein wollten, einen interessanten Mann kennen.

Er hieß Rudolf Sieber, war groß, blond und klug und außerdem die rechte Hand des zur damaligen Zeit berühmten deutschen Regisseurs Joe May, dessen Film »Das indische Grabmal« 1921 Furore gemacht hatte. Sieber betätigte sich als Aufnahmeleiter, war für die Besetzung in Mays Filmen zuständig und kannte die Filmbranche wie kein Zweiter.

Sieber versprach Marlene, sie vorsprechen zu lassen. Es ging gerade um die Besetzung des Films »Tragödie der Liebe«, ein Lichtspiel um einen Mordprozeß. Emil Jannings, Mia May und Rudolf Forster waren bereits engagiert, jetzt ging es um die Nebenrollen. Der Aufnahmeleiter hatte die Vorstellung, es sollten junge, frische Gesichter aus »dem Volk« sein, keine Professionellen, sondern Gesichter, die natürliches Leben auf die Leinwand brachten.

Marlene war stolz darauf, in dieser Hinsicht ausgewählt worden zu sein, ging ins Studio und sprach vor.

Sie fiel den Beteiligten durch ihr zwar scheues, aber dennoch selbstbewußtes Benehmen auf. Gekleidet wie ein Mädchen von perfektem, eigenem Geschmack und ausgestattet mit einem Gang auf hochhackigen Schuhen, der jeden Mann im Studio automatisch elektrisierte, sagte sie ihre Texte auf. Rudolf Sieber war sofort überzeugt von ihrem Talent. Die anderen Beteiligten ließen sich hinreißen von Marlenes erotischer Ausstrahlung. Also bekam sie die Rolle der Freundin des Staatsanwalts – eine Figur ohne Eigennamen – die sich bei den Gerichtsverhandlungen im Stil einer Halbweltdame auffällig zu verhalten hatte, um den Gang des Prozesses zu beeinflussen.

Die Dietrich erinnerte sich später in einem mündlichen Gespräch mit Maximilian Schell an den Tag, an dem sie bei Sieber vorsprach:

»Also der Sieber war damals der Assistent von Joe May bei dem Film ›Die Tragödie der Liebe‹. Und wir wurden dort alle hingeschickt von der Schauspielschule als ... wie sagt man ... ausgehaltene Mädchen, die sehr schön und sehr reich sind. Und zu mir hat der Sieber also gesagt, vielleicht tun Sie sich einen Monokel ins Auge! Und dann bin ich am nächsten Morgen wieder hinbestellt worden. Dann bin ich da angekommen, mit dem Monokel von meinem Vater, den meine Mutter aufgehoben hatte – also ich konnte überhaupt nichts sehen! Und er hat gesagt, jaja, das geht schon so ...«

Schon damals fiel Marlene durch ihr überlegenes Spiel mit Requisiten und Accessoires auf, das sie später noch perfektionieren sollte.

Auf einem Foto von 1922 beispielsweise, das sie in weißer Seidenwäsche und mit Topfhut zeigt, hantiert sie mit einem Koffer und einer langen Zigarettenspitze derart geschickt, daß beim Betrachter der Eindruck entsteht, sie bedecke damit keusch und aufreizend zugleich ihre Blöße.

Außerdem hatte sie dieses Werbefoto nachträglich bemalt. Sie fügte feine Striche und Pfeile hinzu, mit denen sie angab, wo überall an ihrem Körper Korrekturen vorzunehmen wären, um diesen vor der Kamera besser zur Geltung zu bringen. Schon Anfang der 20er Jahre also war die junge Marlene in der Lage, selbstkritisch mit ihrem äußeren Potential umzugehen. Sie hat diese Fähigkeit in Hollywood zur Meisterschaft weiterentwickelt.

Die Idee mit dem Monokel für »Tragödie der Liebe« übernahmen auch ihre Mitschülerinnen, mit denen sie Unterricht bekam. Tagelang waren die Mädchen auch auf den Straßen Berlins nur mit diesem Requisit aus der wilhelminischen Mottenkiste zu sehen. Aber nur Marlene perfektionierte das Hantieren mit dem Monokel auf eine Weise, die ihren erotischen Reiz steigerte. Wenn man heute die beiden längeren Szenen des Films noch einmal betrachtet, in denen sie zu sehen ist, fällt sofort die Sicherheit auf, mit der sie dieses eher unschuldige Hilfsinstrument mit einer geradezu erotisierenden Wirkung benutzt.

Mit ihrem schon damals stark ausgeprägtem Geschmack in persönlichen Dingen, ihrem festen Urteil, der gesunden Moral und großen Belesenheit, erschien Marlene Anfang der 20er Jahre als voll ausgereifte Persönlichkeit. Zeitgenossen berichten, daß sie langsam begann, als Original in Theater- und Filmkreisen berühmt zu werden. Vor allem ihre Fähigkeit, sich extravagant zu kleiden, erregte Aufmerksamkeit.

Marlene hatte in ihrem Elternhaus gelernt, Kleidungsstücke selbst zu nähen. Das machte ihr zunächst großen Spaß, später erfüllte es auch den besonderen Zweck, ihre persönliche Ausstrahlung mit einer auf sie abgestimmten Kleidung erst richtig zur Wirkung kommen zu lassen.

Jetzt sah man sie oft am Kurfürstendamm mit einem jungen Hund an langer Leine spazierengehen, gewandet in eigene Kreationen, die ihren individuellen Geschmack demonstrierten.

Mit Vorliebe trug sie Bast-Topfhüte, die zwar den Zeitgeist trafen, aber von niemanden so raffiniert getragen wurden. Auch schwarze Strohkappen mit schwarzen Federn, seegrüne Straußenfedernkappen, rote Samthüte mit Federgesteck oder ausladende Strohhüte mit raffinierten Blumenarrangements konnte man auf Marlenes Frisur sehen.

Bei der Diseuse Blandine Ebinger, der Ehefrau des Komponisten Friedrich Hollaender, hatte sie sich bei öffentlichen Vortragsabenden einen großen Abendumhang aus goldfarbenem Seidentüll mit Goldfäden und Phantasiespitze abgesehen. Dazu trug sie in Theater oder Oper Abendjacken aus Goldlamé mit roten oder schwarz facettierten Perlen. Einfach geschnitten, knapp über die Taille reichend und leicht tailliert, machte das Jäckchen ohne Verschluß an ihrem schlanken und biegsamen, wenn auch kräftigen Körper einen wunderbaren Eindruck.

Man munkelte in Insiderkreisen am Theater, wo Marlene mehrere kleine Rollen gespielt hatte, bereits über ihre Unterwäsche aus zartvioletter Crêpe Charmeuse mit erotischer Seidenstickerei, über ihre Damenunterhosen aus hellgrünem Seidensatin mit cremefarbenen Tüllspitzen und über ihre seidenen Hemdhosen mit Bandträger und einem im Schritt geschlossenen Hosenteil, dessen Seiten hochgeschlitzt waren — eigene Kreationen von raffinierter Einfachheit.

Marlene trug sie jedoch nur ganz privat. Doch wer Glück hatte und ihr einmal beim Umkleiden in der Garderobe zusehen konnte — und da gab es einige, die es schon darauf anlegten —, wird diesen Anblick nie mehr vergessen haben. Natürlich nur als Beweis ihrer Nähtalente.

In der Öffentlichkeit sah man sie im Gesellschaftskleid aus grauem Crêpe Georgette mit Stickereien aus graugrünem Seidengarn und silbernen Pailletten, im Nachmit-

tagskleid aus kastanienbraunem Crêpe Satin mit Gürtel-
schnallen, im Tanzkleid aus elfenbeinfarbenem Seidensamt
mit silbernen Straßsteinen verziert, im sommerlichen Jak-
kenkleid, im Zweiteiler aus rosaroter Japanseide oder im
Lingeriekleid aus weißem Baumwollbatist.

Alle diese Kleider waren jedoch meistens ausgeliehen
oder auf der Basis einfacher Stoffe durch Marlenes Eigenar-
beit nur veredelt — die Tuche waren teuer, und Marlenes
Mutter folgte den Extravaganzen ihrer Tochter nur recht
bedingt.

Marlenes Auftritte in den Nachtclubs wurden schon in
dieser Zeit legendär. Ihre Abendkleider machten Furore.
Sie trug sie aus orangefarbenem Crêpe Romain mit silbernen Glasperlen, aus Crêpe de Chine mit ergänztem Unter-
kleid, aus Crêpe Georgette mit wunderschönen Stickereien. Ihr schönstes — und dies gehörte wirklich ihr höchstpersönlich — war eines aus elfenbeinfarbenem Crêpe de
Chine und Tüll mit goldgelben Glasperlen, das bis knapp
über die Knie reichte und ihre verführerischen Beine »aufreizend verdeckte«. Wer mehr von ihr sehen wollte, konnte
sie in einem ärmellosen Kleid mit tief angesetztem Rock
und tiefem, runden Ausschnitt auf dem Rücken bewundern, das weit oberhalb der Knie endete.

Vor allem jedoch entzückte sie Kollegen, die sie bei Dreharbeiten oder Theaterproben besuchte, durch zwar einfache, aber raffinierte Hemdkleider, die oft ebenfalls aus
ihrer eigenen »Werkstatt« in der Wohnung der von Loschs
stammten. Das waren Kleider aus glänzender hellblauer
Seide mit reicher Perlenstickerei, aus grünem Crêpe Maro-
cain mit irisierenden Plättchen aus Kunststoff, aus rotem
Seidensamt und mattrotem Crêpe Georgette, zart-beige
oder roséfarben mit Kunstperlen aus Glas, Kleider aus grau-
braunem Kunstseidenjersey mit Paisleymuster, Krepp und

Chiffon — sie konnte alles tragen und trug alles. Und sie nähte sie in ihren Mußestunden mit Hingabe.

In den ausladenden Parkanlagen der Metropole sah man sie oft in einem mattgrünen Seidentrikot mit türkischem Muster und einem Goldturban aus Tüll, in den Cafés in Eigenkreationen von »konsistenten Geweben von weicher Schwere«, wie ein Zeitgenosse es formulierte.

Am Arm eines Kollegen präsentierte sie sich in einem wunderbaren, leicht ausgestellten Hängemantel, der mit nur einem Knopf in Hüfthöhe geschlossen wurde. Ihren Schwanenhals rahmte ein in langen Schalenden herabhängender Kragen aus Maulwurfspelz ein, die Ärmel waren ebenfalls pelzbesetzt, der Rockteil und die unteren Ärmelpartien waren mit bunter Kurbelstickerei in stilisierten Blumenformen bedeckt — glänzende Kontraste zu ihrer schneeweißen Haut.

Marlene Dietrich hatte schon in den frühen 20er Jahren den Mut, ihren eigenen Stil zu suchen und auszuprägen. Sie pfiff auf Konventionen und hielt es für wichtiger, sich zu geben, wie sie es wirklich empfand. Dabei bildete sie jenen Geschmack aus, der ihr später in Hollywood bei der Arbeit mit den großartigen Garderobieren und Couturiers der Studios zugute kam.

Schon rein äußerlich war diese geschmackliche Eigenart von Marlene Dietrich deutlich.

Die jungen Mädchen der Nachkriegszeit gaben sich normalerweise gern als »elbische Wesen«, als Wesen im Vamp-Look, geheimnisvoll, verrucht, mit einem Hang zum Tragischen. Die jungen Männer gefielen sich mit Mephisto-Geheimratsecken und satanischen Stirnlocken. Dahinter steckte mehr, als es auf den ersten Blick erschien. Denn die Mode ist stets ein Spiegel der Zeit und ihres Geistes.

Der Zeitgeist erging sich — nicht nur in Berlin, aber dort

besonders — in ordinären Schiebergeschäften, die Moral lag in Trümmern, und der Rummelplatz, von denen es in der Hauptstadt etliche gab, entpuppte sich als die geeignete Metapher für eine Gesellschaft zwischen Krieg und Inflation. Mondsüchtigkeit war der Tick der Stunde, Wahnsinn, Mord und Hypnose schienen auf den Menschen zu lasten.

Die Ängste der Zeit fanden im Film oft ihre angemessenen Spiegelungen. Sie wurden mystifiziert und ins Unheimliche verzerrt. Das Kino wurde zur »dämonischen Leinwand«, wie die Filmhistorikerin Lotte H. Eisner später befand. Filme wie »Das Cabinet des Dr. Caligari« mit Conrad Veidt und Werner Krauss, begründeten diese künstlerisch wichtigste und ideologisch umstrittenste Epoche deutscher Filmarbeit. An phantastischen Lichtspielen sollte sich der deutsche Nachkriegsmensch ausrichten.

Der Caligari-Film, Ende Februar 1920 im Berliner Marmorhaus uraufgeführt, war der meistdiskutierte Film seiner Zeit. Auch Marlene Dietrich, damals gerade noch Marie Magdalene von Losch, hatte ihn gesehen und war fasziniert davon gewesen.

Die Story von einem Schausteller, der einen Somnambulen in Hypnose dazu zwingt, zu morden, und der sich am Ende als honoriger Direktor ausgerechnet einer Irrenanstalt erweist, wirkte auf die Zeitgenossen wie ein Schock. In dieser alptraumhaften Vision war nämlich bei genauerem Hinsehen das zweite deutsche Reich der Weimarer Republik zu entdecken. Und da Kinofilme in jener Zeit viel stärkeren Eindruck auf die Menschen machten, als man sich das heute vorstellen kann, war die Wirkung von »Caligari« enorm. »Du mußt Caligari werden! Du mußt!!! ...« — dieser Zwischentitel aus Robert Wienes Film galt den Leuten seitdem fast schon als skrupelloses Überlebensmotto in einer Zeit, die aus den Fugen geraten zu sein schien.

Die Verwendung des Lichts wurde seit »Caligari« ein Markenzeichen des deutschen Stummfilms. Vor allem der österreichische Regisseur Josef von Sternberg, aus dessen ornamentalen Lichtexperimenten später der Mythos Marlene entstehen sollte, verwendete Licht und Schatten in einzigartiger Weise.

Und auch die übrigen dekorativen Effekte des Films jener Zeit machten Eindruck. »Geheimnisvolle Ornamente betonen den Charakter ... Straßen krümmen sich ... Bäume sind ein phantastisch strebendes Gestrüpp, kahl, gespenstisch, den Bildraum ... in Stücke zerfetzend. Schiefwinklige Treppen stöhnen unter der Benutzung. Kräfte beleben die Türen, die eigentlich hohle, gierige Öffnungen sind.« Das schrieb Rudolf Kurtz anläßlich des Caligari-Films und meinte mit dieser Beschreibung das vom Expressionismus herrührende Filmschaffen insgesamt, das den Einzelfilm in den 20er Jahren prägte.

Das Filmbild sollte, nach dem expressionistischen Geschmack des Caligari-Autors Carl Mayer, gezeichnete Graphik werden. Es wurde Graphik. Die Künstler des Berliner »Sturm« sorgten dafür. Dies gelang aber nur, weil zum Beispiel »Caligari« als radikaler Studiofilm entstand. Seine Kulissen waren seine Realität. Bemerkenswert und folgenreich genug erscheint es heute dem Betrachter, daß sich der Film mit »Caligari« und den Filmen danach völlig von der Straße zurückzog. Er kehrte in die Kulissen zurück. Man könnte auch sagen, er kehrte heim in die Innenwelten des Scheins und der Seele, der geheimnisvollen inneren Inszenierungen.

Das Thema von »Caligari« beschäftigte das Kino noch einige Zeit. Herrscher und Tyrannen bevölkerten mit Vorliebe die Leinwand, auf die Kämpfe dämonischer und gespaltener Persönlichkeiten konnte das deutsche Kino ohnehin schon zurückblicken. Im Film zur Zeit des Ersten Weltkriegs hatte ein Student sein Spiegelbild an den Teufel verkauft (in: »Der Student von Prag«, 1913). Ein künstlicher Golem aus Lehm war unters erschreckte Volk getreten und hatte dort gewütet (in »Der Golem«, 1914). Und »Homunculus«, das furchterregende Wesen aus der Retorte, hatte sich seit 1916, gleich in sechs Folgen, auf der Leinwand breitgemacht.

Diese »Wahnsinnsfilme«, wie sie der Soziologe und Filmkritiker Siegfried Kracauer nannte, drückten die allgemeine Unsicherheit in der Republik aus. Die Individuen schienen ihrer Identität beraubt. Fremde, unheimliche Mächte verfolgten den deutschen Menschen. Seiner gesellschaftlichen Realität konnte und wollte sich der gebeutelte Zeitgenosse nur über den Umweg in geistige Wahnwelten stellen.

Daß »die Stärke des deutschen Films ... im phantastischen Drama« lag, wie ein Ufa-Programmheft von 1921 behauptete, stellte ein anderes Werk unter Beweis: »Nosferatu – eine Symphonie des Grauens«. Mit dieser Vampyr-Gestalt, die das Erbe der alten deutschen Gespenster würdig fortsetzte, schuf der Regisseur F. W. Murnau ein verschlüsseltes Abbild einer erbarmungslosen Nachkriegsgesellschaft, in der sich realere Vampire in der Politik schon ankündigten.

Es war zum Gruseln: Der Aufmarsch von Finsterlingen im deutschen Kino ging weiter. Dr. Mabuse, Harun al Raschid, Iwan der Schreckliche, Jack the Ripper und »Der müde Tod« persönlich (in einem Fritz-Lang-Film), suchten und fanden ihre Opfer unter den blühendsten Helden und deren reizendsten Gefährtinnen. Ein Kino-Programmheft schrieb zu dieser Zeit: »Die Menschheit, durch Krieg und Revolution aus den Fugen geraten ..., rächt sich nun für die qualvollen Jahre, indem sie sich ... dem Verbrechen hingibt.«

Deutschland jedenfalls glich Anfang der 20er Jahre einem Wachsfigurenkabinett (wie der Regisseur Paul Leni seinen Film von 1924 nannte), in dem ausgesuchte Unholde aufmarschierten. Und die Katastrophe wurde aus Lust an der Angst immer weiterphantasiert. Zwischen Krieg, Revolution und Diktatur hin und her geworfen, flüchteten die Menschen im Kino ins Verbrechen und auf der Straße ins Vergnügen. Das Schicksal war ein zu heißes Eisen. Wer es in die eigenen Hände nahm, konnte sich die Finger verbrennen. Wie eine Gewitterwolke stand das Verhängnis kommenden Unheils am politischen Horizont. Oswald Spenglers »Untergang des Abendlandes« war das Buch der Zeit.

Was hat das alles mit Marlene Dietrich zu tun? Kannte sie diese Umstände? War sie bereit und in der Lage, die Dinge ebenso zu sehen? Ist sie dadurch beeinflußt worden?

Nun, Marlene war ein Kind ihrer Zeit. Und ein intelligentes noch dazu. Sie war geschmackssicher. Keiner konnte dem jungen Mädchen etwas vormachen. Sie nahm die Tendenzen jener Jahre in sich auf und orientierte sich an ihnen. Auch wenn sie sich immer als unpolitisch bezeichnete – gerade Marlene Dietrich ist in jenen 20er Jahren zu der Persönlichkeit gereift, die sie dann später war.

In ihrem moralischen Lakonismus, dem burschikosen Verhalten, ihren Anschauungen und dem Verhältnis zu Liebe und Erotik ist sie geprägt durch Alltag und Kino jener Zeit. Die Verhältnisse sind durch diese junge Frau hindurchgegangen, sie hat sie verarbeitet, und die Verhältnisse haben sie geprägt. Marlene war nicht nur eine Berliner Pflanze, sondern ein gesamtdeutsches Gewächs.

Am vorläufigen Ende dieser gegenseitigen Beeinflussung von gesellschaftlichen Zuständen und persönlicher Veranlagung, nämlich bei der Besetzung zu »Der Blaue Engel«, stand sie da, stützte die Arme in die Hüften, lächelte ironisch und überlegen, berlinerte leicht und burschikos und blieb auch vor Autoritäten ganz cool. Sie hatte den Durchblick.

Und als Blauer Engel, der verspießerten Männern Verderben bringt, war sie keineswegs vom Himmel gefallen, also kein Wunderkind. Sie war ein hundertprozentiges Produkt ihrer Zeit – nur reifer und wacher als die anderen. Eine Frau mit Vergangenheit, und diese Vergangenheit hieß: Alltag im Berlin der Weimarer Republik.

Aber soweit war es noch nicht. Noch ging es für Marlene darum, sich kleine Rollen zu ergattern, mit denen sie schauspielerische Erfahrungen sammeln konnte.

Sie hatte Herrn Sieber kennengelernt – und auch andere wichtige Leute in der Filmindustrie. Und sie war sich ihres Talentes sicher.

Ihr Name wurde in der Theater- und in der Kinoszene bekannt. Er wurde ganz langsam geläufig.

Marlene war inzwischen, wie sie es geplant hatte, auch an den Theatern von Max Reinhardt gelandet. Ihr Debüt hatte sie in »Der Widerspenstigen Zähmung« von William Shakespeare, eine Geschlechterkomödie, in der sie die Bianca an der Seite von Elisabeth Bergner spielte – mit dem Rücken zum Publikum. Sie hatte dabei nicht mehr und nicht weniger als drei vollendete Sätze zu sprechen. Ein Honorar erhielt sie dafür nicht, die Kleinstrollen waren Teil ihrer Ausbildung. Das war Ende 1922.

Von da an trat Marlene in jedem Jahr in mehreren Stücken auf. Sie hatte zwar nicht viel zu tun, war aber immerhin bei den Großen mit dabei. Beispielsweise in »Der große Bariton« mit Albert Bassermann, einem Giganten der klassischen deutschen Schauspielkunst, den Max Mack einmal den »gewaltigsten Menschendarsteller der deutschen Bühne« genannt hatte. Oder auch in George Bernhard Shaws »Eltern und Kinder«, ein Stück, in dem sie ihren ersten Lacherfolg verbuchen konnte. Und in Frank Wedekinds »Büchse der Pandora«.

Die Rollen der Max-Reinhardt-Elevin waren winzig, aber sie war dennoch zufrieden, weil sie unaufhörlich lernen konnte. Und ganz langsam wurden die Rollen auch immer größer.

Sie spielte im Großen Schauspielhaus, am Theater in der Königgrätzer Straße, in der Tribüne, im Komödienhaus, im Lustspielhaus, im Berliner Theater, in den Kammerspielen und am Deutschen Theater. Ihre Theatrographie aus jener Zeit weist sogar Auftritte in den Wiener Kammerspielen (»Broadway« von Philip Dunning und George Abbott) und im Theater in der Josefstadt, Wien (»Die Schule von Uznach oder Neue Sachlichkeit« von Carl Sternheim) aus.

In »Wenn der junge Wein blüht« von Björnstjerne Björnson, an der Seite von Hilde Hildebrandt, einer ebenfalls jungen, aber schon bekannteren Schauspielerin, fiel sie den prominenten Kritikern besonders auf. Ihre Schönheit und Resolutheit beeindruckten gleichermaßen.

In der Berliner Theaterszene, die von Elfen, Femmes fatales, Vamps oder auch Walküren wimmelte, galt Marlene in ihrer natürlichen, erotischen Frische als Ausnahmeerscheinung und auch schon als Geheimtip. Doch die ganz großen Rollen ließen noch auf sich warten.

Und während sie darauf wartete, nahm sie weiter Gesangsunterricht. Wenn sie schon nicht weiter Geige studieren konnte, wollte sie doch ihr ureigenes Instrument, die Stimme, voll ausbilden. Das war eine Entscheidung, die für ihr späteres Leben sehr folgenreich sein sollte. Schon

Ende der 20er Jahre kreierte sie Schlager, die ihr enormen Ruhm bescherten. Doch davon ahnte sie noch nichts.

Das Jahr 1923 brachte den ersten großen Höhepunkt in Marlenes Leben. Sie heiratete Rudolf Sieber – oder genauer gesagt, nach den damaligen gesellschaftlichen Regeln wurde sie von ihm geheiratet. Marlene war in Sieber, diesen gutaussehenden, großen und klugen Mann verliebt, und er vergötterte sie.

Die beiden hatten sich nicht viel Zeit gelassen, sich kennenzulernen. Aber da sie ineinander so verliebt waren, wie es nur möglich war, glaubten sie, genügend voneinander zu wissen und ein gemeinsames Leben wagen zu können.

Marlene Dietrich schrieb über ihren Ehemann Rudolf Sieber in ihrem Memoirenband »Ich bin, Gott sei Dank, Berlinerin« folgende schöne Sätze:

»Er war nett, er war sanft, er gab mir das Gefühl, ich könnte ihm vertrauen, und dieses Gefühl blieb während der ganzen Jahre unserer Ehe bestehen. Unser Vertrauen war gegenseitig, vollkommen.

Wir waren jung, und ein solches Vertrauen war damals außerordentlich selten. Selten in jener dekadenten Welt des Deutschlands der zwanziger Jahre. Rudolf war mein ein und alles.«

Sie heirateten also, und zwar nach einer Vorbereitungszeit von einem Jahr, in dem neugierige Aufpasser dafür sorgten, daß »nichts passierte«. Die Familie der von Loschs legte übergroßen Wert auf Tradition und Diskretion, und so mußte sich das jungverlobte Paar in Geduld fassen. Es ertrug die Prüfungen, die ihnen die Familie auferlegte, mit der Fassung der wirklich Liebenden.

Die Dietrich hat sich in einem Gespräch später an die Hochzeit erinnert:

»Es war nicht Liebe auf den ersten Blick, aber bei uns

deutschen Mädchen damals, wenn man jemand liebte, heiratete man eben. Heute machen die doch ein großes Getue darum, mit dem Leben zusammen und so, das gab's damals bei uns nicht ... Ich war ein junges Mädchen, ich wußte doch von nichts. Aber er ist zu meiner Mutter gegangen, ganz korrekt, und hat um meine Hand angehalten. Und dann war die Hochzeit, die ganze Familie kam. Danach sind wir abgefahren auf die Hochzeitsreise. Und die Verwandten haben unsinnig viel Reis auf den Zug geworfen, das war furchtbar! ...«

Was daran furchtbar war, bleibt ungeklärt. Jedenfalls war das junge Paar glücklich.

Die Hochzeit fand am 17. Mai 1923 in einer protestantischen Kirche statt. Die katholische Orthodoxie war damals noch streng. Kein Priester hätte ein Paar getraut, dessen weiblicher Teil dem reformierten Glauben angehörte. So mußte sich der damals 26jährige Sieber, selbst katholisch, mit dem protestantischen Ritual begnügen.

Nach der Hochzeitsreise zog das junge Paar in die Kaiserallee 54. Die Wohnung war groß genug und preiswert, ein behagliches Heim für die damals nicht verwöhnte Marlene, die nun das Gefühl hatte, ihr Leben habe jetzt endgültig begonnen.

Im Januar 1925 brachte Marlene Dietrich eine Tochter zur Welt. Innerhalb eines angemessenen Zeitraums also, der die Spekulationen über ihr voreheliches Sexualleben mit Rudolf überflüssig machte. Solches Getuschel war Marlene zwar im Grund schnurzegal — aber andrerseits war sie im Privatleben natürlich nicht so abgebrüht, wie sie sich auf der Leinwand gab. Sie war noch immer das brave Bürgermädel, wenn nun auch reifer und selbständiger, den Zynismus ihrer Filmrollen hätte sie im Alltagsleben nie und nimmer aufgebracht.

Das Paar schwamm nicht in Geld. Und um sich und Maria, zärtlich Heidede genannt, nicht in Schwierigkeiten zu bringen, mußten und wollten beide Elternteile viel arbeiten. Sieber hatte inzwischen seine feste Anstellung bei Joe May aufgegeben und arbeitete als selbständiger Aufnahmeleiter. Er war ständig für die Filmarbeit unterwegs und bemühte sich dennoch, jede freie Minute bei seiner Frau zu verbringen.

Marlene hatte sich völlig auf die Schwangerschaft und die Geburt ihres Kindes eingestellt. Sie bekam hier und da einen Theaterauftrag, lehnte jedoch vorerst alles ab.

Als sie sich nach Heidedes Geburt wieder verstärkt um Arbeit kümmerte, konnte sie sogleich einen Erfolg feiern. Sie wurde für den Film »Die freudlose Gasse« des berühmten Regisseurs G. W. Papst besetzt. Die Hauptrolle in diesem Filmklassiker spielte Greta Garbo.

Ihre Auftritte in diesem Film waren spärlich, aber sie wurde wahrgenommen. Marlene spielte ein armes, hungerndes Mädchen, das in Wien aus Verzweiflung zur Verbrecherin wird.

Moment-Auftritte und Revue-Ruhm

In diesem und den folgenden Filmen, die Marlene Dietrich bis zum »Blauen Engel« 1929 absolvierte, spielte sie Rollen, an die sie sich später, im Alter, nicht mehr gern erinnerte. Dabei waren durchaus respektable Auftritte darunter. Aber für ihre eigene Filmographie wollte sie jene Lichtspiele nicht gelten lassen. Sie sagte in der Rückschau dazu:

»Ich hatte kleine, Einen-Moment-Auftritte, das kann man doch nicht als Filme bezeichnen! Ich mußte reinkommen und hatte zu sagen: Die Pferde sind gesattelt! Oder ich kam rein, brachte Kaffee und sagte: Hier, mein Herr, ist Ihr Kaffee! Das kann man doch wohl nicht als Film bezeichnen! Nein, das interessiert mich überhaupt nicht mehr. Das waren kleine Sachen, da wurde man hingeschickt, machte da seine Arbeit und ging wieder nach Hause – das kann man wirklich nicht für die Filmographie benutzen!«

Sie hat diese Auftritte verdrängt und vergessen. Und es waren dennoch ein paar dabei, die durchaus schon ahnen ließen, was für ein Starpotential sich da ankündigte. Beispielsweise in »Die Frau, nach der man sich sehnt« von 1929, an der Seite von Fritz Kortner, von dem sie sich am Schluß erschießen lassen mußte.

In der Eingangssequenz dieses Films ging das schon los. Marlene wird inszeniert wie eine Erinnerung an Greta Garbo, mit verträumtem Gesicht und den Gesten einer

Somnambulen, doch ihre eigenen, persönlichen Zutaten sind schon dabei. Sie sitzt im Zug und schaut hinaus, ihr entrückter Augenaufschlag ist da, die inszenierte Trägheit der abgründigen Frau, und sie wird im Fenster des Abteils von der Kamera eingerahmt wie ein Medaillon, das der Zuschauer nicht vergessen soll.

Der Zug, immer wiederkehrendes Motiv in ihren späteren Filmen, hier schon als Vehikel für die kosmopolitischen Verkehrsformen einer durchreisenden Lady der Liebe in Gang gesetzt, und Marlene, ganz nah als Verheißung und gleichzeitig abgeschirmt im Waggon, der sich lautlos mit ihr entfernt. Die Kameramänner Curt Courant und Hans Scheib hatten – sicher nicht als einzige – verstanden, was mit dieser Person nicht alles möglich war und wie sie am besten wirkte.

Und es ist nur eine biographische Rigorosität des alternden Stars, diese frühen Auftritte so gänzlich negativ zu bewerten. Aber nun gut, es kamen danach so viele Glanzlichter dazu, daß die Dietrich es gar nicht nötig hatte, sich an diese Auftritte zu klammern. Das sollten ihre Biographen besorgen, wenn sie wollten, alles andere war doch »Quatsch« – ihr Lieblingsschimpfwort.

Unter den genannten Rollen, die die Dietrich später am liebsten streichen wollte, waren immerhin solche wie die Micheline in »Manon Lescaut« (1926), über die der Filmkritiker Roland Schacht in der »BZ am Mittag« schrieb: »... Die ungewöhnlich hübsche Marlene Dietrich, die man gern bald wieder sehen möchte ...«

Danach, im selben Jahr, spielte sie eine Kokotte (im Programmheft wurde sie als *Marlaine* Dietrich angekündigt), der Film hieß »Eine Dubarry von heute« (Uraufführung am 24. Januar 1927). Sie trat als tanzwütige Marlene in einem sekundenlangen Auftritt in »Madame wünscht keine Kinder« auf, und 1927 sah man sie in »Kopf hoch, Charly« als ein hemmungslos flirtendes junges Ding.

Natürlich waren dies keine cinematographischen Meilensteine. Ebensowenig wie die weiteren Auftritte in »Der Juxbaron« (1927), »Sein größter Bluff« (1927), »Café Electric« (1927) oder »Prinzessin Olala« (1928).

In dem von Harry Piel inszenierten und in einer Doppelrolle auch gespielten Lichtspiel »Sein größter Bluff« zeigte Marlene jedoch immerhin schon, wohin ihr Weg ging: Sie spielte eine verruchte zwielichtige Dame, die mit ihren Reizen nicht geizt. Aber wie sie das tat, das war bemerkenswert und wurde als bemerkenswerter Auftritt auch wahrgenommen.

Es gibt in diesem Kulissenfilm, der nur einige wenige Außenaufnahmen besitzt – diese jedoch immerhin in Nizza gedreht –, keine einzige Großaufnahme von der Dietrich. Sie erscheint in der Halbtotalen oder wenige Male auch in halbnaher Distanz – vielleicht wollte sich Regisseur und Hauptdarsteller Harry Piel nicht die Schau stehlen lassen! Und dennoch begreift man schon etwas von ihrer Ausstrahlung –, denn man sieht zwar wenig von ihrem Gesicht, dafür um so mehr von ihrem Körper.

Marlene spielt sehr »animalisch«. Sie nimmt als Yvette im auffälligen Nachmittagskleid eine Haltung ein, die an ein witterndes Tier vor der Beute erinnert. Stark stilisiert und auf die Wirkung ihrer kurvenreichen Figur aus, die auch sofort ins Auge fällt, steht sie da, lehnt sich an Türfüllungen, Wände, Tische, drapiert sich mit Vorhängen, und immer schiebt sie ein Bein, meist das linke vor, dessen Wohlgeformtheit der Zuschauer bewundern kann, weil ein geschlitztes Kleid es entblößt.

Natürlich ist die sinnlich aufdringliche Haltung – sieht

man den Film heute – manchmal so unfreiwillig komisch wie das ganze Werk, das eine hanebüchen simple und naive Geschichte um geraubten Schmuck und die Jagd verschiedener Personen danach erzählt. So läppisch die Story und die Inszenierung auch war, Marlene blieb haften. Schon nimmt man ihren Gang wahr, mit dem sie Räume durchquert, und wenn ihr Gesicht einmal für mehrere Sekunden ruhig, wenn auch nur halbnah, zu sehen ist, ahnt der Zuschauer ohne weiteres die mimische Ausdruckskraft, die darin steckt.

Immerhin hatte diesen stummen Film Harry Piel in Szene gesetzt, der in einer Doppelrolle als Juwelier Harry Devall und dessen Zwillingsbruder Henry sich in beinahe amerikanischer Saloppheit gibt, und sein Werk zu einer Ein-Mann-Show bzw. zu einer Zwei-Mann-Show macht.

Mit Piel kam Marlene gut aus. Beide besaßen jenen trokkenen Humor, den man nicht erlernen kann. Und Marlene bewunderte den Charme und die große Professionalität ihres Idols aus jenen Stummfilmtagen.

Piel, 1892 in Düsseldorf geboren, war mit vierzehn Jahren von zu Hause durchgebrannt, kam 1912 in Paris als Darsteller zum Film, reüssierte danach als Drehbuchautor und Regisseur seiner eigenen Filme: Immerhin waren es über 100 waghalsige Sensationsfilme, die er ohne Double drehte. Zum Zeitpunkt von »Sein größter Bluff« hatte er bereits mehr als 50 Filme abgedreht und galt als das größte Bewegungstalent des deutschen Kintopps.

Er war der erste männliche deutsche Filmstar überhaupt und eine Kino-Natur ersten Ranges. Und wie in »Sein größter Bluff« spielte er oft Doppelrollen, weil für alle Gefahren, die auf der Leinwand auf ihn lauerten, ein einziger Harry Piel gar nicht ausreichte.

Marlene Dietrich bewunderte seine männliche Coolness

und seinen abenteuernden Charme, denn in einer Welt der Hindernisse, Fallen und Gefahren war dieser bemerkenswerte Darsteller zu Hause. Seine Zigaretten gingen auch beim Anblick wildester Bestien nicht aus. Er war ein Mann ohne Nerven. Mit dem Auto über zusammenstürzende Brücken, in schwindelnder Höhe im brennenden Zeppelin, in einer verschlossenen Taucherglocke auf dem Meeresgrund — das waren seine Spezialitäten. Er sprang aus dem fahrenden Nachtexpreß, durch Glasdächer, durch Treppenhausschächte — und während des Falls befreite er sich noch von Fesseln, die ihn umschlangen. Er war immer »schneller als der Tod«, wie ein Erfolgsfilm von 1925 hieß.

Dieser Mann bot in »Sein größter Bluff« nicht alles. Aber er ermöglichte immerhin Marlene Dietrich, sich zu zeigen, weil er ihr Talent erkannt hatte. Und er mochte sie, obwohl ihm für die Rolle des Liebhabers keine Zeit blieb. Zwar konnte er unnachahmlich sein schwarzes Abendcape mit dem weißen Seidenfutter zurückschlagen und eine Augenbraue hochziehen sowie lässige Posen mit dem Spazierstock einnehmen, aber die Frauen an seiner Seite blieben eher Kameradinnen und Helferinnen. Und war doch einmal ein »Mädel« das Ziel seiner Anstrengungen, so galt es nur, sie aus den Klauen des grauenvollen Mister X oder des schwarzen Husaren zu reißen und in die Hände ihres Zukünftigen zurückzugeben.

Harry Piel glich diesen Zeitmangel auf der Leinwand dadurch aus, daß er spätabends mit Marlene Dietrich am Kudamm essen ging und auf Partys auftauchte. Die junge, schöne Actrice und der Allerweltskerl des Films waren eine Zeitlang die Attraktion des neugierigen Berliner Publikums.

Wie gesagt: Die Rolle der Yvette, die Marlene bei Piel spielte, war kaum der Rede wert, obwohl sie das Beste daraus zu machen versuchte. Sie erschien nur auf Platz acht der Besetzungsliste – aber es war ein Film mehr auf dem Weg zum Ruhm.

Erst als Laurence Gérard an der Seite von Harry Liedtke in »Ich küsse ihre Hand, Madame«, bekam Marlene eine große Rolle, die ihrem Talent angemessen war, und damit war sie in der Berliner Filmszene dann bereits fest etabliert.

In diesem Film, einem der ersten deutschen Tonfilme überhaupt und einem der besten Filme des Jahres 1928 (Uraufführung 17. Januar 1929), wußte Marlene als Frau, die sich in einen Grafen verliebt und diesen im Irrglauben, er habe sie betrogen, erst verläßt, dann zu ihm zurückkehrt, die Kritiker zu begeistern. H. v. Wedderkop schrieb in »Der Querschnitt« Anfang 1929 (dies und alle folgenden Zitate zitiert nach den beiden Dokumentenbänden von Werner Sudendorf: Marlene Dietrich. München 1977/78):

»Reservierter kann man nicht sein in seinen künstlerischen Mitteln als Marlene Dietrich, wohltuender Gegensatz zu all den neckischen Badeszenen und sonstiger unzulänglicher Pornographie ... Ein Film der Andeutungen, der schnellen Umstellungen, im Gegensatz zur dicken, fetten Unterstreichung, die übel macht und eine Beleidigung ist.«

Und Hans Sahl meinte in »Der Montag Morgen«: »Bemerkenswert allein Marlene Dietrich, deren kühle, damenhafte Erscheinung den Beweis einer ungewöhnlichen Filmbegabung liefert.«

Einen besonders bemerkenswerten Kommentar zu diesem Film, der anschaulich die Stellung Marlene Dietrichs im deutschen Film jener Zeit markiert, schrieb Hanns G. Lustig in »Tempo« vom Januar 1929. Er merkte an:

»Es gab zunächst die zweifelhafte Sensation des Tonfilms: mit blechernem Getöse, mit gruselig verzerrten Menschenstimmen, die krähend aus dem Kellerloch der tiefsten

Unkunst kamen; dann einen kleinen, stummen Film, und darin das Gesicht einer Frau. Marlene Dietrich ... Warum aber malt man ihr die Frisur der Schwedin an, warum steckt man sie in die Kleider der Garbo? Wenn auch die Deutsche (die nicht allzu viel typisch Deutsches hat) eine ähnlich seltene, seltsam lockende Sprache der stillen Lässigkeit hat ... Warum sucht man nicht die Persönlichkeit dieser Frau, anstatt ihr eine fremde aufzuzwingen?

Eine Debütantin des Films. Nicht oft gab ein Anfang so liebenswürdige Bürgschaft für die Zukunft.«

Aus dieser Kritik – obgleich auch sie irrtümlich von der Debütantin spricht – ist zu entnehmen, daß die Dietrich schon in den 20er Jahren mit Greta Garbo verglichen wurde. Und daß sie darüber hinaus schon soviel Eigenständigkeit besaß, daß die Kritiker dieses Typische ihrer Darstellung herausarbeiten konnten und sehen wollten.

Im Jahr 1929 kamen der schon erwähnte Film »Die Frau, nach der man sich sehnt« und im gleichen Jahr noch zwei weitere Streifen, die Marlenes Ruhm mehrten.

In »Das Schiff der verlorenen Menschen« spielte sie die Ozeanfliegerin Ethel Marley. Sie stürzt über dem Meer ab und wird an Bord eines zwielichtigen Handelsschiffes genommen. Dort bekommt sie Probleme mit der abenteuerlichen Besatzung, wird jedoch in letzter Minute gerettet.

Der Film kam bei der Berliner Journaille nicht besonders gut weg. Hanns Horkheimer schrieb im »Berliner Tageblatt« über die »Einfachheit der Handlung«, die »im Detail zur Primitivität« sinke. Und Hans Sahl schrieb in »Der Montag Morgen« vom 23. September 1929: »Immer wieder gröhlende, saufende, dämonisch umherschwankende Komparsen, immer wieder Marlene Dietrich, obzwar herrlich anzusehen, auf der Flucht durch ein Labyrinth von Falltüren und Bullaugen!«

Unter der Regie von Fred Sauer trat Marlene danach noch einmal in einem Film auf, bevor der »Blaue Engel« sie berühmt machte. Das war in »Gefahren der Brautzeit«, als Evelyne an der Seite von Willi Forst.

Diesen Film wollte sie später ebenfalls nicht mehr gelten lassen. Vielleicht wollte sie Filme wie diesen nicht mehr wahrhaben, weil die künstlerische Bedeutung in der Tat nicht allzu hoch anzusiedeln war. Marlene spielt in diesem wilden Melodram eine junge Frau, die zwischen zwei Männer gerät und dadurch eine Katastrophe auslöst. Das Berliner »8-Uhr-Morgenblatt« mäkelte nach der Uraufführung, die im Februar 1930 im »Roxy-Palast« stattgefunden hatte:

»Diese ›Novität‹ gehört zu den Restbeständen jener Kitschproduktion, die einmal den gesamten deutschen Film völlig zu diskreditieren drohte. Die Sinn- und Zwecklosigkeit dieser larmoyanten Affäre dürfte wohl kaum überboten werden können. Dazu kommt eine ganz unmögliche Regie (Fred Sauer), unter deren Leitung ein paar prominente Darsteller (Marlene Dietrich, Ernst Stahl-Nachbaur, Willi Forst) hilflos herumirren.«

Und Lotte H. Eisner, die berühmte Filmhistorikerin, schrieb später in einer Kritik im Berliner »Film-Kurier« vom 22. Juli 1930 über das Machwerk:

»Um Marlene Dietrich haben Walter Wassermann und Walter Schlee ein Manuskript zu konstruieren gesucht, mit gewisser Anlehnung an ›Die Frau, nach der man sich sehnt‹. Sie bringen daher eine Frau, die geheimnisvoll traurig im Eisenbahncoupé auftaucht, bringen eine Liebesnacht, gewonnen durch einen Eisenbahnunfall, und die plötzliche Flucht der schönen Unbekannten; kombinieren ein Wiederfinden der beiden seltsam Zusammengeführten, das zur Tragödie führt, weil der beste Freund des Liebenden der Verlobte der Unbekannten ist.

Ein Versuch also, einen Rahmen für Marlene Dietrichs Art zu schaffen. Aber ein Versuch, der gelegentlich ins Umständliche abgleitet und gegenüber dem schwankhaften Anfang von den Amouren des dann zu ernster Liebe Bekehrten absticht.«

Wie bereits angemerkt, waren alle diese Filme, die Marlene Dietrich in den 20er Jahren vor dem »Blauen Engel« drehte, keine künstlerischen Meilensteine der Filmgeschichte. Aber die Rollen für die junge Schauspielerin gingen doch weit über das hinaus, was sie selbst den Fans später weismachen wollte. Es waren nicht nur »Einen-Moment-Rollen«, sondern Auftritte, mit denen Marlene ihren ureigenen Stil langsam fand und kultivierte.

Ohne diese Filme wäre sie nicht zu dem geworden, was dann als »tolle Lola, der Liebling der Saison« auf der Leinwand erschien. Sie reifte in ihren Filmen und stand in »Der Blaue Engel« fix und fertig vor der Kamera.

»In all diesen Filmen«, schrieb Charles Higham in seinem Buch »Marlene – Ein Leben, ein Mythos«, »agierte Marlene mit unwiderstehlichem Schwung – sie spielte auf der Leinwand nur sich selbst, die charmante Person, der die Hautevolee vom Kurfürstendamm bei Schwannecke oder Mutzbauer (zwei renommierte Künstler-Cafés in Berlin, B. S.) begegnen konnte. Die blasierte, weltverdrossene Dame, die wir aus den Filmen der dreißiger Jahre kennen, erschien noch nicht einmal andeutungsweise; dennoch spürt man eine geistige Verwandtschaft mit den robusteren Verführerinnen in ›Destry Rides Again‹ und ›The Spoilers‹ (Die Freibeuterin, 1942) aus den vierziger Jahren.«

In der Tat. Noch war Marlene nicht jene »hohlwangige Puppe«, über die Kritiker später verächtlich oder traurig sprachen. Sie war eine mollige Brünette mit einer ganz eigenen erotischen Ausstrahlung. Sie war durchaus schon Körper für die, die Körper erwarteten. Aber noch ganz nah und greifbar. Hin und wieder ein Hauch von Femme fatale, aber ganz untragisch, eher im Varieté, denn im Salon zu Hause, eher das Berliner Mädel, als die Dame mit Vergangenheit.

Auch auf den Theaterbühnen Berlins verkörperte Marlene in jenen 20er Jahren diesen Typ der patenten jungen Frau, die sinnlich lockt, aber auch singen, tanzen und kochen kann.

In der vierstündigen Revue mit Erik Charell »Von Mund zu Mund« beispielsweise begeisterte sie das Berliner Publikum. Zwar war sie nur ersatzweise engagiert worden, weil der ursprünglich besetzte Star Erika Gläßner erkrankte, aber das machte sie schnell wett durch desto engagierteres Spiel.

In der aufwendigen Ausstattungs-Revue, in die sie sich schnell hineinfand, ging es um fünf Kinder, die sich in ihre zukünftigen Berufe hineinträumen. An der Seite der von ihr vergötterten Claire Waldoff, von Curt Bois, Wilhelm Bendow und Hans Waßmann träumte Marlene auf offener Bühne als Erika von einer Revue-Karriere. Sie ist vom ersten, der insgesamt 18 Bilder an zu sehen, singt zunächst mit anderen »Alle jungen Mädchen wollen träumen ...«, und später andere Songs, die ihr Talent zum lässigen Ton schon bekunden.

Marlene konnte in dieser erfolgreichen Revue, die den Zug der Zeit genau traf, ihre ganze Begabung als Chansonette und auch als Bewegungskünstlerin darstellen. Noch kam niemand auf die Idee, sie in glamourösen Posen erstarren zu lassen. Aber von diesem Auftritt an hatte sie in der Theaterwelt einen Namen. Das war ein gewaltiger Schritt auf dem Wege nach oben.

Das ist Berlin,
wie's weint und lacht ...

Aus allem, was Marlene in dieser Zeit machte, egal, ob sie tanzte, sang, spielte, zog sie den Nutzen, ihre Persönlichkeit zu formen.

»Die Dietrich« – was wie ein bewunderndes Stottern klingt – entstand, jene faszinierende Frau, nach der sich die Männer sehnen und der die Frauen heimlich nachblicken.

In Berlin war Marlene Dietrich Ende der 20er Jahre stadtbekannt.

Sie trat auch oft genug in der Öffentlichkeit auf, traf sich in Cafés mit ihren Künstlerfreunden und versuchte, aus allem, was sie sah, hörte, mitbekam, zu lernen. Trotz aller Einflüsse, denen sie natürlich als wache, intelligente Berlinerin unterlag, blieb sie unverwechselbar Marlene. Eine Frau, die wie ein Schwamm alles in sich aufsog, nicht um sich zu verwandeln, sondern um alles andere zu verwandeln – in einen Teil von Marlene Dietrich. Diese Begabung hat ihr später in ihrer Weltkarriere unendlich geholfen.

Sie sah Claire Waldoff, die berühmte Kabarettistin, in Männerkleidung auf der Bühne und im »Lindencabaret«, und lauschte ihren provozierenden, leicht ordinären Songs. Sie bewunderte Valeska Gert mit ihrem einzigartigen, vom Expressionismus beeinflußten Spiel. Sie erlebte Trude Hesterberg, ihre spätere Konkurrentin um die Rolle der »Lola-Lola«, mit Strapsen, schwarzer Unterwäsche, in Pelzen und einem Zylinder auf dem Kopf in der Haller-Revue »An und Aus«. Sie liebte die kostbare Fritzi Massary in ihren raffinierten Bühnen- und Abendroben. Und sie ging zu Anita Berbers sensationellen Nackttänzen.

Daß sie den schlafwandelnden Conradt Veidt in seinem hautengen schwarzen Anzug in dem Film »Caligari« sah, wurde schon berichtet. Alles in allem kann gesagt werden, daß die Dietrich der späteren 30er Jahre, also die Dietrich Hollywoods, natürlich hier, an Ort und Stelle, in Berlin, »geboren« wurde – inmitten des pulsierenden Lebens der Metropole. Hier und nirgendwo anders, hat sie ihre »Ausstattung« erhalten.

Berlin boomte. Das Geld der Inflationszeit 1923, als es nichts mehr wert war und man mit einem Handkarren voll Banknoten zum Einkaufen fahren mußte, um Brot, Eier und Milch bezahlen zu können, war von den Lumpensammlern der Stadt eingesammelt und eingestampft worden. Die Bürgerkriegsparteien hatten sich weitgehend zurückgezogen, die Gefahr eines Putsches bestand im Augenblick nicht mehr. Die Wirtschaft lebte auf. Die Künste florierten.

Die Geschäfte im Bankenviertel, rund um die Behrenstraße, gingen blendend. Die Börse hatte keine Probleme. Die City wurde immer bedeutender, die Cafés immer größer. Die Hotels waren ausgebucht.

Zwar gab es noch Bauernhöfe und Dorfschmieden in Reinickendorf und Buckow, und die Mehrheit der Arbeiter lebte in licht- und schmucklosen Mietskasernen in den traditionellen Arbeitervierteln Wedding, Moabit und Neukölln. Aber das moderne Berlin wuchs um den Potsdamer Platz, die Gedächtniskirche, den Leipziger Platz herum, und in der Friedrichstadt war Tag und Nacht Betrieb. Die Stadt kam nicht mehr zur Ruhe und wollte nicht zur Ruhe kommen. Vergnügungssucht war die hauptsächliche Sucht jener Jahre. Nach allen Entbehrungen wollten die Berliner, so sie dies nach den harten Jahren noch konnten, Spaß haben.

Im Café Uhlandeck, Kurfürstendamm Ecke Uhlandstraße trafen sich die Vergnügungssüchtigen ebenso um sich auf einen ereignisreichen Abend vorzubereiten, wie sie ins Romanische Café strömten, wenn sie der Elite der Künstler, Journalisten, Schriftsteller, Schauspieler angehörten. Marlene Dietrich war immer mit dabei. Die Straßencafés waren so berühmt wie in Paris. Und in architektonischer Hinsicht konnte die Stadt sich ebenfalls mit anderen europäischen Metropolen messen.

»In den 20er Jahren wurde Berlin dann zur ›Hauptstadt des Neuen Bauens‹«, schreibt Thomas Friedrich in seinem schönen Buch »Berlin in Bildern 1918 – 1933«. »Fast unübersehbar sind die architektonischen Pionierleistungen mit ihrer erstaunlichen Vielfalt in der Erscheinungsweise. Im Bereich des Siedlungs- und Wohnungsbaus, des Baus von Industrie-, Büro- und Geschäftshäusern, von Kinos und Vergnügungsstätten und nicht zuletzt von kommunalen Bauten der städtischen Infrastruktur wurden viele Arbeiten von Gropius, Häring, den Gebrüdern Luckhardt, Mendelsohn, Mies van der Rohe und den Gebrüdern Taut, um nur einige herausragende Namen zu nennen, zu bleibenden Beispielen moderner Großstadtarchitektur.«

Marlene liebte ihr Heimatstadt über alles. Die alten Kanalgrachten in Berlin-Mitte ebenso wie die ultramodernen Kaufhaushochhäuser am Hermannplatz, die Brücken, Flüsse, Exerzierstraßen, Türme ebenso wie das alte Köllnische Fischerviertel rund um das Stadthaus – als gute Berlinerin identifizierte sich Marlene mit allem, was die Stadt an Neuem und Altem zu bieten hatte.

Am meisten schätzte sie jedoch die als »Berliner Jahrzehnt« in die Geschichte eingegangene Blütezeit der Künstlerszene der Stadt. Und die Künstlerszene schätzte Marlene. Denn wie gesagt: Sie war als Schauspielerin und »Berliner Typ« schon sehr populär.

Marlene tanzte, steppte oder ging auch einfach nur über die Berliner Bühnen. Sie durfte singen, springen und swingen. Ihre Beine waren die wohlgeformtesten, ihre Angewohnheit, ohne Büstenhalter, ja manchmal ganz und gar ohne Unterwäsche in der Öffentlichkeit aufzutreten — wie ihre Kollegin Elisabeth Lennartz zu berichten wußte —, machte Furore. Dabei war sie nicht liederlich, sie lebte einfach nur gern und genoß die Blicke der Menschen, die sich auf ihren Luxuskörper hefteten. Das war ihre Art von Entertainment, das sie liebte.

Langsam aber sicher wurde sie als das erotische Leuchtfeuer berühmt, als das sie später ganze Generationen von Kinogängern bezauberte.

Aber sie entwickelte ihre sinnliche Ausstrahlung nur im Rahmen ihrer ureigenen Vorstellung von körperlicher Präsenz, wie sie auf der Theaterbühne am besten ankam. Auf kokette Verführung legte sie es nie an. Dennoch stahl sie auf den Partys und Empfängen, auf denen sie auftauchte, allen Mädchen und Damen schon jetzt mühelos — wenn vielleicht auch unbeabsichtigt — die Schau.

Ihr Schwung auf der Bühne wurde gerühmt, sie schien glücklich und ausgeglichen zu sein und riß die anderen bei den Proben mit ihrer guten Laune mit. Vielleicht war die Zeit zwischen 1924 und 1930 die schönste Zeit im Leben der Schauspielerin. Die Zeit, in der sie in Harmonie lebte mit sich, dem Ruhm, den Kollegen, ihrer Arbeit — und vor allem mit Mann und Kind.

Und dabei arbeitete sie durchaus sehr hart. Sie war schon

in dieser Zeit professionell und ging kritisch mit der Leistung von Kollegen – und besonders mit der eigenen – um. Sie wollte einfach gut arbeiten und trainierte dafür beispielsweise in einer Boxschule, wo ihr Kondition und Bewegungsabläufe für das Spielen auf der Bühne beigebracht wurden.

Marlene hatte in dieser Zeit viele Freunde. Sie zog mit Kollegen wie Harald Paulsen und Rosa Valetti – anläßlich der Aufführung der Revue »Broadway«, ein amerikanisches Zeitbild in drei Akten – oder mit Willi Forst – während der Drehzeit zu »Gefahren der Brautzeit« in Berlin-Staaken – herum, ließ sich in Nachtlokalen sehen, rauchte, tanzte, diskutierte mit jedem und trank Champagner.

Und von einem Kollegen, dem Schauspieler Igo Sym, mit dem sie zusammen in »Café Electric« gespielt hatte, lernte sie sogar das Spiel auf der sogenannten Singenden Säge, einem merkwürdigen und unhandlichen Instrument, das sie sich beim Spielen zwischen die Beine klemmte und mit dem sie dann mehrfach öffentlich auftrat.

Marlene Dietrich hat in jenen 20er Jahren das bemerkenswert freie Leben in der Hauptstadt Berlin auf ihre bescheidene Weise mitgeprägt. Sie hat es jedoch ebenso für ihr eigenes Verhalten genutzt.

Von Vorteil für die liberalen Ansichten der jungen Frau – sie war 1923 ganze 22 Jahre alt, also soeben volljährig geworden – war, daß in den legendären 20er Jahren die noch unscharfen Umrisse der »neuen Frau« entwickelt wurden. Dieser neue Frauentyp kündigte sich langsam an, er war wie Marlene, sportlich, selbstbewußt, intelligent.

Die Frau als Konsumentin wurde entdeckt, die Sinn für Neues besaß und auswählen konnte. »Der schlanke Dianentyp, der nun in losem dünnen, fast kniefreiem Gewand daherstürmt, siegte immer mehr«, schrieb Hans Ostwald in

»Sittengeschichte der Inflation«. Und weiter: »Dieser Typ, der außerdem im Sport trainiert ist und im schweren, hängenden Pelz zweifach zart und zerbrechlich scheint. Dazu das kurzgeschnittene Haar und der auf Herzform in rotem Lack geschminkte Mund und eine Gewandung, die auf Schleppe, Taille, Dekolleté, Putz der früheren Frauenkleidung bewußt verzichtete und eigentlich nur ein hemdartig hängendes Etwas vorstellte — alles schuf einen Typ der Erscheinung, der jenseits des Frauentyps von gestern und früher stand, einen Typ, der in der Hauptsache nur durch bemerkenswerte schlanke Beine wirkte, die nur zwei Zwecke zu haben schienen: den Tanz und den Sport.«

Nun, für beides war Marlene auch geeignet. Aber noch mehr schenkte sie ihre göttlichen Beine der Kunst. Und diese wußte das zu würdigen.

Der von Hans Ostwald in seinem lesenswerten Buch geschilderte »Bubikopf« kam in Mode — von konservativen Frauenrechtlern als »andershaarig« beschimpft, in einem Atemzug mit »Andersartigkeit« von Ausländern. Ausnahmslos jede Autoreklame jener Jahre zeigte jedenfalls eine elegante Frau am Steuer oder neben der Karosse, die »schnelle« Frau konnte zum Symbol der neuen, hektischen Zeit werden — ob mit langem oder kurzem Haar. Die Karrieren der modernen Frauen spielten sich offenbar nicht mehr in der Küche ab, Rennfahrerinnen, Fliegerinnen, Forscherinnen kamen in Mode.

Marlene Dietrich las seit ihrer Schulzeit viel — sie sollte diese Vorliebe ihr Leben lang beibehalten. Sie orientierte sich außer an klassischen Themen auch in den Frauenzeitschriften, wie »Frau und Gegenwart«, »Elegante Welt« oder »Die Dame«, also an den alltäglichen Leitbildern, die ihr gefielen. Und sie vermochte es, diesen Leitbildern eine eigene, persönliche Note entgegenzusetzen. Sie wurde dadurch mit der Zeit eine der schillerndsten Gestalten im modernen Berlin der Künstlerszene.

Daß Marlene Dietrich in dieser Zeit in Revuen auftrat, war kein Zufall.

In den Revuen der Boulevardtheater und Varietés, die mit Girltruppen, großem Ballett, Big Band und pompöser Ausstattung nach amerikanischem Vorbild nicht geizten, kam der Zeitgeist als Unterhaltungsform Nummer eins auf den Punkt (nicht zuletzt deshalb verboten die Nazis 1933 das sogenannte artfremde Tingeltangel der Revue).

Auch in Filmen standen die Revue und das Revue-Girl im Mittelpunkt, so in den damals sehr populären Werken »Das Girl von der Revue«, »Die Privatsekretärin« usw. Und wenn in diesen Revuen, beispielsweise in der James-Klein-Revue »Das lachende Berlin« von 1925, die einzelnen Girls noch als Massenkörper individuell verschwanden − Marlene drückte den Girltruppen kraft ihrer Ausstrahlung ihren eigenen, nämlich individuellen Stempel auf.

Sie war schon in der Lage, ihrerseits auf das Frauenbild einzuwirken. Ihr heller Verstand, ihre preußische Nüchternheit und ihr kreativer Kunstsinn vermochten es, dem Bild von der neuen Frau, das Männer entworfen hatten, ihr eigenes Bild entgegenzusetzen. Sie wußte bereits genau, wie sie wirkte, und bot sich den Regisseuren der Theater und Filme als Person an, die selbst bestimmte, wie man sie zur Geltung zu bringen hatte.

Daß ihre Vorstellung von sich selbst später dazu führte, sich in Hollywood schlank zu hungern und sich vier Backenzähne ziehen zu lassen, um jene Wangenform zu bekommen, die ihr Gesicht legendär machte, war nur konsequent, wenn auch zwiespältig. Sie selbst nahm es jedenfalls frühzeitig in die Hand, ihr eigenes Bild zu bilden. Sie besaß eine sehr genaue Vorstellung von sich.

So wirkte Marlene Dietrich auch an dem Bild der Berlinerin insgesamt mit, das die Welt von dieser hatte. Die apartesten, gepflegtesten und attraktivsten Frauen Europas lebten in den 20er Jahren hier, wo eine exzentrische Stimmung den Ton angab. Und der »Berliner Chic« in der Mode war längst sprichwörtlich geworden, was auch daran lag, daß die größten Konfektionshäuser in »Spree-Athen« ihren Sitz hatten. Eine Tatsache, die übrigens bis in die 60er Jahre hinein Gültigkeit besaß.

Und neben den Konfektionshäusern besaß die Stadt exklusive Modesalons, vor denen Stars von Bühne und Film vorfuhren. Berlin stand Paris in Modedingen in keiner Weise nach. Und davon profitierte die junge, modebewußte Marlene schon in ihrem Elternhaus, wo sie nach Vorlagen für sich Kleider maßschneiderte und auf einer Singer-Nähmaschine zusammennähte.

Kurze Kleider, die viel Bein zeigten, wie sie in den 20er Jahren in Mode kamen, nutzte Marlene mit viel Geschick. Aus dem Zwang der letzten Kriegstage heraus, wegen Materialmangels kurze Kleider zu tragen, machte sie eine Tugend. Und als in der wohlhabenderen Nachkriegszeit die Kleider wieder länger wurden − das Futteralkleid, schmal am Körper herabfallend, erreichte fast Bodennähe −, gestaltete sie die Modelle nach ihren eigenen Vorstellungen um.

Im Jahr 1924 rutschten die Rock- und Kleidersäume, diesmal ohne Not, wieder in die Höhe − bis 1928 hatten sie wieder fast das Knie erreicht. »Beindekolletés« kamen in Mode, Marlene war alles recht; sie hatte genug vorzuweisen, um in jeder Trendlinie blendend zur Geltung zu kommen.

Zur Perfektion kam die Mode der Zeit hinsichtlich ihrer androgynen Tendenzen im sogenannten Garçonne-Stil. Streng geschnittene Kostüme kombiniert mit einer einfachen Bluse und Krawatte — viele moderne Frauen in Berlin schlüpften in diese Bekleidung, um ihre moralische Unabhängigkeit zu demonstrieren. Auch Marlene Dietrich konnte man am Kurfürstendamm einige Male in diesem Kostüm bewundern. Eine lange Zigarettenspitze vervollständigte ihr Outfit.

Aus all diesen Tatsachen heraus soll jedoch nicht der Eindruck entstehen, als sei Marlene Dietrich in den 20er Jahren eine Modepuppe gewesen. Sie spürte nur die Bedeutung der Bekleidung für die eigene Persönlichkeit. Sie hielt sich jedoch nie sklavisch an Modediktate, sondern verwandelte alles in ihrem Sinn.

Und da sie ihren Körper — keineswegs kokett, sondern selbstbewußt — als ihr wichtigstes Kapital ansah, schließlich war sie Schauspielerin, achtete sie auf Wirkung. Außerdem wußte sie inzwischen aus Erfahrung, daß die Theaterdirektoren es sehr schätzten, wenn eine junge Schauspielerin eigene Garderobe mitbrachte oder doch zumindest Talent für deren Gestaltung. Die Theater besaßen oft keine Mittel und mußten froh sein, wenn eine Schauspielerin in Modesachen mitanpacken konnte.

Oft brachten die gerissenen Direktoren sogar jenen berüchtigten »Kostümparagraphen« zur Anwendung, der besagte, daß die Schauspielerin für die gesamte Kostüm-Ausstattung zu sorgen hatte. Je historischer das Stück war, desto schwieriger war es dann für die Schauspielerin, angemessen gekleidet zu sein. Für Marlene war dies ein Grund mehr, in zeitgenössischen Rollen, in Revuen, beim Varieté aufzutreten und nicht als Johanna von Orléans, als Elisabeth II. oder als Lady Macbeth. Das war keine Frage der Bildung, sondern eine schlichte Kostümfrage.

Sie wußte sich in dieser Haltung eins mit Kolleginnen, die sie auch außerhalb der Bühne als Freundinnen schätzte.

Kolleginnen, die in Berlin bereits Karriere gemacht hatten und von deren Rat sie jetzt profitierte.

Da war Rosa Valetti, die vor allem Cabaret spielte, Lieder vortrug, aber auch als Theaterleiterin Erfolg hatte. Die Valetti hatte 1920 jenes legendäre Café Größenwahnsinn gegründet, in dem sich Marlene mit ihren Freunden und Bekannten traf.

Oder die schon genannte Fritzi Massary, 30 Jahre lang Königin der Operette und »Stadtgöttin von Berlin«. Sie war die höchstbezahlteste Diva ihrer Zeit und adelte das Unterhaltungstheater durch ihre Stimme und ihre Ausstrahlung.

Claire Waldoff, die Marlene besonders schätzte. Sie war 1906 nach Berlin gekommen, hier im Männeranzug aufgetreten, hatte Krach mit den Behörden wegen »unzüchtigen Gebahrens« bekommen und gerade deshalb Erfolg gehabt. In deftigen Schlagern wie »Warum soll er nicht mit ihr?« drückte sie die resoluten Wünsche der einfachen Frauen gegen die Spießermoral aus. In Hose, Bluse und Schlips wurde sie zu einem wichtigen Vorbild für die Dietrich.

Trude Hesterberg. Star von Lustspielen und Operetten, Leiterin das Cabarets »Wilde Bühne« und Inbegriff der selbstbewußten und modebewußten Frau der späten 20er Jahre.

Und Blandine Ebinger, eine Berliner Asphaltpflanze, die sang, tanzte und großartig Theater spielte. Sie alle zusammen waren in den 20er Jahren in Berlin Frauengestalten, die richtungsweisend waren für das Verhalten auch einfacher Menschen. Denn damals galten die Künste, auch und gerade die Unterhaltungskünste, noch als maßgebend für die Standards in Mode, Verhalten, Erotik.

Marlene Dietrich ließ sich von allen berühmten Diseusen anregen und regte selbst an. Sie kannte sie alle und war auch sehr rührig darin, Freundschaften zu pflegen. Und da sie gewöhnlich mit fünf Stunden Schlaf auskam, blieb ihr viel Zeit für ihre ausgedehnten Aktivitäten, die sich in vielerlei Hinsicht bemerkbar machten.

Vor allem ihre Taten als Sängerin waren schon in dieser Zeit bemerkenswert.

Im Januar 1929 entstand in Berlin jener Schlager, den Marlene später in ihrem letzten Filmauftritt 1978 noch einmal singen sollte und auch jetzt schon sang: »Schöner Gigolo, armer Gigolo.« Marlene besaß schon damals, bedingt durch ihre musikalischen Studien, ein ausgeprägtes Gespür für Melodie und Rhythmus. Und darüber hinaus nahm sie als waches Kind ihrer Zeit das Lebensklima in Berlin so sehr in sich auf, daß sie dieses in ihre musikalischen Interpretationen einfließen lassen konnte.

Sie kannte auch die amerikanischen Schlager aus dem Radio sowie die deutschen Operetten und Revuetitel. Zeitgenossen berichten, daß sie damals besonders den großen Tenor Richard Tauber liebte, in dessen Vorstellungen sie rannte, wenn er in Berlin gastierte.

Ihre Stimme war Ende der 20er Jahre noch nicht so rauchig und tief, wie dann in den 40er Jahren. Vielleicht lag das daran, daß Marlene noch keinen Whisky trank ... Die Stimme hatte noch einen kessen Gassenhauer-Tonfall, einen berlinisch-sentimentalen Moritaten-Klang, verfügte jedoch schon über jenes später legendäre »Verschleppen« von Melodie und Rhythmus. Auch die Sängerin Marlene war also seit den späten 20er Jahren bereits »in aller Munde«.

Vielbeschäftigt war die talentierte Schauspielerin in jenen Jahren auch am Theater. Aber seltsamerweise hatten ihre Kollegen den Eindruck, als arbeite sie zwar intensiv, aber eigentlich merkwürdig gleichgültig. Man gewann den Verdacht, Marlene spiele nur aus Langeweile. Die Karriere schien ihr überhaupt nicht wichtig zu sein.

Letzten Endes spielte sie nur immer sich selbst, denn es war kaum ein Unterschied auszumachen zwischen ihren Auftritten in den Künstlerlokalen am Kurfürstendamm und in ihren Filmrollen. Sie war extravagant und bescheiden zugleich, sinnlich und zurückhaltend, sexy und vernünftig, sie becircte die Männer reihenweise, auch ohne es zu wollen, man sagte ihr Romanzen – zum Beispiel mit Willi Forst – nach und wußte doch, daß sie eine leidenschaftliche, das heißt treue, Ehefrau war.

Für ihren Mann Rudolf Sieber war es nicht leicht, sich in der Situation, in der er lebte, zurechtzufinden. Meist war seine Frau unterwegs, probte, spielte, reiste, und er blieb zu Hause und hütete die kleine Tochter Heidede, allerdings mit Hilfe eines Kindermädchens.

Sieber war ein sensibler Mann, und so blieben ihm Anfälle von Eifersucht nicht erspart – obwohl Marlene ihm eigentlich keinen Grund dafür gab. Es war einfach die seelische Situation des Mannes an der Seite einer bewunderten, schönen Frau, die seine Lage schwierig machte. Denn daß diese keine Sexbombe war, die mit ihren Reizen prahlte, und daß sie auch nicht darauf aus war, Männer abzuschleppen, das wußte Sieber natürlich ganz genau.

Das Problem war einfach, daß Marlene Dietrich sich in den wenigen Jahren seit ihrer Hochzeit, bedingt durch ihren Erfolg, ihr gewachsenes Selbstbewußtsein und durch die Bekanntschaft mit so vielen großartigen und bedeutenden Menschen, zu einer emanzipierten Frau entwickelt hatte. Die Verhältnisse hatten sie zur Selbständigkeit gezwungen, und sie lebte – ohne falsche Hintergedanken, aber auch ohne falsche Scham – ihr Leben einer intelligenten, kreativen jungen Frau.

Später hat sie sich allerdings zwiespältig dazu geäußert. Im Jahr 1983 sagte sie in einem Interview:

»Ich kann Emanzipation nicht ausstehn, denn Frauen sind nicht wie Männer, richtig? Wenn sie wie Männer wären, wären sie als Männer geboren. Also: sie sind Frauen und sollen Frauen bleiben, damit zufrieden sein. Nicht? Das ist doch sehr nett, eine Frau zu sein, oder? Warum soll man das vermischen?«

Die Dietrich führte dann jedoch auch weiter aus: »Wenn eine Frau zur Selbständigkeit gezwungen wird, ist das etwas völlig anderes, als wenn eine Frau sich zur Selbständigkeit entschließt. Ich war gezwungenermaßen eine selbständige Frau.«

In der Tat, Marlene hatte in ihrer Berliner Zeit vermutlich gar keine andere Wahl, als sich zu emanzipieren. Man hat jedoch auch nicht den Eindruck, dieser Prozeß wäre ihr sonderlich schwergefallen oder hätte ihrer »Natur« widersprochen.

Schon damals entwickelte sie ihre ganz speziellen Ansichten über Liebe, Beruf und freies Leben. Über Treue und Leidenschaft. Und sie hat stets betont:

»Mein Privatleben ist streng getrennt von meinem Berufsleben. Das war immer so. Privatleben und Beruf hab' ich nie vermischt – nie! Niemand dringt in mein Privatleben ein.«

Anfang 1928 hatte Marlene Dietrich damit begonnen, sich auf einen Theaterauftritt in der Komödie am Kurfürstendamm vorzubereiten, der Mitte Mai des gleichen Jahres über die Bühne gehen sollte.

Es handelte sich um eine neuartige, recht experimentielle Revue in 24 Bildern mit dem Titel »Es liegt in der Luft«. Der Text stammte von Marcellus Schiffer, der als eigentlicher Erfinder der literarischen Revue galt, die Musik war von Mischa Spoliansky.

Marlenes musikalische Ausbildung kam ihr jetzt zugute. Sie mußte viel singen, gleich von Beginn an. Mit ihrer

Stimme, die sie nach anfänglichen Schwierigkeiten mit der Partitur eine Octave tiefer anlegte, als es die Komponisten des Musicals ursprünglich vorgesehen hatten, brachte sie einen neuen Ton in das Stück. Sie gefiel dem musikalisch verantwortlichen Mischa Spoliansky so gut, daß er ihre Rolle erheblich ausweitete. Dies ging soweit, daß sie schnell zur Hauptattraktion wurde.

In einem Duett mit Margo Lion, die damals äußerst polulär war, weil sie ironisch-kultiviert und extravagant wie keine zweite auftreten konnte, sang Marlene den »violett« eingefärbten Schlager zum Foxtrott-Rhythmus »Wenn die beste Freundin mit der besten Freundin ...«. Eines der »Couplets aus dem Handgelenk«, wie später ein Kritiker befand. Das Duett wurde so populär, daß eine Schallplattenfirma es aufnahm – die erste anspruchsvolle musikalische Veröffentlichung der Dietrich.

Der Untertitel des Musicals lautete »Ein Spiel im Warenhaus«, und genau dort war es auch angesiedelt.

Die turbulente Revue handelte von drei Generationen, die im Warenhaus leben, sich dort begegnen – während draußen die Zeitgeschichte ungerührt weiterläuft. In neun der ingesamt 24 Zeitbilder trat Marlene Dietrich an die Rampe der Komödie, in der die Revue aufgeführt wurde. Sie und der Rest des großen Ensembles, in dem sich Stars wie Margo Lion, die Frau des Revueautors Schiffer, Ida Wüstz, Oskar Karlweis, Willy Prager, Hubert von Meyerinck befanden, spielten die überschäumende Revue zur Begeisterung des Berliner Publikums mit Witz, Tempo und Charme. Auch die Kritik war begeistert.

Das Girl vom Kurfürstendamm

Die Revue wurde ein Triumph, und Marlene war damit der Liebling des Kurfürstendamms. Ihre stimmliche Originalität und Musikalität, physische Ausstrahlung, ironische Lässigkeit und selbstsichere Haltung waren angekommen.

Ihre »sanft gefährliche Weiblichkeit«, die der Schriftsteller Franz Hessel notierte, faszinierte das Publikum. Von da an hieß sie nur noch liebevoll »das Girl vom Kurfürstendamm«.

Es folgten drei weitere Bühnenauftritte, in denen der neue Theaterstar sein Können unter Beweis stellen konnte. Diese Auftritte reichten allerdings nicht an die Bedeutung von »Es liegt in der Luft« heran. Danach war es mit der Bühne vobei, Marlene verwandelte sich in einen Kinostar.

Die drei Stücke, die noch zu spielen waren hießen: »Eltern und Kinder« von Georg Bernard Shaw, in dem Marlene mit ihren schönen Beinen entzückte, »Der Marquis von Keith« von Frank Wedekind und »Zwei Krawatten«, eine schmissige Revue des expressionistischen Dichters Georg Kaiser, mit der Musik von Mischa Spoliansky und dem jungen Hans Albers in der männlichen Hauptrolle.

Marlene hatte in der weniger ergiebigen Rolle dieser Revue als amerikanische Millionenerbin Mabel zwar nur einen Satz zu sagen, nämlich: »Darf ich Sie bitten, heute abend mit mir zu speisen?« Doch sie durfte wieder singen, unter anderem den wirkungsvoll-spöttischen Song: »Ich lasse mich vom Money bezaubern – und von einem, der es hat!«

Jedesmal wenn sie auftrat, gab es spontanen Szenenapplaus.

In ihren Auftritten bis Ende 1929 perfektionierte Marlene Dietrich ihre stimmlichen Qualitäten, ihre Körpersprache und ihre Präsenz auf den Brettern, die bis dahin ihre Welt bedeuteten. Hätte nicht Sternberg sie gerufen, vielleicht wäre sie die bedeutendste Theatermimin Deutschlands geworden, sicher aber der populärste Revue- und Musicalstar Berlins. Denn ihre Ausstrahlung und ihre ungewöhnliche Art der stimmlichen Interpretation waren phänomenal.

Zeitgenössische Beobachter – und übrigens auch Beobachterinnen, bei denen sie genauso gut ankam – berichten davon, wie gelassen sie auf der Bühne agierte.

Wo andere Schauspieler in hektische Manierismen verfielen, um zu demonstrieren, daß sie anwesend waren, genügten Marlene zwei, drei kleine Gesten. Oder sie setzte sich einfach auf den Bühnenboden und rauchte. Sie war sich ihrer Möglichkeiten und Wirkung voll bewußt, denn sie hatte die Erfahrung gemacht, daß sie nur aufzutreten brauchte, um automatisch der Mittelpunkt des Geschehens zu sein. Soviel natürlichen Sex-Appeal wie sie brachte keine andere Darstellerin jener Zeit über die Rampe.

Schon allein deshalb sind die Nachbetrachtungen von Zeitgenossen, die die Karriere der Dietrich kommentierten, nicht immer korrekt. Die meisten gehen davon aus, daß sie unsicher und in ihrer Wirkung schwach war, daß sie keinen guten Ruf als Schauspielerin hatte. Das gehört, nachdem man ihre Bühnenkarriere bis zu diesem Punkt verfolgt hat, in das Reich der Legende.

Ihre späteren Kinoregisseure haben ihre Gaben begrif-

fen und mit Licht-Schatten-Inszenierungen und einer liebevoll postierten Kamera ausgenutzt. Es waren die starken
Posen, die die Dietrich auszeichneten, und diese Posen hat
sie zum größten Teil selbst erfunden, die Filmemacher
haben sie nur in den Bereich des schönen Kino-Scheins
überführt.

Marlene hatte jene Posen, aus denen allein der Glamour
kommt, geprobt und einstudiert, und deshalb verschmol-
zen diese auch so nahtlos mit dieser Frau und blieben so
authentisch, daß eine ganze Generation von Zuschauern
ihnen verfiel.

Die Dietrich war im Jahr 1929 eine voll ausgebildete, ausgereifte Schauspielerin, erfahrene Frau und intelligente
Künstlerin. Ihre Songs, die sie auf den Bühnen zum besten
gab, sang jedes Kind nach, ihre Beine waren berühmt wie
die ganze Person, deren Schönheit und Ausstrahlung jeden
begeisterte.

Ihre Lieder wurden zu Klassikern. Zum Beispiel:

»Nimm dich in acht vor blonden Fraun,/sie haben so
etwas Gewisses./Es ist ihnen nicht gleich anzuschaun,/aber
irgend etwas isses./Ein kleines Blickgeplänkel sei erlaubt
dir,/doch denke immer: Achtung vor dem Raubtier!«

Dies war eines von den Liedern, die sie auf der Bühne
sang, die Arme frech in die Hüften gestützt, den Kopf
abschätzend nach hinten geworfen, den Körper lasziv zu
einem herausfordernden S-Bogen ausgestellt – doch nur
ganz leicht, ein bißchen frivol, ein bißchen ironisch, nicht
ordinär. Und während Ballettmädchen im Hintergrund die
Beine schmissen oder sich ein Girl-Chor halbprofessionell
in den Hüften wiegte, ohne Geheimnis und Rätsel, bestach
Marlene schon durch Abgebrühtheit. Diese zu ergründen,
erhoben sich nicht nur die Männer im Parkett allmählich
und wie unter Zwang.

Diese Männer im Parkett und andernorts sollten von nun an keine Ruhe mehr geben, um dieses »Geheimnis« der braven preußischen Bürgertochter zu lüften, die so verführerisch war. Ein Geheimnis, das keines war — oder doch? Mußte diese Person nicht eine rätselhafte Vergangenheit besitzen, um zu dem geworden zu sein, was sie nun war?

Marlene hat den Schleier des Geheimnisses um dieses Geheimnis nie gelüftet. Und es darf angenommen werden, daß es keines gab. Die einzige Tatsache, und die war allerdings bemerkenswert, war: Hier existierte eine starke Frau, die mit allen Sinnen auf der Höhe ihrer Zeit lebte.

Die Dietrich selbst, es wurde bereits erwähnt, fühlte sich als Schauspielerin erst seit der Lola-Lola im »Blauen Engel« geboren. Ihre Stummfilme davor fand sie sämtlich gräßlich und wollte nicht mehr daran erinnert werden. Selbst von Josef von Sternberg nicht, dem sie zwar bei ihrem ersten Vorsprechen anvertraute, sie habe bereits drei Spielfilme gemacht. In Wahrheit waren es ganze siebzehn gewesen. Sternberg fand das natürlich auch heraus, das war keine Schwierigkeit. Und als er die Dietrich daraufhin ansprach, blieb sie steif und fest dabei, es seien nur drei Filme gewesen. — Einer der vielen Widersprüche um Marlene.

Dieses Understatement, das sich auch auf ihre großen Bühnenauftritte bezog, war und blieb typisch für Marlene. Dinge, die sie nicht akzeptierte, verdrängte sie sofort. Das ging später so weit, daß sie ihre Schwester Elisabeth in den Bereich der Fiktion erhob. Und sie blieb bis in ihre letzten Jahre dabei, vor dem »Blauen Engel« nichts Wichtiges gemacht zu machen. Ja, was solle das überhaupt schon heißen, daß sie etwas »gemacht« habe. Waren das nicht Filme gewesen, in denen sie lächerliche Kurzauftritte hatte, und Bühnenauftritte, die seicht waren? Kaum der Rede wert — beharrte sie bis ins hohe Lebensalter.

Sie wird ihre Gründe dafür gehabt haben. Welcher Art diese auch sein mögen. Vielleicht waren wirklich einfach ihre eigenen Maßstäbe so streng, daß sie nur das gelten ließ, das sie selbst absolut akzeptierte, streng nach dem Motto: Nur was gut ist, das ist wirklich, und nur was wirklich ist, das kann gut sein.

Eines ist jedoch zweifelsfrei: Marlene war begehrt von allen, vielbeschäftigt, eine künstlerische Autorität. Bei Dreharbeiten oder Bühnenproben setzte sie oft ihren eigenen Kopf durch und brillierte mit Ansichten, die denen der Regisseure nicht selten widersprachen.

Keine Rede davon, daß sie eine naive, unschuldige Offizierstochter gewesen wäre, die im Jahre 1929, praktisch aus der künstlerischen Provinz und dem biographischen Niemandsland heraus, für den Film entdeckt wurde und dann Weltkarriere machte. Im Gegenteil. Das Engagement für den »Blauen Engel« war die zwangsläufige Folge ihrer Talente, die sich bis zum Besetzungstermin entwickelt hatten.

»Der Blaue Engel« war der konsequente Höhepunkt und Abschluß ihrer Karriere, die sich in Deutschland und Berlin bis dahin entwickelt hatte.

Daß der Film auch der Beginn einer zweiten, der Weltkarriere war, ist eine andere Sache.

Es gibt im Leben
manches Mal Momente ...

Der Mythos Marlene entstand in Hollywood, und der Mann dahinter war Josef von Sternberg. »Der eigentliche Mythos, das war ich, hinter der Kamera, wie ich das machte, was sie den Mythos Marlene nennen.« So sah es Sternberg selbst, dieser »Maler mit elektrischem Licht« (Frieda Grafe), ein österreichischer Regisseur, der in den USA Karriere machte.

Aber die Frau hat er nicht erfunden, die stand schon seit fast zehn Jahren im Rampenlicht der Theater in Berlin und der Scheinwerfer in den deutschen Filmstudios. Das »Material«, das sie ihm bot, war bereits beinahe vollendet geformt, und es war beeindruckend.

Natürlich haben später viele die Urheberrechte für die Entdeckung der Dietrich in Anspruch genommen. Jeder behauptete danach, seinen Teil dazu beigetragen zu haben. Ruth Landshoff-Yorck schrieb in ihren biographischen Impressionen »Klatsch, Ruhm und kleine Feuer« über Marlene in Erinnerung an ein Gespräch mit Josef von Sternberg:

»Sie ist noch gar nichts. Sie ist nett. Und nicht arrogant. Auch nicht besonders ehrgeizig. Sie weiß noch gar nicht, wie sie aussieht. Hübsche Stimme. Sie hört sich stundenlang amerikanische Platten an, um den Singstil zu imitieren. Wunderbare Schultern und die Sorte Beine, an der die

Hand gerne entlanggleitet. Ob sie begabt ist? Keine Ahnung. Wozu auch? Du bist ja Regisseur. Sie ist Material. Du kannst aus ihr machen, was du willst. Darum ist sie so gut für dich.«

Nach dieser Einschätzung der Landshoff-Yorck war Marlene tatsächlich das nette Ding von nebenan, das sich noch entpuppen mußte. Zweifel daran sind angebracht.

Wie auch immer. Die Entstehungsgeschichte dieses Films zeigt, daß sein eigentlicher Star Emil Jannings sein sollte. Allein für seine Mitwirkung machte die Ufa viel Geld locker. Wer an seiner Seite spielte, war zunächst einmal zweitrangig. Emil Jannings, der deutsche Kraftschauspieler, weilte zur Zeit der Planung 1928/29 noch in den USA. Er war 1927 für 10.000 Dollar Wochengage nach Hollywood gegangen, wo er inzwischen ein bekannter Mann war. Jannings war der erste männliche deutsche Star, der in den US-Studios Fuß faßte. 1928 verlieh man ihm für »außergewöhnliche Schöpfungen« die goldene Statuette der Akademie der Filmkunst, den späteren Oscar. Filme wie »The Way of all Flesh« (1927), »The Street of Sin« (1927), »The Last Command« (1928), »The Patriot« (1928), »The Sins of the Fathers« (1928) und »Betrayal« (1929) festigten seinen weltweiten Ruf als Allround-Star der Leinwand.

Nachdem er so, mit rundem Kopf und massiger Gestalt, klugen, leidenschaftlichen Augen, Zaren, Generäle, Haustyrannen, Sünder gespielt hatte, kehrte er 1929 nach Deutschland zurück. Der Tonfilm machte ihm Probleme, sein Englisch war von Dialekt gefärbt. Er selbst sah das so:

»Man kann in einer fremden Sprache spielen – aber das Letzte sagen, was in einem lebt, kann man nur in der Sprache, in die man hineingewachsen ist wie in seine eigene Haut.«

Und dieses Authentische war für diesen Darsteller entscheidend. Denn seine größten Erfolge erzielte er in Rollen, die starknackige Charaktere mit natürlicher Schnauze und Kutschercharme auf die Leinwand brachten.

Herrscher, Pioniere, Forscher liebte er besonders, historische Gestalten, in deren Masken er schlüpfte, wie in ein zweites Gesicht. Man sah dann nicht mehr Heinrich VIII., sondern Emil VIII. Er hielt sich selbst für einen »Alchimisten«, der die richtige Mixtur aus Spiel und Ernst, Realismus und Illusion kennt. Der beredte Darsteller, der auch im Stummfilm die Konvention der schweigenden Muse durch Wortausbrüche während des Spiels sprengte, obwohl kein Zuschauer im Kino ihn später hören konnte, kam vom Naturalismus und Expressionismus. Raunzend gütig, verschmitzt, brutal, war er auch ein Typ der Neuen Sachlichkeit mit ihrem Tonfall »So und nicht anders ist das Leben eben«.

Und große, einfache Männer waren sein Fach. Mal war er zu groß für ein einfaches Verhältnis, meist zu klein für ein großes – in diesem tragischen Grundkonflikt konnte sein Talent leben. Ein Kritiker meinte, Jannings sei »körperlich und geistig proletarisch organisiert«, er zeige »den Proletarier noch in einer Königsrolle«. Das machte seine Abstürze so sehenswert, verschaffte ihm die Sympathien der Geduckten. Er spielte den Mann, der einmal leben will und lebt, der hoch steigt und tief fällt.

Diese Rolle sollte er nun auch in seinem nächsten deutschen Film spielen – wobei noch niemand, am allerwenigsten Marlene Dietrich, so recht wußte, was für ein Werk dies sein sollte. Und dem Produzenten Erich Pommer war Jannings so wichtig, daß er den Beginn des Drehs immer wieder verschob, um den Star zu bekommen. Im November 1929 ist es dann soweit, Jannings kommt. Er ist glücklich, wieder in Deutschland zu sein und damit – wir stehen an der Schwelle zum Tonfilm – wieder seine heimatlichen Laute in Richtung Kamera aussenden zu dürfen.

Das Ufa-Produktionsgelände in Neubabelsberg bei Berlin rüstete bereits auf Tonfilm um. Ende September 1929 konnten hier die allerersten Tonfilmaufnahmen gedreht werden. Gerade richtig, um den »Blauen Engel« professionell vorzubereiten. Denn was wäre dieser Film ohne die von der weiblichen Hauptrolle vorzutragenden Couplets und Schlager!

Aber wie gesagt, noch ist vom »Blauen Engel« gar nicht die Rede. Zunächst sucht man bei den Verantwortlichen der Ufa noch nach einem geeigneten Stoff für Emil Jannings.

Jannings ist es, der als Regisseur Josef von Sternberg vorschlägt, mit dem er in Hollywood schon den Film »The Last Command« (1928) gedreht hat. Sternberg – den Adelstitel hat er sich selbst gegönnt – hat große Filme realisiert. Vor allem sein bisher letzter, »Die Docks von New York« (1929), galt als Meisterwerk.

Sternberg sagt auch zu und trifft Mitte August in Berlin ein, begleitet von seiner Frau Riza Royce, und die Verantwortlichen der Ufa, inklusive Emil Jannings, empfangen ihn.

Jannings kümmerte sich nicht groß um die anwesenden Ufa-Bosse und schleppte Sternberg sofort ab – er wollte mit ihm unter vier Augen hinsichtlich der Besetzung des Films die Weichen stellen. Nach kurzer Erfrischung in seinem Hotel zeigte Jannings dem Gast aus den USA eine Probevorstellung (die Premiere war erst drei Wochen später, am 5. September) der Theateraufführung »Zwei Krawatten« im Berliner Theater, in der Marlene an der Seite großer Schauspieler ihren schon erwähnten Satz zu sagen und ihren schon erwähnten Song zu singen hatte.

»Na«, fragte Jannings hinterher triumphierend, »ist das eine Besetzung?« Sternberg stimmte zu.

Sternberg erinnert sich in seinem Buch »Ich. Josef von

Sternberg« (zitiert nach der Übersetzung von Walther Schmieding, Velber 1967):

»In dieser Vorstellung sah ich Fräulein Dietrich zum ersten Mal leibhaftig, wenn man das so nennen kann, denn sie hatte sich aufgemacht, als müsse sie ihren Körper gänzlich verstecken. Sie hatte nur wenig auf der Bühne zu tun; ich erinnere mich nur an eine einzige Zeile ihres Dialogs. Aber hier war das Gesicht, das ich gesucht hatte, und hier war auch, sofern ich das beurteilen konnte, die entsprechende Figur. Mehr noch: hier war etwas, das ich nicht gesucht hatte, und dieses Etwas sagte mir, daß meine Suche beendet sei. Sie lehnte sich mit kühler Verachtung für die ganze Possenreißerei an die Kulissen, ganz im Gegensatz zu den anderen, denen man gesagt hatte, man müsse mir heute abend die Größe des deutschen Theaters vor Augen führen – und die sich entsprechend bemühten. Sie hatte auch gehört, daß ich unter den Zuschauern sei, aber das war ihr offenkundig gleichgültig, weil sie glaubte, es ginge sie nichts an.«

Natürlich wußte Marlene, daß Sternberg dieser »Leonardo da Vinci der Kamera«, wie sie ihn nannte, im Publikum saß. Jeder der Schauspieler wußte es.

Am nächsten Tag trafen sich Sternberg und Jannings mit den Herren von der Ufa. Aber das Filmprojekt, über das sie sprechen werden, hat mit dem »Blauen Engel« nichts zu tun. Geplant ist jetzt, zu diesem Zeitpunkt, eine Verfilmung der Lebensgeschichte des berühmt-berüchtigten Mönchs am Hof des letzten russischen Zaren Nikolaus, von Rasputin.

Josef von Sternberg will Rasputin nicht verfilmen. Was tun? Emil Jannings schlägt ein Projekt vor, das er schon lange im Auge hat, die Verfilmung des »Professor Unrat«, des Romans vom berühmten Heinrich Mann.

Alle stimmen zu. Aber entschieden wird vorerst noch nichts. Erst Wochen später fällt die Entscheidung für den »Blauen Engel«.

Der Drehbuchautor Karl Vollmoeller soll den Roman von Heinrich Mann filmgerecht umschreiben. Als weiterer Autor ist Carl Zuckmayer im Gespräch. Und die Endfassung soll ein Robert Liebmann noch einmal bearbeiten. Heinrich Mann wird ebenfalls um Mitarbeit gebeten, und Josef von Sternberg legt auch noch Hand an. So kann nichts mehr schiefgehen, denken die verantwortlichen Herren in der Chefetage der Ufa.

Wer den fertigen Film kennt, erkennt natürlich die Abweichungen von der Romanvorlage. Und das liegt nicht nur daran, daß viele Autoren am Drehbuch mitgemischt haben und hinterher gar nicht mehr zu klären war, wer nun wirklich wofür verantwortlich zeichnete.

Das kritische, beißend satirische Zeitpanorama Heinrich Manns, das den verspießerten Untertanengeist im deutschen Kaiserreich am Beispiel eines Pädagogen, der der Begierde verfällt, ebenso geißelte, wie sein Roman »Der Untertan« die deutschnationale Muffigkeit von Karrieristen und Aufsteigern gegeißelt hatte, wird im Film zum Melodram.

Selbst wenn Kritiker darauf verweisen, daß es im »Blauen Engel« darauf ankam, Literatur filmgerecht umzusetzen und die Veränderungen und Abmilderungen deshalb verständlich seien, bleibt doch die Tatsache, daß der Roman seine kritische Schärfe auf Zelluloid einbüßte. Aber der Autor Heinrich Mann, der 25.000 Reichsmark für die Rechte erhielt, scheint mit den Änderungen einverstanden gewesen zu sein. Selbst wenn man die Kämpfe berücksichtigt, die es hinter den Kulissen gegeben hat – er stimmte schließlich zu.

Als alles startklar war, wurde die weibliche Hauptrolle besetzt.

Josef von Sternberg, der sich auf seine deutschen Berater verlassen mußte, besuchte jetzt mit seiner Frau und einiger Prominenz des Filmprojekts noch einmal — und schon überzeugt, seine Besetzung gefunden zu haben — eine Abendvorstellung von »Zwei Krawatten« im Berliner Theater. Er sah Marlene noch einmal aufmerksam zu und war wieder, sogar mehr als beim erstenmal, überzeugt, hier die Lola-Lola gefunden zu haben. Auch von Hans Albers und Rosa Valetti, die für die Besetzung in Frage kamen, war der Regisseur angetan.

Er hatte jedoch als erfahrener Besetzungsspezialist auch noch andere Schauspielerinnen im Auge, so Brigitte Helm, die in »Metropolis« von Fritz Lang in einer Doppelrolle brilliert hatte, Blandine Ebinger, Lucie Mannheim und Trude Hesterberg.

Obwohl Sternberg also von der Dietrich sehr angetan war — nach späteren Aussagen von Hans Albers starrte er, solange sie auftrat, nur auf ihre Beine —, zögerte er noch. Er wollte Probeaufnahmen machen.

Eines Abends lernte er Marlene auf einer Party bei Max Reinhardt von Angesicht zu Angesicht kennen — sie spielte dort auf ihrer schon legendären singenden Säge. Einige Tage darauf besuchte er die Schauspielerin nach ihrem Bühnenauftritt in ihrer Garderobe und sprach mit ihr. Sie muß dabei, auch als Frau, einen noch größeren Eindruck auf ihn gemacht haben, Sternberg hat später in seiner Autobiographie andeutungsweise davon berichtet. Aber ob sie die richtige Lola-Lola wäre, wußte er noch immer nicht mit völliger Sicherheit.

Noch ein anderer Mann aus Hollywood, der Schauspieler George Bancroft, der mit Josef von Sternberg drei Filme gedreht hatte und Mitte Oktober 1929 in Berlin weilte, saß abends oft in der Garderobe Marlenes. Er himmelte den Theaterstar an. Jobst von Reith-Zanthier schrieb über diese Situation in seinem Buch »Sie machten uns glücklich. Erinnerungen an große Schauspieler in goldenen und nicht nur goldenen Jahren«. München 1967 (zitiert nach Werner Sudendorf):

»(Bancroft) kam, sah – und sie siegte. Er blieb in Berlin, ging allabendlich in die Revue, erst in den Zuschauerraum, später nur noch in die Garderobe Marlenes, wo er mit treuen Hundeaugen dann wartend saß, um die Angebetete zu einem gemeinsamen Abendessen oder bis zu ihrer Haustür begleiten zu dürfen. Mehr geschah nicht. Marlene hatte eine so lässig reizende Ablehnung in ihrer Haltung, etwas müde-angestrengt dabei im Aussehen, daß unser Boxer einsam und leicht gerührt sein Hotelbett aufsuchte.«

Josef von Sternberg machte sich die Besetzung der weiblichen Hauptdarstellerin nicht leicht. Ihm schwebte ein ganz bestimmter Typ vor, den er, so dachte er, erst auswählen kann, wenn er Probeaufnahmen gesehen hat. Die Zeit drängte jedoch, der erste Tag der Dreharbeiten rückte näher. Also entschied er sich schließlich.

Der schon mehrfach erwähnte Sudendorf schreibt in dem Kapitel »Produktionsgeschichte« seiner Dokumentation:

»Am 9. Oktober ist Marlene Dietrich zu einem Pauschalhonorar von 20.000 RM engagiert; für die gleichzeitig gedrehte englische Version werden ihr nochmals 5.000 RM gezahlt. Zum Vergleich: Emil Jannings erhält für seine Darbietung 200.000 RM.«

Die Zahlen machen klar, daß es sich bei dem »Blauen Engel« um einen Emil-Jannings-Film handeln sollte. Und der Professor Rath war ja auch eine typische Heldenrolle im

Leidenskosmos des großen Darstellers, der von seinen Imagemachern nach dem Motto verkauft wurde: »Emil, du mußt leiden!«

Jannings wird im »Blauen Engel« als bärtiger Gymnasialprofessor Rath in der Provinz einen verklemmten Tyrannen spielen, der seinen Schülern den Star einer Varietégruppe, die Diseuse Lola-Lola, ausreden will. Doch er verfällt selbst ihrem Zauber, heiratet sie und erreicht mit einem selbstverfaßten Hahnenschrei zwar seinen Höhepunkt als Zugnummer der Artisten des Varietés, aber auch seinen Tiefpunkt als selbstbestimmter deutscher Mann. Seine Erniedrigung findet im Tod ihren Abschluß.

Heinrich Mann, der Autor, umriß in seinem Buch »Das öffentliche Leben« die Hauptfiguren so:

»Professor hieß für mich Gymnasiallehrer. Die außerordentliche Verbindung Professor und Dame vom Kabarett zeigte mir ohne weiteres einen strengen, aber unerfahrenen Mann – sonst tyrannisiert er Schüler, jetzt wird er selbst noch weniger als ein Schüler, wird er Spielzeug eines Mädchens. Das Mädchen sah sofort und für alle Zeiten so aus, wie sie aussehen mußte, um einen alternden Mann von Grundsätzen sie alle vergessen zu lassen. Was den Schauplatz betrifft, hieß er der Blaue Engel und niemals anders; lag an einem Hafen in einer Querstraße; war behaftet mit Gerüchen von Teer, Bier und Puder. Die Herzen von Knaben, die sich dorthin schlichen, hatten höher geschlagen ...«

»Üb immer Treu und Redlichkeit«, durchzog als Leitmotiv den Film, dem ein anderes als Gegensatz zugeordnet war, nämlich »Ich bin von Kopf bis Fuß auf Liebe eingestellt«. Dieses andere, von der Dietrich als Rosa Fröhlich alias Lola-Lola gesungene Lied artikulierte eine Opposition gegen das Spießertum, in der reines Chaos schlummerte.

Deutsche Infantilität im Umgang mit dem Eros, der sich unheilvoll mit den Autoritäten verband, wurde von Josef von Sternberg exemplarisch in Szene gesetzt durch das stimmige Dekor, das wie aufgeladen von den erotischen Leidenschaften der Protagonisten schien. Emil Jannings, traumwandlerischer Komödiant im tragischen Geschehen, war der Spießer, der nur die Wahl hat, Täter zu sein oder Opfer zu werden, ein deutscher Typ Untertan im Kostüm der Zeit.

Marlene Dietrich war zur Zeit der Besetzung für den Film – wir schalten also noch einmal einige Wochen zurück – davon überzeugt, keine Chancen zu haben. Das war eigentlich unverständlich, denn ihr Ruhm war stetig gestiegen.

Aber diese Unsicherheit war vielleicht ein Ausdruck jenes Widerspruchs, von dem hier schon einmal berichtet worden ist. In diesem Fall war es der Widerspruch zwischen Ruhm und Schüchternheit. Und dieser Widerspruch, der ihr ganzes Sein durchzog und sie manchmal zu seltsamen Handlungen verleitete, war es auch, der sie im Alter mit rigoroser Ungeduld auf jenen Film zurückblicken ließ, mit dem sie in der ganzen Welt bekannt wurde.

»Schaun Sie mal«, sagte sie zu Maximilian Schell im Jahr 1983. »Sich den ›Blauen Engel‹ noch mal anzusehen, der kommt einem doch zum Halse raus! Ich kann es ja schon gar nicht mehr hören! Dieses: ›Ich bin von Kopf bis Fuß ...!‹ – ich meine, nein wirklich, das ist doch lächerlich. Überall kann man die Bilder davon kaufen und alle sind verrückt danach, und dann sind da noch diese Imitatoren, die auf der Tonne sitzen, wie ich damals, mit dem steifen Hut auf, und die machen mich nach – also nein, lächerlich! ...«

Im Oktober 1929 jedenfalls setzte sich Marlene ihren russischen Hut auf, zog ihren Astrachanpelz an, schlüpfte in Schaftstiefel und zwitscherte ab zu Probeaufnahmen ins

Studio nach Neubabelsberg. Von diesen Probeaufnahmen gab es ursprünglich höchst interessantes Filmmaterial, aber es ist verschwunden. Das ist jammerschade, denn die Dietrich in dieser Zeit, noch vor ihrem Sprung in den Weltruhm, zu sehen, wäre für jeden Filmbegeisterten in Deutschland eine Offenbarung. Doch leider verschwand das Filmmaterial bei Kriegsende aus den Babelsberger Studios in Richtung Sowjetunion und ist seitdem nicht wieder aufgetaucht. Vielleicht ermöglicht die politische Veränderung in diesem Land eines Tages doch noch ein Sichten der Schätze.

Marlene kam also — so erinnerte sie sich später selbst — im Studio an. Sie wurde durch die Maske geschleust, ihre Frisur wurde gerichtet, sie zwängte sich in ein Paillettenkleid. Es war ihr nicht ganz wohl in ihrer Haut, denn wenn sie an ihre Mutter dachte und daran, daß sie bei Sternberg eine bessere Bordsteinschwalbe spielen sollte, dann stieß ihr ihre feine, preußische Erziehung auf.

Aber sie wollte doch mal sehen, was der smarte Herr Sternberg bei den Proben vorhatte! Also betrat sie mit gemischten Gefühlen das Studio.

Als erstes mußte sie sich auf ein Klavier setzen. Der Mann am Klavier, der sie begleiten sollte, war ein ihr unbekannter Pianist — jedenfalls war es nicht der Komponist Friedrich Hollaender, der die Musik zum »Blauen Engel« komponierte. Marlene schwor später, es sei nicht Hollaender gewesen, und widersprach damit den Behauptungen in unzähligen Büchern, die über die Vorgeschichte zum »Blauen Engel« geschrieben worden sind.

Sternberg hielt sie also dazu an, sich auf das Klavier zu setzen. Und Marlene, die immer tat, was die Regisseure von ihr wollten, folgte.

Sie saß also schließlich auf dem Klavier und ließ die

Beine baumeln. Ihre mit einer heißen Brennschere gestutzte Dauerwelle qualmte noch, so sehr hatte die Dame von der Maske darin herumgefuhrwerkt, sehr zum Leidwesen der Schauspielerin. Man wollte eben aus der jungen Chansonette unbedingt jene Lola-Lola machen, die sich Sternberg vorstellte — den Inbegriff des verruchten alten Berlin.

Marlene blieb — abgesehen von ihren qualmenden Lokken — cool. Was hatte sie schon zu verlieren? Sie glaubte nicht im Traum daran, die Rolle wirklich zu bekommen. Sternberg, der lässig in seiner Boheme-Kleidung vor ihr stand und sie abschätzig musterte, fragte sie, ob sie ein Lied vortragen könne. »Man hat Ihnen doch gesagt, Sie sollen ein Lied mitbringen?« erkundigte sich der smarte, blasierte Mann mit der durchsichtigen Haut, dem Schnauzbart und dem Gebaren von altem österreichischen Adel, einigermaßen mürrisch, wie es zu dieser Zeit, trotz guter Verträge, seine Art war.

Und Marlene, die kesse Göre vom Ku'damm, antwortete lakonisch, nein, sie habe kein Lied mitgebracht, weil sie davon ausgehe, daß sie die Rolle sowieso nicht kriege. Es sei ihr also egal, was man von ihr halte oder erwarte.

Sternberg war perplex. Hier saß also diese Soubrette und benahm sich völlig anders als die anderen Mädchen, die sich fast überschlugen, um engagiert zu werden. Solche schnoddrigen Töne eines Nachwuchssternchens aus der Schauspielschule — wie er annahm — hatte er bei Besetzungsgesprächen noch nicht gehört.

»Kennen Sie denn irgendein Berliner Lied?« fragte er noch einmal. Und Marlene stieg betont langsam vom Klavier herunter und sagte: »Na klar! Beispielsweise dieses ...«

Und sie begann zu singen: »Wer wird denn weinen, wenn man auseinandergeht,/wenn an der nächsten Ecke schon ein anderer steht?/Man sagt auf Wiedersehn und denkt sich heimlich bloß,/na endlich bin ich wieder ein Verhältnis los! ...«

Sternberg starrte die Schauspielerin an, hörte bis zum Ende zu und sagte: »Aus, in Ordnung, das machen wir. Wir werden das gleich mal filmen.«

Die Kamera lief und Marlene sang noch einmal. Sie verhielt sich dabei völlig ungezwungen. Sternberg war hingerissen. Denn was den Regisseur interessierte, das war, daß sich die Dietrich nicht interessiert zeigte. Aus Interesselosigkeit – ob gespielt oder echt sei noch dahingestellt – begann also in dieser Stunde in Berlin eine Weltkarriere. Marlene verwandelte sich in »die Künstlerin Fröhlich« oder auch »fesche Lola«.

Josef von Sternberg hat natürlich seine eigenen – von denen der Dietrich abweichenden – Erinnerungen an jene Probeaufnahmen in Berlin-Babelsberg. In seinen Erinnerungen schreibt er:

»Als Fräulein (!) Dietrich spät am Nachmittag in meinem Büro saß, unternahm sie nicht den schüchternsten Versuch, mein Interesse zu erregen. Sie saß in einer Sofaecke vor meinem Schreibtisch, hielt ihre Augen niedergeschlagen und bot ein Musterbeispiel der Apathie ... Um sie aus ihrer Lethargie zu reißen, fragte ich sie, warum ihr Ruf als Schauspielerin so schlecht sei. Einen Augenblick lang schaute sie auf ihre behandschuhten Hände, aber sofort versteckte sie sie wieder hinter ihrem Rücken, als habe sie zuviel von sich enthüllt ...

Nun folgte der Test mit Frau Dietrich. Da sie das Ganze für pure Zeitverschwendung hielt, hatte sie sich überhaupt nicht vorbereitet. Sie konnte freilich nicht wissen, daß sie damit recht hatte, weil ich schon fest entschlossen war, sie zu nehmen ...«

Am 4. November beginnen die Dreharbeiten. Sie liefen nicht ohne Konflikte ab, aber zu größeren Spannungen oder Reibereien kam es nicht. Daß allerdings Marlene Dietrich bald der Star des Films war und nicht mehr Emil Jannings, das schaffte einige Unruhe, zu der auch der enttäuschte männliche Hauptdarsteller beitrug. Sein Gesicht hellte sich bald auch dann nicht mehr auf, wenn Marlene ihm in der Kantine den Kaffee mütterlich mit einem Extrastück Zucker süßte.«

Marlene Dietrich äußerte sich in einem Interview der »Münchner Abendzeitung« im Jahr 1960 folgendermaßen dazu:

»Jannings ... lehnte mich bis zum letzten Drehtag ... ab, wie viele, die den Regisseur Sternberg für verrückt hielten, weil er mich engagierte.«

Das stimmte aufs Wort. Wenn Sternberg nicht vertraglich das alleinige Recht zugesichert worden wäre, seine Besetzung auszuwählen, hätte er mit seiner Entscheidung für Marlene nie Erfolg gehabt. Mit der Ausnahme von Produzent Erich Pommer stimmten nach Ansicht der Muster von den Probeaufnahmen alle Verantwortlichen gegen Marlene und für andere Kandidatinnen, besonders zum Beispiel für Lucie Mannheim, die sogenannte göttliche Jette. Auch Emil Jannings stimmte schließlich für Lucie Mannheim, weil, wie Marlene Dietrich später boshaft bemerkte, diese ein »dikkes Hinterteil« besaß, und der männliche Star ein solches schätzte.

Die schon erwähnte Ruth Landshoff-Yorck weiß sich an anderer Stelle ihres Buches an Marlene folgendermaßen zu erinnern:

»Bei den Aufnahmen war sie artig, tat, was man von ihr verlangte, und war nett und höflich zu dem Star (gemeint ist Emil Jannings B. S.). Sie war nett zu den Elektrikern und ging jede freie Minute zu Friedrich Hollaender ins kleine Musikstudio, um mit ihm oder seinem Assistenten Lieder einzuüben. Sie kam pünktlich im Studio an und beklagte sich nie wie alle anderen, nicht genügend geschlafen zu haben. Dabei mußte sie noch viel früher als die anderen aufstehen. Sie wusch nämlich erst ihr Kind, zog es an, kochte für es, füllte Thermosflaschen und Schraubgläser mit Essen, und brachte das kleine Mädchen zur Großmama, wo es den Tag verbrachte.

Vorläufig war niemand in den Ateliers besonders beeindruckt von Marlene. Man fand sie allerdings nett, und die Gymnasiasten machten ihr den Hof mit demselben lüsternen Entzücken, das sie in den Aufnahmen zeigten.

Manchmal, vor allem in dem Kostüm, das unter dem ständig aufgeworfenen Röckchen die Spitzenhöschen sehen ließ, schien ihr ernsthaft beflissenes Gesicht einen leichten Zweifel aufzuweisen, ob dies die richtige Rolle für sie sei. Dann gab ihr wohl ein Blick auf ihre hochherrschaftlichen Seidenschuhe, auf ihrem eigenen Leisten bei Reiss angefertigt, etwas bürgerlichen Halt ...

Je vulgärer sie als Lola-Lola zu sein hatte, je frecher die Geste, mit der sie die Strumpfbänder schnappen ließ, desto zurückhaltender wurde Marlene. Sie entwickelte damals allmählich jene geheimnisvolle lächelnde Überlegenheit, die nicht alle hübschen Frauen aufweisen, wohl aber solche, die sich ihres Reizes für einen Mann oder für viele Männer bewußt werden.«

Die körperliche Leistung der Dietrich in den Tagen der Drehzeit, die sehr oft bis in die frühen Morgenstunden hinein dauerte, läßt sich auch daran ablesen, daß sie allabendlich zwischendurch immer noch weiter zum Kurfürstendamm hinüberfahren mußte, um auf der Bühne in »Zwei Krawatten« zu spielen.

Für ihren Mann Rudolf Sieber blieb dabei so gut wie keine Zeit mehr, und es war auch kein Geheimnis, daß sich die Beziehung der beiden Ehepartner während dieser Wochen und Monate entscheidend verschlechterte.

Sieber lernte aus Verzweiflung darüber das Saxophonspielen, um seine Depressionen in schrillen Tönen abzureagieren.

Da die Tontechnik am Ende der 20er Jahre gerade erst begann, gestalteten sich die Aufnahmen zum »Blauen Engel« äußerst schwierig. Dreharbeiten für einen Tonfilm waren in jenen Jahren eine körperliche Höchstanstrengung – das bekam Marlene zu spüren, klagte jedoch in keinem Moment darüber.

Während der Aufnahmen – man drehte in dieser Zeit, in der es noch keine Synchronisation gab, die deutsche und die englische Fassung des Films parallel nebeneinander – veränderte sich der Stellenwert der deutschen Schauspielerin. Da sie neben den Dreharbeiten ihre Englischkenntnisse intensiv erweiterte und sogar amerikanischen Akzent studierte, begriffen alle im Studio, wie ernst sie es mit dieser Rolle meinte, obwohl sie das Frauenbild, das der Regisseur insgesamt hatte und ihr auch aufzuzwingen versuchte, nicht teilte.

Sternberg fühlte sich zu ihr hingezogen – man könnte auch sagen, er sei zunehmend in sie verliebt gewesen –, und er war von ihrer darstellerischen Leistung angetan. Außerdem schätzte er ihren gesunden Menschenverstand, der meilenweit von der Eitelkeit der Stars entfernt war. Marlene schätzte ihren Regisseur in erster Linie wegen seiner außergewöhnlichen Sensibilität im Umgang mit dem Medium Film. Den »Blauen Engel« hielt sie später gar nur deshalb für bedeutsam, weil Sternberg die Regie geführt hatte.

Allerdings sagte sie später auch: »Sternberg hat mir immer das Leben schwer gemacht. Mit Vorsatz! Um mir was beizubringen. Damit ich mit meinem Kopf arbeitete! Daß ich nicht nur machte, was man mir sagte, sondern daß ich *denken* sollte. Das hat er immer gemacht mit mir.«

Eine nicht einfache aber desto kreativere Beziehung kam zwischen der deutschen Offizierstochter und dem sensiblen Österreicher aus Hollywood unaufhaltsam in Gang. Eine Art Haßliebe entstand, man stritt und versöhnte sich, wie es nur zwei Menschen tun, die sich über die Maßen füreinander interessieren.

Marlene war ihr ganzes Leben lang des Lobes voll für ihren Regisseur. Und selbstverständlich folgte sie während der Dreharbeiten ohne Widerrede jeder seiner Anweisungen. Sie blickte zu ihm auf − er war das Genie, sie war die kleine Schauspielerin. Daß sie von ihm nur lernen konnte, war ihr vollkommen klar. Sie bewunderte seine Bildung und sein weltmännisches Verhalten. Nichts konnte ihn aus der Ruhe bringen − außer, wenn man seine Genialität nicht respektierte.

Jannings trat − auch deshalb − immer mehr in den Hintergrund. Nicht zuletzt jedoch auch deswegen, weil Marlene am Drehort durch ihr freundliches, offenes Wesen mit allen besser zurechtkam als der mißmutige und mißtrauische, dazu noch erfolgsgewohnte Star, von dem Marlene später behauptete, er hasse die ganze Welt, sich eingeschlossen.

Mit Sternberg kam Marlene von Tag zu Tag immer besser aus. Sie verlor immer mehr den steifen Respekt vor ihm und sah zunehmend auch den attraktiven Mann in dem begabten Regisseur.

Schließlich kochte sie ihm in den Drehpausen sogar die Mahlzeiten, die sein empfindlicher Magen vertrug. Und

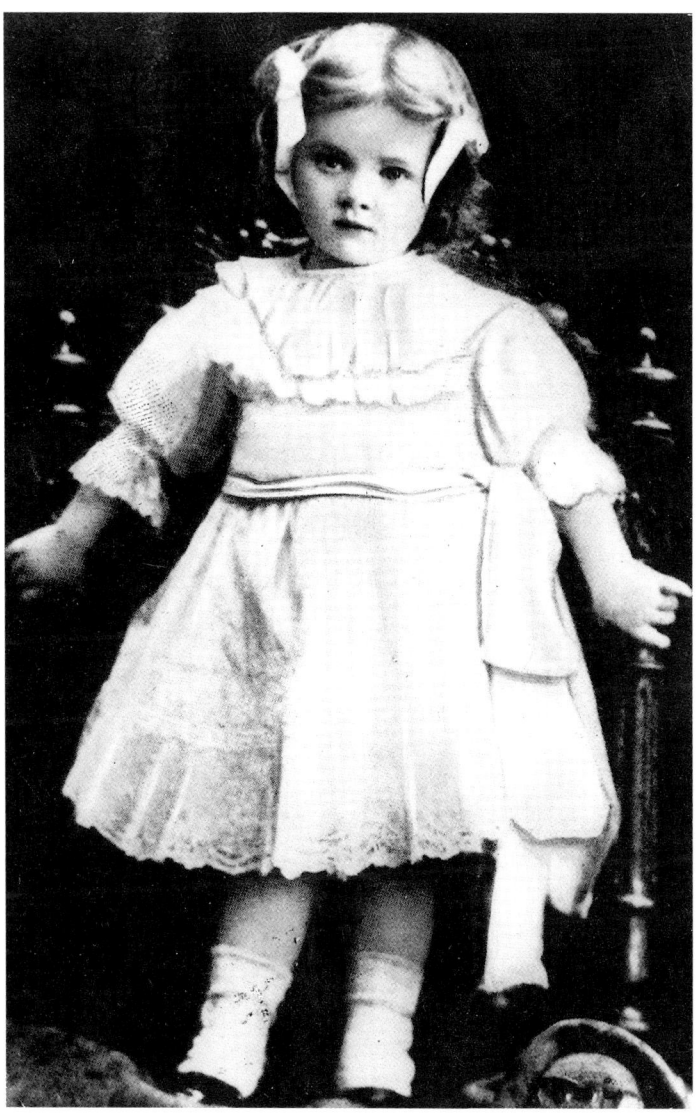

Pummelig, aber schon selbstbewußt: Marie Magdalene im Alter von sechs Jahren

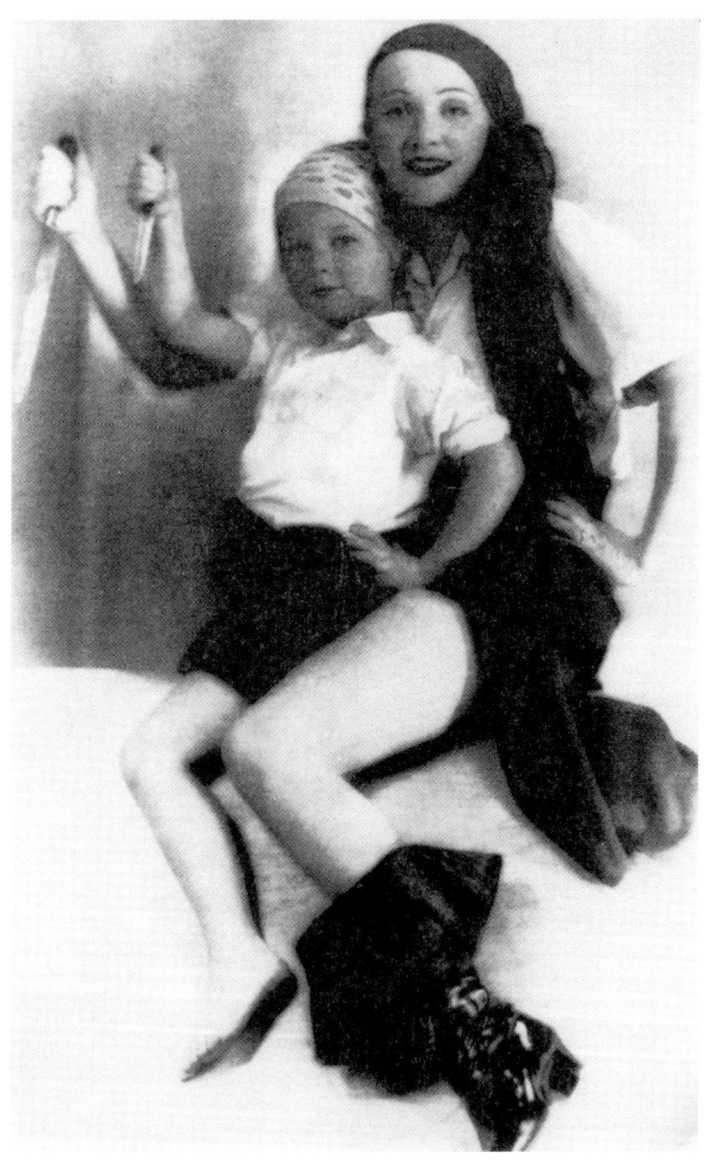

Mit ihrer 1925 geborenen Tochter Heidede, später Maria genannt,
aufgenommen von ihrem Ehemann Rudolf Sieber

Erster Filmerfolg als zwielichtige Yvette in »Sein größter Bluff« *(1927)*
von und mit Harry Piel

Marlene (ganz links) mit Tanzgirls bei der Theateraufführung
»Broadway« *im Komödienhaus Berlin, 1928*

(Oben) »*Ich küsse Ihre Hand, Madame*« *(1928) − hier ist es eher Marlenes Arm, der von Partner Harry Liedtke liebkost wird*

(Rechts) *Marlene in Tarnkleidung im Garten, 1928*

(Oben) *»Die Frau, nach der man sich sehnt« (1929), Marlenes letzter großer Film vor ihrem Durchbruch mit »Der Blaue Engel«*

(Links) *Mit Hans Albers in »Prinzessin Olala« (1928) – zwei Stars am Beginn einer großen Karriere*

(Unten) *In »Gefahren der Brautzeit« (1929) als Evelyne, mit Ernst Stahl-Nachbaur als McClure*

(Oben) *Ein schönes Starfoto aus dem Jahr 1929*

(Links) *Die Dietrich mit Hut – am Ende der 20er Jahre hoch modern*

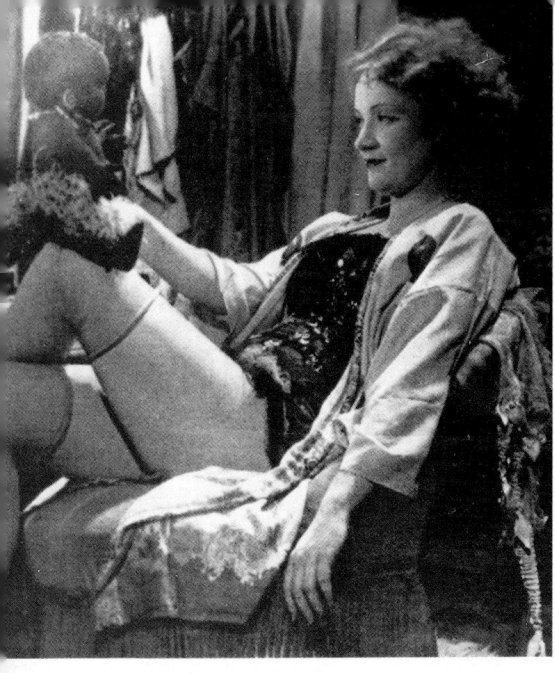

(Links) *Von Kopf bis Fuß auf Liebe eingestellt – Marlene als Lola-Lola in »Der Blaue Engel«*

(Rechts) *Lola-Lola, alias Rosa Fröhlich ...*

(Unten) *Mit Regisseur Josef von Sternberg und Partner Emil Jannings bei den Proben für »Der Blaue Engel«*

Im Varieté zum »Blauen Engel«

(Oben) *Der Ruhm hat Marlene eingeholt — ein Starfoto, das nach ihrem großen Erfolg entstand*

(Rechts) *Das erste Starfoto nach dem Verlassen Deutschlands 1930 mit Gary Cooper in Hollywood*

Zwei Szenenfotos mit Adolphe Menjou aus »Marokko«/»Herzen in Flammen« (1930)

daraufhin gestattete ihr der Regisseur für die Schlußszene ein Kostüm nach ihrer eigenen Wahl zu tragen — sie hatte ihn sehr darum gebeten.

Marlene ließ sich daraufhin von ihrem Hausmädchen, dem sie dabei kräftig assistierte, jenes kurze Samtkleid mit Glasperlen nähen, das sie dann trug, dazu einen Hut, den sie von einem fahrenden Zimmermann erstanden hatte. In dieser Szene war sie endgültig nicht mehr die weibliche Besetzung an der Seite des Stars Emil Jannings, sondern der eigentliche Star des Films — eine selbstbewußte Frau, die ihre Rolle mit Intelligenz und Geschmack durchdrungen hatte und nur nach ihrem Herzen spielte.

Ende Januar waren die Dreharbeiten abgeschlossen. Sie haben knapp 2 Millionen Reichsmark verschlungen, eine für damalige Verhältnisse bemerkenswerte Summe.

Und Marlene Dietrich hat mit diesem Film den Grundstein zu ihrer Auslandskarriere gelegt. Über die Lola-Lola, die sie verkörperte, hat man viel gehört und viel gelesen. Aber wie hat sie diesen Vamp im Varieté gespielt? Das soll hier einmal beschrieben werden.

Marlene spielt Rosa Fröhlich

Die ersten 20 Minuten lang sieht man sie nicht. Der Zuschauer hat Gelegenheit, sie gespannt zu erwarten. Er muß sich bis dahin mit einer muffigen preußischen Exerzierwelt des Herrn Dr. Rath beschäftigen, der arroganten Schnöseln im Gymnasium englische Aussprache beibringen muß. In dieser Welt des grauen Einerleis ist wirklich alles staubig, spießig, unfroh. In dieser Welt des Dr. Rath können nur Duckmäuser erzogen oder aggressive Gefühle der Geilheit aufgestachelt werden.

Dann sieht man sie – genauer gesagt: die Tingeltangelsängerin Lola-Lola. Gleich auf drei Schauspieler-Postkarten erscheint ihr Konterfei, eine Sammlung, die Professor Rath wie Spielkarten in der Hand hält. Auf einem Ganzfoto ist ihr ein Röckchen aus Papierschnipseln aufgeklebt, das der Professor jetzt mit Pausbacken hochbläst. Und schon kommen darunter jene legendären Strumpfbänder zum Vorschein, die Lola-Lola, das Stadtgespräch, unnachahmlich trägt.

Im Gegenschnitt verwandelt sich die Postkarten-Lola in Rosa Fröhlich. Sie steht mit gespreizten Beinen auf der Bühne des Tingeltangels. Die Beine stecken in Seidenstrümpfen, die abgeschlossen werden von Strapsen, darüber ist immer noch mehr als eine Handbreit nackte Haut zu sehen – und dann erst, atemberaubend für die damalige Zeit, beginnt die schwarze Spitzenunterwäsche.

Lola stützt die Hände in die Hüften, in denen sie sich ganz leicht wiegt. Sie sieht ernst und gefaßt aus, man könnte vielleicht auch sagen: gelangweilt. Sie schaut nach links und dann nach rechts – und dann voll in die Kamera. Ihr Augenaufschlag läßt den Kameramann ganz leicht erzittern, und den Premierenzuschauer im Parkett, der 1929 diesen Blick Marlenes zum allerersten Mal sah, noch mehr.

Marlene wirkt pummelig, Babyspeck sitzt an ihren Oberschenkeln, an den Hüften, am Hals. Und dennoch, wie sie sich bewegt, das ist so provozierend neu, so offensichtlich auf Aufreizung abgestellt, mit so viel Sachkunde studiert und umgesetzt, daß es als eine unverhüllte Attacke auf anwesende Herren gedeutet werden muß. Gesetz und Ordnung wanken sofort.

Sie setzt sich und trinkt einen Schluck Bier. Während dessen werden Sauerkraut und Brezeln angeboten. Dann erhebt sie sich wieder und tupft ihren Mund mit ihrer Schleppe aus Seidenimitation ab. Sie wirkt so billig wie die ganze Bühne mit den fünf fülligen Grazien im Hintergrund. Aber nein, das täuscht nur, es ist ihr Stil, ordinär zu wirken. Eigentlich ist sie sehr schlicht und natürlich. Eine kesse Berliner Göre mit Sex-Appeal, die nur tut, und gekonnt, was jede tun könnte, nämlich zeigen, was sie hat.

Danach sehen wir sie in ihrer Garderobe, von drei lüsternen Gymnasiasten des Herrn Rath flankiert. Sie pudert sich und raucht lässig, sie wirft mit Seitenblicken um sich, daß es langsam schwül wird in dem kleinen Raum, und stopft sich das dunkelblonde Haar unter eine schreiend blonde Perücke.

Das Ergebnis dieser Tätigkeit ist anschließend zu studieren. Lola-Lola wieder auf der Bühne, ganz in ein ausladendes Kleid aus Goldpapier gewickelt. Richtig süß wirkt die Kleine in der Halbtotale, wie eine zuckrige Blondine mit zum Kuß gespitztem Mund. Wenn da nur nicht dieser Ausblick auf ihre nackten Oberschenkel wäre, denn natürlich hat sie dafür Platz geschaffen. Und ihre Stimme ist auch nicht einschmeichelnd, sondern herausfordernd.

Die Stimme der Dietrich war zu jener Zeit noch hoch und frech, nicht dunkel und lockend. Sie war geschult bei Auftritten in den Theatern am Kurfürstendamm, wo das kritische Kabarett damals vor dem schwülen Melodram dominierte. Den Rest hatte Herr von Sternberg besorgt, der sie hoch und ein bißchen scheppernd singen hören wollte.

Sie singt: »Kinder, heut' abend such' ich mir was aus, einen Mann, einen richtigen Mann«, und man glaubt es ihr beinahe. Doch wer genau hinhört, sieht hinter der frivolen Aufforderung die künstlerische Perfektion der Dietrich, die diesen von Friedrich Hollaender geschriebenen Song mit betonter Burschikosität und Lässigkeit, und keineswegs verführerischer als unbedingt nötig, vorträgt.

Es ist einfach so, daß vor soviel Frau die Spießer in den Kaschemmen, und mit ihnen schließlich Professor Rath, in die Knie gehen. Sie tut nichts weiter als auf der Klaviatur ihrer natürlichen Reize zu spielen, und das genügt vollkommen, um die Männer zu Boden zu schlagen.

Wenn sie dann allerdings auf der Wendeltreppe ihrer Garderobe, auf dem obersten Absatz versteht sich, ihr Höschen auszieht, und dieses, wie zufällig dem Herrn Professor in die Hände fällt, dann ist dies mehr als Varieté, das ist schon die Vorstufe zum Bordell, von Lola-Lola lustvoll inszeniert. Das schlägt dem Herrn Rath so auf den Kreislauf, daß er sein Curriculum völlig vergißt.

Sportlich adrett, mit tänzerischen Bewegungen, agiert Marlene in ihrer Garderobe. Sie nutzt die Pause zum Umkleiden, und der Zuschauer darf dabei ihre Geschmeidigkeit bewundern.

Im hautengen Trikot bewegt sie sich wie eine Zirkusartistin auf dem Drahtseil, stets darauf gefaßt, irgendwo abzustürzen. Zum Reiz ihres Körpers steht der Gesichtsausdruck, den sie dabei »trägt«, im Kontrast. Dieser taxiert die Wirkung und ist darüber hinaus völlig unschuldig. Die Frau wirkt wie ein Kind, das im Begriff ist, etwas zu zerstören, aber davon keinen moralischen Begriff hat. Spieltrieb.

Aber das ist eben ein hervorragend kalkulierter Teil ihrer Wirkung. Daß sie zwar im Hinausgehen, scheinbar ganz konzentriert auf ihren Auftritt, ihre Spitzenhöschen zurechtrückt, damit diese nicht kneifen, sich aber danach noch einmal halb herumdreht, ein spöttisches Lächeln in ihre Mundwinkel zaubert und einen Blick zurückwirft, aus dem die sichere Gewißheit des Erfolgs ihrer Auftritte spricht.

Sie kassiert den stummen Applaus der beeindruckten Zuschauer ein und geht siegesgewiß ab.

Klar, daß den Professor, der in seiner Mansarde über den Schulheften verschimmelt, danach Alpträume plagen – allerdings vermischt mit wohltuenden erotischen Phantasien. Die Frau an sich als erotisches Objekt hat sich bei ihm nach langer Durststrecke eingenistet – oder war es tatsächlich nur Lola-Lola?

Wieder ein neues Kostüm, aber immer noch Lola-Lola pur. Schwarze Seide diesmal, ein Kostüm aus nichts als Unterwäsche und das Glockenröckchen obszön nach oben gebogen, damit man einen Blick auf die gerüschten Höschen und den Schritt bekommt. So eindeutig frech hat noch selten eine Diseuse auf das Wesentliche hingewiesen, das kleinbürgerliche Männer zu sehen wünschen.

»Ich hab' gewußt, daß Sie wiederkommen«, begrüßt sie den Professor, der hypnotisiert immer wieder in ihrer Garderobe auftaucht, »bei mir kommen alle wieder.«

Während sie das sagt, zieht sie den Hüfthalter zurecht. Sie sagt immer etwas mit patenter Berliner Schnauze, etwas mitten aus dem Leben Gegriffenes, und nestelt dabei narzißtisch und herausfordernd zugleich an sich herum. Ihr Körper steht im Mittelpunkt, aber er wirkt nur so aufreizend – auf den Professor –, weil seine Besitzerin wie ein patentes preußisches Bürgermädel wirkt. Der Kontrast macht es.

Während der Professor ihr beim Schminken zusehen darf, beweist Marlene, daß sie aus mehr als Beinen besteht.

Ihr Dekolleté ist attraktiv, ihre Haut weiß, ihr Lächeln beinahe gütig. Sie lächelt ein Mutterlächeln, das die offensichtliche, lüsterne Verwirrtheit des Herrn Rath verständnisvoll verzeiht. Sie verzeiht dem Mann die Lüsternheit, die sie gleichzeitig bei ihm provoziert. Ein wilhelmisch erzogener Gymnasialprofessor merkt das natürlich nicht, wenn Eros in dieser Form zu ihm spricht.

Und herrlich mütterlich ist sie dann auch, wenn der Herr Rath einen Herzanfall bekommt, weil er sich über die ungezogenen Gymnasiasten in Lola-Lolas Garderobe aufregte, die ihm sein Objekt der Begierde streitig machen. Sie bettet ihn und spricht mit einer plötzlich ganz besorgten, nicht mehr schauspielernden Stimme zu diesem Mann, dessen ehrliche Zuneigung sie interessiert.

Rosa Fröhlich, wie die Filmfigur wirklich heißt, bewegt sich langsam, wie in Zeitlupe, so, als laufe in ihrem Inneren eine Mechanik ab, die ihr die optimale erotische Geste gewinnbringend ausrechnet. Ihre Schritte sind lang, so lang wie die Beine, und sie rollt dabei die schönen Augen, als wolle sie sagen: ›Mein Gott, sind die Kerls leicht zufriedenzustellen.‹ Das macht sie natürlich mit, sie wüßte nicht, was sie sonst anbieten könnte, außer diesem verführerischen Körper, dessen nackte Haut unter den Verschmückungen der Varieté-Unterwäsche hervorsieht.

In der Haifischbar, in der sie auftritt, ist sie deshalb die Sensation, weil sie immer aufs neue ihre ordinäre Pose mit menschenfreundlicher Ironie verbindet. Da fühlt sich jeder angezogen, und sogar die Frauen bekommen nicht das Gefühl, ausgebootet zu werden. Nein, da steht und singt eine Schwester, die ihr Programm mit dem Titel »Frauenpower« vorführt. Auf ihre Weise natürlich. Ohne daß sich jemand auf den Schlips getreten fühlt.

Daß sie »von Kopf bis Fuß auf Liebe eingestellt« sei, das singt sie zwar, aber eigentlich vermutet man doch eher die brave Hausfrau unter der Oberfläche, die bis jetzt nicht zum Zug kam. Die Männer wollten eben immer was anderes von ihr. Pfannkuchen wollten sie nicht. Also bekamen sie Liebe. Ihr doch egal.

Lola-Lola schwänzelt über die Bühne. Mit einem Fingerschnippen fordert sie einen Platz, den eine andere bisher einnahm. Ein Blick genügt, und man folgt ihr. Sie setzt den silbernen Zylinder auf, der wie ein Sektkübel wirkt, also wie eine Karikatur, und singt.

Männliches Gebaren scheint ihr nicht fremd zu sein. Denn etwas Herrisches ist ihr durchaus zueigen – aber nur als Pose. »Männer umschwirrn mich wie Motten das Licht, und wenn sie *verbrännän*, ja dafür kann ich nichts« – das ist eine Lakonie, die ihre darstellende Wirkung steigert, Kaltschnäuzigkeit für Männer, die bisher von Frauen nur Pfannkuchen bekamen.

Der Professor Rath ist natürlich ein leichtes Opfer. So leicht sind die anderen nicht zu betören. Aber Lola-Lola gibt sich Mühe.

Sie zieht die nackten Schenkel an und die nackte Schulter hoch und schlägt die umtuschten Augen auf. Verführung im Rohzustand, auf der Stufe des Tingeltangels. Für Rath reicht's.

Marlenes Stimme klingt in den hohen Lagen schrill, das lag am noch nicht entwickelten Klangsystem der Ufa. In den tiefen Lagen ahnt man schon Marlene, die Jahrzehnte später noch das Publikum faszinierte, wenn sie tief Luft holte, was ihren Brustkorb ansehnlich weitete, und eine Oktave nach unten ging. Das war immer das stimmliche Zeichen für spöttische Selbstdarstellung, mit der man ihr auch das anzügliche Gehabe verzieh, denn darin lag Intelligenz.

Einmal mehr steht sie auf der Leinwand – endlich wieder einmal – am Küchenherd. Als Kontrast zu ihren Bühnenauftritten wirkte das immer am schönsten. Jetzt kocht sie Kaffee für »Immanuel«, ja genau so und nicht anders heißt der Herr Professor Rath mit Vornamen.

Wenn sie ihn anlächelt, ist sie verführerisch schön, wenn dann ihre Berliner Schnauze loskollert, wird der Eindruck etwas getrübt. Denn sie spricht eigentlich nur in vorgestanzten Redensarten und Allgemeinplätzen. Aber zum Glück lächelt sie danach wieder.

Ist diese Lola-Lola begehrenswert für jedermann oder nur für den verspießerten Professor Rath?

Marlene Dietrich verleiht der Person die Anmut des Mädchens aus dem Volk. Derb und zärtlich, ordinär und anmutig, berechnend und spontan, schön und abstoßend zugleich. Ihre Schönheit adelt sie, ihre schnoddrige Haltung zu den schönen Gefühlen proletarisiert sie. Sie beginnt in dem Moment mit dem Professor, der ihr verfiel, zu spielen, als sie ihn abhängig sieht. Sie kann Liebe nicht ernst nehmen, weil dieses Gefühl ihr schon zu oft ein Bein gestellt hat. Daran haben die Männer schuld.

Dennoch ist Lola-Lola keine Femme fatale, kein Vamp im Varieté, der die Kerls verschlingt. Sie wird zum Unglück nur für den Professor Rath, der ihr mit untauglichen Mitteln begegnet. Er, der keine Spur von Menschenkenntnis zu besitzen scheint, tritt ihr, der Kokotte, gegenüber mit der wilhelminischen Ehemoral. Verblendet von ihren Reizen, will er sie zur treuen Gattin umfunktionieren. Das muß schiefgehen.

Und es geht schief. Er wird unglücklich, Wachs in ihrer Hand, ein Opfer nicht dieser Frau, sondern seiner eigenen emotionalen Schwäche. Was kann sie dafür?

Nicht Lola-Lola stürzt ihn ins Verderben, sondern er sich selbst, weil er nicht erkennt, auf welcher Ebene sie tätig ist. Die Männer, die sonst mit ihr Umgang haben, brauchen nichts zu fürchten. Für sie ist Lola-Lola eher ein Kumpel denn ein Vamp.

Im weißen Brautkleid sieht Marlene unschuldig wie ein Lämmchen aus. Jetzt brauchte sie nur den Mund zu halten und könnte als Elfe durchgehen. Aber wenn sie dann spricht, ist die doch nur die Lola-Lola aus Moabit. Nur ihr alles verstehendes Lächeln danach, mit dem sie sich über eitle Männer lustig macht, rettet sie wieder als sympathisches Sexsymbol. Und wenn sie sich in einen Vorhang hüllt, in den Knien abknickt und die Hüften demonstrativ vorschiebt, dann sehen wir für Sekunden schon die legendäre Marlene späterer Jahre, die mit Glamour statt Frivolität die Welt beglückte.

Immer wenn es für sie kritisch wird, schlägt sie die nackten Schenkel so lässig übereinander, daß sie Punkte gewinnt. Eine Frau mit solchen Beinen kann nicht ganz schlecht sein. Und wenn die Krise beseitigt ist, stemmt sie die Hände in die Seite und vollführt eine halbe Umdrehung mit der Hüfte.

Und die genießt ihren Triumph über diesen Mann, der ihre Niederlagen, die sie durch andere Männer erfuhr, kompensiert. Wenn er verzweifelt von ihr flieht, weil er die Erniedrigung nicht mehr erträgt, lächelt sie nur und legt die heiße Brennschere für die Dauerwelle zurecht, wenn er zurückkommt, sagt sie nur: »Naja, gibt mir mal meine Strümpfe.« Damit bekommt sie ihn immer zurück: wenn er seiner erotischen Göttin die Strümpfe überstreifen darf.

Fünf Jahre geht das so, wir schreiben nun das Jahr 1929. Rath hat sich scheinbar an seine neue Rolle gewöhnt, für Lola-Lola den Hanswurst zu spielen, sie zu bewundern und die Klappe zu halten. Der deutsche Spießer ist untergraben. Dafür genügte eine Tingeltangelsängerin mit netten Beinen.

Einmal vollständig angezogen, wirkt diese kesse Motte und Männerverderberin Lola-Lola auch nicht ohne. Gehüllt in eine Pelzimitation wiegt sie sich noch verführerischer als vorher in den Hüften, der Stoff regt ihre Sinnlichkeit an.

Sie scheint einfach geboren für den gekonnten Auftritt, das ist schon ihr ganzes Geheimnis. Und das Geheimnis von Rath ist, daß er ihren Auftritt mit dem Alltag verwechselte.

Nachgeschichten

Der Regisseur dieser Filmauftritte von Lola-Lola alias Rosa Fröhlich alias Marlene Dietrich, Josef von Sternberg, verläßt Anfang Februar Berlin in Richtung Hollywood.

Kurz nach seiner Abreise wird Marlene Dietrich in das Büro der Produktionsfirma Paramount gebeten. Sie soll einen Vertrag unterschreiben, den ihr ein Mr. Schulberg, der Leiter der Paramount-Studios, schon bei den Dreharbeiten angeboten hatte. Dieser Vertrag verpflichtet sie für sieben Jahre nach Amerika.

Josef von Sternberg hat in aller Stille seine Fäden gezogen. Er will unbedingt weiter mit Marlene arbeiten — und er will sie, obwohl beide verheiratet sind, um sich haben. Allerdings lebt er selbst bereits praktisch in Scheidung, doch davon weiß offiziell noch niemand etwas.

Marlene ist entzückt und skeptisch zugleich. Soll sie eine große Karriere, von der sie als Kind immer träumte, einschlagen und dafür Mann und Kind verlassen? Vor allem das Verlassen der vierjährigen Heidede würde ihr große Probleme bereiten.

Außerdem hat sie das Gefühl, es sei zu spät, um noch einmal einen neuen, anderen Weg einzuschlagen. Warum hat ihr das Schicksal diese Chance nicht früher geschenkt!

Der deutsche Vertreter der Filmgesellschaft Paramount, Ike Blumenthal, rät ihr zu. Die Vertragsbedingungen sind mittlerweile günstig geändert worden, Marlene kann, wenn sie will, schon nach dem ersten Film, und nicht erst nach sieben Jahren, wieder zurückkehren. Zudem hat die Ufa stillschweigend auf eine Optionsklausel verzichtet, die ihr das Recht auf den nächsten Film der Schauspielerin übertrug. Offenbar hatten die Herren dort noch immer nicht begriffen, was für ein Juwel sie mit der blonden Deutschen unter Vertrag hatten.

Marlene schwankt noch. Sie versucht, eine Klausel in den Vertrag einzubauen, der sie für alle Fälle jedes halbe Jahr zu einem Deutschland-Besuch berechtigt. Diese Klausel wird schließlich nach einigem Hin und Her von den Verantwortlichen genehmigt – man will Marlene um jeden Preis haben.

Und aus den USA reist auch noch einmal Mr. Schulberg an, um den neuen Star aus Old Germany zu überreden, falls das noch notwendig ist.

Marlene läßt nach einiger Zeit ihre Bedenken fallen. Schließlich glaubt sie selbst nicht daran, lange fortzubleiben. Und wenn doch, kann ihre Tochter mit einer Gouvernante jederzeit nachkommen. Auch ihr Mann rät ihr, den Schritt zu wagen. Er wird solange auf seine Frau verzichten.

Sie unterschreibt den Vertrag, der sie für zunächst 26 Wochen in die USA verpflichtet und ihr 26 Wochen Deutschlandaufenthalt zugesteht – inklusive der Schiffsreisen hin und zurück!

Als »Der Blaue Engel« am 1. April 1930 in Berlin uraufgeführt wird, packt Marlene schon die Koffer. Am nächsten Morgen bereits wartet das Schiff am Kai von Bremerhaven, um sie über den großen Teich in die Weltkarriere hineinzutragen. Sie muß dieses Schiff mit dem Nachtzug erreichen.

Am Abend sieht sie sich, zusammen mit den Kollegen, den Film in einer Loge des Kinos an und nimmt den begeisterten Schlußapplaus entgegen. Sie verneigt sich in ihrem weißen Abendkleid, das ein Veilchenstrauß schmückt, vorläufig zum letzten Mal auf einer deutschen Bühne. Und zum letzten Mal als Hauptdarstellerin in einem deutschen Film. Das ahnt jedoch niemand, der sie sich an diesem Premierenabend auf der Bühne verneigen sieht.

Die Nachgeschichte des »Blauen Engel« ist ebenso spannend wie die Vorgeschichte.

Aus dem Jannings-Film war ein Marlene-Film geworden. Und aus dem gleichen Grund warfen viele Kritiker dem Regisseur Sternberg vor, Heinrich Manns sozialpsychologische Studie des deutschen Provinzspießers zugunsten von Lola-Lola verdünnt zu haben.

Und tatsächlich steht ja im Mittelpunkt dieses Films die von Kopf bis Fuß auf Liebe eingestellte Diseuse, die den Gymnasialprofessor Rath mit ihren Reizen umgarnt und später zur Lächerlichkeit verdammt. Emil Jannings, der Rath des Films, reagierte seine Zweitrangigkeit mit der Bemerkung ab: »Ihr Blick ist verschleiert wie bei einer Kuh, die ein Kalb kriegt.«

Über diesen verständlichen Ärger eines großen Schauspielers, der ins zweite Glied verdrängt wird, hinweg, bleibt es aufregend genug, wie in diesem Film ein Frauentyp geboren wird. Diese Frau, von Marlene Dietrich schon in Andeutungen vorher auf die Bühne gebracht, legt alle ihre sinnlichen Bedürfnisse frei, das irritiert und macht sie anziehend. Die Normenwelt der Männer interessiert sie nicht, nur ihre eigenen Bedingungen interessieren sie. Sie stürzt den Spießer unabsichtlich, nebenbei, dessen Besitzdenken sie, die alle meint und nur zufällig an einem hängenbleibt, notwendigerweise untergräbt.

Ein Mißverständnis war mit dieser Frauenrolle in die Welt gesetzt, das schon Vorläuferinnen hatte – gemeint ist der

Vamp. In diesem Frauenbild des Kinos in den 10er und 20er Jahren, einer mit Emanzipation konfrontierten Männergesellschaft, wurde Erotik ins Geheimnisvolle abgedrängt und deshalb mit dem Chaos verbunden. Lola-Lola, wie schon zuvor Lulu in dem Film »Die Büchse der Pandora« mit Louise Brooks, mußte sich in diesem Bild wiedererkennen.

Ein neuer Vamp, wenn auch einer, der im Tingeltangel sang und sich in Gestalt von Marlene selbst ein bißchen auf die Schippe nahm, war geboren. Und dieser Vamp traf nun in Hollywood ein, sang in einem Etablissement in »Morocco« (Marokko) und erlebte, wie bei der Premiere zu diesem Film Reklameflugzeuge seinen Namen »Marlene Dietrich« in den Himmel schrieben. Das war himmlisch: wie sich das deutsche Fräulein mit der preußischen Erziehung in knapp einem Jahr zum Luxusgeschöpf amerikanischer Glamours verwandelte.

Aber vorerst war es noch nicht soweit. Marlene saß noch auf einem Ozeanriesen, der »Bremen«, und schwamm über den großen Teich. In ihrem Herzen war der frische Ruhm aus Deutschland eingeschlossen und auch die bange Erwartung, ob ihr Aufenthalt in Amerika, den sie noch für einen vorübergehenden hielt, gut gehen würde.

Sie war jetzt quasi allein. Trotz der sie begleitenden Garderobiere Resi aus dem »Blauen Engel« ganz auf sich gestellt. Ihre deutschen Freunde und Gönner blieben zurück. Ebenso Rudolf Sieber, ihr Mann, und ihre Tochter Heidede. Ein Ozean würde bald zwischen ihnen liegen.

Das alles zusammengenommen drückte auf ihre Stimmung und ließ sie den Triumph vergessen, den sie am Premierenabend in Berlin empfunden hatte.

Der einzige Vorteil auf dieser sechstägigen Reise war, daß sie weitgehend ihre Ruhe hatte. Noch kannte sie kaum jemand. Ihr frischer Ruhm war in Berlin zurückgeblieben bzw. ihr nach Amerika vorausgeeilt. Auf dem Schiff war sie nur eine außergewöhnlich schöne blonde, elegante Dame, die allein reiste, Distanz hielt, sich tagsüber meistens in ihrer Kabine aufhielt, pro Reisetag mindestens ein Telegramm nach Berlin an die Adresse Sieber tickern ließ und freundlich reserviert an den abendlichen Geselligkeiten teilnahm.

In Deutschland war unterdessen der kritische Streit um »Der Blaue Engel« entbrannt. Die Wogen schlugen hoch. Die Parteien stritten mit handfesten Argumenten.

Heinrich Mann schaltete sich in die Auseinandersetzung ein. Er schrieb in einem Brief an einen Zeitgenossen, der ihn zu den Veränderungen des Films gegenüber dem Roman befragt hatte: »Die Handlung ist verschoben, die Probleme sind anders gelagert – aber alles ändert nichts an den Gestalten. Es sind im Grund dieselben geblieben. Sie leben sich jetzt im Film aus, anstatt im Roman; das ändert ihre Schritte, nicht ihr Wesen ... Je tiefer ich hineinsah, um so weniger blieb ich auf dem Standpunkt des literarischen Autors, und um so ferner lag mir der Ausruf ›Wie hast du dich verändert!‹ Die Handlung des ›Blauen Engel‹ weicht nur in der zweiten Hälfte von der meines Romans ab. Aber wäre sie selbst ganz anders, ich betrachte es als großen und dankenswerten Gewinn, daß wirklich erlebte Gestalten, so wie sie sind, in einen Film übernommen werden. Sogar einige echte Worte hörte man.«

Und wenig später, nachdem Heinrich Mann den fertigen Film gesehen hatte, das war in Nizza, wo ihn Produzent Erich Pommer verführte, erinnerte er sich im »Berliner Börsen-Courier« vom 30. März 1930:

»Es war in einem großen leeren Kinotheater am Strande, des Vormittags während der Arbeit der Reinemachefrauen.

Der Operateur wußte nicht gleich Bescheid mit dem Werk, das in der Technik des Tonfilms so bemerkenswerte Fortschritte aufweist. Auch die französischen Rufe der im Hause beschäftigten Frauen machten mir fühlbar, welchen weiten Weg der Blaue Engel und sein Held nachgerade zurückgelegt hatten – von der nordischen Hafenstadt, wo sie schon gespielt hatten, als ich allein sie kannte, bis zu dem Strand im Süden, wo man sie mir heute vorführte.

Wir waren drei Zuschauer in dem großen fremden Kinotheater, und wir sahen den bewunderswerten Jannings lächeln – das zarte kindliche Lächeln eines späten, gefährlichen Glücks, das sich hervorringt und glänzt aus einem glücklichen Gesicht. In mehreren Weltteilen sollten künftig viele es sehen. Der Schauer eines ganz zu Ende gelebten Schicksals soll sie berühren, während sie nur hinblicken auf bunte Bilder, bunte Welt.«

(Dieses und das Zitat davor, sowie die folgenden aus: Werner Sudendorf: Marlene Dietrich)

Die Kritik auf den »Blauen Engel« in Deutschland war gespalten. »Wie lange ist es her, daß wir einen deutschen Film so uneingeschränkt loben konnten, loben mußten?« fragte Wolf Zucker in »Die Literarische Welt« vom 11. April 1930 und fuhr fort: »Sternbergs Verfilmung von Heinrich Manns ›Professor Unrat‹ verdient solches Lob ohne Einschränkung, ja, nach diesem trostlosen Winter schlechter deutscher und gleichgültiger amerikanischer Filme fühlen wir uns fast versucht, den ›Blauen Engel‹ den besten deutschen Film zu nennen.«

Bezugnehmend auf Marlene Dietrichs Leistung schrieb der Kritiker: »Erstaunlich, was aus Marlene Dietrich gemacht worden ist, einer Schauspielerin, der wir bisher nicht immer mit Vergnügen zusahen. Diesmal ist ihr alles geglückt, Spiel, Sprache und sogar der Gesang.«

Der berühmte Filmpublizist Kurt Pinthus steuerte im Berliner »Tagebuch« vom 15. April 1930 eine weitere Lobrede bei. Er meinte:

»Dieser bisher kostspieligste Tonfilm der Ufa-Produktion (Erich Pommers) ist zweifellos von allen bisher in Deutschland gefertigten der künstlerisch wertvollste und zukunftsträchtigste.«

Und wodurch wurde der Film so außergewöhnlich? Natürlich durch Regie und Drehbuch. Ebenfalls durch Emil Jannings. Und »durch die bislang fast unbekannte Marlene Dietrich, die, auf hohen Schenkeln, blöd schön und schön blöd, auf der Brettlbühne und in diesem Tonfilm steht, stimmlich zwar noch nicht klar genug, aber hinreißend ordinär in der Passivität ihres Sex-Appeals und im Umkippen der hohen Gesangstöne in kehlhaft tiefe Abgründe.«

Pinthus kannte Marlene also offenbar nicht gut genug. Aber das lag wohl daran, daß dieser verdienstvolle Kinotheoretiker nur ihre Filme, nicht ihre Bühnenauftritte gesehen hatte. Kritische Beobachter wie dieser prägten jedenfalls die später landläufige Meinung, die Dietrich sei erst mit »Der Blaue Engel« entdeckt worden.

Einer der Star-Kritiker der damaligen Zeit, Herbert Ihering, schwärmte im »Berliner Börsen-Courier« vom 2. April 1930:

»Das Ereignis: Marlene Dietrich. Sie singt und spielt fast unbeteiligt, phlegmatisch. Aber dieses sinnliche Phlegma reizt auf. Sie ist ordinär, ohne zu spielen. Alles ist Film, nichts Theater. Zum erstenmal kommt eine Frauenstimme im Tonfilm mit Timbre, Klangfarbe, Ausdruck heraus. Außerordentlich.«

In diesem Stil gehen die Lobeshymnen über den neuen Star am Filmhimmel, der sich bereits auf dem Weg nach Amerika befindet, weiter.

Hans Sahl: »... das Ereignis dieses Films ist Marlene Dietrich. Und hier wird die Regie Josef von Sternbergs am stärksten spürbar: das ist keine falsche Garbo mehr, alles an ihr ist neu und aufreizend; dieser lockende, einladende Gang, diese kühle Verdorbenheit, diese sinnliche Aggressivität in Ton und Bewegung − Marlene Dietrich ist nach Hollywood gegangen. Der deutsche Film ist um eine Künstlerin ärmer.« (»Der Montag Morgen« vom 7. April 1930)

Der Blaue Engel breitet seine Flügel aus

Marlene ist nicht nur nach Hollywood gegangen. Sie ist auch dort angekommen.

Das geschah am 9. April 1930. Genaugenommen landete die »Bremen« mit dem neuen Star an Bord nach fünftägiger Fahrt im Hafen von New York — die USA waren erreicht. Hollywood mußte noch um ein weniges warten.

Die Verantwortlichen von der Filmgesellschaft Paramount hatten eine Pressekonferenz angesetzt, auf der »der neue Weltstar« Rede und Antwort stehen mußte. Marlene, erschöpft von der langen, nicht besonders erholsamen Reise bei überwiegend stürmischem Seegang, versuchte dennoch, auf jede Frage geduldig zu antworten. Natürlich wollte sie es ihren neuen Gastgebern auch recht machen, und sie wollte ihren Ruf, der ihr vorausgeeilt war, nicht gefährden.

Doch was für ein Ruf war das eigentlich? Galt sie als kultivierter, weiblicher Botschafter des deutschen Films, als politische Repräsentantin eines anderen als jenes Deutschlands, das mit dem Auftreten der Nationalsozialisten immer mehr das Bild beherrschte? Oder sah man in ihr einfach Lola-Lola, die verruchte Person, die sich nicht scheute, ungeniert ihre faszinierenden, strapsbewehrten Beine zu zeigen?

Es war von jedem etwas. Und Marlene begriff schnell,

daß sie vorsichtig sein mußte. Denn in der Öffentlichkeit zu stehen, wie sie jetzt stand, das war etwas völlig anderes, als in Berlin Theater zu spielen und der Liebling der Saison zu sein. Amerika war das Schaufenster der Welt. Und sie stand nun darin als das begehrteste Ausstellungsstück.

Sie legte sich einen Plan zurecht. Das einfachste wäre doch, einfach viel Bein zu zeigen, sagte sie sich. Und sie zeigte Bein.

Sie setzte sich gleich nach ihrer Ankunft um zehn Uhr morgens im Hafen von New York auf ihr Gepäck, das gerade ausgeladen worden war, lächelte überlegen in die Kameras, schlug lässig die Beine übereinander, steckte sich eine Zigarette in langer Spitze an und ließ ihren grauen Kostümrock knapp über ihr Knie rutschen. Das wirkte.

Die Blitzlichter flammten auf, überall schrien die Fotografen durcheinander, um sie zu noch mehr Posen aufzufordern. Doch Marlene blieb kühl. Sie war eine intelligente, kultivierte Berlinerin, basta! Daran würden sich die Amis schon noch gewöhnen.

Die Fragen, die ihr gestellt wurden, waren nicht frei von Ressentiments gegen die Deutschen. Wer war dieser Hitler? War der verrückt, sich derart chauvinistisch gegen seine friedlichen Nachbarn zu benehmen? Hatten die Deutschen nicht schon den Ersten Weltkrieg angezettelt, wollten sie nun einen zweiten, größeren und schrecklicheren, provozieren? Und glaubte sie, Marlene, wirklich, als Deutsche in den USA einen Fuß auf den Boden zu bekommen?

»Aber ja, bei meinen Beinen!« konterte Marlene. »Das leuchtet doch jedem ein, oder?«

»Miss Dietrich! Warum sind Ihr Mann und das Kind in Berlin geblieben?«

»Weil sie so auf mich warten können. Ich bleibe ja nicht lange unterwegs! ...«

»Glauben Sie, daß Hollywood Ihnen zu Füßen liegen wird?«

»Hollywood liegt mir schon jetzt zu Füßen, ich werde dafür sorgen, daß es sich wieder erhebt.«

»Thank you, Miss Dietrich! And good luck!«

Die Generalprobe war bestanden. Man hatte den neuen Star beschnuppert und akzeptiert. Diese preußische Lola war kein blondes Dummchen, wie es sie in Hollywood zu Hunderten gab. Die Frau hatte Stil, Charme, Verstand. Und sie war attraktiv, eine Mischung, die in den USA immer ankam.

Marlene atmete erleichtert auf. Ein weiterer Schritt ins Selbstbewußtsein war getan. Sie gefiel Amerika und den Amerikanern offenbar. Eine andere Frage war, ob ihr Amerika gefiel. Das blieb abzuwarten.

Sie zündete sich eine neue Zigarette an. Dann fuhr sie mit dem Zug nach Hollywood.

Die Traumfabrik

Nun gut. Da war sie. Marlene ließ ihren Blick schweifen über die Traumstadt. Sie sah all diese Leute, die im Kinogeschäft arbeiteten oder zu arbeiten vorgaben. Die Superblonden, Reichen, Verrückten, Verkorksten. Wenige Kreative und Begabte. Die Partys waren reichlich langweilig, der Wein schmeckte mäßig, die Witze waren fad.

Hollywood, von weitem ein Paradies, wo Dollarscheine an den Palmen wuchsen, die Zitronen blühten und sich Supergirls in den Vorgärten räkelten, entpuppte sich von nahem als triste Oase des Kampfes ums Überleben in einem Meer von hektischer Geschäftigkeit. Hollywood – ein Kommerzunternehmen.

Dennoch: es war Hollywood. Weit entfernt von den Provinzbühnen und von den politischen Querelen in der Heimat. In Hollywood schien es einzig und allein darum zu gehen, wer welche Filmrollen ergatterte und dann am meisten damit angab. Das war zwar anstrengend, aber es war zumindest lukrativ, denn es zog weitere Rollen nach sich.

Es hatte nichts mit Hunger, Rassen- und Klassenhaß, mit Inflation und Wirtschaftskrise, der ewigen Misere in Deutschland zu tun. Deshalb begann Marlene schon in den ersten Wochen, ihre neue Wahlheimat anzunehmen – auch wenn sie diese keineswegs liebte.

So schnell es ging, traf sie sich mit Josef von Sternberg.

Beide hatten den Wunsch, keine künstlerische Pause eintreten zu lassen.

»Der Blaue Engel« war jedoch in der englischsprachigen Version in den USA noch immer nicht angelaufen. Die Paramount hatte die Rechte zwar gekauft, hielt den Film jedoch zurück. Man war sich über die Auswirkungen dieses Streifens in Nordamerika offenbar nicht ganz einig und wollte den neuen Star nicht mit einem eventuellen Negativ-Image belasten.

Sternberg legte Marlene die Idee für einen neuen Film vor. Es handelte sich um die autobiographische Geschichte eines Journalisten mit dem Titel »Amy Jolly, die Frau aus Marrakesch«. Marlene sollte darin erneut ein käufliches Mädchen spielen.

Das paßte ihr überhaupt nicht. Sie wußte bereits, daß Hollywood dazu neigte, Schauspieler in bestimmte Rollenklischees zu pressen. Die sogenannte Typage diente in der Filmindustrie dazu, den aktuellen Marktwert eines Darstellers so lange auszubeuten, bis das Interesse an ihm erlahmt war. An den Schwierigkeiten, diese »Typage« zu verlassen, und das ganze Spektrum an Fähigkeiten, die auch im absoluten Gegensatz zueinander stehen konnten, unter Beweis zu stellen, waren schon ganze Heerscharen von Talenten gescheitert.

Nein, Marlene schwor sich, in diese Falle nicht zu tappen. Andererseits war da dieses Buch, diese Story, die sie interessierte. Und da war schließlich auch Gary Cooper, der ihr Partner sein sollte.

Und bei genauerem Hinsehen schien die Story auch einige frappante Parallelen zu ihrer eigenen Geschichte zu haben. Die Geschichte:

In einem Tingeltangel in Nordafrika arbeitet als menschliches Strandgut, soeben eingetroffen, die Sängerin Amy

Jolly. Sie wird von zwei Männern, einem reichen Lebemann und einem Fremdenlegionär, umworben. Der erste heiratet sie, der zweite begehrt sie. Als der Fremdenlegionär den Ort verläßt und weiterzieht, läßt sie den Ehemann im Stich und folgt ihm in die Wüste ...

Die Gemeinsamkeiten mit ihrem eigenen Leben − natürlich im übertragenen Sinne − müssen Marlene Dietrich so amüsant vorgekommen sein, daß sie sich gegen ihre anfänglichen Widerstände entschloß, die Rolle der Amy Jolly zu spielen. Und das war letzten Endes kein Fehler, denn »Morocco«, so hieß das fertige Filmprodukt, wurde einer der besten Dietrich-Filme überhaupt.

Sieht man einmal ab von der penetranten Zeichnung des Milieus und der − milde ausgedrückt − naiven Zeichnung der Einheimischen, besticht der Film auch heute noch durch seine traumwandlerische Atmosphäre und durch das spontane Spiel seiner jungen Darsteller.

Während der Dreharbeiten begann das, was die eingeweihten Chronisten als den »Umbau« der Marlene Dietrich aus Berlin in den Zelluloid-Vamp Nummer eins Marke Hollywood nennen. Hollywood brauchte einen Vamp und bekam einen. Marlene wurde zurechtgeschliffen.

Sie mußte 30 Pfund abnehmen, ihr Gesicht wurde geknetet, massiert, mit kosmetischen Mitteln nachgezeichnet. Die Augenbrauen mußten ausgezupft und gerichtet werden. Das Haar, eigentlich dunkelblond, wurde auf brünett getrimmt und mit Lockenscheren traktiert, um die zukünftigen Studio-Scheinwerfer und das Gegenlicht auf dem Haar zur Geltung kommen zu lassen. Ja selbst die Weisheitszähne oben und unten, rechts wie links, so wird berichtet, mußten raus, damit ihre Wangen hohler erschienen. Marlenes Gang wurde strategisch neu geplant, ihre Haltung korrigiert, ihre Stimme gemodelt. Ihre angeblich unphotogene

Nase bekam einen kunstvollen silbernen Strich auf dem Nasenrücken und sah von Stund an schmaler, also edler und irgendwie »deutscher«, aus.

Marlene ließ alles mit sich geschehen.

Nur in einem Punkt gab sie nicht nach – sie wollte ihre Vorstellungen von femininer und europäischer Mode nicht von den amerikanischen Allroundern der Studios verpfuschen lassen. Sie bestand darauf, Hosen tragen zu dürfen. Und sie durfte – allerdings kam das einer Revolution gleich, etwa vergleichbar der Einführung des Tonfilms. Denn in Hollywoods Typen-Küche war bis dahin kein Platz gewesen für hosentragende Frauen. Das galt als unerotisch.

Frauen, die für das Fach Verführung eingeteilt waren, hatten weiche, hautenge, fließende Gewänder zu tragen. Schließlich hatte der Vamp in der Filmgeschichte Verantwortung übernommen. Jetzt sollte er diese auch tragen – in Form von erotisierenden Kleidern mindestens.

Der Vamp war zu Beginn des Tonfilms in den USA noch immer »in«. Die ersten Vamps der Filmgeschichte waren in Verkleidungen anderer Art aufgetreten: ihre Tarnung waren verfilmte, exotische Romane des 19. Jahrhunderts oder der griechisch-römischen Antike. Da Sexualität und erotische Darstellung in der Frühzeit des Kintopps nur stilisiert auf die Leinwand gebracht werden konnte, mußten die Vamps und Femmes fatales sich exotisch, orientalisch oder als Wilde drapieren.

Vamps des Kinos waren Frauen, von denen eine bedrohliche, allesverschlingende Erotik ausging. Sie konnten sich – nach dem Willen der Image-Fachleute von Hollywood, wo sie geschaffen wurden – unversehens in »Vampire« verwandeln und Männer zu blutlosen Wracks machen. Theda Bara, der erste Vamp, galt als ein »Dämon der Verworfenheit«, wie der Filmemacher Kenneth Anger später befand.

Ein Kuß von ihr, und der Geliebte war um seinen Verstand gebracht, er verfiel dem Wahnsinn und starb, der »Vampir« triumphierte an seiner Leiche, eine Rose zwischen den Lippen.

Ja, tatsächlich, so herzlos traten Vamps in den frühen schwarzweißen Licht- und Schatten-Spielen des Kintopps vors Publikum.

Derartige Inkarnationen von Sünde und Sex sind noch den Kinderschuhen des Kinos zuzurechnen, als das Publikum mit unverstellter Naivität das Geschehen auf der Leinwand verfolgte. Später wurden Zuschauer und Darsteller anspruchsvoller.

Schon die nächsten Vamps der Filmgeschichte waren wesentlich weltlicher, lebenshungriger, aber auch raffinierter in ihren Verführungskünsten. Sie glichen sich eher dem Bild der Femme fatale an, der »Schicksalsfrau«, die sich in der Filmgeschichte durch ihre magnetische Anziehungskraft Männer unterwirft.

Im Kino erlebte dieser Typus Frau, der schon durch die Literatur des 19. Jahrhunderts gegeistert war, eine neue Blüte − die Femme fatale war wie für die Leinwand geschaffen, sie ging bereits im Stummfilm an die Arbeit und ist auch heute noch in der Zeit der Postmoderne dabei, den Mann ins Verderben zu stürzen.

Als melodramatische Schwester des Vamps ist die Femme fatale ohne ihr bewußtes Zutun verhängnisvoll; sie kommt wie ein ungewolltes Verhängnis über den Mann. Das macht ihre Gefährlichkeit aus, aber auch ihre unwiderstehliche Anziehungskraft.

In Gestalt von Marlene Dietrich versuchte Hollywood, den Vamp, die Femme fatale und das »good bad girl« zusammenzubringen. Das »good bad girl« galt als Gegenbild zum Vamp, deshalb ist der Versuch der Melange bemerkenswert. Im Bild des »good bad girl« ging es immer um eines der Hauptprobleme im Liebesleben der westlichen Kultur, nämlich: Wie kann ein Mann gleichzeitig seine animalisch-sexuellen und zärtlich-liebevollen Bedürfnisse mit einer einzigen Frau stillen?

Das »good bad girl« gerät im Verlauf der Handlung eines Films ins Zwielicht und damit in den Verdacht, auch mit anderen Männern eine intime Beziehung zu unterhalten. Am Ende stellt sich jedoch ihre »Unschuld« heraus, auf jeden Fall wird sie moralisch reingewaschen, auch wenn sie körperlich nicht unversehrt bleibt.

Die Gefahr für ein »good bad girl« besteht dabei immer darin, durch ihre undurchsichtigen, scheinbar irrationalen Handlungen die Liebe und Achtung ihres Angebeteten zu verlieren und damit zwischen alle Stühle zu fallen.

Marlene Dietrichs Filmrollen werden in der Folgezeit immer geprägt sein von den Mustern, die der Vamp, die Femme fatale und das »good bad girl« in der Geschichte des Kinos ausgeprägt haben.

Es war frappierend, wie sich Anfang 1931 das deutsche Bürgermädchen Marlene in das Hollywood-Geschöpf verwandelte. Menschen aus Marlenes unmittelbarer Umgebung, die sie ein halbes Jahr nach ihrem Weggang aus Berlin wiedersahen, erkannten sie kaum wieder, so sehr hatte die Traumfabrik sie verändert.

Und der Mann, der hauptsächlich dafür verantwortlich war, hieß Josef von Sternberg. Nach seinen Aufrißplänen ging der Umbau des deutschen Stars vor sich. Nicht zu Unrecht konnte Marlene ein Foto von sich aus diesem Jahr ihrem Regisseur widmen mit der Zeile: »Gewidmet dem Schöpfer – von seinem Geschöpf.«

Josef von Sternberg war besessen von Marlene. Er war besessen von seiner Idee, die Frau zu einer Kino-Ikone des

20. Jahrhunderts zu machen, und er war besessen davon, Marlene zu begehren. Marlene zog ihn magisch an.

Sternberg wußte sich manchmal nicht anders zu helfen, als seine gerade von ihm geschiedene Frau Riza zu bitten, aus New York an die Westküste zu kommen und ihn auf andere Gedanken zu bringen. Gleichzeitig investierte er seine gesamten kreativen Energien in den neuen Superstar, in Marlenes Karriere und ihr Erscheinungsbild auf der Leinwand.

Das Verhältnis der beiden war intensiv, aber es war unglücklich. Marlene fühlte sich zwar geborgen bei Sternberg, der ihr alle Schwierigkeiten in ihrem neuen Heimatland vom Hals hielt und ein wertvoller Ratgeber war, aber als Geliebte wollte sie sich auf Sternberg ebensowenig einlassen, wie dieser sich wieder auf seine Ex-Frau einlassen wollte.

Marlene war zu dieser Zeit nicht froh. Zwar ging sie abends aus und machte die Bekanntschaft mit einigen neuen Kollegen, aber eigentlich hatte sie das Gefühl, in die falsche Richtung gelaufen zu sein. Sie wollte nach Berlin zurück, wollte ihre Tochter in die Arme schließen und an der Seite ihres Mannes einschlafen. Statt dessen saß sie hier in Hollywood und litt in dieser heiteren und heißen, künstlich fröhlichen Welt des schönen Scheins.

Für die Dietrich wie auch für Sternberg war das erste gemeinsame Jahr in Hollywood sowohl äußerst fruchtbar als auch äußerst frustrierend. Das Verhältnis zwischen ihnen war in keiner Weise geklärt. Beide litten unter der Bindung an zwei unterschiedliche Menschen. Sternberg liebte Marlene und — so paradox es klingt — immer noch seine Ex-Frau Riza, und Marlene war fasziniert von ihrem Regisseur und fühlte doch eine große und entscheidende Bindung an ihren Mann Rudi Sieber, von dem sie in der ersten Zeit jeden Tag Anrufe bekam. Mindestens ebenso oft rief sie ihn in Berlin an.

Das Bild, das die Imagemacher von Marlene Dietrich in jenen Tagen zu zeichnen versuchten, entsprach in keinerlei Hinsicht den Tatsachen.

In der Öffentlichkeit der Klatschpostillen, Werbeanzeigen, Produktionsnotizen und des Partygeraunes wurde Marlene zum Prototyp des Vamps aus Preußen stilisiert, man behauptete, sie bestünde nur aus Beinen, Brüsten und besonderem Benehmen. Danach war Marlene eine Art biologisches Unikum, nur geschaffen, um die Männerwelt in Hollywood moralisch zu ruinieren oder doch zumindest zu kitzeln. Der »Mythos Marlene« begann zu kursieren.

Doch gesehen hatte man noch nicht viel von diesem preußischen Wundermädel. Nur der Ruf war da – von Hollywood geschickt lanciert und am Köcheln gehalten.

Tatsächlich jedoch hatte Marlene nichts als Heimweh nach dem Kurfürstendamm. Sie war einsam. An die Verführung irgendeines Mannes dachte sie nicht im Traum. Sie war zufrieden, daß die unwiderstehlichen Kerle aus Hollywood sie in Ruhe ließen, damit sie an ihre Tochter denken konnte. So weit sind in der Filmgeschichte Image und Wirklichkeit eines Stars selten auseinandergegangen!

Aber glänzende Stars und glamouröse Typen hat Hollywood seit jeher so nötig gehabt, wie der Film das Licht.

Man hatte in Hollywood früh begriffen, daß der Leinwandstar eine Art Medium für den streunenden Lebens- und Menschenhunger des Publikums ist. Weil der Film immer Bilder von der Grenze zu unbekannten Schönheiten, unerwarteten Geheimnissen liefert, also Licht und Schatten immer alles offenbaren können, werden die Leinwandstars – und Marlene Dietrich machte nun gewiß keine Ausnahme –, ganz körperlich gesehen, zu »realen Geheimnissen«. Das Starsystem nutzt diese natürliche, primär körperliche Anziehungskraft der Schauspieler, hinter der Ideen oder Botschaften zurücktreten.

War ein Star einmal kreiert, dann reichte seine Ausstrahlung über den Leinwand-Zusammenhang hinaus, in dem er erschien. Unabhängig von der Rolle, die der Star spielte, verband ihn mit der Welt außerhalb des Kinos, die mit der Erfahrung der Zuschauer gespickt ist, sein realistischer Typus. Das Lächeln von Marlene war Alltag, es gehörte ihr selbst. Ihre Bewegungen und Gesten, ihre Körpersprache, entstammten der Choreographie des Gewöhnlichen, die jeder Zuschauer aus eigener Anschauung kannte. Wie sie über die Straße geht, um einen Einkauf zu machen, daran erkennen wir uns selbst. Erst wenn alle ihre gewöhnlichen, alltäglichen Anteile erschöpft sind, erschien dahinter der Zauber ihrer Unerreichbarkeit. Diese Aura, von der Filmtechnik manipuliert, machte sie zum Star. In dieser Aura auf der Leinwand erfährt die Sehnsucht der Zuschauer nach einem anbetungswürdigen Ideal ihre genußreiche Abfuhr.

Hollywood wußte, daß Filmstars verkörperte Mythen sind, die nicht nur in der Filmgeschichte, sondern tief in der Sozialgeschichte wurzeln. Sie haben Generationen in ihrem Verhalten, in ihrem Habitus, sogar in ihrer Moral und in ihrem Liebesverhalten beeinflußt. Daß Marlene in Amerika sofort die Hosenmode durchsetzte, war dafür nur ein kleines und banales Beispiel.

Umgekehrt waren Filmstars immer auch präzise Verkörperungen von Zeitstimmungen. Sie sind Leitbilder und Imagemacher, die uns von der Filmindustrie zur bewundernden Nachahmung angeboten werden, gleichzeitig aber auch Schauspieler mit individuellen Eigenarten.

Das hohe Sozialprestige etwa, das Hollywoodstars besitzen, ist ein Indiz für das Ausmaß, mit dem sie an der Meinungsbildung teilhaben. Als Halbgötter, Spiegelbilder und Vorbilder unseres Jahrhunderts sind die Stars bis zum Ende dieses Jahrtausends hin gegenwärtig geblieben.

Marlene Dietrich sollte nach dem Willen der Hollywood-Verantwortlichen eine Art Trendsetterin sein für die Mann-Frau-Beziehung, sie sollte dem individuellen Selbstverständnis der Frauen in den 30er Jahren Angebote machen, und sie sollte die Rollen und gesellschaftliche Etikette der Liebe und Erotik aufnehmen und mit ihrer Persönlichkeit umformen.

Um dies zu leisten, war ihr »Umbau« gerechtfertigt – wie unglücklich sie diese neue Wirklichkeit auch machte. Unglück als Preis für Ruhm – diese bittere Wahrheit hat Marlene Dietrich in ihrer Anfangszeit in den USA am eigenen Leibe erfahren.

Das reale Gesicht von Marie Magdalene von Losch war zu diesem Zeitpunkt ebenso verschwunden, wie das reale Antlitz von Marlene Dietrich nicht mehr existierte. Was in Wahrheit existierte, das war jenes hinter Schleiern, Weichzeichnern oder Rauchwolken verborgene Gesicht einer Frau, die wie ein künstliches Geschöpf wirkte mit einem Körper aus Zelluloid und einem Gesicht aus Watte.

Eine Frau, der durch Licht und Schatten des Films Leben eingehaucht worden war, wie weiland dem Golem Leben durch den Glauben des Rabbi Loew eingehaucht wurde.

Denn daß diese Person mit den hohlen Wangen, dem unirdischen Augenaufschlag und dem verwischten Dauerlächeln um einen verführerischen Mund wirklich existierte, das konnte sich nach dem »Umbau« niemand wirklich vorstellen.

Der Grund dafür, daß Josef von Sternberg seine Marlene seit dem Film »Marokko« von 1931 derart verschmückte und in eine geheimnisvolle Ferne rückte, mag vielleicht –

es wurde darüber spekuliert — darin liegen, daß er die reale Marlene als Frau tatsächlich nicht erreichte. So schuf er in seiner speziellen Ästhetik des Rätsels ein ewigwährendes Menetekel für die Unerfüllbarkeit seiner Liebe.

Vielleicht tat er dies unbewußt und aus Verzweiflung. Vielleicht gelang ihm diese Schöpfung jedoch aus einem genialen, bewußten Kunstwillen heraus. In beiden Fällen jedoch schaffte er es, sein Produkt unsterblich zu machen. Hollywood und auch das Starsystem mag vergehen, aber das Bild von Marlene in Filmen wie »Marokko«, »Dishonored«, »Schanghai-Expreß«, »Die Blonde Venus«, »Die Spanische Tänzerin« oder »Engel« bleibt unsterblich.

Während der Dreharbeiten zu »Morocco« (so lautete der Originaltitel des Films nach der Vorlage »Amy Jolly«) klammerten sich die Dietrich und Sternberg aneinander. Sie, weil er die einzige wirkliche Bezugsperson für sie war — beispielsweise redete sie mit ihm nur in deutscher Sprache — und er, weil er ihrem Zauber und ihrer Fähigkeit zu Disziplin und Selbstaufgabe verfallen war und ihren Glamour auf der Leinwand perfektionieren wollte.

Marlene stand bei den Dreharbeiten vom ersten Tag an im Blickpunkt der Aufmerksamkeit von allen. Jeder wollte den aufregenden Import aus Deutschland sehen. Das machte es Marlene nicht einfacher. Sie war nervös. Ihr Englisch litt hörbar darunter. Ihre Aussprache war schlecht. Das »th« bei »thanks« klang wie von einer Plattdeutschen gesprochen, sie merkte es selber. Und wenn sie ganze Sätze hintereinander zu sprechen hatte, verhaspelte sie sich oft.

Dem fertigen Film sind diese Schwächen natürlich nicht mehr anzusehen, sie wurden ausgemerzt. Dafür sorgte der Regisseur.

Josef von Sternberg wollte allen zeigen, daß seine Obsession mit dem Namen Marlene lebensfähig war — denn genau daran zweifelten inzwischen die Bosse der Paramount. Also ließ er jede einzelne Szene ein Dutzend Mal wiederholen. Kein sprachlicher Lapsus, keine Nachlässigkeit in den Gesten, keine falsche Bewegung, nichts ließ er durchgehen. Er wollte die absolute, die vollkommene Illusion. Sein Star Marlene sollte mit nichts vergleichbar sein, was auf der Leinwand jemals erschienen war.

Für Marlene war der Streß ungeheuer. Abends schloß sie sich in ihre Garderobe ein und weinte. Wenn das der Weg zur Berühmtheit war, dann wollte sie ihn nicht beschreiten. Nein, sie wollte nur zurück nach Berlin, zum Kurfürstendamm mit seinen Theatern, zu Heidede, zu Rudolf Sieber. Weg aus dieser Hölle aus Perfektionismus, Drill, Glamour und Terminstreß.

Aber Sternberg schaffte es immer wieder, Marlene zu trösten. Er richtete sie wieder auf, wenn sie am Boden zerstört war. Er redete ihr gut zu. Er rief zu Hause in Berlin bei Sieber an, wenn Marlene deprimiert war und kein Wort sprechen wollte. Er verband die beiden Eheleute miteinander auf seine Kosten, beseelt nur von dem einen Wunsch, daß Marlene in Hollywood bliebe und sein Star wurde. Und das schaffte er!

Und im Zuge dieser Vorstellung eines genialen Mannes und Regisseurs, eine absolute Frauengestalt für die Leinwand zu erschaffen, wurden für das Kino neue Maßstäbe entwickelt. Mit »Morocco« entstanden technische Feinheiten für besondere Beleuchtung, besonderen Schnitt, besondere Kameraführung, besondere Behandlung des Tons, die ihresgleichen suchten.

Und dieser Film besitzt auch einen erotischen Tonfall, wie es ihn selbst im lustvollen und frivolen Hollywoodfilm jener golden zwanziger und dreißiger Jahre selten gegeben hatte. Dafür war hauptsächlich Marlene Dietrich verantwortlich, die sich mit ihren Produzenten über einzelne Details des Films solange stritt, bis sie sich durchsetzte. Für die Erotik war schließlich sie und nicht der Produktionsetat zuständig!

Josef von Sternberg hat in seinen Memoiren »Ich, Josef von Sternberg« sich selbst dafür verantwortlich erklärt, Marlene in Männerkleidung auftreten zu lassen. Mag sein, daß er dies gegenüber den Paramount-Bossen tatsächlich massiv getan hat, denn er versuchte immer, Marlenes Anregungen nach »oben« weiterzugeben. Es darf jedoch bezweifelt werden, ob die Idee wirklich von ihm stammt. Denn schließlich hatte Marlene schon in Berlin die Auftritte von Claire Waldoff und Trude Hesterberg gesehen und daraus gelernt. Sternberg jedenfalls schrieb:

»In einem Werbevorspann, den ich herstellen mußte, um die Finanzgewaltigen an den neuen Star zu gewöhnen, trat sie kurz in Frack und Zylinder auf. Sofort erhob sich ein Sturm der Opposition. Die Chefs der Gesellschaft schworen bei allem, was ihnen heilig war, ihre Frauen trügen nichts anderes als Röcke. Einer von ihnen ging soweit, zu behaupten, Hosen könnten nicht gelüftet werden. Es folgten stundenlange Debatten. Ich verbrauchte meine Energie und sie die ihre, aber sie konnten sich wieder erholen, und ich mußte meinen Film machen.«

Wer auch immer nun für Frack und Zylinder verantwortlich war, Marlenes Einsatz für die erotische Stimmung in diesem Film lohnte sich! Sie schockierte zwar mit der angedeuteten Szene, wirkte dadurch jedoch nur noch interessanter.

Nach »Marokko – Herzen in Flammen«, wie der vollständige deutsche Titel hieß, war Marlene in aller Munde. Hollywood hätte danach das Telefonbuch mit ihr verfilmt. Und das war jedem, der den Film ansah, auch verständlich. Denn so spielte Marlene die genannte Szene als Amy Jolly:

Sie stand da in Frack und Zylinder. Sie trällerte ein französisches Lied, und alle im Parkett, von Adolphe Menjou, der den Kennington spielte, bis zu Gary Cooper, der für die Darstellung des Tom Brown zuständig war, zeigten sich begeistert.

Sie hielt ihre Zigarette nonchalant, kickte ihren Zylinder frech mit den Fingern aus der Stirn, stieg über die Brüstung der Kneipe, in der sie engagiert war und die sie nun insgesamt in eine Bühne für ihren Auftritt verwandelte. Sie trank aus einem Glas, das ihr Menjou offerierte, Champagner.

Sie trank es in einem Zug leer. Und als es ausgetrunken war, stand sie einen Moment regungslos da, wendete sich schon halb zum Gehen ab und ließ ihren Blick dann wie nebenbei auf eine brünette Begleiterin Menjous fallen.

Sie sah die Brünette, die daraufhin wie ein Hühnchen, das gerade ein Ei gelegt hat, gackerte, kokett und erotisch interessiert an, machte zwei geschmeidige und völlig entspannte Schritte auf sie zu und legte dem Dummchen die rechte Hand an die Frisur. Sie pflückte ihr eine weiße Rose aus dem Dutt, fragte, ob sie diese behalten könne, bekam von der Dame die Erlaubnis, roch an der Blume — und bedankte sich dann auf ihre eigene Art. Sie küßte die Frau auf den Mund.

Dann kickte sie wieder den Zylinder aus der Stirn, taxierte das Lachen des Publikums ringsherum als einhelligen Erfolg und ging belustigt und triumphierend zugleich ab.

Nein, das war nicht nur erotische Abgebrühtheit, es war in erster Linie natürlich kalkulierte Provokation. Es war ein Teil einer Shownummer, von der Marlene ganz genau wußte, wie sehr sie bei einem Publikum ankam, das genug damit zu tun hatte, sich selbst aufregend zu finden und übermäßige Langeweile zu verdrängen.

Mythos Marlene

Dieses Auftreten in Männerkleidern mit einem frechen bisexuellen Unterton, das also hatte Marlene gegen die Moralapostel der Filmindustrie durchgesetzt. Sie hatte erkämpft, daß es nach ihren eigenen Wünschen ging. Die junge preußische Dame konnte kämpfen. Und nach dem Sieg war ihr Ruf schon legendär. Ein Star war geboren, ein Stil kreiert: der Marlene-Touch. Und die Einheit von Rolle und Person wurde hergestellt, egal, ob das der Wahrheit entsprach oder nicht.

Hier soll Josef von Sternberg noch einmal zu Wort kommen. Er beschrieb die Situation in seinen schon genannten Memoiren auf sehr eigene Art und Weise:

»Ich hatte die ›kleine deutsche Hausfrau‹, der alle ... Vorbereitungen galten, in einem Berliner Bumms (!) in voller Herrengarderobe und mit Zylinder gesehen und wollte sie in einer im Café spielenden Szene des Films so auftreten lassen. Sie sollte ein französisches Lied singen und dann eine andere Frau küssen, wenn sie durch das Publikum schlenderte. Diese männliche Attitüde verstärkte ihren Charme.

Ich wollte nicht nur einen leichten lesbischen Akzent setzen (keine meiner Szenen, die sexuelle Bedeutung gehabt haben, ist je von der Zensur beanstandet worden), sondern ich wollte auch zeigen, daß ihr sinnlicher Reiz nicht nur in der klassischen Form ihrer Beine lag. Ich wollte damit keinesfalls jene neue Mode kreieren, die dann kurz nach dem Film die Frauen dazu brachte, statt ihrer Röcke die weniger pittoreske untere Hälfte der Herrengarderobe zu tragen.«

Diese etwas selbstgefällige Darstellung des Auftretens von Marlene Dietrich in »Marokko« durch ihren Regisseur soll nicht das Verdienst schmälern, das Sternberg an der Präsentation des neuen Stars hatte.

Der neue Darstellungsstil der Dietrich machte Schule. Das Hantieren mit Kleidungsstücken aus der Männergarderobe und mit anderen Requisiten. Das lässige Gehen und Gebaren. Der Blick. Die Stimme. Dieses ganz spezielle, unverwechselbare Dietrich-Verhalten:

Sie blickt lange aus sehnsüchtigen Augen. Und wie sie blickt, nämlich ironisch von der Seite her oder von unten herauf: schüchtern oder verehrungsvoll oder auch aufreizend. Ihre Blicke sind lang und intensiv. So hat auf der Leinwand noch keine Frau einen Mann angeschaut.

Sie blickt nicht nur, sie beobachtet gleichzeitig. Ihr entgeht nichts von dem, was ihr Gegenüber wirklich tut. Sie ist interessiert an den wirklichen Vorgängen, nicht daran, was jemand zu tun vorgibt. Ihre Blicke durchdringen ihr Gegenüber wie Röntgenstrahlen, jedoch nicht aus verräterischer Absicht, sondern wegen der Wahrheit. Denn wozu sind Blicke da, wenn nicht dazu, seinen Mitmenschen in seinem Wesen zu erkennen? Dieses Motiv ist in den Blicken der Dietrich stets gegenwärtig.

Wenn sie dasteht, gibt es kein Wanken und kein Weichen. Sie steht auf dem Boden der Tatsachen auf wohlgeformten Beinen, sich leicht in den Hüften wiegend, jedenfalls geschmeidig genug, um jeden Mann aufmerksam zu machen.

Sie steht nicht einfach nur, sie führt vor, wie eine Frau

stehen kann, wenn sie attraktiv ist. Ihre Hände stützt sie dabei in die Taille oder verhakt sie im Gürtel ihres Trenchcoats — oder die Finger beschäftigen sich anderweitig. Zum Beispiel mit Rauchen. Wenn sie fertig damit ist, wirft sie die Zigarette wie eine Handgranate auf den Boden oder sie schnippt sie — bei entspannterer Gemütslage — einfach irgendwo in die Gegend. Das Rauchen jedenfalls beherrscht sie perfekt, es drückt ihre Gemütszustände aus, wie das sonst nur Meister der bedingungslosen Veräußerlichung einer Figur konnten. Um Namen zu nennen: Humphrey Bogart, George Raft, Edward G. Robinson.

Manchmal wirkt sie wie ein Mann, der Frauen imitiert — wäre sie nur nicht so verdammt hübsch. Aber die ironische Stimmung, beispielsweise durch ihr Wimperngeklimper, hat Marlene abgesehen von Transvestiten und Frauendarstellern.

Eine Frau wie sie war noch kaum jemals auf der Leinwand. So zerbrechlich und stark zugleich, so schön und so zäh, so mädchenhaft weich und fraulich eckig, so selbstbewußt und zugleich schüchtern, so ehrlich wirkend und gleichzeitig die Schwäche der Männer ins Kalkül ziehend.

Am besten stehen ihr Posen. Dann ist sie perfekt ausgeleuchtet, und ihre Vorteile kommen wunderbar zur Geltung. In der heftigen Bewegung wirkte Marlene leicht fahrig und zu sportiv — das widersprach ihrem Zauber, auf dessen Erweckung Hollywoods Kameras doch zu viel Mühe verwendeten.

Nein, die Pose machte es. Aus der Pose heraus konnte Marlene ihre Sätze sprechen, die — wenn die Autoren sie gut geschrieben hatten — aus ihrem Mund an Bedeutung gewannen. Sie sprach auf ihre besondere, gutturale Art, mit einer sanfttönenden, dunklen Stimme, die die Worte adelte.

Sie konnte lange unbeweglich stehen. Länger als andere weibliche Stars das durften. Sie stand da und blickte. Und wenn sie sich dann wieder bewegte, wirkte das, als hätte ein universaler Magnetismus sie endlich wieder freigegeben, der sie bisher festnagelte. Auf diese Weise bekamen ihre Bewegungen etwas Überindividuelles, sie schienen einem Gesetz zu gehorchen, das sehr in der Ferne verankert lag und rätselhaft war.

Und wenn sie dann ging, dann wehte immer irgendein Kleidungsstück an ihrem Körper in einem imaginären Wind. Ein Schleier, ein Umhang, der Mantel, das Kopftuch oder einfach nur irgendein loses Band. Das signalisierte, daß diese Frauengestalt unterwegs war. Nicht nur von hier nach dort, sondern prinzipiell unterwegs, heimatlos, von den Winden der Zeit hierhin und dorthin verweht, in keinem bürgerlichen Sinn zu Hause.

Sie atmet immer eine Spur zu heftig. Ein Zeichen von innerer Gemütserregung, die auf den ständigen emotionalen Hochdruck ihrer dargestellten Frauengestalten verweist. Diese Frauen sind niemals gleichgültig, selbst dann nicht, wenn sie resignierte, melancholische oder sogar abgebrühte Frauen sind. Sie nehmen nichts leicht und sind selbst nicht leichtzunehmen. Ihre Männer müssen ihr ganzes Verständnis aufwenden, um sie zu gewinnen.

Ihr Mund ist halbgeöffnet, wie in Erwartung des seligmachenden Kusses. Ihre Lippen schimmern feucht. In ihren Augen sieht man, daß sie nahe am Wasser gebaut hat – auch freche Sprüche täuschen darüber nicht hinweg. Sie steht in der Tür und wartet darauf, daß der Mann ihrer Träume sich endlich entscheidet – für sie oder gegen sie. Eindeutigkeit ist ihr Ziel, sie akzeptiert keine Halbheiten.

Und wenn er sich gegen sie entscheidet, umkrampfen ihre Finger einen Gegenstand, irgendeinen, an dem sie sich festhalten kann. Und der Zuschauer im Parkett mag aufheulen, denn kann es wahr sein, daß ein Mann bei Bewußtsein diese Frau verlassen kann? Nein, nicht diese Frau, die erotische Anziehungskraft und patente Kameradschaft so intensiv verbindet.

Ihre Abschiedsszenen sind legendär geworden. Niemand hat je so seelenvoll geblickt, wenn der Abschied naht. Dann huschen Schatten über ihr Antlitz, die Beleuchter und Kameramann geschickt einfangen. Und sie verschwindet aus dem Bild wie in ein anderes Leben hinein, in das Leben einer anderen Leidens- oder Lichtgestalt der Leinwand.

Von allen Kleidungsstücken standen ihr Hüte am besten. Sie trug sie schräg in die Stirn gezogen. Meist verdeckten sie das rechte Auge, sie warfen einen Schatten auf ihr ebenmäßiges Gesicht und verliehen diesem eine derartige Symmetrie, daß es wie in Öl gemalt aussah.

Hüte in jeder Form – es konnte auch eine Baskenmütze sein, dazu paßte dann ein regenfeuchter Lackmantel am besten – standen ihr. Sie konnte im Schatten der Hutkrempe gewissermaßen ihren Blick so weit senken, daß er verschwand. Wenn sie ihr Gesicht unter dem breiten Hut senkte, langsam und unendlich melancholisch, sagte das mehr als tausend Dialogzeilen.

Aber zum Leiden und Abschiednehmen war sie eigentlich nicht geschaffen. Sie suchte das direkte, das einfache Glück, das sie nicht schwernahm. Nur waren die Männer dafür oft nicht geeignet, diese waren entweder zu filouhaft wie Tom Brown alias Gary Cooper oder zu kompliziert wie Boris Androvsky alias Charles Boyer (in »Der Garten Allahs«) oder zu dumm für die Liebe wie Hank McHenry alias Edward G. Robinson (in »Manpower – Herzen in Flammen«).

Eine Frau, die so offensiv ihr Glück sucht, war einzigartig.

Und als Amy Jolly in »Marokko« auch noch zum Verrücktwerden schön. Egal, wie sich Marlene in diesem Film gab, sie verzückte das Publikum. Hollywood stand kopf. Marlene war nach diesem Film aus »Marokko« endgültig in Hollywood angekommen.

Die Kritik war beinahe einhellig begeistert von dem Melodram. Man fühlte sich jedoch allzu bereitwillig an einen anderen großen Star der Leinwand erinnert, wenn man Marlene zusah − an Greta Garbo.

Als »Symbol filmischen Glamours« charakterisierte Wilton A. Barrett die Dietrich, als eine »Persönlichkeit, wie sie auf der Leinwand noch nicht zu sehen war ...«. Und die Zuschauer gaben dieser Einschätzung recht. Sie strömten nicht nur bei der Premiere in Grauman's Chinese Theatre, sondern auch in die Repertoirekinos, die den Film nachspielten. »Marokko«, diese von der Handlung her unreife Filmgeschichte, faszinierte die Massen wegen ihres filmischen Glamours und etablierte Marlene fest in der amerikanischen Filmindustrie.

Denn Marlenes Wandlung war vollzogen. Aus dem »kleinbürgerlichen Frauenzimmer«, das der deutsche Filmpublizist und Soziologe Siegfried Kracauer noch im »Blauen Engel« gesehen hatte, war ein nordamerikanischer Glamourstar geworden. Die Verwandlung war perfekt. Nichts erinnerte in der Folgezeit mehr an jene ordinäre Lola-Lola aus der Berliner Bierkneipe und dem Tingeltangel deutschen Zuschnitts. Glamour hieß die zukünftige Devise.

Aber das galt vorerst nur für die Leinwand. Außerhalb der Leinwand wollte Marlene von ihrem neuen Image nichts wissen. Deshalb war es nur zu verständlich, daß sie gleich nach Abschluß der Dreharbeiten zu »Marokko« nach Berlin zurückkehrte.

Marlene, Sieber, Heidede

Genauer gesagt, kehrte sie zu Mann und Tochter zurück. Das Wiedersehen war rührend und herzlich. Die Gerüchte um Marlene und Sternberg waren verflogen. Josef Sieber und Heidede empfingen die Ehefrau und Mutter so, wie sie es selbst verdiente: mit Liebe.

Dennoch flammten natürlich die Spekulationen um eine Trennung von ihrem Ehemann wieder auf. Die deutsche Presse verfolgte aufmerksam die Begegnung zwischen den beiden – soweit diese das zuließen. Das Interesse der Öffentlichkeit an Marlenes Eheleben war verständlich, denn man wußte kaum etwas darüber. Und war dies nicht eine merkwürdige Lebensgemeinschaft, die auf Distanz und mit so unterschiedlichen Ausgangslagen geführt wurde?

Weder Rudolf Sieber noch Marlene haben jemals in Interviews über die Besonderheiten ihrer Ehe Auskunft gegeben. Dennoch sickerte hin und wieder etwas durch. Es sah – wie auch anders? – nach Freundschaft aus, was die beiden Menschen zunehmend miteinander verband. Beide empfanden tiefe Zuneigung und ein uneingeschränktes Vertrauen füreinander. Liebe hat Marlene das zumindest später nicht mehr genannt, aber eine anfängliche große und schwärmerische Verliebtheit hat sie nie bestritten. Auch die schönsten Liebesverhältnisse ändern sich eben, nichts bleibt so, wie es einmal war.

Als sie nach Berlin zurückkehrte, sprachen sich die beiden wieder einmal aus. Rudi wollte wissen, wie Marlene über ihr Verhältnis und die Ehe dachte. Und Marlene war sich sicher, daß sie ihren Mann brauchte. Sie brauchte ihn, wie sie ihre Heimat brauchte – als Möglichkeit, sich zurückzuziehen von den emotionalen Anforderungen des Showgeschäfts.

Aber dieses Showgeschäft verbot ihr per Vertrag, sich als Ehefrau und Mutter in der Öffentlichkeit zu präsentieren. Es war pervers, aber das war Hollywood: Es paßte nicht in das Bild einer Femme fatale, daß sie Mann und Kind hatte.

Mit der Hilfe Josef von Sternbergs, der immer auf ihrer Seite war, schaffte es Marlene, den Vertrag zu ändern. Sie stand zu ihrem Mann und zu ihrem Kind. Und sie setzte durch, daß Heidede mit ihr zurück nach Hollywood gehen konnte. Auch Rudi Sieber war damit einverstanden.

Was Marlene mit Sternberg verband, legte sie ihrem Mann völlig klar. Da blieb kein Rest eines unguten Gefühls. Aber es blieb natürlich die Tatsache der fortgesetzten Trennung von Rudolf. Marlene würde zurückgehen nach Hollywood. Und Rudi?

Er hatte Ende der 20er Jahre die russische Tänzerin Tamara Matul kennen- und schätzengelernt. Bei ihr tröstete er sich über die Einsamkeit hinweg, die er bei Marlenes Abwesenheit empfand. Und Marlene wußte davon.

Es ist ein sehr erhellender Zug im Leben des Weltstars aus Berlin-Schöneberg, daß sie völliges Verständnis aufbrachte für den Weg, den Rudolf Sieber einschlug: Aufrechterhaltung der Ehe aus freundschaftlicher Verantwortung für Frau und Kind, aber emotionale Bindung an eine andere Frau.

Marlene akzeptierte das. Es ermöglichte ihr, die Freiheiten auszuleben, die sie brauchte. Es entsprach ihrer unbedingten Vorstellung von Treue, daß sie die Ehe aufrechterhielt. Eine Ehe kann man nicht scheiden, sagte sie einmal, selbst dann nicht, wenn sie geschieden wird. An dieser Haltung ist ihre überlieferte Verbindung zu Sieber stets zu messen.

Es gibt nicht allzu viele moderne Ehegemeinschaften in diesem Jahrhundert, die in dieser Hinsicht zu einem Vorbild geworden sind. Die Ehe zwischen Marlene Dietrich und Rudolf Sieber gehört unbedingt dazu.

Auch die Berliner Bevölkerung empfing ihren Stern herzlich. »Der Blaue Engel« hatte sich im Kino inzwischen zu einem Renner entwickelt, die Berliner Zeitungen ließen kaum einen Tag vergehen, ohne über die »verlorene Tochter« zu berichten, die in Hollywood lebte und arbeitete. Es gab keinen Zweifel daran, daß man Marlene zurückhaben wollte.

Aber der neue Paramount-Star war natürlich gebunden. Mit einer Hollywood-Produktionsfirma macht man keinen Vertrag für einen einzigen erfolgreichen Film. Man wird mit Haut und Haaren gefressen. Zumindest für ein Jahr hatte sich, wie schon erwähnt, die Dietrich vertraglich festgelegt. Also mußte sie nun wieder zurück. Sie nahm Abschied von Rudi Sieber und vorerst auch von Heidede.

Wer wird denn weinen,
wenn man auseinandergebt ...

In Hollywood hatte Josef von Sternberg bereits den nächsten Film geplant. Die Finanzierung schien gesichert. Alles
wartete auf einen neuen Film mit der Dietrich, weil der
Erfolg von »Marokko« alle Voraussagen übertraf.

Auch »Der Blaue Engel« wurde in der amerikanischen
Version (»The Blue Angel«) ein Erfolg. Er kam übrigens in
den USA erst nach »Marokko« in die Kinos, denn es war im
kuriosen Verleihsystem Hollywoods durchaus üblich,
Erfolgsfilme zurückzuhalten und nach strategischen
Gesichtspunkten zu lancieren. Um persönliche Filmographien scherte sich dieses System nicht.

Der kommende Film sollte »Dishonored« heißen. Marlene war vorgesehen für die Rolle der österreichischen
Geheimagentin X 27. Diese arbeitet für ihr Vaterland gegen
die russische Armee, verliebt sich jedoch dabei in einen
russischen Offizier, den sie erst der Spionage überführt,
dann vor dem Erschießen rettet. Für diese Handlung wird
sie selbst als Verräterin füsiliert.

Eine krause Story, voll von melodramatischen Brüchen
und Unglaubwürdigkeiten – aber anrührend.

Berühmt geworden ist jene Schlußszene, in der Marlene
als Spionin zum Richtplatz geführt werden soll, sich jedoch
vorher noch einmal, in einem Akt melancholischen Galgen-
humors, die Lippen schminkt. Und zwar mit Hilfe eines

»Spiegels« von besonderer Art: Sie benutzt dazu den Säbel eines sie abführenden Offiziers. Die Szene ist in die Filmgeschichte eingegangen. Aber für Marlene gab es ein ganz anderes Problem. Als sie erschossen wird, mußte sie notgedrungen sterbend in den Studiostaub fallen. Aber wie war das zu bewerkstelligen? Die Dietrich erinnert sich:

»Ich habe zum Sternberg gesagt, wenn die da schießen, wie fällt man denn? Nach hinten? Wußte ich doch nicht, ich war doch nie erschossen worden. Man kriegt einen Schlag, in Ordnung, aber wie? Ich bin doch praktisch veranlagt!«

Sternberg, der selbst auch noch nicht erschossen worden war, erklärte es ihr − sie mußte halb zur Seite, halb nach hinten fallen. Keine leichte Szene für einen Star, der Glamour besaß. Aber Marlene löste auch dieses Problem und fiel so stilvoll, daß die Wirkung dieser Hinrichtungssequenz sehr stark war. Die Öffentlichkeit glaubte in diesem Film zu erkennen, daß sich die Dietrich schon recht weit von ihrem Mentor Josef von Sternberg und seinen visuellen Tricks emanzipiert hatte. Das mag stimmen oder auch nicht. Tatsächlich jedoch war der Rolle, die sie spielte, anzumerken, daß sie viel natürlicher und selbstbewußter spielte, als noch in »Marokko«.

Sie agierte gelassener, charmanter, sich ihrer Mittel und Möglichkeiten bewußt. Und Sternberg ließ sie gewähren, weil er merkte, daß ihre Feinheiten seinen ästhetischen Absichten nicht schadeten.

So gelang es Marlene Dietrich, mit »Dishonored« zu einer Darstellung zu finden, die sie weniger abhängig machte von den Absichten der Macher. Vielleicht war es auch so, daß sie diese Absichten, vor allem die von Sternberg, inzwischen so verinnerlicht hatte, daß sie sie traumhaft sicher weiterführte. Die Betonung liegt dabei auf »traumhaft«.

Denn nicht umsonst besaß Sternberg den Beinamen »Svengali Joe«. Dieser Name bedeutete, daß er angeblich die Fähigkeit hatte, seinen Star wie unter Hypnose zu großen künstlerischen Leistungen zu führen. Ein Svengali – die Bezeichnung kommt aus dem Roman »Trilby« von George Du Maurier – war Sternberg sicher, soweit es seine Arbeit mit Marlene anging. Aber das lag wohl nicht an hypnotischen Kräften, sondern an einer einzigartigen Übereinstimmung der Absichten zwischen »Schöpfer« und »Geschöpf«.

Marlene Dietrich ist in diesen Wochen sehr unruhig. Als die Arbeiten zu »Dishonored« beendet sind, packt sie sofort die Koffer und reist wieder nach Berlin. Die Tochter ist krank, vielleicht aus Sehnsucht nach der abwesenden Mutter. Marlene beschließt, ein Vierteljahr in ihrer Heimatstadt zu bleiben, Zeit genug, um ihrer Tochter zu helfen.

»Nimm mich mit nach Amerika«, flüstert Heidede ihr ins Ohr. »Ich will nicht mehr ohne dich in Berlin sein.«

Und Marlene erkennt, daß sie ihre Tochter nicht mehr allein bei Rudi Sieber lassen darf, der zu beschäftigt ist, um sich viel um sie zu kümmern.

»Ich versuche es, Liebling«, sagt Marlene und streichelt das kranke Kind. »Ich werde es schon schaffen, dich mitzunehmen, du wirst sehen, alles wird gut.«

Nachdem drei Monate vergangen sind und Heidede wieder gesund ist, muß Marlene nach London, um die Premiere von »Marokko« zu moderieren. Dann reist sie, aus gleichem Grund, nach Prag.

Zurück in Berlin, macht Marlene Schallplattenaufnahmen. Es ist die insgesamt 11. »Single« auf Schellack, die der neue Chanson-Star aufnimmt. Sie ist in ihrer Heimatstadt bereits so populär, daß es in Zeitungen und Magazinen Parodien und Liebeserklärungen auf sie gibt. Marlene ist in den Augen der Berliner ein strahlender Weltstar, und man wartet darauf, daß sie wieder an die Spree zurückkehrt.

In Berlin muß Marlene Dietrich einsehen, daß ihre Ehe mit Sieber doch so gut wie gescheitert ist. Aber das Ehepaar einigt sich darauf, auf eine Scheidung zu verzichten. Sie verständigen sich freundschaftlich. Es gibt keinen Grund, sich offiziell zu trennen. Wenn auch die Beziehung, die Sieber zu Tamara Matul pflegt, inzwischen so intensiv geworden ist, daß beide quasi ein Eheleben führen.

Sie werden ein Jahr später übrigens gemeinsam Berlin verlassen und nach Paris ziehen. Bei Ausbruch des Krieges, als die Nazis auch Frankreich bedrohen, emigriert das Paar dann nach Amerika. Dort lassen sie sich in New York nieder, Sieber kann seine Tätigkeit beim Film wieder aufnehmen.

Interessanterweise hilft ihm Marlene später bei der Suche nach Jobs. Als Josef von Sternberg 1935 »Die spanische Tänzerin« mit Marlene in der Hauptrolle dreht, vermittelt sie Rudolf Sieber als Regieassistenten.

Wie noch zu zeigen sein wird, führt das Leben Marlene und Rudolf Sieber immer wieder zusammen – und auch wieder auseinander. Eine große, nicht immer glückliche und mit zunehmender Entfremdung auch tragischer werdende Ehe.

Im Mai 1931 kehrte Marlene nach Amerika zurück. Heidede war nun endgültig an ihrer Seite. Mutter und Tochter wollten sich nie mehr trennen!

Als sie in New York anlegten, mußte Marlene eine bittere Erfahrung machen.

Riza von Sternberg, die ehemalige Ehefrau des Regisseurs, hatte aus Enttäuschung und Eifersucht heraus beschlossen, zu handeln. Angeblich hatte Marlene sich in der Öffentlichkeit kritisch über die inzwischen geschiedene Ehe der Sternbergs geäußert. Jetzt war es Riza zu bunt geworden. Anstatt sich jedoch mit ihrem Ex-Gatten darüber zu verständigen, war sie zu einem Rechtsanwalt gelaufen und hatte eine Verleumdungsklage formulieren lassen. Marlene wurde in dem Papier aufgefordert, nicht mehr und nicht weniger als 100.000 Dollar als seelisches Schmerzensgeld zu zahlen.

Darüber konnte die Deutsche nur lachen, aber die Anwälte blieben eisern. Ein Prozeß drohte. Um diesem aus dem Weg zu gehen, telegraphierte Marlene nach Berlin. Sie bat ihren Mann, nach Hollywood zu kommen und sie – allein durch seine Anwesenheit – gegen den Klatsch in Schutz zu nehmen, einem nicht endenwollenden Klatsch, der sie mit Sternberg verkuppeln wollte. Und Sieber ließ sie nicht allein, er kam postwendend nach Hollywood.

Marlene holte ihn in einem weißen Paramount-Rolls-Royce ab, und die ganze Welt sah eine einträchtige Kleinfamilie durch die Stadt fahren, begleitet von einem Schwarm aufgeregter Reporter.

Sternberg war übrigens ebenfalls mit von der Partie, die Öffentlichkeit sollte doch sehen, daß es keine Geheimnisse gab. Und Sieber tat sein Möglichstes, um diesen Eindruck zu verstärken.

Aber es blieb dennoch bei der Verleumdungsklage durch Riza von Sternberg. Es kam zur Gerichtsverhandlung, die mit einem Vergleich endete. Die Filmgesellschaft Paramount, die um den Ruf ihres neuen Stars Marlene Dietrich fürchtete, fand Riza von Sternberg ab. Die Sache war damit endgültig geregelt und vergessen.

Marlene ist glücklich.

Sternberg ist ihr weiterhin gewogen – er denkt schon wieder an den nächsten gemeinsamen Film. Rudolf Sieber hat sich als guter Freund in der Not erwiesen, und Heidede bleibt bei ihr in dem schönen Haus in Beverly Hills, das Marlene gemietet hat.

Das Haus, Marlenes Heim während ihrer Hollywood-Jahre, liegt inmitten eines großen parkähnlichen Gartens, hohe Bäume säumen das Anwesen. Viele Tiere leben mit Marlene und Heidede zusammen – ein Schäferhund, ein Affe, Katzen, zwei Schafe und mehrere hundert Singvögel.

Marlene arbeitet, und abends kocht sie zu Hause. Heidede liebt das Haus, den Garten, die Tiere. Sie liebt den stets blauen Himmel über Kalifornien und ihr Kindermädchen Becky. Besonders liebt sie die Badeausflüge zum nahen Ozean, die Marlene, so häufig es ging, organisierte. Und sie lernt so schnell Amerikanisch, daß es Marlene klar wird, wie richtig es gewesen ist, die Tochter zu sich zu holen.

Aber obgleich alles im Lot scheint, deuten sich eines Tages dunkle Schatten über diesem Haus an. Etwas Schlimmes wird passieren.

Schatten über Heidede

Heidede, die sich in der kommenden Zeit bei ihrer Mutter nicht immer wohl fühlt, weil Marlene oft zu Partys und Empfängen unterwegs ist und Heidede mit dem Kindermädchen und dem Hausmädchen Resi allein läßt, besteht darauf, ihren Namen zu ändern. Sie setzt ihren Willen durch und heißt nun Maria. Damit fühlt sie sich unabhängig.

Eines Tages, Rudolf Sieber war zu Besuch und ist gerade wieder abgereist, flattert auf mysteriösen Wegen eine Entführungsdrohung ins Haus an der Ecke Roxbury Drive und Sunset Boulevard.

Sie lautet: »Ihre Tochter wird entführt, wenn sie uns nicht 10.000 Dollar zahlen. Halten Sie das Geld am 16. Mai bereit. Parken Sie Ihren Wagen vor Ihrem Haus und legen Sie das gebündelte Geld auf die hintere Stoßstange. Nur 5-Dollar- und 10-Dollarscheine. Aktion Lindbergh.«

Marlene ist völlig verstört. Natürlich kennt sie die Lindbergh-Entführung, ein Fall, der ganz Amerika wenige Monate zuvor in Aufruhr versetzt hatte. Es ging dabei um das Baby des berühmten Ozeanfliegers, das verschleppt worden war. Marlene verriegelt sofort Tür und Tor. In Panik schließt sie Maria ein. Das Kind darf von Stund an nicht mehr aus dem Haus. Privatlehrer werden sie weiter unterrichten.

Dann beschließt die Mutter, Heidede/Maria täglich mit

ins Studio zu nehmen. Sie läßt das Kind nicht mehr aus den Augen. Maria steht am Set immer in der Nähe der Kamera, wo Marlene und auch Josef von Sternberg, der sich der Sorgen Marlenes annimmt, sie jederzeit sehen können. Das ist jedoch ein Zustand, der vernünftiges Arbeiten auf die Dauer kaum möglich macht.

Die Angst um die Tochter schnürt Marlene Dietrich die Kehle zu. Sie kann nicht befreit spielen. Dem Film, den sie gerade in Arbeit hat, ist diese Angst und schreckliche Ungewißheit dann auch deutlich anzumerken.

Wenig später geht ein zweiter Brief ein. »Die Entscheidung liegt bei Ihnen. Ihre Kleine oder Todesanzeige. Also was? Aktion Lindbergh.«

Marlene hatte auf Anraten von Rudolf Sieber, mit dem sie im täglichen telefonischen Kontakt stand und, von Sternbergs, der sich rührend kümmerte, inzwischen die Polizei verständigt, die sofort mit der Untersuchung begann. Unter keinen Umständen wollte man bei den Behörden eine Wiederholung jenes Lindbergh-Falles haben, bei dem die Polizei durch eklatante Versäumnisse Minuspunkte gemacht hatte.

Aber man kam nicht weiter. Der Entführer meldete sich nicht mehr. Die Polizei gab zum Schein nach und deponierte die angegebene Summe am angegebenen Ort. Man wartete gespannt, was passierte. Selbst Josef von Sternberg war am Tatort — versteckt hinter Fenstern. Die Stunde der Geldübergabe verstrich. Niemand erschien ...

Aber von Aufatmen bei den Betroffenen konnte dennoch keine Rede sein. Die anonyme Drohung schwebte weiterhin wie ein Schwert über den Köpfen von Maria und ihrer Mutter Marlene.

Marlene entschloß sich schließlich zur Flucht nach vorn und gab eine Meldung an die Presse, die so lautete:

»Wir haben in letzter Zeit Drohbriefe erhalten, schwiegen jedoch auf Wunsch der Polizei. Wir haben inzwischen alle Maßnahmen zu unserem Schutz ergriffen und Leibwächter engagiert. Meine Sicherheit und die meines Kindes ist gewährleistet. Da die Polizei inzwischen bereits alle Details veröffentlicht hat, kann ich diese nur bestätigen.«

Maria hat das Haus in dieser ganzen Zeit nur noch zusammen mit Marlene und den Leibwächtern verlassen. Die überwiegende Zeit blieb sie gewissermaßen eingeschlossen. Zwei Privatlehrer, ein Engländer und ein Deutscher, unterrichteten sie. Sie bekam von neun bis zwölf und danach von eins bis vier Unterricht. Danach ging es an sportliche oder musische Übungen – alles zu Hause, wie in einem Gefängnis.

Sie erhielt auf diese Weise nie den normalen Unterricht an der High School. Und sie blieb – vielleicht eine allzu übertriebene Vorsichtsmaßnahme – auch vom Kontakt mit anderen Gleichaltrigen ausgeschlossen.

Maria fühlt sich naturgemäß bevormundet und entwikkelt inneren Widerstand gegen die Mutter, der sie die Alleinschuld an ihrem Zustand gibt. Sie wendet sich seelisch von Marlene ab, eine Zeit schwieriger Ablösungsprozesse beginnt. In dieser Zeit beginnt Maria, ihr eigenes Leben zu leben, und die Schwierigkeiten, die sie der Mutter noch bereiten wird, nehmen ihren Anfang.

Dennoch hat Marlene Dietrich später immer wieder eines betont: »Meine Tochter ist das Kind von meinem Mann, und die sagt mir, was ich machen soll. Mein ganzes Leben dreht sich um sie.«

Nicht mehr und nicht weniger.

Der Sternberg-Dietrich-Expreß
fährt weiter

Hollywood ließ nicht locker. Marlene sollte unter der Regie von Josef von Sternberg einen weiteren Film machen. Das Erfolgsduo war noch lange nicht ausgereizt. Und obwohl sich das Verhältnis der beiden durch die Gerichtsverhandlungen nicht gerade verbessert hatte, gingen sie erneut ans Werk.

Der neue Film hieß »Shanghai Express«. Marlene Dietrich spielt darin erneut eine Bordsteinschwalbe, allerdings eine noble. Sie fährt im Zug durch China, ein Spion der Roten Befreiungsarmee wird enttarnt, Revolutionsgarden stoppen den Zug und bedrohen Captain Donald Harvey, einen englischen Kolonialbeamten. Um diesen, ihren ehemaligen Geliebten, vor dem Tod zu retten, läßt sich Shanghai Lily alias Marlene mit dem roten Anführer ein. »Danach« fährt der Expreßzug wieder weiter — vielleicht in eine gemeinsame Zukunft zwischen Lily und Harvey.

Der Film wurde zum visuellen Erlebnis. Sternberg hatte wie im Rausch gearbeitet. Niemals wieder ist Marlene so schön, so geheimnisvoll und so verrucht erschienen.

In weltanschaulicher Hinsicht ist das Werk jedoch eine einzige Katastrophe. Die chinesischen Revolutionäre, die sich realhistorisch in dieser Zeit im Bürgerkrieg mit dem verrotteten Feudalsystem, Resten der Kolonialarmee und der Kuo-min-tang-Regierung des Generals Tschiang kai-schek befanden und die Mehrheit des Volkes hinter sich wußten, werden im Film kriminalisiert. Ihre Vertreter sind ausgemachte Schurken, die von keiner kollektiven Moral, sondern von privaten Obsessionen angetrieben werden. Der englische Kolonialoberst ist dagegen ein Ehrenmann, der mit der Regierung selbstverständlich paktiert.

Diese Tendenzen jedoch dem Regisseur vorwerfen zu wollen, hieße, die Arbeit Sternbergs zu mißdeuten. Er war an Politik nicht interessiert und deshalb auch nicht an Verleumdungen politischer Positionen. Sein Streben ging allein auf spektakuläre Kamerawirkungen. Und deshalb machte es sich gut, die dekadenten Personen des Films, zu denen auch Lily gehört, in ein Licht zu tauchen, das Leben und Lebenserfahrung suggeriert und ihnen die politischen Agitatoren des Films als lebensfeindlich gegenüber zu stellen.

Nur aus einem solchen, streng privatistischen Gestus heraus, ließ sich ein solches Filmthema von Josef von Sternberg überhaupt erzählen. Alles andere wäre ihm zum hohlen Propagandastück mißraten. Allerdings ging der Schuß nach hinten los, denn ein hohles − wenn auch wunderschönes − Propagandastück ist der Film leider geworden. Wenn auch völlig ungewollt.

Marlene, an der Seite von Anna May Wong, Warner Oland, Eugene Pallette, Louise Closser-Hale und Gustav von Seyffertitz und neben dem blaß bleibenden Helden Clive Brook, war allerdings sensationell.

»Es ist«, schrieb William Boehnel in »The New York World Telegram«, »ein Vergnügen, einer der schönsten und kompetentesten Filmschauspielerinnen wiederzubegegnen, selbst wenn die für sie geschriebene Geschichte keine neuen oder originellen Akzente enthält, wie es die Dietrich bei ihrem Talent verdient hätte; wir haben es vielmehr mit einer Wiederholung alter melodramatischer Formeln zu tun, wie wir sie schon längst von Bühne und Leinwand kennen. Miss Dietrich aber ist eine so gute Schauspielerin, und der Film ist alles in allem so vorzüglich, daß das Ergebnis am Ende seine Mängel — eine dürftige Geschichte und banale Dialoge — vergessen macht.«

So positiv der Film allgemein bei Kritik und Publikum auch ankam, seine Entstehung war ein mittleres Fiasko. Jeder der Beteiligten erinnert sich nur mit Unbehagen daran. Vor allem Sternberg war in dieser Zeit völlig genervt von seinen privaten Fehlschlägen und reagierte dies in unsinniger Weise ab. Aber gerade in solchen Stimmungen gelang es ihm, das Beste aus sich herauszuholen. Der Meister brauchte die schlechte Laune, sein Kunstwille verlangte danach.

Sternberg war während der Drehzeit nicht dazu bereit gewesen, seine schon vorher vorhandene Arroganz abzubauen. Im Gegenteil. Er führte sich auf dem Set wie ein Despot auf. Spürte er, wie sehr ihm Marlene Dietrich wegen ihrer privaten Bindungen und Probleme immer mehr entglitt? Jedenfalls schien ihn die Erfahrung der unmittelbaren Vergangenheit nicht sensibler für den Umgang mit Menschen zu machen, und je mehr er versuchte, Aufmerksamkeit und Anteilnahme durch Autorität einzuholen, desto mehr entfremdete er sich seinen Mitarbeitern.

Für Marlene Dietrich, die den Regisseur durch die zurückliegenden Jahre so sehr schätzen gelernt hatte, war es schwer, dies mit anzusehen.

Um so mehr, als sie spürte, daß sie selbst es war, die am seelischen Ungleichgewicht des Regisseurs »schuld« war. Sie fühlte sich zu ihm hingezogen, doch sie konnte den letzten Schritt nicht tun. Aus der Spannung von Anziehung und

Abstoßung erwuchsen vor allem für den Mann Probleme. Er reagierte sie auf seine Weise ab. Der Film wurde ein visuelles Meisterwerk.

Marlene ist darin so schön, attraktiv und geheimnisvoll, daß es beinahe weh tut, sie anzuschauen.

Da in jenen Jahren Hollywood am liebsten immer gleich zwei Filme produzierte und verlieh, und der Markt auch zwei Dietrich-Filme möglichst zur gleichen Zeit verkraften konnte, stürzte sich Marlene mit ihrem Hausregisseur Sternberg sofort wieder in neue Aufgaben.

Und wie so manchesmal vorher und nachher, sollte es in ihrem gemeinsamen neuen Film – er bekam den Titel »The Blonde Venus« (Die Blonde Venus) – um ein Thema gehen, das an Motive und Ausschnitte aus Marlenes eigenem Leben erinnerte.

In diesem Fall verhielt es sich so: Eine Frau zieht eine glamouröse Karriere und sinnliche Abenteuer einem geordneten Familienleben mit Mann und Kind vor – allerdings erst dann, als ihr Ehemann die Absichten ihrer liebevollen Fürsorge nicht erkennt und sie bestraft.

Soweit der Plot. Daß Marlene ihn spielte, spricht für ihre Souveränität gegenüber diesen privaten und zum Teil auch schmerzhaften Dingen. Obgleich der Film, es handelt sich um »Die blonde Venus«, das Thema ausschmückte und letztlich auch in eine völlig andere Richtung lenkte.

Von Sternberg hatte den Einfall zu diesem Film gehabt, er kannte ja Marlenes Lebensgeschichte genau. Aber während man drehte, gab es schwere Meinungsverschiedenheiten zwischen dem Regisseur und seinem Star einerseits und der Produktionsfirma andrerseits, die den Ausgang des Films – die untreue Ehefrau kehrt ins heimische Nest zurück – nicht akzeptabel fand.

Durch die Wirren, es kam sogar zu einer einwöchigen Unterbrechung der Arbeit, war hinterher nicht mehr ganz sicher, wer bestimmte Sequenzen dieses Films eigentlich inszeniert hatte. Sternberg neigte nachträglich dazu, die Verantwortung für das Werk abzulehnen. Es trägt jedoch eindeutig seine Handschrift. Die wenigen, von Ersatzregisseur Richard Wallace inszenierten Passagen ändern daran nicht viel.

Irgendwie stand ein ungünstiger Stern über dem ganzen Projekt, man könnte auch kalauern: ein ungünstiger Sternberg. Denn der Regisseur ging nach dem ganzen Streit mit Paramount mißmutig ans Werk — wie man sich vorstellen kann.

Um seinen Geldgebern ein Schnippchen zu schlagen, ließ Sternberg einen neuen Umkleideraum für Marlene bauen. Kostenpunkt 300.000 Dollar. Eine Unsumme, wenn man bedenkt, wie selten der deutsche Star diese kostbar ausgestattete Garderobe eigentlich benutzte.

Aber für die Medien war dies ein gefundenes Fressen. Wahre Foto-Orgien entstanden von diesem Raum, darin die schöne Marlene mit eleganten Gewändern — wunderbar anzusehen, aber eigentlich nur eine Rache Sternbergs, der den Paramount-Bossen zeigen wollte, wer der eigentliche Herr im Hause sei; das Tandem Sternberg-Dietrich.

Marlene mischte sich in den Streit um Geld und um Prinzipien nicht ein. Sie war wie immer eine folgsame Schauspielerin. Außerdem hatte sie genug damit zu tun, ihren privaten Alltag mit dem Filmschaffen zu verbinden, jeder zusätzliche Streit wirkte dabei verheerend.

Jeder der Beteiligten war im übrigen gereizt. Die Verleiher warteten in den Startlöchern, um den Film zu bekommen, das Publikum wollte ihn sehen — die Produzenten wollten wie immer Geld sparen, und Sternberg spielte sich als Dompteur auf. Er verzögerte absichtlich die Dreharbeiten, weil nicht alles nach seinem Wunsch verlief. Manche Dialogszenen mußten an die zweihundertmal (!) wiederholt werden.

Sternbergs ganzes Vorgehen in dieser Zeit war von Rachegedanken beherrscht. Er war absolut unausgeglichen und begann mit jedem jeden nur denkbaren Streit. Lediglich Marlene blieb davon verschont. Sie war Sternbergs einzige Verbündete und blieb es, bis der Film endlich fertig war.

Das Werk war insgesamt mißlungen. Und das hatte seine Gründe, die auch im Spiel der Dietrich lagen. Sehen wir uns einmal an, wie Marlene ihre zu verkörpernde Figur, den amerikanischen Kabarettstar Helen Faraday, spielte.

Marlene spielt Helen Faraday

Die Hausfau. Mit weißer Bluse, weißer Schürze, deren Ärmel hochgekrempelt sind, patenter Frisur tritt sie uns im ersten Bild gegenüber. Sie wäscht ihr Kind. Ihr Gesicht ist ernst und schön. Die Kamera von Bert Glennon erfaßt sie ganz nüchtern, im »spröden Glamour des Alltags« – sozusagen. Kein Weichzeichner. Keine Tricks. Eine solche Hausfrau möchte man selbst in seiner Drei-Zimmer-Wohnung haben.

Die schmucklos-schmucken Kostüme von Travis Banton in der Eröffnungssequenz, Marlenes halblanges Haar, ihre alltäglichen Verrichtungen – sie näht beispielsweise an der Maschine, wie es die reale Marie Magdalene aus Berlin in den letzten Tagen des Ersten Weltkriegs tat –, das alles ist Balsam fürs Auge. Nichts von Verschmückung, von überzogenem Kostümzwang, von Firlefanz, von Lichtorgie.

Manchmal steht Marlene sogar am Bildrand, halb abgewendet, wie nachlässig dem Kameraauge gegenüber. Jenem Kameraauge, das sie sonst so süchtig erfaßt und wie ein kostbares Juwel dreht und wendet. Sie verschwendet sich mit ihren reichen Gaben, denn sie hat ja so viel zu geben.

Ihre ganzen Bewegungen – wenn sie den Jungen ins Bett schleppt, wenn sie den Tisch abräumt, wenn sie in der Küche hantiert – verraten, daß sie das tatsächlich kann:

Hausfrau sein. So etwas kann niemand spielen, wenn er nicht Geschick dafür besitzt. Der Zuschauer ahnt, daß die Dietrich eine gute Partie sein müßte – nicht wegen ihres künstlichen Glamours, sondern wegen ihres »Gebrauchswertes« im Alltag.

»Es war Frühling in Deutschland, es war warm, und die Luft war voller Blütenduft ...«, erzählt sie dem Kind am Bett zum Einschlafen. Eine Reminiszenz des Drehbuchs an die Heimat Marlenes, ein geschicktes Spiel mit der Aufmerksamkeit des Zuschauers in den USA.

Und dann erleben wir die erste Großaufnahme von Marlene in diesem Film. Sie ist einfach atemberaubend. Gut vorbereitet, durch acht Minuten Halbtotale und fast nachlässiger Postkartenansichten von dieser Frau. Und dann das Gesicht. Die geraden, noch nicht wie später geschwungenen Augenbrauen, die hohe glatte Stirn, das blasse, ebenmäßige Gesicht, die schmale, mit einem kosmetischen Strich versehene und »geebnete« Nase, die in den Mundwinkeln lächelnden Lippen, der Blick aus großen blauen Augen – ein Antlitz wie ein Schwamm, der fremde Blicke restlos aufsaugt.

Dieser Blick im Kinderzimmer ist ein hübsch ausgedachter Kontrast. Verstärkt wird er noch dadurch, daß Marlene sich nun noch die Haare richtet, den Finger kokett an den Mund legt und ihren Mann – gespielt von Herbert Marshall – küßt.

Diese Eingangssequenz des Films ist ein Bad unterschiedlicher Stimmungen und Gefühle. Denn plötzlich dreht Marlene eine Spieldose und singt zu der Melodie: »Leise zieht durch mein Gemüt liebliches Geläute ...«, und eine blonde Locke fällt ihr dabei in die Stirn. Das ist wunderschön, verhalten und sinnlich zugleich.

Gegenschnitt. Marlene wieder in ihrem Look, der eine

Mixtur aus Krankenschwester-Garderobe und Küchen-Outfit gleicht. Sie stickt. So wird sich der Soldat die gute Fee an den Fronten im Weltkrieg vorgestellt haben — Lili Marleen daheim, die auf ihn wartet.

Das Führungslicht fällt von rechts oben auf ihr goldblondes Haar, und von links seitlich auf ihre Wange — es ist, als sei die Loreley wiederauferstanden. Bei diesem Anblick muß jeder Mann einfach stranden. Und dann zieht sie ihrem Ehegatten auch noch mütterlich den Jackenkragen glatt. Sie hat alles und kann alles.

Es folgt eine folgenreiche Überblendung. Damit diese Frau ihrem radioaktiv verseuchten Mann eine Behandlung in Deutschland verschaffen kann, tritt sie wieder als Musicalstar auf. Aus der Küchenfee wird die Bühnenkönigin. Der Film zeigt den Prozeß als langsame Überblendung zweier Einstellungen. Eben noch lehnte Marlene in der Küche am Schrank, die Hände in die Küchenschürze gesteckt, die Haare straff nach hinten gebürstet, und schon sehen wir sie in der Künstleragentur, eingepuppt in Pelze, eine »männermordende Blonde«, wie der Vermittler konstatiert.

Sie entpuppt sich. Und spielt damit noch einmal ihre Verwandlung vom deutschen Mädel ins amerikanische Traumgeschöpf nach.

Sie packt ihre Köfferchen, setzt das Hütchen auf, wickelt sich in den Pelz, sagt »Tschüs« zu Mann und Kind und verschwindet in die Weltkarriere. Sie kommt bestimmt spät zurück, man braucht nicht auf sie zu warten. Dann geht sie die Treppe im Hausflur hinunter, während oben die Schatten dräuen. Doch für sie ist dieser Abstieg gleichbedeutend mit dem Aufstieg als Showstar. Denn sie geht nicht nur von zu Hause fort, sie kommt auch auf der Bühne an. Im Show-Palast.

Und schon sehen wir Marlene, »The Blonde Venus«, wie die Leuchtreklame in New York gierig verkündet, vor ihrem Garderobenspiegel. Die gleiche Szene wie drei Jahre zuvor im »Blauen Engel« – ähnliches Milieu, ähnliche Klamotten, ähnliches Personal. Und doch eine völlig veränderte Grundstimmung.

Das liegt an Marlene. Ihr Gesicht ist veredelt. Sie sieht nicht mehr kleinbürgerlich aus und schon gar nicht ordinär. Lola-Lola ist zu Helen Faraday geworden, aus der Berlinerin die Amerikanerin, aus der Kokotte der Star. Das alles ist zwar nur ein bißchen, aber für die Gesamtwirkung entscheidend glamouröser als zuvor in Szene verpackt.

Schritt für Schritt schminkt sich Marlene vor dem Spiegel in die Starexistenz hinein. Ihr Gesicht wird noch bleicher. Ihre Augenbrauen liegen jetzt im perfekten Halbrund über der Linie der Augen. Die Lippen glänzen feucht. Ihr Verhalten ist kühl-distanziert. Selbst der schmierige Bühnenbesitzer hält lieber Abstand.

Als »Nummer 14, das heutige Debüt« angekündigt, erscheint Marlene danach auf der Bühne. Aber man erkennt sie kaum wieder, denn sie steckt in einem Gorillafell. Nur entfernt kommt ihr aufgeschminkter Kosmetik-Glamour jetzt zur Geltung, doch das wird sich gleich ändern.

Die Nummer ist visuell phantastisch inszeniert. Ethnologisch gesehen jedoch lächerlich, denn die tanzenden Eingeborenen unter ihrer Folklore-Maskerade sehen eindeutig aus wie Mary und Lissie aus Brooklyn, und tanzen können sie nicht besser als normal Behinderte.

Noch wiegt sich der Gorilla hin und her. Aber schon streift er seine Fellhandschuhe ab, und schimmernd weiß, im Strahlenkranz des Sternbergschen Licht-Wahnsinns, kommen darunter zwei Frauenhände zum Vorschein. Und als auch noch der Kopf fällt und Marlenes Gesicht mit dem ironischen Dauerlächeln darunter zum Vorschein kommt, sind die Zuschauer so eindeutig hingerissen, daß sie ihren Martini Flip vergessen. Einen solch erotischen Affen sah man noch nie.

Und das geht dann Schlag auf Schlag weiter.

Marlene alias Helen Faraday setzt sich nicht nur eine wasserstoffsuperblonde Perücke auf, sondern schält sich auch langsam, mit wiegenden Bewegungen zur trommelbetonten Musik der Club-Band, aus dem Fell. Darunter glitzert es verführerisch, ein Phantasiekostüm, das den Kongo und New York zur Nachtclubzeit, Schwarzafrika und Weißamerika gleichzeitig ausdrücken soll.

Marlene stützt die Hände in die Hüften, dorthin, wo wie Fetische kleine weiße Raubtierfelle an ihrer Taille hängen. Sie schaut nach rechts und dann nach links, heimst die Bewunderung der Leute ein und sammelt Blicke. Dann beginnt sie zu singen.

»Hot Voodoo« heißt ihr Song, Ralph Rainger ist der Komponist, den Text von Sam Coslow kann man getrost vergessen. Sie singt in ihrer typischen Manier. Während hinter ihr die Band poltert und die Tanzmädchen die Beine schwingen bzw. ihre Brüste kreisen lassen, kultiviert sie ihren Stil der intelligenten Verzögerung. Sie singt nicht mit Verve im Rhythmus der Vorgaben, das hat sie nicht nötig. Sie schleppt ihre Stimme hinter der Melodie hinterher, deutet manchmal nur an, zitiert das Lied, das sie singt, in lässiger und souveräner Interpretation.

Und zum Glück bewegt sie sich nur in Andeutungen. Nicht auszudenken, was geschähe, wenn sie jetzt ihre Hüften kreisen ließe wie die Girls im Hintergrund. Der Song wäre verpfuscht, der Auftritt geschmissen. Aber nein, dazu ist Marlene zu intelligent und steht auch schon zu lange im Rampenlicht. Und auch ihre natürlichen Instinkte sagen ihr: Sing und distanziere dich gleichzeitig von dem Lied, dann bleibst du die Interpretin, von der man spricht – man wird nicht vom Lied sprechen, das jemand interpretierte.

Damit ist der Umbau in den Showstar perfekt. Marlene wird von nun an in diesem Film so aussehen, wie Marlene Dietrich aussieht, nachdem sie Deutschland verlassen hat und in Hollywood landete. Der Film führt ihre Verwandlung vor und führt sie im Folgenden noch weiter.

Ruhepunkte auf diesem Weg sind ihre Gänge nach Hause zu ihrem Mann. Wenn sie dort ankommt, das geschieht nun seltener, ist sie wieder die Frau von nebenan, die als Schauspielerin auch zur großen Tragödin geeignet scheint. Wie eine deutsche Greta Garbo, jedoch genauer, weniger entrückt, wirkt sie in diesen Szenen als absschiednehmende Ehefrau, die schon weiß, daß sie auf Dauer nicht zu ihrem Mann, den sie andrerseits liebt, zurückkehren wird. Das Showbiz hält sie bereits in den Klauen. Und auch ein von Cary Grant gespielter gewisser Mr. Townsend, der die große Welt verkörpert.

Damit verliert jedoch der Film auf merkwürdige Weise seine Kraft und mit diesem Marlene.

Sie geht nun hauptsächlich in Townsends Apartment zwischen Blumenarrangements hin und her, lange Kleider umschmeicheln ihren Körper. Sie geht hierhin und dorthin, sagt ein paar Sätze, starrt wie unter Drogeneinfluß geradeaus, klimpert eine Tonfolge auf dem Piano. Das alles ist keine Darstellung, es ist wegen ein paar leerer Seiten im Drehbuch die uninspirierte Vorstellung von Darstellung, Marlenes eigentliche Fähigkeiten haben darin keinen Platz.

Und es geschieht weiterhin nichts. Den Drehbuchautoren ist endgültig die Puste ausgegangen. Hier mal eine nette Rundfahrt im Motorboot – Marlene lehnt ihren Kopf an Townsends Schulter –, dort mal ein Barbesuch und schließlich ein kleiner Ausritt auf dem Land – sie lehnt mit der Reitgerte in der Hand an einem Baum –, das alles in Sekundenschnelle, hastig heruntergespult.

Es bleibt keine Zeit mehr für den Zuschauer, sich das wirklich anzusehen. Marlene wirkt dabei bald nur noch wie ein Gespenst, irgendwie durchsichtig. Sie geht mit dem Film unter.

Daran sind neben der Talentlosigkeit der Autoren die Manierismen des Regisseurs schuld. Ihm kommt es offensichtlich nicht darauf an, wirkliche Menschen an wirklichen Orten in tatsächlichen Konflikten zu zeigen. Er zeigt: Licht und Schatten, wehende Gardinen, Girlanden, Gesichter als Ornament. Das ist als Gesamtkunstwerk bedeutend, jedoch nicht als erzählte Lebensgeschichte. Es fehlt die Spannung, um sich auf die nächste Sequenz zu freuen, ja sogar das nächste Bild ist schon uninteressant, denn es ähnelt dem vorangegangenen.

Natürlich verstehen es Regisseur Sternberg und Kameramann Glennon, Gesichter einzufangen. Und Marlene ist nicht nur so schön wie je zuvor, sondern kann mit ihrem beherrschten Mienenspiel auch Gefühlsdimensionen sichtbar machen.

Aber das wirkt nur, wenn sich zuvor eine Handlung ergeben hat, auf die das Mienenspiel reagiert. Das ist hier selten der Fall. Wenn es einmal zutrifft, dann ist die Wirkung stark. Wenn nicht, verpufft der schönste Ausdruck, die beste Einstellung, der ergreifendste Augenaufschlag.

Marlene bleibt nicht viel mehr übrig, als in Großaufnahme folgendes zu tun: Sie senkt die Augen, blickt nach rechts, blickt nach links – und schlägt die Augen auf.

Das ist sehr anziehend, aber als pures Extrakt ihrer Möglichkeiten nutzt es sich ab. Und Marlene bestand bei diesem Film leider nicht auf mehr. Sie begnügte sich damit, Sternbergs Anweisungen auszuführen und einfach nur da zu sein. Zu wenig.

Eine Handvoll Einstellungen lohnen dann doch noch das Hinsehen. Etwa wenn Marlene mit ihrem kleinen Johnny auf einem Heuwagen liegt und »Ein Männlein steht im Walde ...« singt. Die natürliche Anmut, die sie dabei ausstrahlt, versöhnt für vieles.

Dieser Heuwagen fährt zwar nicht gerade von Chattanooga nach New Orleans, aber die Handlung des Films springt von hier nach dort. Marlene alias Helen Faraday ist auf der Flucht vor ihrem Mann, der seinen Sohn zurück haben will. Helen jedoch will ihm Johnny nicht überlassen, und zu Ned zurück will sie auch nicht. Denn der Wissenschaftler, obwohl wieder entseucht, betrug sich inzwischen wie ein vergifteter Spießer. Zu klein, für den großen Star »Blonde Venus«.

Marlene spielt nun gänzlich alles mit dem gleichen Tempo. Auf die emotionale Bedeutung der Szene kommt es dabei nicht an. Egal, ob ein Verfolger hinter ihr her ist oder sie ihren Jungen zu Bett bringt — das Tempo ist das gleiche, die Bewegungen von träger Sinnlichkeit, die Blickrichtung vorgeschrieben. So kann sie kein Interesse für ihre Rollenfigur wecken.

Im letzten Drittel des Films ist Marlene von der Figur, die sie anfänglich verkörperte, meilenweit entfernt. Der Zuschauer erinnert sich kaum noch daran, was sie eigentlich darstellt. Es scheint sich um eine völlig andere Person aus einem völlig anderen — allerdings von Sternberg inszenierten — Film zu handeln. Sternberg inszeniert Dietrich — die Handlung, Orte, Personen sind egal.

Im Elendsviertel von New Orleans bewegt sich Marlene wie durch das Foyer des Ritz. Sie geht, als stakse sie durch die Sanddünen von Deauville oder durch heißgewordenen

Asphalt, in dem ihre Stöckelschuhe hängenbleiben. Vergeudeter Aufwand und unfreiwillig komisch zugleich. Schade um Marlene. Denn was sie kann, hat sie am Anfang dieses Films ausgiebig bewiesen.

Und auch jetzt genügt manchmal nur eine Großaufnahme von ihrem Gesicht, oder auch nur von einem Teil ihres Gesichts, wenn der Rest von einem breitrandigen Hut verborgen ist, und man ist fasziniert von dieser Darstellerin und wünscht sich nur eines: mehr, mehr, mehr!

Kurz vor Ende gibt es noch einmal einen Auftritt Marlenes, der haftenbleibt.

In Paris tritt sie im weißen Smoking und mit weißem Zylinder vor das Nachtclub-Publikum. Sie raucht aus einer langen Zigarettenspitze und nestelt frivol am Dekolleté eines der Tanzmädchen herum. Sofort findet sie wieder zu alter Form zurück. Auf der Bühne ist sie zu Hause, hier fühlt sie sich wohl.

Im Raum überwiegend Herren im schwarzen Frack. Auf der Bühne die strahlend helle Marlene — so war es immer, wenn auch nicht in diesem Film. Sie singt »I Coudn't Be Annoyed« von Dick Whiting und Leo Robin und bewegt sich dabei so herrlich relaxed, daß man den Film um sie herum noch einmal neu inszenieren möchte.

Marlene ist in diesem Film, wie schon angedeutet, wunderschön verpackt, Sternberg schien wieder einmal wie besessen davon, sie von ihrer schönsten Seite zu zeigen. Die Kameraarbeit und die Beleuchtung sind grandios, und es geht eigentlich nur um Marlene Dietrich, um nichts sonst.

Neunzig Minuten Unterhaltung nach einer Idee von Josef von Sternberg, und das konnte auch heißen, nach einer Idee um Marlene. Ein schieres Nichts an Film, das man vergißt, nachdem man ihn gesehen hat.

Für Sternberg war dieser — wunderschöne — Film ein Tiefpunkt seiner Arbeit. Eine Art von Ausverkauf seiner Ästhetik. Die Vermeidung fast jeglicher inhaltlicher Aussage, die Verschwendungssucht und das ornamentale Ambiente des Films, all das zusammengenommen machten das Werk unbefriedigend.

Man sehnt sich, wenn man diesen Film sieht, nach klaren und einfachen Einstellungen, wie es sie anfänglich gibt. Nur wenn es mehr von diesen gäbe, könnte man auch die Manieriertheiten der Regie ertragen. Der Film wirkt beinahe abstrakt, weil ihm jeglicher »erzählte« Inhalt mangelt.

Jedes Bild ist so durchkomponiert, daß die Einzelheiten darin zu bloßen Zeichen werden, die nichts aussagen wollen. Und der Rhythmus der Erzählung wird zu bloßem Tempo. Die Bilder wollen nur eins: schön sein. Wenn man nicht weiß, was man zu sagen hat, dann will man es wenigstens schön sagen — nach diesem Motto arbeitete die Regie bei diesem Film.

Der Film wurde im Mai und Juni 1932 abgedreht und erlebte seine Uraufführung am 22. September des gleichen Jahres.

Josef von Sternberg verließ Amerika sofort nach Ende der Dreharbeiten. Er reiste nach Westindien, um für ein anderes Projekt zu recherchieren, das er ohne seinen Leib-und-Magen-Star Marlene Dietrich anpacken wollte.

Marlene verließ Hollywood ebenfalls. Sie reiste an die Ostküste, in der Hoffnung, in New York Vergnügen und Zerstreuung zu finden und sich von dem Streß der Dreharbeiten zu erholen.

In New York sah man sie in Nachtclubs aufkreuzen. Ihre Begleitung war unterschiedlich. Mal erschien sie an der Seite eines unbekannten frackbewehrten Herrn, mal Arm in Arm mit einer unbekannten attraktiven Dame. Man wußte nicht genau: Macht die Dietrich eine Reklametour oder ist sie tatsächlich so ungezwungen und locker, daß sie ihre amphibischen Neigungen für beide Geschlechter ungeniert auslebt?

Marlene hüllte sich dazu in Schweigen. Sie war bemüht, ihr Leben zu leben und Freundschaften zu schließen. Das mußte sie nicht rechtfertigen. Sollten die Medien doch berichten, was sie wollten. Was ging es sie an?

Nach vielen Tagen New York verließ Marlene die USA und fuhr nach Paris. Auch dort erneuerte sie Freundschaften, die lange brach gelegen hatten.

Wie wichtig ihr doch freundschaftliche Beziehung zu kreativen Menschen waren! Wenn sie daran dachte, wie lange sie sich notgedrungen in Hollywood zurückziehen mußte, bis ein Film beendet war, wurde ihr die Schauspielerei so richtig vergällt.

Untern Linden, untern Linden

Von Paris aus reiste sie endlich nach Hause. Also nach Berlin. Berlin, die Stadt ihrer Träume!

Die Stadt hatte sich verändert. Offensichtlich stand Deutschland kurz vor dem Bürgerkrieg. Die Nationalsozialisten hatten bei den letzten Reichstagswahlen am 31. Juni 1932 sage und schreibe 37,4 Prozent aller Stimmen erhalten. Sie waren damit zur stärksten Fraktion aufgestiegen. Schon ein Jahr zuvor hatte es in der sogenannten Harzburger Front ein Bündnis zwischen Nationalsozialisten, konservativen nationalistischen Kräften und der Schwerindustrie gegeben. Die Weichen für die Nazis waren damit gestellt.

Die Präsenz der antidemokratischen Kräfte im Stadtbild Berlins war unübersehbar. Dieses Bild erinnerte Marlene Dietrich an die Zeit während des Ersten Weltkriegs, unter der sie gelitten hatte. Fahnenkompanien marschierten zum sogenannten Stahlhelm-Tag in Tempelhof auf. Harmlose Passanten wurden überall auf der Straße von der Schutzpolizei, den sogenannten Tschakos, nach Waffen untersucht, SA-Kundgebungen in den Vororten und Musikumzüge der NSdAP in den Straßen der Innenstadt fanden ebenso statt, wie abends und nachts die Rollkommandos und Schlägertrupps in den Nachtlokalen randalierten. Linke Demokraten, Liberale und Juden hatten bereits damit begonnen, die Stadt fluchtartig zu verlassen.

Und auch die Armut war unübersehbar. Millionen Arbeitslose auf den Straßen, überall Schlangen vor den Läden, Schwarzmarkt, Streiks, Versammlungen, Kundgebungen. Und von jedem zweiten Gebäude hingen Plakate, Fahnen und Spruchbänder herab, auf denen die Bewohner ihre politischen Parolen und Standorte kundtaten. Die Stadt brodelte — und schwieg zugleich wie gelähmt vor dem bevorstehenden Unheil.

Wer offene Augen und Ohren hatte, konnte den Zeitpunkt für die »Machtergreifung« der Nazis voraussehen.

Dagegen agitierten die demokratischen und linken Kräfte. Es kam überall zu offenen Auseinandersetzungen, zu blutigen Kleinkriegen. Es hatte bereits eine Menge Tote gegeben. Berlin hielt den Atem an. Der sonst so schlagfertige, pfiffige und verwegene Berliner war ratlos. Es lag etwas sehr Kriegerisches in der Luft.

Marlene Dietrich traf sich mit ihren alten Freunden vom Theater in den Cafés am Kurfürstendamm — zum letzten Mal, denn diese beliebten Treffpunkte sind im Krieg sämtlich dem Erdboden gleichgemacht worden. Doch das wußte Marlene natürlich zu diesem Zeitpunkt noch nicht. Sie wußte nicht einmal, daß die ersten Emigranten auf der Flucht vor ihrer Liquidierung durch die Nazis bereits ein Jahr später in den USA auftauchen würden, um unter anderem auch von Marlene Dietrich Rat und Hilfe zu erbitten.

Marlene und ihre Freunde diskutierten heiß die Lage.

»Seht ihr denn nicht, daß Hitler an die Macht kommen wird?« fragte sie. »Göring ist ja schon Präsident des Reichstags!«

Doch ihre Kollegen, sei es, daß sie betriebsblind waren, sei es, daß sie in Deutschland leben mußten und sich arrangieren wollten, antworteten: »Ach was, die Nazis sind untereinander total zerstritten. Die Liberalen werden siegen.«

»Das ist ein furchtbarer Irrtum«, erwiderte Marlene. »Eure Naivität wird sich bitter rächen.«

»Naiv bist du, du siehst das Leben hier mit den Augen einer Ausländerin!«

»Von draußen sieht man manchmal einiges viel schärfer als von drinnen. Ihr werdet es erleben, Hitler kommt an die Macht! Und er wird sie so schnell nicht wieder abgeben!«

Wie recht sie hatte! Ein paar Monate später, am 30. Januar 1933, ernannte Generalfeldmarschall Hindenburg Adolf Hitler zum Reichskanzler. Die Nazis regierten mit den Deutschnationalen und zerschlugen sofort die demokratischen und gewerkschaftlichen Strukturen im Staat. Der nackte Terror begann. Die sogenannten Feinde des Staates wurden ausgerottet, verbannt, ins Gefängnis geworfen.

Bei ihrem Besuch in Berlin traf Marlene mit dem Mann zusammen, der bei den Nazis für die Kultur zuständig war, mit Josef Goebbels.

Der Mann, der zu diesem Zeitpunkt noch Gauleiter für Berlin-Brandenburg war und später Reichspropagandaminister werden sollte, bat die Dietrich inständig, nach Deutschland zurückzukehren.

»Sie können hier bei uns alles machen«, sagte er, »Sie werden völlig freie Hand haben. Daß Sie der größte und einzige Filmstar an der Spitze sein werden, ist selbstverständlich. Nur kommen Sie zurück. Arbeiten Sie für das neue Deutschland! Der Führer wird alle ihre Wünsche persönlich erfüllen!«

Marlene sah ihn von oben bis unten an. Sie dachte an die vielen Oppositionellen, die in Deutschland bereits verfolgt wurden. Und sie ahnte das furchtbare Programm des Terrors, das die Nazis zu verschweigen suchten, aber oft aus Großmannssucht nicht verschweigen konnten. Und sie schüttelte sich bei dem Gedanken, daß der »gräßliche

Zwerg«, wie sie Hitler insgeheim nannte, an ihr Gefallen gefunden hatte.

»Nein!« sagte sie bestimmt. »Niemals! Ich kann nicht für Sie und Ihresgleichen arbeiten.«

Es war das erste und auch das letzte Mal, daß sie mit einem Nazi verhandelt hat. Und nach Berlin kehrte Marlene erst wieder zurück, nachdem die Nazis untergegangen waren und Deutschland wieder frei war.

Wenn ich mir was wünschen könnte ...

Marlene fuhr nach Hollywood zurück.

Sie hatte ihren Europaaufenthalt erst einmal zu verdauen. Zuviel war dort inzwischen passiert. Die politische Lage war katastrophal, eine Rückkehr in die Heimat unter diesen Umständen, selbst wenn sie diese gewollt hätte, völlig ausgeschlossen.

Sie hatte auch versucht, ihre Mutter und ihre Schwester Elisabeth zu überreden, Deutschland zu verlassen und nach Paris zu gehen, aber vergebens. Die Mutter, eine konservative Dame, sah die Gefahren durch den Nationalsozialismus nicht oder wollte sie nicht sehen.

Marlene mußte weiterarbeiten. Sie mußte Verträge erfüllen. Sie war in der Hand der Filmindustrie. So hart dies auch klingen mag, es entsprach den Tatsachen. Die Produktionsgesellschaft, für die sie tätig war, hatte sie berühmt gemacht und zog nun den größten Nutzen aus dieser Tatsache. Marlene mußte tun, was man ihr sagte. Und das hieß: arbeite weiter!

So mußte sie nun auch akzeptieren, daß Sternberg, ihr Regisseur, bei dem nächsten Filmprojekt nicht mehr dabei war. Die Paramount hatte verfügt, Sternberg eine schöpferische Pause zu »gönnen« – man war der Querelen mit dem Genie überdrüssig geworden. An seiner Stelle sollte nun der Regisseur Rouben Mamoulian eingesetzt werden.

Mamoulian war ein in Georgien geborener Amerikaner, der als Opern- und Theaterregisseur begonnen hatte und mit dem Aufkommen des Tonfilms nach Hollywood engagiert wurde. Als versierter Techniker hatte er Filme wie »Applause« (1929) und »City Streets« (1931) zum Erfolg geführt. Er schien der richtige Mann, um mit der Dietrich zu arbeiten. (Im Jahr 1934 sollte er übrigens Greta Garbo in »Königin Christina« zu ihrem größten Erfolg führen.)

Der Dietrich war es recht, mit dem begabten Schauspieler-Regisseur zu arbeiten, wenn es ihr auch schwerfiel, auf ihren gewohnten Ansprechpartner Sternberg zu verzichten. Ihr Joe war nicht greifbar, so fühlte sie sich in Hollywood nur halb so wohl.

Da sie auch häusliche Probleme mit Maria hatte, die sich in dieser Zeit nicht vorteilhaft entwickelte, Lernprobleme hatte und nach langen, aus jugendlicher Frustration geborenen Eßorgien, langsam dick und dicker wurde, mußte sich Marlene erst an den Gedanken gewöhnen, gleich wieder auf Knopfdruck in Hollywood zu funktionieren.

Aber es half alles nichts. Die Pflicht rief. Berühmtheit kam nicht aus der Vergangenheit, sondern mußte jeden Tag hart erarbeitet werden. Gerade in der Traumfabrik galt diese Wahrheit. Der neue Film, in dem Marlene mitspielen sollte, basierte auf einem Roman von Hermann Sudermann mit dem Titel »Das Hohe Lied«, den dieser im Jahr 1908 veröffentlicht hatte.

Marlene sollte das einfache Mädchen Lily spielen, die sich in einen Bildhauer verliebt, dem sie Modell steht. Dieser will jedoch nichts von ihr wissen, und sie heiratet deshalb einen anderen. Nach endlosen melodramatischen Wirren, nach Flucht, Verstecken, Mißverständnissen kommt es doch noch zu einem Happyend. Der Bildhauer erkennt seine Irrtümer und holt Lily zu sich.

Ein unverfilmbarer Stoff. Kitsch, daß sich die Balken biegen. Zu retten eigentlich nur von einem Regie-Meister, der es verstünde, die romantischen Verschlingungen der Vorlage und den kitschigen Tonfall zu glätten und Interesse für Personen zu erwecken.

Rouben Mamoulian erinnerte sich später deshalb mit gemischten Gefühlen an das Projekt:

»Die Dietrich hatte mit Sternberg eine Reihe von Filmen gedreht, und auf einmal entschied das Studio aus irgendeinem Grund, sie zu trennen. Ein anderer Regisseur als ich kam für die Dietrich gar nicht in Frage, da mußte ich es machen. Ich fragte die Bosse: ›Was für ein Sujet?‹ Und sie erklärten: ›*Das Hohe Lied* von Sudermann.‹

›Da spiele ich nicht mit‹, war meine Antwort. ›Das ist ein alter Hut, kein Interesse.‹ Von Sternberg und die Dietrich überredeten mich dann; sie sagten mir, daß man mich keinen anderen Film machen lassen würde, wenn ich diesen einen nicht übernähme. Also nahm ich an.«

Diese Aussage ist ernüchternd genug. Sie zeigt deutlich, wie es in jenen Jahren in der amerikanischen Filmindustrie zuging. Die Produktionsbosse bestimmten eisern, was gemacht wurde. Ihre oft zufälligen Entscheidungen waren maßgebend. Niemand hatte mitzureden. Von den Versprechungen, die ein fertiger Film in puncto Menschenfreundlichkeit, Liebe und Schönheit zu machen in der Lage war, ist bei den Vorbereitungen auf diesen Film keine Rede. Hartes Business bestimmt das Handeln, und jeder hat sich an seinem Platz den Regeln zu fügen.

Da hilft auch kein berühmter Name. Und auch kein: Wenn ich mir was wünschen könnte ...

Für Fans des Kinos sieht es immer so aus, als bestimmten die Stars den Gang der Dinge. Weit gefehlt. Allerdings hat sich im Verlauf der Jahrzehnte daran zum Glück doch einiges geändert. Heutzutage wird das Mitspracherecht an Projekten auch in Hollywood schon ernster genommen als in den 20er und 30er Jahren, der Zeit des allergrößten geschäftlichen Reibachs mit dem flimmernden Zelluloid.

Der Film »Song of Songs« (Das Hohe Lied) wurde im Frühjahr 1933 in den Paramount-Studios gedreht. Die Dietrich mußte in dieser Drehzeit immer wieder an Deutschland denken, über das sich nun das Verhängnis des Nationalsozialismus gesenkt hatte.

Ihr Ehemann Rudolf Sieber und seine Freundin Tamara waren inzwischen auch nach Paris in die Emigration gegangen. Sie hielten es unter Hitler einfach nicht aus, obwohl Sieber große berufliche Aufstiegsmöglichkeiten unter den Nazis gehabt hätte. Wenigstens die beiden waren in Sicherheit! Marlenes Sorgen galten der Mutter und der Schwester Elisabeth, die weiterhin in Deutschland blieben.

Während der Dreharbeiten erlitt Marlene einen bösen Unfall, bei dem sie einen Nervenschock und viele Hautabschürfungen davontrug. Sie mußte während einer Sequenz im Damensitz auf einem Pferd reiten. Das Pferd scheute, und sie stürzte zu Boden. Da sich ihr altmodisches Kostüm im Steigbügel verfing, wurde sie vom davontrabenden Pferd ein Stück weit mitgeschleift.

Nach einer Unterbrechung konnten die Dreharbeiten jedoch fortgesetzt werden. In diesem und in anderen, vergleichbaren Fällen erwies sich immer wieder, wie hart und diszipliniert Marlene Dietrich arbeitete. Und daß sie wahrlich keine Mimose war, würde sie auch im weiteren Verlauf ihrer Karriere mehrmals bestätigen können.

»Song of Songs« wird danach ohne weitere große Probleme fertig. Zwar gibt es gegen Ende noch Verwirrung wegen des Drehbuchs, das keinen akzeptablen Schluß enthält, aber das klärt sich. Der Film wird beendet, und

Mamoulian hat das Unmögliche geschafft — er hat etwas Glaubwürdiges aus dem Stoff herausgeholt.

Allerdings sind sich die Kritiker nicht ganz einig. Jemand meint, der Film »bringe nichts Neues«. Ein anderer bemängelt die seichte Machart. Ein dritter schwärmt von Marlene — wie gehabt.

Der deutsche Starkritiker Alfred Kerr, inzwischen ebenfalls aus Deutschland emigriert, schreibt in »Das Neue Tagebuch«:

»Im ersten Teil des Films, bevor sie Weib wird, soll sie das arglose Mädchen sein ... Hm ...

Aber dann (in der zweiten Hälfte) kam ein Augenblick, in dem sie hinreißender als in ihrer ganzen Laufbahn bis heute war. Ihr breitrandiger Hut neigt sich da halbschief über ein Gesicht — das es, für mein Empfinden, bloß einmal gibt ...«

Und an gleicher Stelle, wenig später, fährt Kerr fort:

»Das Stärkste der Frau liegt in dem, was Flaubert die impassibilité (dies meint: Gleichgültigkeit, Unbeweglichkeit, Leidenschaftslosigkeit, B. S.) nennt. In dieser kaum bewegten Art etwas abzulehnen — auch einen Schmerz.

Es ist nicht ihr unsterblicher Popo im ›Blauen Engel‹, nicht ihr Schreiten, wenn sie jemandem in die algerische (hier irrt der Dichter, es war die marokkanische, B. S.) Wüste folgt; nicht wie sie Kleider in einem Spionenfilm trägt; und nicht ...

Nicht wie sie einen früheren Freund in der chinesischen Eisenbahn zurückgewinnt — sondern wie sie zuvor einen Anderen abweist: das macht ihre mystische Höhe.

Dies Verachten mit dem Hauch einer Lippenveränderung. Mit einem trüb verstehenden Zug um die adlige Schnauze ... hätt' ich fast gesagt. Dies hohe Telegraphieren einer geringen Seelenwallung zu den Mundwinkeln.«

Ein Schwärmer, dieser Herr Kerr. Und mit Recht. Denn Marlene in »Song of Songs« ist sehr ansehnlich. Man ist geradezu von ihrer Schönheit erschüttert, in einem Film, der akzeptabel, ja, angesichts der Vorlage sogar gut geworden ist.

Außerdem singt sie darin einen Song, den sie bereits 1931 in Berlin auf einer Platte aufgenommen hatte, der jedoch nun ein Welthit wurde: »Jonny! Wenn du Geburtstag hast, bin ich bei dir zu Gast für eine Nacht.« Dieses, bereits 1920 von Friedrich Hollaender für die Soubrette Blandine Ebinger komponierte und getextete Stück blieb von jetzt an immer im Repertoire der Dietrich. Sie hat es später auf unzähligen Tourneen in der ganzen Welt, auf deutsch oder in der amerikanischen Textversion von Edward Heyman gesungen.

In Deutschland wurde der Film »Das Hohe Lied« übrigens verboten. Die Nazis behaupteten, er sei unmoralisch. In Wahrheit jedoch werden sie sich über die Absage der Dietrich geärgert haben, die inzwischen auch öffentlich erklärt hatte, niemals in das Deutschland der Nazis zurückkehren zu wollen.

Und was hätte sie dort vorgefunden? Ihre besten Freunde und Kollegen waren inzwischen emigriert. Andere durften nicht mehr arbeiten. Die Nazis hatten damit begonnen, die Juden aus der Filmindustrie auszuschließen. Das Filmschaffen in Nazi-Deutschland lag stramm auf ideologischem Kurs, und wer dagegensteuerte, wurde nicht nur mit Berufsverbot belegt, sondern lief Gefahr, liquidiert zu werden.

Nein, in einem solchen Deutschland konnte man nicht frei atmen oder arbeiten. Diejenigen, die es dennoch versuchten, bezahlten mit Schäden an Leib und Seele.

Auch an den Filmen, die in Deutschland in dieser Zeit

liefen, war abzulesen, daß die »reale Straße«, also der Terror, über die phantasievollen Landschaften, die das Kintopp sonst lieferte, triumphiert hatte.

Am 2. Februar 1933, zwei Tage nach der »Machtergreifung« Hitlers, die in Wahrheit ein legaler Regierungsantritt im Auftrag der deutschen Wähler war, sah Berlin die Premiere von »Morgenrot«. Der Film über den Ersten Weltkrieg verquickte Liebesleid und das Töten im Feld so effektvoll miteinander, daß sämtliche pazifistischen Werke vergangener Tage, wie etwa »Westfront 1918« von 1930 in Vergessenheit gerieten. Friedfertigkeit war nicht mehr gefragt. Das war bezeichnend für das neue militaristische Klima.

In »Morgenrot« fiel ein Satz, der zum Leitmotiv der folgenden zwölf Jahre wurde: »Leben können wir Deutsche vielleicht schlecht, aber sterben können wir jedenfalls fabelhaft.«

Auch auf der Leinwand ereignete sich also der Sieg des Tyrannen. Mit den übrigen Deutschen wurde auch das Filmpublikum erst unterworfen, dann aufgerüstet. Der Führer und seine Gefolgschaft hatten sich in Weimar gefunden und schlossen sich nun in Berlin zusammen.

Auch wenn viele Deutsche dachten, in Opposition zu Hitler zu stehen, führten ihre gefühlsmäßigen Neigungen sie in seine Arme. Der Widerstand steckte, wenn an den überhaupt gedacht wurde, höchstens im Kopf. Im Bauch steckte die Bereitschaft zur Unterwerfung.

Als autoritär erzogene Charaktere konnten die Nachfolgedeutschen des ehemaligen patriarchalischen Kaiserreichs sich den Signalen der Macht und dem Glamour der Uniformen nicht verschließen. In sie flüchteten sich die Kleinbürger, die Arbeitslosen und auch die Jugend – alle Entwurzelten einer kläglich gescheiterten Weimarer Demokratie.

Das Kino der Weimarer Republik, von Ausnahmen über-

haupt nicht angefochten, folgte auf dem Weg in die Nazi-
herrschaft. Es mystifizierte allzu oft die realen, sozialen
Gegebenheiten der Zeit, es personifizierte sie zu dämonischen Mächten.

Diese Mächte, als Botschafter des Verhängnisses gesehen, bestimmten im Kino – also in der Propaganda – und
auf der Straße des Schicksal des Volkes. Ihnen war nicht zu
entkommen. Nur Unterwerfung kam anscheinend in Frage.
Jener berüchtigte Dr. Caligari stieg schließlich von der Leinwand herab und bestimmte nun die herrschende Politik.

Marlene Dietrich sah diese Entwicklung und hat in der
Rückschau später noch einmal zu erklären versucht, wie
ihre Haltung zu Hitler war. Sie sagte:

»Ich wußte damals nicht, wieviel die Deutschen selbst
wußten. Aber auf alle Fälle haben die mit Hitler mitge-
macht, das ist alles, was ich weiß. Da ich doch die Deutschen kenne, weil ich selbst Deutsche bin, wußte ich, die
brauchen einen Führer, und die haben einen Führer
bekommen.

Wir alle Deutschen sind doch so. Wir wollen jemand, der
uns sagt, was wir machen sollen. Und wie da dieser gräßliche Hitler gekommen ist, haben natürlich alle gesagt, na
wunderbar, endlich ein Führer. Endlich jemand, der sagt,
mach dies und mach jenes, koche, mach die Tür auf – so
bin ich selbst ja auch erzogen worden! Aber mit Hitler?
Nein, da ging es nicht mehr mit mir ...«

Eine sehr persönliche, sehr emotionale und auf eigener
Erfahrung fußende Haltung, die aber wirkungsvoller
gegen falsches Mitmachen schützte als jede Anti-Ideologie.

Gerüchteküche

Nachdem »Song of Songs« in den Kinos angelaufen war und gemischte Kritiken erhielt, einigten sich die Paramount und Josef von Sternberg darauf, wieder miteinander arbeiten zu wollen. Nicht zuletzt deswegen, weil Marlene Dietrich darum bat.

Sternberg hatte inzwischen in Europa versucht, eine Produktionsfirma zu gründen, war jedoch mit seinen Plänen gescheitert. Vor allem sein Ausflug nach Deutschland – wir schreiben das Frühjahr 1933 – wirkt im nachhinein reichlich naiv. Wie sollte er als Jude unter den Nazis eine Chance haben? Die Männer, die ihm dabei hätten helfen können, saßen nicht gerade in der NSDAP. Es waren Männer, die Deutschland inzwischen verlassen hatten.

Sternberg kam enttäuscht nach Hollywood zurück und traf sich sofort mit Marlene. Sie besprachen miteinander, daß sie sich für zwei weitere Filme vertraglich an die Paramount binden wollten.

Marlene erklärte bei dieser Gelegenheit in einem Interview: »Mir selbst liegt an Filmen überhaupt nichts. Es ist mir nicht lebenswichtig. Aber ich bin glücklich mit Herrn von Sternberg, weil ich mich auf ihn verlassen kann ... Ich bin ihm ergeben, aber diese Ergebenheit ist rein vernunftbedingt. Wenn man einem bedeutenden Menschen begegnet, ist man halt ergeben ...«

Eine schöne und einfache Erklärung für das Verhältnis dieser beiden Menschen, die nun daran gingen, ein weiteres visuelles Meisterwerk auf die Leinwand zu bringen.

Allerdings mußte sich Sternberg nach einem Thema umsehen, das mit seiner Vorstellung von der Dietrich bisher nicht zusammengegangen war. Bisher spielte sie, wie wir gesehen haben, leicht anrüchige Frauen, Femme fatales, Vamps, reuige Sünderinnen.

In den 30er Jahren trat nun in Hollywood etwas ein, das einer kleinen Revolution glich.

Die Zensur verschärfte sich, der sogenannte Production-Code oder auch Hays-Code kam zur Anwendung. Leichte Mädchen durften danach nicht mehr als positive Figuren auf der Leinwand agieren. Sternberg traf das hart, denn sein Lieblingsbild von Marlene war eben das »good bad girl« mit der rauhen und anrüchigen Schale und dem Herzen aus Gold — die Frau am Rand des Tingeltangels.

Jetzt mußte er aufpassen, sich nicht allzu weit vorzuwagen. Und auch Marlene mußte sich in acht nehmen vor den neuen Moralhütern. Denn die Deutsche hatte in Hollywood einen Ruf bekommen, der zwar sehr aufregend war, aber auch die verstockten Geister der Prüderie auf den Plan rief.

Seit Marlene in Hollywood aufgetaucht war, hatten die Gerüchte neue Nahrung erhalten, die Glitzerstadt Kaliforniens lebe in rauschhaften Orgien, frivolen Partys und jedenfalls gänzlich unmoralisch. Marlene erhielt aufgrund ihrer vielen Freundschaften zu Männern und zu Frauen den ruf, eine Bisexuelle zu sein, eine Frau, die zweigeschlechtlich Liebe verschenkt und empfindet.

Sie scharte in der Zeit in Hollywood, und das begann schon in ihrem ersten Jahr, eine kleine aber feine Clique von Freundinnen um sich, die als »Marlenes Nähkränzchen« bald in die Annalen der Klatschpostillen einging.

Natürlich handelte es sich dabei nicht um einen lesbischen Reigen, das war jedem klar, der Marlene nur ein bißchen kannte. Aber es waren junge, attraktive, freche und lebenstüchtige Frauen, die, wie ein Beobachter schrieb »wie Marlene selbst rechts oder links schreiben konnten«. Es blieb dem Zuschauer überlassen, was diese Bemerkung bedeuten sollte.

Die Zeitungen Hollywoods wurden schnell neugierig. Diese fesche Dame mit dem Geruch, ein Vamp des Varietés zu sein, warf ganz sicher viel Futter für leere Seiten ab.

Man begann, Legenden auszustreuen. Angeblich führte Marlene eine stürmische Leidenschaft mit dem Hollywoodstar Claudette Colbert, einer quicklebendigen Dame, die in sogenannten sophisticated comedys, in zynisch-intelligenten Komödien, Riesenerfolg hatte.

Die Gazetten wurden in dem Maße immer erfindungsreicher, wie Marlene ihnen keine Gelegenheit bot, Tatsachen zu berichten. Das Fan-Publikum wartete offensichtlich gebannt auf neueste Nachrichten aus dem Schlafzimmer Marlenes – und es mußte bedient werden. Dabei war es egal, was an den Gerüchten, die ausgestreut wurden, stimmte. Hauptsache es klang abenteuerlich und schockierend.

Es scheint so, als sei in den 30er Jahren ganz Hollywood eifersüchtig gewesen auf die Männer und Frauen, die mit Marlene zu tun hatten. Die Öffentlichkeit wachte darüber, daß Marlenes Leben nicht ausschweifend wurde, jeder Zuschauer fühlte sich als der einzige Liebhaber der Deutschen. Jeder schien für sich das Recht in Anspruch zu nehmen, über ihr Privatleben zu befinden.

Marlene war dieser ganze Rummel um ihre Person unverständlich. Sie selbst fühlte keine Eifersucht – auf niemanden. Deshalb verstand sie auch nicht, wie Wildfremde ihr ihren Umgang vorschreiben wollten. Sie war Schauspielerin, na und? Nichts als Schauspielerin. Nicht das Liebesobjekt einer ganzen Nation. Das überließ sie den später erfundenen Sexbomben und Pin-Up-Girls.

Aber die Gerüchte über ihr Tag- und Nachtleben verstummten dennoch nicht.

»Schuld« an diesen Gerüchten hatte zunächst nur einmal die Tatsache, daß Marlene seit dem Film »Marokko« ihre Auftritte in Herrenkleidung ausdehnte. Das war kein PR-Gag, es gefiel ihr wirklich, in Frack, Cut oder Smoking vor die Öffentlichkeit zu treten.

Der amerikanische Regisseur und Filmpublizist Kenneth Anger schrieb über dieses Kapitel:

»Der Anblick Marlenes im Frack war für einen Teil des internationalen Sets unwiderstehlich: so für die Schriftstellerinnen Mercedes d'Acosta und die Millionärin Jo Carstairs, die beide selbst in Männerkleidern nicht schlecht aussahen. Sie pilgerten nach Hollywood, um dem ›Blauen Engel‹ ihre Ehrerbietung zu erweisen. 1932, als sich ihr Nähkränzchen bildete, fing Marlene an, im Privatleben Männerkleider zu tragen; eine neue Mode, Frauen in Hosen, nahm ihren Anfang im ganzen Land.

Die ambivalente Attraktion Marlenes in Männerkleidern wurde von ihrem Svengali, Josef von Sternberg, unterstrichen, der es fertigbrachte, in jedem ihrer gemeinsamen Filme eine Szene mit Marlene in Hosen unterzubringen. Daß ihre Affäre eine Romanze des Kopfs, der Kunst und der Kunstfertigkeit war, ist unbestritten. Sternbergs Marlene-Fetischismus stieß nicht auf allgemeine Zustimmung.«

Schon gar nicht bei den Zensoren. Denn die witterten darin etwas Unmoralisches, das sie allerdings nicht erklären konnten. Sie begannen, Marlene als eine »Dame in Scharlach« zu stempeln. Und das hieß soviel, daß sie ins

Zwielicht geraten war, ganz egal, was sie tat und was sie nicht tat. Marlene mußte aufpassen, sich nicht den Zorn des reaktionären Teils der USA zuzuziehen, wollte sie nicht als unliebsame Ausländerin, noch dazu aus einem Land, das den Amerikanern jetzt feindlich gegenüberstand, diffamiert werden.

Marlene verstand überhaupt nicht, was man von ihr wollte. Sie lebte nach ihrer eigenen Einschätzung brav und solide. Die wilden Orgien Hollywoods mied sie sowieso, diese waren nichts für das preußische Bürgermädchen.

Für Marlene war Hollywood in erster Linie ein Ort der Arbeit, nicht des Vergnügens. Und das war auch gut so. Denn auf diese Weise machte ihr ihre Anwesenheit hier weniger Probleme. Wie wäre ihre Abwesenheit aus ihrer Heimat Deutschland sonst zu rechtfertigen gewesen, wenn nicht dadurch, daß sie in Hollywood Karriere zu machen hatte? Und Karriere, das wußte sie genau, machte man nicht auf Cocktail- oder Kokainpartys, sondern bei den Besetzungsagenturen und vor allem in den Studios mit ihrer strengen Terminplanung.

Wichtiger als die Partys war für Marlene, ihre Arbeit zu verrichten und einen zuverlässigen Freundeskreis zu haben.

Die Moralhüter in Hollywood konnten das kaum glauben und beobachteten die Glamour Stars, und vor allem die Deutsche, mit Argusaugen. Sie witterten in jeder Filmszene etwas Unmoralisches, auch dann, wenn sie es gar nicht beschreiben konnten.

Die Zensur wurde immer schärfer und langsam allgegenwärtig.

In den USA hatte es bis dahin nur wenig Fälle manifester Eingriffe der staatlichen Zensurbehörden gegeben. Und dennoch gehört die Epoche, die nun begann und bis in die

Zeit des Kalten Krieges der 50er Jahre reichte, zu den finstersten in der Geschichte des Films. Der Hays-Code, der vorschrieb, was die Leinwand zeigen durfte, wirkte als Selbstkontrolle der Filmindustrie perfekt. Die Zensoren durften sich freuen, die Filme verstümmelten sich gewissermaßen von selbst.

Zensur lief in der Filmgeschichte stets Gefahr, die Probleme, die sie bannen wollte, überhaupt erst zu erzeugen – oder zumindest zu verstärken. So war es bei der Angst vor kommunistischer Subversion. Oder, durch den ängstlichen Blick auf »Obszönes« oder »Pornographisches«, beim Wecken der Neugier des Publikums für Erotik und Sex auf der Leinwand.

Zu Beginn der 20er Jahre hatte Nordamerika, das seine Filmproduktion seit den frühen 10er Jahren an die Westküste, nach Hollywood verlegt hatte, als Garten Eden gegolten. Der Film gedieh unter der Sonne Kaliforniens, die Stars strahlten wie Götter am Leinwandhimmel, ihnen war alles erlaubt. Und die Skandalchroniken blühten.

»Von den Filmleuten der Zeit hieß es, sie seien hinter der Leinwand ständig in verrückte, wilde Abenteuer verstrickt gewesen«, schreibt Kenneth Anger in dem Buch »Hollywood Babylon«. Und er fährt fort: »Diese Legende läßt eine Tatsache außer acht – die Furcht, die ständige, spannende, erotische Furcht, daß ihre goldenen Träume jederzeit den Boden unter den Füßen verlieren konnten.«

Der Zensor wachte, wie schon erwähnt, mit Argusaugen über Hollywood und seine »Orgien«. Und um möglichen Schaden rechtzeitig abzuwenden, setzte sich die Filmindustrie mit ihm in Verbindung, schlug einen Oberselbstzensor vor, fand ihn mit William H. Hays, einem ehemaligen Postminister, der nach Aussagen seiner Frau bei ihrer Scheidung 1952 den Bauchnabel für das weibliche Geschlechtsorgan hielt. Diesen Mann machte die Filmindustrie zum Präsidenten ihrer »Motion Picture Producers and Distributors of America« (M.P.P.D.A.).

1924 ergänzte das Hays-Büro die Liste der Dinge, die auf der Leinwand nicht erscheinen durften. 1930 wurde sie überarbeitet und im Jahr 1934 als offizieller Production-Code in Kraft gesetzt. (In den Jahren 1956 und 1963 ließ man ihn modifizieren, erst 1966 wurde der Hays-Code abgeschafft.)

Für Sternberg hatte das Folgen, denn wie gesagt, ab 1934, dem Jahr also, in dem er seinen nächsten Dietrich-Film drehen wollte, war die Zensur tätig. Sie verbot unter anderem die positive Darstellung einer Prostituierten.

Im vierten Kapitel des Zensur-Codes waren alle die Dinge definiert, die aus dem Bereich der Erotik stammten. Neben Ehebruch und Vergewaltigung, Entbindung, Nacktheit oder Sex zwischen unterschiedlichen Rassen galt das Verbot auch dem »unzüchtigen«, also leidenschaftlichen Kuß, lasziven Bewegungen von Schauspielerin oder dem zeigen des Bauchnabels – wir wissen inzwischen warum.

Nach Schätzungen führte die Existenz des Codes allein im Jahr 1928 zur Verstümmelung von insgesamt 872 erotischen Szenen in schon abgedrehten Filmen. Was die Vorzensur anrichtete, läßt sich nur vermuten.

Mit der Einführung des Tonfilms 1929 mußten die Zensoren nun auch noch hin*hören*, um ihre Sauberkeitssiegel an die passende Stelle setzen zu können.

Ab 1933 machte eine Nationale katholische Liga für Anstand und Sitte die Hatz nach Filmschmuddel noch hektischer. Dieser »Ku Klux Klan des Films« (Kenneth Anger) setzte das Kino mit der Hölle gleich, Lola-Lola mit dem Antichrist und benahm sich wie der inquisitorische Mummenschanz im Spanien Philipps II., also zur Zeit des 16. Jahrhunderts.

Im Jahr 1934 führte die bloße Existenz der Zensur zu Sternbergs Entscheidung, Marlene einmal völlig unverdächtig in Szene zu setzen. Sie sollte als Katharina die Große auf die Leinwand treten, entrückt durch historische Entfernung und durch den schon legendären Sternbergschen Weichzeichner.

Andrerseits bot gerade diese Gestalt dem Regisseur die Möglichkeit, seine Vorstellungen von der Frau als Verführerin in neuem Gewand und gewissermaßen durch die Hintertür zu gestalten.

Marlene: Göttin in Weiß

Marlene Dietrich freute sich aus einem ganz bestimmten Grund auf die Dreharbeiten. Sie hatte vorgeschlagen, daß ihre Tochter Maria die Rolle der Zarin als Kind spielen sollte, und die Besetzungsfachleute in den Etagen der Paramount hatten dies akzeptiert.

Für Marlene war dies ein kleiner Sieg im Kampf um ihre Tochter, die ihr noch immer Probleme bereitete. Es sollte sich zeigen, daß beiden die gemeinsame Arbeit im Studio gut bekam.

Maria machte das Filmen großen Spaß, obwohl sie sich praktisch noch immer nicht ganz frei bewegen konnte. Noch immer waren die Schatten der Entführungsdrohung über Mutter und Tochter, wenn auch inzwischen nicht mehr ganz so düster. Leibwächter befanden sich an ihrer Seite.

Bevor es mit den Dreharbeiten losgehen konnte, blieb noch etwas Zeit. Marlene nutzte sie, um noch einmal nach Europa zu reisen. Sie fuhr nach Paris, eine Stadt, die ihr immer besser gefiel. Sie erkor sich die Seinemetropole deshalb als zweiten Wohnsitz aus. Damals wohnte sie in einer Hotelsuite vor den Toren der Stadt, in Versailles. Dort traf sie mit Rudolf Sieber und Tamara zusammen. Sie verstanden sich sehr gut, nichts, so schien es, stand zwischen ihnen.

Marlene mußte sich um die Herstellung der französischen Fassung von »Song of Songs« kümmern und traf sich nach der Arbeit regelmäßig mit Sieber und Tamara. Sie gingen zusammen aus, zum Beispiel in das russische Spezialitätenrestaurand »Chez Kornilow«, wo man sie oft sah, und versuchten, die schwere politische Zeit, die nun angebrochen war, gemeinsam zu vergessen.

Aber auch in Frankreich wurden die Schatten des Nationalsozialismus, der auf einen allgemeinen Krieg hin rüstete, bereits immer länger.

Es war bezeichnend für Marlene Dietrich, daß sie sich in Paris mit Emigranten traf, um von ihnen neueste Nachrichten aus erster Hand über die Vorgänge in Deutschland zu erhalten. Friedrich Hollaender, der Komponist, mit dem sie in »Der Blaue Engel« zusammengearbeitet hatte, war unter ihnen ebenso, wie Peter Lorre, der 1931 mit seiner Rolle des neurotischen Kindermörders in dem Fritz-Lang-Film »M« Furore gemacht hatte. Auf diese Rolle anspielend, war er aus Deutschland mit der Bemerkung emigriert: »Für zwei Mörder ist in Deutschland kein Platz.« Wen er mit dem anderen Mörder meinte, war unschwer zu erraten: Hitler.

Marlene versuchte, den Emigranten zu helfen, wo sie nur konnte. Sie spendete viel Geld, besorgte Unterkunft und berufliche Kontakte, brachte viel Zeit auf für Organisationsfragen. In ihren Lebenserinnerungen haben die deutschen Emigranten, die damals Marlene Dietrich in Paris trafen, einstimmig vom Engagement, von der Klugheit und Warmherzigkeit der Landsmännin berichtet. Und mit ihrem spontanen Improvisationstalent überraschte sie immer wieder alle, die mit ihr in Verbindung traten.

Mit zwei dieser Emigranten nahm Marlene in Paris eine neue Schallplatte auf; mit dem Komponisten Peter Kreuder und dem Textdichter Max Colpet. Auf der Platte waren insgesamt sechs Schlager, darunter die berühmten Songs »Allein in einer großen Stadt« und »Wo ist der Mann?«

Die Emigranten brachten schlimme Nachrichten. Konzentrationslager sollte es inzwischen in Deutschland geben. In ihnen starben Männer und Frauen aller Altersschichten, aller Rassen und aller politischen und religiösen Glaubensrichtungen. Ebenso Homosexuelle, Künstler, Gelehrte. Marlene hatte einiges vorhergesehen, doch daß es so schlimm kommen würde, das hatte sie nicht geahnt. Aber die politische Lage bestätigte sie in ihrer Entscheidung, nicht mehr nach Deutschland zurückkehren zu wollen. Den Nazis ins Gesicht gesehen und ›Nein!‹ gesagt zu haben, erwies sich als richtig.

»Wir verstanden damals von Politik überhaupt nichts«, erklärte sie später, »aber wir waren Antinazis, das natürlich. Wir wußten doch von den KZ's, von den vergasten Kindern – das wußten wir ja alle. Es war doch sehr leicht, sich zu entscheiden! Wenn jemand sagte, die Nazis töten da Hunderttausende von Menschen, braucht das da einen großen Mut, sich zu entscheiden, auf welche Seite man sich stellt? Nein!«

Eine entschiedene Haltung. Man wünschte sich im nachhinein, mehr Deutsche hätten sie geteilt und sich ebenso bewußt entschieden.

In Hollywood begannen, kaum war Marlene im September 1933 zurückgekehrt, die Vorbereitungen zu »The Scarlet Empress« (Die große Zarin), wie der neue und vorletzte Sternberg-Dietrich-Film heißen sollte.

Marlene war froh, wieder mit Sternberg arbeiten zu können. Und dieser war ausnehmend rücksichtsvoll, wie kaum jemals zuvor. Beide wußten, was sie aneinander hatten. Und sie ahnten auch, daß ihre gemeinsame Tätigkeit bald zu Ende gehen würde.

Als Partner für Marlene hatte sich Josef von Sternberg einen Mann ausgesucht, der noch nie zuvor vor der Kamera gestanden hatte und danach auch nie mehr stand. Das war der Jurist John Lodge, für den Sternberg offene Bewunderung hegte. Und dieser intelligente Mann schlüpfte auch so perfekt in die Rolle des Fürsten Alexej, als hätte er nie etwas anderes verkörpert.

Mit dem neuen Filmprojekt stand Marlene Dietrich eindeutig auf dem Gipfel ihres Ruhms. Sie war nicht nur die Leinwand-Zarin Sternbergs, sondern auch die Kaiserin von Hollywood. Eine glänzende Ikone im Kosmos ihres Regisseurs, der sie auf ungeahnte Höhen geführt hatte. Von ihrem Auftritt im »Blauen Engel« her gesehen, hätte man das kaum für möglich gehalten. Es gibt jedoch auch Kritiker dieser Schaffensphase der Dietrich, die das alles nicht so rosig sehen. Der deutsche Filmpublizist Karsten Witte schrieb in den 70er Jahren, auf die 30er Jahre rückblickend:

»Die Verzauberung wurde ihr fast zum Verhängnis; als Fixstern von Orgien an Dekor und Spezialeffekten war sie wie eine scharlachrote Diva bald nur noch dekorativ. »The Scarlet Empress« (1934), wo sie eine prächtig verpuppte Zarin Katharina II. darstellt, war eine Stufe dorthin. Bis zum Ende der 30er Jahre erstickte man sie zunehmend in einer Aura, die zwar wirkte, aber unverstanden blieb. Hahnenfedern, Hüte, Pelze, Schleier, Boas, Uniformen, Masken und getürmte Locken und darunter sie: marmorne Backenknochen, verschatteter Blick, verwischtes Dauerlächeln um Mund und Augen; mit lässig-frivolen Bewegungen glitt sie durch standardisierte Lichtspiel-Doubletten.«

Man mag dies so sehen. Man mag aber vielleicht auch die Filmkunstwerke dieser Zeit, in denen Marlene als schöne Verführerin erschien, wegen ihrer ästhetischen Kühnheit und reinen Form bewundern.

Natürlich verschmückte der neue Film die Dietrich in prunkhafte Kostüme, in denen sie manchmal kaum wiederzuerkennen war. Marlene stöhnte selbst unter den stundenlangen Anproben, denen sie sich unterziehen mußte, und hätte es gern etwas leichter und luftiger gehabt. Aber da sie nun einmal Katharina die Große darstellte, mußte sie auch die historischen Kostüme akzeptieren, die man ihr verpaßte.

Die Zeitschrift »Vanity Fair« kommentierte Marlenes Auftritte in ihrem neuen Film später so (zitiert, wie auch das Folgende, nach Werner Sudendorf):

»Sternberg hat seinen offenen Stil gegen ein verkünsteltes Spiel eingetauscht und stützt sich hauptsächlich auf die seidenumsponnenen Beine und den spitzenbesetzten Hintern der Dietrich, aus der er die edelste aller Nutten gemacht hat. Nach seinen eigenen Worten ist Sternberg ein Mann der Meditation, aber seine Nabelfixierung ist nicht auf den Nabel des Buddha gerichtet, sondern auf die Bauchfalten der Venus.«

Auch andere Kritiker waren nicht begeistert von »Die große Zarin«, ein Film, der später den Titel »Die scharlachrote Kaiserin« erhielt.

»Variety« schrieb: »Über dem Titel des Films erscheint der Name Marlene Dietrich, direkt daneben gehört der Name Josef von Sternberg. Es ist ebenso sehr sein Film. Es ist kein besonders guter Film, er enthält viele schwerwiegende Fehler; was Regie und Bild betrifft, ist er jedoch eine der bedeutendsten Leistungen, seit es den Tonfilm gibt. Seine Bilder sind so intensiv, daß er für den Ausstattungsfilm zweifellos neue, für lange Zeit gültige Maßstäbe setzt.«

Und später fährt das wichtige Insiderblatt aus Hollywood fort: »Niemals ist die Dietrich so schön gewesen wie hier. Wieder und wieder wird sie in Großaufnahmen gezeigt, hinter Schleiern, hinter dünnen Netzvorhängen, daß einem der Atem stockt. Niemals darf sie aber wirklich lebendig sein. Sie ist gleichsam wie verzaubert von den gewaltigen Dekorationen, durch die sie schreitet ... Mit Ausnahme von Marlene Dietrich, die wirklich perfekt ist, hat Sternberg mit seiner Besetzung weniger Glück.«

Man kann eben die Verschmückung der deutschen Schauspielerin durch pompöse Ausstattung unterschiedlich werten. Was den einen gefiel, störte die anderen. Schön war Marlene in jedem Fall – aber das war sie auch ohne Sternberg und das Kino. Das war sie wegen der Berliner Luft, Luft, Luft ...

Die Londoner »Times« schrieb nach der Premiere: »Der Regisseur Mr. von Sternberg erfindet mit unerschöpflicher Phantasie ein schreckliches Stilleben nach dem anderen, bis am Schluß der Zarenmord, verglichen mit dem Skelett als Kuchenständer, geradezu banal erscheint. Die grimmigen Ikonen, die Märtyrerstatuen, die bedrohliche und erdrückende Architektur machen im Grunde den Film aus und tragen die Handlung.«

Die Ikonen des Films, was die Stimmung des Ganzen angeht, beinahe die Hauptfiguren, waren von Richard Kollorsz entworfen worden. Sie trugen, neben anderen von diesem Künstler entworfenen Dekors, zur Wirkung des Films entschieden bei.

»The Times« schrieb weiter: »Nur mit größter Mühe erreichen die Schauspieler, daß sie überhaupt gesehen und gehört werden. Miss Dietrich ist sehr gut, wenn sie nur überwältigt sein muß von dem Schauspiel, daß Rußland bietet, aber sie kann uns kaum glauben machen, daß sie jemals etwas anderes tun könnte, als vor Schrecken zu zittern.«

Und »The New York Herald Tribune« setzte mit ihrer entschiedenen Ablehnung des Films allen Kritikern die Krone auf. Sie urteilte:

»Der letzte Film (richtig: der vorletzte, B. S.) von Josef von Sternberg stellt mit seinen geradezu idiotischen Maniertheiten einen neuen, nicht zu überbietenden Rekord auf. Man muß einfach ein paar Worte sagen über die düstere, selbstquälerische Vorliebe dieses Regie-Svengali für Sex-Symbolismus und akzentuierte Dekors; diese intensive Beschäftigung mit dem Ornamentalen kann die Handlung verlangsamen. Aber sie kann auch einen entschiedenen, charakteristischen und außergewöhnlichen Stil entstehen lassen. »The Scarlet Empress« aber zeigt so überdeutlich alle Schwächen Sternbergs, daß der Film vielfach wie eine besonders grausame Satire auf die vielgerühmten Stilmittel des Regisseurs und seine unzähligen Schwächen wirkt.«

So. Jetzt dürfte die Verwirrung beim Leser komplett sein. Wie ist der Film nun wirklich? Jammerschade, daß man ihn heutzutage kaum irgendwo sehen kann, es sei denn in kommunalen Kinos oder zu später Stunde im Fernsehen, wenn gerade mal wieder ein Jubiläum des deutschen Weltstars angezeigt ist. Denn den persönlichen Augenschein ersetzt natürlich niemals das Lesen einer Kritik, ob sie nun Pro oder Contra ist.

Josef von Sternberg, der Schöpfer des Werks, hatte dazu ohnehin seine eigene Meinung. Von der Seite der Produktion her stellt sich die kritische Haltung immer ganz anders dar. Die »Macher« haben ganz andere Probleme mit ihrem Film als die Kritiker, die einen Film oftmals zwar »durchschauen«, aber im eigentlichen Sinne nicht »sehen« — vor lauter Fachblindheit.

Sternberg schrieb in seinen Memoiren:

»Der Film hätte es nach allen damals oder heute gültigen

Maßstäben verdient, ein Erfolg zu werden, aber mit wenigen Ausnahmen galt er überall nur als ein Versuch, eine überragende Schauspielerin zu meucheln. Der Film war natürlich eine strenge Stilübung, aber im Gegensatz zu allen anderen Künsten gilt das in unserem Metier als unverzeihlich.

Das Rußland der großen Katharina erstand in all seiner Großartigkeit, aber es war eine Neuschöpfung, keine Nachbildung. Die Geschichte vom Aufstieg einer unschuldigen jungen Prinzessin zu einer spöttischen und gnadenlosen Zarin konnte gar nicht langweilig werden, auch wenn es einmal eine Entgleisung gab, als das Medaillon eines treulosen Liebhabers gezeigt wird, wie es von Ast zu Ast eines winterlich verschneiten Baumes gleitet, noch eine Sekunde baumelt und schließlich in den Schnee fällt. Jede Szene trage meinen Stempel, erklärten die nun erzürnten Kunstrichter.

Meine Schuld ...«

Aber von Schuld konnte schließlich doch keine Rede sein. Die Stilistischen Besonderheiten Sternbergs gehörten nun einmal zu seiner Auffassung vom Film. Wem dieser nicht gefiel, der konnte dem Kino fernbleiben. Und das taten wirklich viele Zuschauer. Der Film wurde ein kompletter Mißerfolg, wenn man auch die Dietrich einhellig bewunderte. Vielleicht hätte ein schmerzlich-schönes Happy End das Werk an der Kasse gerettet? Wer weiß.

Trotz des Mißerfolges von »Die große Zarin« stand Marlene, wie schon gesagt, um die Mitte der 30er Jahre auf dem Gipfel ihres Ruhms. Ihre für damalige Verhältnisse ungewöhnliche Jahresgage von 350.000 Dollar spricht in dieser Hinsicht eine deutliche Sprache.

Und das war außergewöhnlich genug. Denn Anfang der

30er Jahre standen viele Hollywoodstars auf dem Gipfel ihres Ruhms. Ja, Hollywood erschien insgesamt wie eine phantastische Traumfabrik, und das Zeitalter schien golden und glänzend — trotz der wirtschaftlichen Schwierigkeiten Ende der 20er Jahre.

Hollywood und der Film in den 30er Jahren: eine wunderbare, goldene Illusion. Und die Stars darin waren leibhaftige Götter in einem Meer von Bewunderung.

Oder wie ein Stern jener Jahre, Mae Murray schrieb, die zu den exzentrischsten unter den Vamps gehörte: »Wir waren schimmernde Libellen. Wir schienen mühelos in der Luft zu schweben, aber in Wirklichkeit schlugen unsere Flügel sehr, sehr schnell.«

Mae Murray, Claudette Colbert, die Garbo, Mae West, Jean Harlow — Göttinnen der Leinwand. Und wenn ihre Flügel sehr, sehr schnell schlugen, so auch deshalb, daß sie ständig über einem Abgrund schwebten. In diesem Abgrund lauerten die Schrecken der Krise, des Tonfilms, der Drogen, des Alterns. Dies alles zusammen verstärkte die Lebenssucht der goldenen Stars und ihr hektisches Verhalten.

Die Kriste hatte es schon im Oktober 1929 gegeben, als die nordamerikanische Börsenzentrale, die Wallstreet, ein Windei legte. Der große Krach mit katastrophalen Kursstürzen hatte alle in seinen Strudel hineingezogen. Und nun, am Anfang der 30er Jahre, versuchte Hollywood, sich von dem Schrecken zu erholen — unter anderem mit prächtigen Ausstattungsfilmen à la Josef von Sternberg.

Die »Golden Twenties« waren vorbei, die »Platin Thirtees« im Gange. Anfang 1933 gab es in den USA noch 15 Millionen Arbeitslose, und der neue Präsident, Theodor Roosevelt — er war von 1933 bis 1945 im Amt — war gezwungen, mit seinem sogenannten New Deal-Programm eine Umverteilung der Armut vorzunehmen.

Der Kontrast zwischen der Armut auf den Straßen und dem Wohlstand in Hollywood war eklatant. Er führte auf den Straßen zu Unmut und in Hollywood zu noch ausgelasseneren Festen, zu Tänzen auf dem Vulkan, zur hemmungslosen Zurschaustellung von Besitz und Vermögen.

Die Filmausstatter hatten Hochkonjunktur. Man wollte dem ausgehungerten Publikum etwas bieten – Kerzenglanz und Liebesglück in verschwenderischen Kulissen. Und Stars wie Marlene Dietrich waren glänzend dafür geeignet, das Publikum vergessen zu machen, in welch harten Zeiten man lebte.

Und was wäre besser geeignet gewesen, diesen Eindruck hervorzurufen, als die äußere Aufmachung, die extravagante modische Linie zu bereichern?

Seit den späten 20er Jahren waren die großen Hollywood-Diven zu wandelnden Modemagazinen geworden. Seit dieser Zeit machte das Kino Mode auch für *die* Filme, die außerhalb der Leinwand spielten. Das heißt, das Kino regte Modenschauen an; Mode-Illustrierte, bis dahin der feinen Gesellschaft vorbehalten, eroberten ein breites Publikum. Auch das berufstätige Ladenmädchen trat jetzt modebewußt auf, und ihr hart verdientes Geld wanderte ins Warenhaus.

Das war auch ein »Verdienst« von Filmen, nicht nur, weil Firmenmarken großer Modehäuser auf der Leinwand ungeniert in Szene gesetzt wurden, die am Tag der Filmpremiere als neuester Schrei der Saison-Kollektionen in der Öffentlichkeit erschienen. (In Deutschland war dieses Verfahren als »Waldman-System« bekannt.)

Mitte der 30er Jahre eröffneten in den USA sogenannte Cinema-Fashion-Shops, die Klamotten aus bekannten Leinwandproduktionen – nicht nur aus Marlene-Dietrich-Filmen – verscherbelten und sogar zeitgenössische Themen im Kino anregten, um ihre aktuellen Kleider von der exklusiven Stange abzusetzen.

Die Zuschneider in Hollywood wußten genau: Das Filmkostüm ist eine Sache, Kleidung eine andere. Wenn die Kinomode sich in das Alltagskleid verwandelt, ist dieses nicht mehr dasselbe wie vorher, es besitzt jetzt den Kinoglanz der Stars. Aschenputtel-Baumwolle, veredelt durch Mary Pickford, Satin und Chintz á la Marlene Dietrich: die Bekleidungsindustrie kannte bereits den verkaufsfördernden Dreh des Kinos und produzierte, daß die Fummel und die Fetzen flogen.

Die mondäne Außenfassade der amerikanischen Kinogöttinnen war für ihr Leinwandimage in jenen Tagen so wichtig, daß einige Stars, wie der deutsche Weltstar Marlene, darauf bestanden, ihre Kleider selbst anzufertigen. Sie wußten, daß in den schönen Fummeln sich ein ganzer Charakter ausdrücken konnte – der Frauencharakter der Zeit. Das wußten auch Kino-Couturiers wie Adrian, Rita Kaufman, Howard Grer oder Elinor Glyn und machten die Filmepoche der 20er und 30er Jahre zur glänzendsten in der Geschichte des Kinokostüms.

Das Kleidermachen wurde bald so wichtig, daß es selbst ein Filmthema abgab.

Der berühmte Modedesigner Travis Banton machte für Marlene Dietrichs Produktionsfirma Paramount Pictures noch am Drehort und Drehtag die Kleider, die manchmal, wie in »Die große Zarin«, fast wichtiger wurden als die Story selbst es war.

Und seine Kostüme für Mae West galten in den 30er Jahren ebenfalls als die attraktivsten »Partner« dieses mondänen Stars, der sich als perfekte Inszenierung aus Körper, Kleidung und Bonmots präsentierte. Mae's träges Spiel, ihr weißblondes Haar, Hüte, Pelze, Federboa, Seidenflors und schlangenhafte, lange, hautenge Kleider verschmückten diese Diva, ebenso wie ihre Kollegin Marlene Dietrich, mit dem erotischsten Kostüm der Zeit, an dem der exzentrische Travis Banton raffiniert mitgefummelt hatte.

Banton kreierte die ultra-chicen Kostüme für alle großen Paramount-Stars der 20er und 30er Jahre. Die elegant gewendete Hip-Linie der gutgekleideten, gutbetuchten und selbstbewußten Frau der Gesellschaft: Morgen-, Abend-, Cocktail- und Ausgehchic kam aus seinen Kino-Kollektionen. Marlene als große Zarin konnte, wie gesagt, ein Lied davon singen. Und sie liebte ihren charismatischen Modemacher dafür.

Orry-Kelly, Warner Brothers Kostümdirektor zwischen 1932 und 1944, hielt es dagegen mit handbemalten Stoffen, die er seinen Stars Marion Davis, Bette Davis, Olivia de Havilland, Mary Astor und Ingrid Bergman um den Leib wand. MGM's spätere Chefdesignerin Irene (Lentz-Gibbons) liebte fließende Linien, gleitende Stoffe und auswattierte Schultern schlicht-teurer Damenkostüme, wie sie Rosalin Russell und Joan Crawford berühmt machten. Irene war die erste Modemacherin des Kinos, die ihre Kollektionen in eigenen Salon-Boutiquen auf dem ganzen US-Kontinent verkaufte.

In den 30er Jahren erreichten Hollywoods Kino-Couturiers, daß ihre Modelle auf New Yorks Fifth und Seventh Avenue populär genug wurden, um die führenden Pariser Kostümzaren in die USA zu locken. Hollywood bestimmte die Mode der Welt. Filme wie »Letty Lynton« (1932) oder »Mannequin« (1937), zu denen der Designer Adrian die Kleider für Joan Crawford entworfen hatte, machten Furore. Tausende von eleganten Joan Crawfords bevölkerten daraufhin die Boulevards der großen Städte.

In den schwarzweißen Filmen der 30er Jahre galt Weiß

als die beliebteste Farbe. Selbst das Haar von Jean Harlow schimmerte plötzlich weiß. Cedric Gibbons, der künstlerische Direktor der MGM, war dafür verantwortlich. Andere wie Adrian folgten ihm.

Glitzerndes Weiß wie bei einem schneebedeckten Weihnachtsbaum mit angezündeten Kerzen blendete auch in Marlene-Dietrich-Filmen wie »Die große Zarin« die Augen der Zuschauer. Das half diesen Lichtspielen − oder sollte doch zumindest helfen −, die düsteren Farben der Depressionsjahre zu überstehen.

Nach der Weltwirtschaftskrise von 1929 nahm das Weltentrückte der Mondänen zwar allmählich ab und ein Zug zum Tragbaren schlich sich in ihre Kleider ein, aber der letzte Hauch von Luxus verwehte nie. Marlene Dietrich war dafür die beste Kronzeugin.

Das lag daran, daß die Mondänen als Kino-Wunschbilder immer lebendig blieben. Und die Herrschaft und Phantasie der mondänen Kostümemacher ebenso.

Vor allem in Gestalt von Marlene Dietrich und Greta Garbo traten die Mondänen auch nach 1930 weiterhin auf die Leinwand und prägten das Modeverhalten, die Manieren und den Umgang der Geschlechter. Sie trugen Diamantkronen auf ondulierter Dauerwelle, Perlenketten, Brokatroben. Am Saum ihrer Kleider schleiften Silberfüchse und Pfauen mit ausgestelltem Gefieder. Sie lebten im Luxus. Und sie wurden auch außerhalb des Kinos »en vogue«.

Marlene, als Anführerin des Schwarzweißkinos jener Jahre, galt auf dem Jahrmarkt der Modeeitelkeiten als die bestangezogene Frau der Welt, chicer als Königinnen und Millionärswitwen. Die Eleganz ihrer Accessoires und auch Dessous faszinierte Welt und Halbwelt gleichermaßen.

Nie wieder hat das Kino das Modediktat einer Epoche

derart beherrscht. Nie wieder gab es deshalb für Schneide-
rinnen in den Filmstudios und in den eigenen vier Wänden
so viel zu tun wie in den 30er Jahren, als die Mondänen des
Kinos, seltsam genug angesichts der Weltlage, Einzug hielten bis in die Wohnzimmer hinein.

Oh, Hemingway!

Marlene Dietrich schritt also Mitte der 30er Jahre der Parade auserwählter, mondäner Stars des Kinos voran. Sie zeigte ihre Schönheit auf der Leinwand und hin und wieder – wenn ihre Filmgesellschaft ihr dies anriet – auf den Partys der lebenshungrigen Gesellschaft von Los Angeles, Hollywood und Beverly Hills.

Und wo Marlene auch auftauchte, verursachte sie einen unvergleichlichen Menschenauflauf. Man nahm ihr einfach ab, daß sie eine Göttin war, denn jeder konnte ja sehen, wie sie aussah, wie sie sich bewegte und wie sie sich kleidete.

Und wenn einmal wieder ein Fotograf in ihr Haus in Beverly Hills hinein durfte, um für eines der fashionablen Magazine eine Serie zu schießen, dann kaufte die Menge begierig das Blatt, um mehr zu erfahren über die Lebensgewohnheiten des deutschen Stars. Eine Fotostory über Marlene garantierte immer reißenden Absatz des entsprechenden Blattes, denn sie kam den Amerikanern schon so vertraut vor wie eine Einheimische.

Und das in knapp fünf Jahren! Es war unfaßbar!

Man hat über die Dietrich in dieser Zeit sehr viel geschrieben, und dabei Bilder entworfen, die reichlich unterschiedlich konturiert sind.

Einmal ist sie die preußisch Strenge, die zu Hause sitzt, liest, Musik hört und Briefe beantwortet. Sehr häuslich und diszipliniert, immer auf ihren guten Ruf bedacht, den sie als Offizierstochter auch immer in Gefahr wähnt.

Dann wieder ist sie die Gesellschaftslöwin, die auf keiner mondänen Party in Bel Air und Santa Monica fehlt, die Affären in Hülle und Fülle hat und der deshalb die Moralhüter auf den Fersen sind, in der Hoffnung, den eingereisten deutschen Glamourstar doch noch in flagranti zu ertappen.

Was stimmt nun?

Es wird von allem etwas gewesen sein.

Marlene genoß ihren Ruhm. Und sie genoß es, berühmte Freunde und Bekannte zu haben. Sie genoß ihren Reichtum und ihre Schaffenskraft. Sie lebte exklusiv und großzügig.

Aber sie hatte auch eine gute Erziehung genossen, war gebildet und interessiert an vielem. Schaumschlägerei lag ihr ebenso wenig wie das Geprotze mit den Dollars.

Im Gegenteil versuchte sie stets, soviel wie möglich selbst zu besorgen und zu richten, so wenig wie möglich Hausangestellte zu beschäftigen. Sie kochte oft selbst, ging einkaufen, leistete Hilfsdienste, wo sie konnte. Mit einem Wort: Die Berlinerin stand auf beiden wohlgeformten Beinen mitten im Leben der Traumfabrik. Dennoch war es die Traumfabrik, also ein seifiges Parkett.

Aber sie hütete sich doch mit allen Mitteln ihres anerzogenen Schöneberger Realismus davor, die Contenance zu verlieren, wie das bei so vielen Hollywoodstars jener Jahre der Fall war, die in Ruhmsucht, Drogen und Extravaganzen auszugleiten drohten bzw. darin untergegangen waren.

Das war Norma Talmagde, John Bowers, Marion Davies, Frances Farmer und Mae Murray ebenso passiert, wie es Mary Astor, Thelma Todd, Lupe Velez und Carole Landis passierte. Anderen stand der Absturz noch bevor, so beispielsweise Lana Turner, Judy Garland und Jayne Mansfield. Hollywood kreierte nicht nur glänzende Karrieren, sondern auch abgrundtiefes Elend. Man mußte sich davor hüten, den schmalen Grat der Sicherheit zu verlassen.

Das einzige, was Marlene Dietrich als Problem empfand, war das Verhältnis zu ihrer Tochter. Sie konnte dem Kind nicht die natürliche und offene Erziehung geben, die andere Kinder in dem Alter selbstverständlich bekamen. Es blieb ein gespanntes Verhältnis zwischen Mutter und Tochter.

Vor allem für Maria, die viel vermißte, war diese Zeit in Beverly Hills unbefriedigend. Das Kind war nicht glücklich. Aber sie rettete sich in den Ehrgeiz, viel aufzunehmen, zu lernen, ihre Kenntnisse über ihre neue Heimat zu erweitern. Und da sie sehr intelligent war, gelang ihr das schließlich auch.

Marlene benutzte ihre freie Zeit zwischen den Verpflichtungen in Hollywood, um zu reisen.

Auf einer ihrer Reisen, aus Paris kommend, um in die USA zurückzukehren, lernte Marlene 1934 an Bord des Schiffes bei einem Abendessen, das Ann Warner, die attraktive, junge Gattin des Hollywood-Bosses Jack Warner gab, den Schriftsteller Ernest Hemingway kennen.

Diese Begegnung mit dem Dichter, dessen Bücher Marlene kannte und liebte – wie sie überhaupt alles verschlang, was als Lesestoff in ihre Nähe kam –, führte zu einer Freundschaft, die bis zu Hemingways Tod dauerte.

Die beiden führten in der Folgezeit einen ausgedehnten Briefwechsel, der noch heute in einem Safe in einer New Yorker Bank schlummert und dessen Veröffentlichung von den Biographen sehnsüchtig erwartet wird.

Die Affäre mit Hemingway beschäftigte die Öffentlichkeit über die Maßen.

Der Dichter hatte sich Mitte der 30er Jahre sehr für die

demokratische Bewegung in Spanien engagiert und kämpfte kurze Zeit später in den Internationalen Brigaden auf der Seite der Republik gegen den Faschismus des Generals Franco. Marlene bewunderte seinen Gerechtigkeitssinn, seine Entschiedenheit, seinen Mut. Hemingway erschien ihr wie ein Mann von einem anderen Stern. Fernab jener egoistischen und egozentrischen Gestalten, die auf Hollywoods Champagner-Partys auftauchten.

Es war Liebe zwischen den beiden. Aber eine Liebe besonderer Art, deren Basis Bewunderung war. Denn auch Hemingway liebte Marlene dafür, daß sie eine klare, mutige Haltung zu den Dingen hatte, die im Augenblick ihn und die Welt bewegten.

Was ist zwischen den beiden Menschen wirklich vorgegangen? Marlene hat im Alter so davon gesprochen:

»Die Menschen denken doch, ich hätte da mit dem Hemingway ... Ist doch alles nicht wahr! Nie, nie! Ich habe ihn geliebt, und er hat mich geliebt. Ich habe alle seine Briefe, und die sind alle eingeschlossen in einem Safe in einer Bank in New York. Die Liebe zwischen ihm und mir – ich weiß es nicht, wie man das nennen kann ... aber das hatte nichts mit Erotik zu tun oder mit Sexuellem, nein. Das ist schwer zu verstehen, aber so war es.«

Und später fügte sie dem noch hinzu:

»Hemingway war über dem Sexuellen. Der machte sich darüber gar keine Sorgen. Denn meistens, wenn die da alle zusammen schlafen und ich weiß nicht was, dann geht's kaputt. Warum gehen so viele Ehen kaputt, warum gehen so viele Menschen kaputt mit ihren Liebesaffären? Das hat vielleicht damit zu tun.«

Weise Worte einer alten Dame, die ihr Leben gelebt hat. Und die im Fall des Ernest Hemingway wissen wird, wovon sie spricht. Für die Zeitgenossen jedenfalls war das Verhältnis zwischen den beiden eine romantische Affäre — der nordamerikanische Schriftsteller mit dem Hang zur Löwenjagd und zur politischen Aktion und die glamouröse Hollywood-Leinwandgöttin aus Berlin: ein Traumpaar.

Und dennoch blieb das Verhältnis der beiden zeitlebens platonisch. Das mag auch daran gelegen haben, daß Hemingways Frau Mary Welsh ständig präsent war — Marlene respektierte immer die Frauen der von ihr verehrten Männer. Der tieferliegende Grund war jedoch vermutlich das rastlose Leben des Schriftstellers. Und auch Marlene war in dieser Zeit nicht gerade seßhaft.

Daß sie ihn dennoch ihren »Felsen von Gibraltar« nannte, scheint dem zu widersprechen. Aber so war es: Er war ihr Felsen in der Brandung, wenn sie einen Rat brauchte und nicht weiter wußte. Wo immer auf der Welt sich beide auch gerade befanden, sie waren in Kontakt, brieflich, telefonisch, telegraphisch. Beide wußten stets um den Zustand des anderen, auch dann, wenn sie sich, wie im Zweiten Weltkrieg, praktisch aus den Augen verloren. Auch er wußte immer, wie es ihr, die er liebevoll »Kraut« nannte, ging.

In ihren Memoiren nennt Marlene den Schriftsteller nach dessen Tod »das Oberhaupt meiner persönlichen Kirche«. Kann ein Mann für eine Frau mehr bedeuten? Und spielt es da noch eine Rolle, ob sie sexuellen Verkehr hatten? Natürlich nicht.

Als er sich das Leben genommen hatte, vermied sie es, zu seiner Beerdigung zu gehen. Ihr Schmerz über seinen Tod war einfach zu groß. Und ebenso ihr Zorn über das Leben, das einen so großen Menschen wie Hemingway nach und nach zerstörte.

Das Leben geht weiter

Marlene Dietrich kam im letzten Moment in Hollywood an, wo Sternberg schon wieder bei den Vorbereitungen zu einem weiteren gemeinsamen Film war.

Die Dietrich empfand ihren cineastischen Mentor manchmal als Segen, denn er brachte sie durch seine bloße Existenz auf den Boden der Tatsache zurück, warum sie überhaupt in Amerika war. Er winkte mit Arbeit. Und er ebnete darüber hinaus für sie alle Wege.

Mehrere harte Wochen Drehstreß standen wieder einmal bevor. Diesmal würden es fast genau zwölf Wochen sein, von Mitte Oktober 1934 bis Mitte Januar 1935. Ein normales Pensum, aber eine Arbeitszeit, die durch ihre Intensität doppelt und dreifach zählte.

Aber das war man in Filmkreisen gewöhnt. Und Marlene Dietrich hatte sich ebenfalls damit abgefunden, daß unter dem Druck der Produzenten und Geldgeber in Hollywood ein unerbittliches Arbeitstempo herrschte, dem man sich nicht entziehen konnte. Das einzige, was man tun konnte, war, sich während der Drehzeit der Situation anzupassen, um so möglichst wenig Nervenkraft zu lassen.

Der neue Film für die Paramount sollte »Die spanische Tänzerin« heißen, im Original: »The Devil is a Woman«. Die Handlung war exotisch:

Der Ex-Revolutionär Galvan will die Tänzerin Concha

kennenlernen, verzichtet jedoch freiwillig darauf, als sein Freund, Don Pasqual, ihn darum bittet, denn dieser liebt die Frau. Als Galvan sein Versprechen bricht, fordert ihn der heißblütige Freund zum Duell, der dabei schwer verwundet wird. Galvan und Concha fliehen, doch dann bekommt die Tänzerin Gewissensbisse und kehrt zurück zu Don Pasqual.

Eine Geschichte also, die in bester Hollywood-Tradition und in Anlehnung an den Carmen-Stoff melodramatischen Unsinn erzählt, aber in einer Form, bei der sich alle Beteiligten zu Höchstleistungen steigern konnten.

Die Vorlage zu diesem Stoff war der Roman von Pierre Louys, für das Drehbuch gewann die Paramount S. K. Winston. Sternberg, dem das nicht genug war, engagierte den berühmten Autor John Dos Passos, einen kritischen Realisten und Romancier des Welterfolges »Manhatten Transfer«, den er bewunderte.

Aber diese Vorarbeiten schienen nur dazu da zu sein, um die Paramount-Bosse zu beruhigen, die natürlich wieder einmal auf die Einhaltung der Zeit drängten. Denn schließlich behielt sich Sternberg vor, das Script selbst zu verfassen. Nur so konnte er seine speziellen Vorstellungen filmisch in die Tat umsetzen. Und dazu war er wild entschlossen.

Travis Banton entwarf erneut die Kostüme, diesmal noch verführerischer, eleganter und verspielter als zuvor. Die Kostüme waren traumhaft, und Marlene überstand deshalb die Anproben geduldig.

Trotz der Probleme mit der Zensur legte Sternberg die Rolle der Concha Perez so an, daß Marlene damit wie eine »schwarze Witwe« dastand, also wie jene männermordende Spinne, die als Kastrationsangst durch die Träume nordamerikanischer Männer geisterte.

Von allen Rollen, die Marlene je spielte, ist diese wohl die herzloseste. Seltsam genug, daß es gerade die Concha Perez ist, die ihr in der Erinnerung zur liebsten Frauenfigur wurde. Vielleicht deshalb, weil es ihre letzte Rolle für Sternberg war. Denn dieser erklärte der Presse plötzlich mitten in den Dreharbeiten:

»Wir sind beide so weit in unserem Verhältnis vorangekommen, wie es überhaupt nur möglich ist. Eine weitere Zusammenarbeit nützt weder ihr noch mir. Deshalb ist dies unser letzter gemeinsamer Film.«

Die Dietrich war konsterniert. Der Entschluß Sternbergs war zwar zu irgendeinem Zeitpunkt vorauszusehen gewesen, aber warum gerade jetzt? Die Wahrheit ist möglicherweise, daß Sternberg zu diesem Zeitpunkt nicht mehr hoffte, Marlene jemals gewinnen zu können. Also ließ er sie »frei«.

Marlene sagte später dazu: »Ich habe Sternberg nicht verlassen. Er hat mich verlassen. Das ist von großer Wichtigkeit. Er war der Mann, dem ich in meinem Leben am meisten zu gefallen suchte. Aber er hat beschlossen, nicht weiter mit mir zu arbeiten. Ich war nicht glücklich darüber. Allerdings wäre es vielleicht falsch anzunehmen, ich sei über die Maßen unglücklich gewesen. Etwas, was einen nicht interessiert, kann einen nicht wirklich unglücklich machen, und mein Herz war nie bei dieser Arbeit.«

Diese Aussage kommt überraschend und kann nur verstanden werden vor dem Hintergrund einer anderen, die später so lautete:

»Niemals habe ich meine Karriere ernst genommen. Nie!«

Und diese Haltung ist wiederum nur verständlich, wenn man bedenkt, in welchen Filmen und unter welchen Arbeitsbedingungen Marlene in Hollywood auftrat.

Sie wollte gefallen, sicher. Und sie begriff sich auch hundertprozentig als Schauspielerin. Aber sie identifizierte sich mit keinem der Lichtspiele, in denen sie in jener Dekade auftrat. Es entsprang eher einem Akt der Freundschaft für Josef von Sternberg, daß sie in seinen Filmen so gut und so schön wie möglich sein wollte. Ehrgeiz war es nicht.

Die Dreharbeiten wurden von der Entscheidung Sternbergs heftig belastet. Die Stimmung war schlecht. Dazu kam noch, daß der Hauptdarsteller Joel McCrea vorzeitig aus dem Projekt ausstieg, weil er partout nicht mit dem Regisseur – und dieser nicht mit ihm – harmonisierte. Er wurde gegen Cesar Romero ausgetauscht, und die Schinderei um die besten Aufnahmen im Kasten begann von vorn.

Die Crew um »Von«, wie Sternberg bei seinen engsten Mitarbeitern nur hieß, war einiges von ihrem Meister gewöhnt, jedoch sein Abschiedsfilm mit Marlene stellte alle auf eine besonders harte Probe.

Sternberg war unleidlicher denn je. Ein Napoleon auf dem Regiestuhl. Er schrie und befahl, er ließ Szenen hundertmal wiederholen und nahm am Ende die erste Aufnahme. Er tyrannisierte das ganze Studio. Dieser Set schien sein Waterloo zu sein.

Und Marlene, die versuchte, ihr Bestes zu geben und mit »Joe« auszukommen, bekam die Frustration des Meisterregisseurs im verstärkten Maße ab. Er machte ihr dauernd Vorhaltungen – übrigens in deutscher Sprache, die sich für Befehle und Schimpfkanonaden nach seiner Meinung besonders gut eignete – und drangsalierte sie so lange, bis sie endlich zu seiner Zufriedenheit spielte.

Offenbar war es dem Regisseur egal, ob er die Drehzeit diesmal einhielt oder nicht. Es war sein letzter Film für die Paramount, er war nicht mehr auf besonders gutes Einvernehmen angewiesen. Also ließ er die Zügel seiner egozentrischen Vorstellungen schleifen.

So unmäßig wie Josef von Sternberg bei den Dreharbeiten mit seinen Mitarbeitern und Stars umging, so unmäßig wurde der Film und auch die Reaktion darauf.

Der Film war unmäßig in seiner inhaltlichen Konzeptionslosigkeit und formalen Überwucherung. Marlene Dietrich bewegt sich in den Bildern wie eine böse schillernde Spinne, die von einem Netz aus Licht, Schatten und Accessoires vollkommen eingesponnen ist. Hatte der Regisseur versucht, sie wie eine schöne Beute ästhetisch einzupuppen in seine filmischen Phantasien, wenn er sie real schon nicht »bekommen« konnte?

Unmäßig ist der Film auch in seinem Zorn gegen gängige Klischees, die in Hollywood kursierten. Sein Charakter ist nicht das Geschichtenerzählen, sondern der intellektuelle Monolog. Der Film wirkt wie eine Abrechnung, aber womit? Mit allem.

Kritiker bemängelten, daß dieses Werk lediglich ein »Katalog von Arrangements und Posen« sei.

»Mit der bezaubernden Miss Dietrich, die in fast jeder Szene im Mittelpunkt steht, und dem von Sternberg nachempfundenen Spanien als Hintergrund, gleicht der Film einer eleganten, opulenten Wandmalerei, die nahezu jegliche dramatische Substanz vermissen läßt«, schrieb die »New York Herald Tribune«.

In wütenden Leserbriefen war zu lesen, »The Devil is a Woman« sei ein »pornographischer Film«, ohne daß darauf eingegangen wurde, was genau damit gemeint sei. Die katholischen Lehrer und Pfarrer der USA wurden aufgefordert, gegen den Film Front zu machen. Die Zensur war, wie schon erwähnt, auf dem Vormarsch.

Den Höhepunkt in einer gesteuerten Kampagne gegen

den »liberalen, jüdischen Ästheten und Intellektuellen« von Sternberg setzte die spanische Regierung. Sie sah in dem Werk eine Verächtlichmachung ihres Landes. Die Produktionsgesellschaft wurde aufgefordert, unverzüglich alle Kopien des fertigen Films zu zerstören, andernfalls drohe der Abbruch der Beziehung Spaniens zur nordamerikanischen Filmindustrie. Eine solche Wirkung hat Kintopp nie wieder gehabt!

Ende des Jahres 1935 beugte sich die Paramount den Anfeindungen. Die Originalkopie wurde öffentlich vernichtet, der Film zurückgezogen. Da heutzutage jedoch – zum Glück – noch Kopien dieses Films im Umlauf sind, wurde die Vernichtung des Materials offenbar nur halbherzig betrieben.

Der künstlerischen Katastrophe folgte also die finanzielle Katastrophe. Sternberg war für die Paramount erledigt. Und auch an Marlene Dietrich, obwohl sie auf dem Gipfel ihres Ruhms angelangt und an den äußeren Umständen schuldlos war, ging die Pleite nicht ganz spurlos vorbei. Aber in der Folgezeit zeigte sich, daß sie ohne ihren »Entdecker« weiterarbeiten konnte. Andere Regisseure drehten mit ihr wunderschöne Filme – ja, sie befreiten sie aus dem Netz von Abhängigkeiten, von dem sie gefangengehalten wurde.

Anders sah dies für Josef von Sternberg aus. Der Regisseur verließ Hollywood erst einmal im Zorn, ohne sich von Marlene Dietrich zu verabschieden. Ihre Partnerschaft war aus seiner Sicht abrupt und für immer beendet. Sein autoritäres Verständnis ließ es auch nicht zu, selbstkritisch seine Fehler einzusehen.

Sternberg drehte danach für die Produktionsgesellschaft Columbia weitere Filme. So stellte er 1935 »Crime and Punishment« her, in dem der deutsche Emigrant Peter

Lorre die Hauptrolle spielte. Im Jahr 1937 folgte »I, Claudius«, der jedoch nicht vollendet wurde.

Sternbergs Arbeit stand ohne Marlene Dietrich unter keinem guten Stern. Es fehlte ihm die künstlerische Inspiration. Am ehesten noch befriedigte sein Film »The Shanghai Gesture« von 1941; aber auch hier fällt auf, daß es keine Filmfigur darin gibt, die das gleiche Interesse erwecken könnte, wie es die Dietrich getan hatte.

In den 50er Jahren konnte der Regisseur noch drei Filme realisieren, darunter seinen letzten, »Anatahan«. 1965 veröffentlichte er seine Autobiographie unter dem Titel »Fun in a Chinese Laundry«, die zwei Jahre später in Deutschland als »Ich, Josef von Sternberg« erschien. Im Jahr 1969 starb Sternberg.

Für alles kommt die Zeit

Daß Regisseur Sternberg von der Paramount gefeuert worden war, von einer Produktionsfirma also, die in dieser Zeit für die Herstellung von opulenter Konfektionsware zuständig war – ihr Chef Adolph Zukor kam bezeichnenderweise aus der Konfektionsbranche –, hatte auch mit ihrem neuen Chef, mit Ernst Lubitsch zu tun. Denn eigentlich lagen Arbeit und Auffassung Sternbergs dem Selbstverständnis der Paramount. Die Ausstattungsfilme dieser Gesellschaft waren längst zum Inbegriff Hollywoods geworden.

Aber nun kam Ernst Lubitsch und brachte neben eleganten Kostümen und Art-Deco-Dekors auch noch anzügliche und prickelnde Dialoge und temporeiche Komödien mit. Die schwerblütigen Themen und Motive Sternbergs waren damit nicht mehr gefragt.

Und Ernst Lubitsch, der Deutsche, der nun in Hollywood Karriere machte, wollte sofort mit der Dietrich drehen.

Der Stoff, den er sich vorstellte, war eine Komödie von Hans Szekely und R. A. Stemmle mit dem Titel »Desire« (Sehnsucht). Mitte Oktober 1935 sollten die Dreharbeiten beginnen. Das war für Marlene ganz gut, denn so blieb ihr nicht lange Zeit, sich über die Trennung von Sternberg Gedanken zu machen.

Ernst Lubitsch, der neue Paramount-Chef, war wegen seiner großen Kostümfilme, die er noch in Deutschland gedreht hatte, nach Hollywood gerufen worden. Der jüdische Regiestar der Ufa blieb nach der Machtergreifung der Nazis gleich in den USA und perfektionierte seinen speziellen Touch, den Lubitsch-Touch, der bereits in seinen deutschen Filmen angeklungen war. Das war ein Tonfall, der mit vielsagenden Andeutungen arbeitete, mit erotischer Ironie, inszenatorischer Raffinesse und frechem Witz.

Im Jahr 1932 hatte dieser Ernst Lubitsch in Hollywood »Ärger im Paradies« gedreht, den er selbst für seinen besten Film hielt. Ein Film, der mit Versprechungen, Ahnungen, Phantasie operiert, der seine Figuren auf eine Erfüllung ihrer Wünsche hin leben läßt und plötzlich demonstriert, daß die Erwartung schon das eigentliche Glück bedeutet.

Lubitschs Vorstellung von zeitgenössischen Filmen der 30er Jahre waren meilenweit von Sternberg entfernt. Seine Figuren sind »Sammler von Vergnügungen, die jeder Sekunde abzugewinnen sind«, in Werken, die ein »permanenter Spektakel« sind – jedenfalls sieht das der Lubitsch-Interpret Serge Daney so.

In solchen Filmen herrscht das oft infantile Vergnügen der spontanen Lust vor wie bei Kindern im Spielzimmer. Mit Sternbergs melancholisch-düsterem Weltbild von verbissener Verführung und erotischem Kampf in freier Wildbahn hatte das wenig zu tun.

Gerade deshalb freute sich Marlene Dietrich auf die Arbeit mit dem deutschen Regisseur, den sie privat bereits kennengelernt hatte.

Zwar hatte sie kurzfristig auch daran gedacht, nach Europa – nicht nach Deutschland – zurückzukehren, um möglicherweise in Österreich zu filmen. Reisen dorthin hatten diesen Wunsch verstärkt, die Hoffnungen jedoch zerschlugen sich. Und spätestens 1938, als sich Deutschland auch Österreich einverleibte − die offizielle Sprachregelung war: es »heim ins Reich« holte −, war der Traum gänzlich ausgeträumt.

Jetzt wäre als europäisches Filmland nur noch Frankreich in Frage gekommen, Marlene sprach ja französisch, doch vorerst konnte sie sich nicht entscheiden. Und als der Krieg im Jahr 1939 anfing, blieben nur die USA als zweite Heimat. Ein Land, an das sie sich inzwischen gewöhnt hatte.

Später hat sie sich in einem Interview einmal zu Amerika und zu ihrer Emigration überhaupt so geäußert:

»Amerika ist mein richtiges Zuhause. Die haben mich aufgenommen, wie ich angekommen bin. Meine Tochter lebt da, meine ganze Familie ist da. Ich lebe in New York, dann lebe ich wieder in Paris, und ich reise sehr viel herum. Ich reise ja meistens, ich bin meistens in Koffern. Heimatlosigkeit? Nein, das ist doch Courths-Mahler! Nein wirklich, bitte! Ich habe solche kitschigen Gefühle überhaupt nicht. Ich bin auf Deutsch geboren, Kitsch gab's nicht bei uns. Sentimentale Gefühle gab's nicht. Ich habe Gefühle für Menschen, aber für Städte nicht.«

Wenn Marlene Dietrich sich im Alter zu Dingen aus ihrem Leben äußerte, dann klang das immer nüchtern, beinahe hart, und auf jeden Fall unsentimental.

Sie wird Narben zurückbehalten haben aus der Zeit, als sie in den USA lebte und nicht mehr nach Deutschland und Europa zurück durfte. Wie auch sonst, wo doch ihre Mutter und Schwester noch dort lebten. Aber im Alter sprach sie nicht darüber, nur an ihrem Tonfall − und gegen ihre Absicht − war zu hören, daß sie nicht ganz damit im reinen war.

In den Jahren in Hollywood halfen ihr Freundschaften und Bekanntschaften aller Art, sich dort einzurichten.

Eine davon war die mit John Gilbert.

Dieser romantische Schauspieler hatte zu den höchstbezahlten Stars der Traumstadt gehört — Wochengage 10.000 Dollar. Der dunkelhaarige Götterliebling mit dem eleganten Oberlippenbart war darauf in eine göttliche Affäre mit einem anderen Idol der Leinwand geraten, zu Greta Garbo, die er unbedingt heiraten wollte. Sie hatten sich während der Dreharbeiten von »Es war« (1926) angefreundet. Zweimal gelang es Gilbert, einen Hochzeitstermin festzulegen. Beim ersten Mal machte sie sich von der Yacht, auf der beide vor Anker lagen, kurz vor der Abreise in den Südpazifik davon. Beim zweiten Mal, als sie mit dem Auto nach Santa Anna gefahren und schon eine Heiratslizenz erworben hatten, schloß sich die Garbo in letzter Sekunde in die Damentoilette eines Hotels ein und kam nicht mehr heraus.

1929 hatte sich der enttäuschte Gilbert daraufhin in eine Ehe mit der Schauspielerin Ina Claire gestürzt. Die Garbo äußerte sich darauf: »Ich möchte wissen, was ich an ihm fand. Er war hübsch, das war es wohl.«

Für Gilbert, den großen Liebhaber des Stummfilms, folgte darauf ein Nackenschlag nach dem anderen. Als er von der Hochzeitsreise zurückkehrte, mußte er seinen Bankrott zur Kenntnis nehmen. Der große Börsenkrach hatte ihn erledigt.

1930 kicherten die Fans bei seinem ersten Tonfilm »His Glorious Night«, denn Gilbert hatte eine Stimme, die blechern klang. Möglicherweise haben ihm die Tontechniker dabei übel mitgespielt, weil der MGM-Chef Louis B. Mayer ihn loswerden wollte.

Als er schon »out« war, holte ihn 1933 die Garbo, die den Sprung in den Tonfilm mit ihrer whiskyrauhen Stimme geschafft hatte, noch einmal an ihre Seite in »Königin Christina«, einem düsteren Kolossalgemälde aus Schwedens Geschichte. Aber eine neue Romanze zwischen den beiden gab es nicht mehr. Seinen Sturz in den Abgrund konnte auch dieser letzte Film mit der einstigen Geliebten nicht mehr aufhalten. John Gilbert, »ein einfacher Bursche, der die Liebesdroge seiner Fans brauchte«, wie Kenneth Anger ihn charakterisierte, zog sich mit seiner Bourbonflasche immer mehr zurück.

In diesem Stadium lernte ihn Marlene Dietrich kennen.

Sie traf ihn genau in der Zeit, als »Sehnsucht« in der Vorbereitung war, und versprach, ihm bei einem Neubeginn zu helfen, wenn er sich helfen lassen wollte.

Auf ihr Drängen hin machte Ernst Lubitsch Probeaufnahmen von Gilbert. Danach war er durchaus im Gespräch für den neuen Film an der Seite Marlenes. Was wäre das für ein Comeback gewesen! Doch es kam anders.

Marlene, die sich rührend um den sensiblen Mann kümmerte, und der es sogar gelang, ihn von der Flasche wegzubekommen, schöpfte ebenfalls Hoffnung. Sie mochte Gilbert, jedoch nicht als Liebhaber, sondern als jemanden, um den man sich kümmern mußte, weil er unverdient ins Elend gestürzt war.

In dieser Haltung kam ihr fürsorgliches, sozial engagiertes Gerechtigkeitsstreben auf den Punkt.

Eines Tages mußte sie jedoch miterleben, wie John Gilbert, dem die Jahre an der Flasche schon übel mitgespielt hatten, einen Herzanfall bekam. Daraufhin wurde er von der Produktionsgesellschaft erneut wie eine heiße Kartoffel fallengelassen. Das Risiko, mit einem kranken Mann einen Film durchzustehen, schien den herzlosen Rechnern der Industrie zu groß.

Für Gilbert wurde Gary Cooper engagiert, der schon in »Marokko« an der Seite Marlenes gespielt hatte. Als Gilbert davon hörte, das war im Januar 1936, starb er an Herzversagen.

Marlene machte sich heftige Vorwürfe, sich nicht noch entschiedener für Gilbert verwendet zu haben. Vielleicht hätte sie ihren Namen stärker in die Waagschale werfen sollen, um den Schauspieler auf die Leinwand zurückzuholen. Nun war es zu spät. Sie fühlte, daß sie versagt hatte.

Gary Cooper, der nun auf der Besetzungsliste stand, tröstete sie darüber hinweg.

Mit »Coop«, wie der schlaksige Cowboy von seinen Freunden genannt wurde, kam Marlene gut zurecht. Die beiden wurden oft zusammen in der Öffentlichkeit gesehen, und es verband sie bald eine intensive Freundschaft.

Cooper, in den späten 20er Jahren als Hecht im Karpfenteich der Paramount-Darsteller bekannt, war in die Schlagzeilen durch seine Affären mit Clara Bow und Lupe Velez gekommen. Sein Don-Juan-Image änderte sich, als er 1933 Veronica Balfe ehelichte, mit der er bis zu seinem Lebensende 1961 zusammenblieb.

»Sie scheinen mir ein Casanova zu sein«, hatte Marlene alias Amy Jolly zu Cooper gesagt, als sie an seiner Seite in »Marokko« spielte. Ihr Tonfall war dabei ironisch, sie traf jedoch den Sachverhalt genau. Denn Cooper kam aus dem schwülen Tangokino jener Tage, in »Der Adler« von 1925 war er direkt hinter dem Tangotänzer Nummer eins, Rudolfo Valentino, im Bild erschienen.

Gary Coopers größte Leistung war die Entwicklung des lakonischen Stils, des sogenannten »Hm«-Stils am Beginn der Tonfilmzeit. Instinktiv hatte er begriffen, daß es nicht nötig war, augenrollend ins Mikrofon zu schreien, im Gegenteil — je leiser die Stimme, desto größer die Wirkung. Das ganze Drama spiegelt sich deshalb gewöhnlich in seinem nahezu unbewegten Gesicht, das introvertiert und verschlossen wirkt. Als »Hm«-Darsteller ging er deshalb in die Filmgeschichte ein.

Lubitsch nahm ihn für »Sehnsucht« deshalb, weil er seinen fragilen, fast schläfrigen und von sanfter Melancholie verschatteten Ausdruck brauchte. Mit diesem Faunsgesicht wurde er sein idealer Darsteller an der Seite Marlene Dietrichs in einem romantischen aber temporeichen Liebesfilm.

»Sehnsucht« (Originaltitel: Desire), erzählt die Geschichte der schönen Juwelendiebin Madeleine de Beaupré, natürlich von Marlene gespielt, die den naiven Tom Bradley alias Cooper benutzt, um heiße Waren über die spanische Grenze zu schmuggeln. Doch Bradley ist so unbedarft nicht, es gelingt ihm im Gegenteil, Madeleine zu erobern und sie von ihrem unehrenhaften Gewerbe fernzuhalten.

Eine Liebeskomödie, wie sie treffender von Lubitsch nicht ausgearbeitet sein könnte, der als künstlerischer Leiter und Autor tätig war und Frank Borzage die Regie überließ.

Der Film galt als Test. Würde Marlene den Verlust der gewohnten Regie Sternbergs verkraften und sich auf einen anderen Regisseur einstellen können? Und würde das Ergebnis befriedigend sein?

Der deutsche Star versuchte wie immer sein Bestes. Und Gary Cooper stand ihr als treuer Freund zur Seite. Marlene wollte unbedingt in diesem Film zeigen, daß sie mehr als ein Ausstellungsstück aus der kostbaren Sammlung Sternbergs war. Sie wußte genau, daß die Meinungen darüber auseinandergingen, ob sie eine gute Schauspielerin war oder nicht. Deshalb kam es ihr sehr gelegen, daß der Film »Sehnsucht« sie einmal ohne Weichzeichner und ausgeklügelte Lichteffekte einfing, und auch ohne die Kostüme, die Sternberg so geschätzt hatte.

In »Sehnsucht« gleicht sie beinahe einer normalen Frau.

Sie darf sogar singen, und der glückliche Ausdruck in ihrem Gesicht, den sie in manchen Szenen zeigen darf, wurde interpretiert als tatsächlicher Ausdruck ihrer Befreiung von der Last Sternbergscher Kleidervorschriften. Marlene war in diesem erfrischenden Film kein Garderobenständer, sondern ein Mensch, und konnte deshalb auch beweisen, wie gut ihre schauspielerischen Mittel inzwischen gediehen waren.

Das Publikum erhielt dadurch auch Gelegenheit, sich mit ihr als Leindwandfigur zu identifizieren, denn sie verrät menschliche Regungen, wo sie im Sternbergschen Kosmos nur die Schönheit einer marmornen Statue demonstriert hatte.

War sie bisher nur angehimmelt worden, weil ihr Glamour göttliche Höhen erreicht hatte, so begann man nun, sie zu verehren und zu lieben.

Der Film ist zwar kein Geniestreich, aber immerhin solides Handwerk. Und gerade das war nun gefragt. Das Publikum unterhielt sich jedenfalls sehr gut.

Und die Zensur war es auch zufrieden. Denn endlich war die Dietrich einmal ihr »amphibisches« Image — links und rechts schreiben zu können — los und konnte darangehen, mit den Reizen einer Frau ganz normal zu operieren — um nämlich den Mann ihrer Träume zu bekommen. Wie erfrischend!

Aber es war seltsam. Irgendwie bekam die Karriere Marlenes plötzlich einen Knacks.

Sei es, daß das Publikum den Wechsel ihres Niveaus doch nicht so schnell mitvollzog, sei es, daß andere Probleme überwogen — ihre Popularität sank etwas ab. Die Leute waren nicht mehr so rasend hinter den angeblichen Enthüllungsstorys der Medien her, und ob sie nun einen schwarzen Cadillac fuhr, einen Chauffeur namens Briggs hatte, der bewaffnet war, und wen sie gerade liebte – es schien für den Moment nicht so wahnsinnig interessant.

Marlene hätte es recht sein können, denn die Formen der Anbetung hatten in der Vergangenheit leichte Züge von Hysterie angenommen. Sie hätte in die Anonymität eines Stars zurückkehren können, der sein Privatleben abschirmt und nur auf der Leinwand präsent sein will.

Aber das gefiel ihr nicht. Sie war daran gewöhnt, Hollywoods Glamourstar Nummer eins zu sein, mit allen Nachteilen der Publicity, die dazu gehörten. Und vor allem wollte sie keine beruflichen Einbußen hinnehmen, die durch den Wegfall der Zusammenarbeit mit Sternberg entstanden. Im Gegenteil, sie selbst hatte durchaus das Gefühl, ihre Karriere beginne nun zum zweitenmal, erst richtig auf Touren zu kommen.

Das war jedoch für den Augenblick eine Täuschung. Das Jahr 1936 gestaltete sich äußerst schwierig.

Marlene mußte anerkennen, daß sie erste Abnutzungserscheinungen aufwies – natürlich in einem geistig-seelischen, nicht im körperlichen Sinne. Die Hektik der Fließbandarbeit in den Studios, der permanente Streß mit den Vorgesetzten, das nervige Klima in Hollywood – alles das hatte seinen Preis.

Für alles kommt die Zeit ...

Zum Konflikt kam es, als sie bei ihrem nächsten Film in eine Rolle gesteckt werden sollte, die sie einmal häßlich erscheinen lassen würde. Der Film sollte »Ich liebte einen Soldaten« heißen, Regie Henry Hathaway. Marlene sollte eingeführt werden, wie sie mit strähnigem Haar und ungeschminkt den Boden schrubbte. Erst später, im Verlauf des Films, sollte ihre Schönheit wieder hergestellt werden.

Das paßte ihr nicht. Einen derart radikalen Imagewechsel wollte sie im Moment, der schwierig genug war, nicht zulassen. Deshalb begann sie zu streiken. Da zu diesem Zeitpunkt schon etwa die Hälfte des Films fertiggestellt und Ernst Lubitsch inzwischen abgesetzt worden war, kam es zum Eklat. Marlene verließ protestierend den Set. Die Paramount engagierte einen anderen Star für die Rolle.

Es wurde weitergedreht. Dummerweise brach sich Marlene Dietrichs Nachfolgerin Margaret Sullavan den Arm. Die Arbeiten wurden gestoppt, man überlegte, ob es Zweck hatte, weiterzumachen. Schließlich wurde der Film nach längerer Unterbrechung fertig – in der Hauptrolle Isa Miranda. Sein Titel war »Hotel Imperial«, er kam 1939 in die Kinos. Selten erlebte ein Lichtspiel derartige Umwege.

Für die Paramount war die Dietrich damit erst einmal erledigt – Kassengift. Man schätzte sie nicht mehr, was jedoch in erster Linie eine beleidigte Reaktion auf die Schwierigkeiten war, die der Star gemacht hatte.

Aus der Tatsache, daß sie einige Jahre mit dem »Diktator« Sternberg zusammen gearbeitet und eine feste Einheit mit ihm gebildet hatte, machte man nun nachträglich eine Vergehen. Sie sollte bestraft werden. Man riet ihr, bei Verhandlungen mit ihren Gagen herunterzugehen. Das war eine bewußte Demütigung. Verschärfend kam noch dazu, daß die Paramount den Star kurzerhand an eine andere Filmproduktion auslieh, als handele es sich bei ihr tatsächlich um eine Lieferung Stoffballen für neue Kleider, und nicht um ein menschliches Wesen.

Marlene sollte neben Charles Boyer in »The Garden of Allah« (›Der Garten Allahs‹) auftreten, ein Wüstendrama um einen geflohenen Trappistenmönch in einer Sahara-Oase, der sein Gelübde gebrochen hat und es nun, Marlene vor Augen, wiederherzustellen beabsichtigt. Er läßt sie sitzen und führt sich dabei auch noch als derjenige auf, dem Leid zugefügt wird.

Und obwohl Produktionschef David O. Selznick, der damalige Chef der unabhängigen Selznick International Pictures, die von Paramount ausgeliehene Marlene in diesen öden Film hineinzwang, glaubte er, er müsse sie auch noch dahingehend belehren, daß er keinerlei Überziehung der Drehzeit dulden werde.

Selznick war einer der Großen des amerikanischen Filmbusiness. Zunächst bei der Gesellschaft RKO, dann bei MGM als Produzent, hatte er inzwischen seine eigene Produktionsgesellschaft gegründet, mit der er große Filme produzierte, wie »Dinner um Acht« (1933), »David Copperfield« (1934), »A Star is Born« (1937), »Intermezzo« (1939) oder »Rebecca« (1940).

Nach dem Riesenerfolg von »Vom Winde verweht« (1939), bei dem er praktisch als Co-Regisseur arbeitete, verfiel er zunehmend der Gigantomanie, brachte jedoch auch noch wunderschöne Filme zustande, wie zum Beispiel »Duell in der Sonne« (1946), ein Western, mit dem er die Karriere seiner zweiten Frau Jennifer Jones förderte.

Selznick war zu dieser Zeit berühmt für seine Memos, siene Notizen und Anweisungen, die er zu jedem Gespräch und Projekt anfertigte und im Volumen einer Papierkorbfüllung an seine Mitarbeiter verschickte. Dieses Sendungsbewußtsein hatte er tatsächlich so verinnerlicht, daß er auch diesmal Marlene Dietrich in sein Büro zitierte und ihr einen Vortrag hielt. Den Inhalt dieses Vortrages legte er danach schriftlich in Form eines Briefes nieder, den er dem Regisseur von »Der Garten Allahs«, Richard Boleslawski − einem Theaterfachmann polnischer Abstammung − schickte.

In diesem Brief protzte Selznick damit, seinen Star zurechtgewiesen zu haben. Offenbar hatte er dick aufgetragen, denn er konnte berichten, Marlene habe in jeder Hinsicht versprochen, sich nach seinen Wünschen zu richten. Selznick war deshalb zu der Ansicht gekommen, Marlene habe die richtige Einstellung und werde keine Unannehmlichkeiten machen.

Die Zurechtweisung muß grundsätzlicher Art gewesen sein, denn sie ging noch weiter. Selznick hatte sich Sorgen wegen Marlenes darstellerischer Leistung gemacht und sie gefragt, ob sie denn in der Lage sei, ein Publikum auch zu Tränen zu rühren, das müsse sie doch wohl erst noch unter Beweis stellen. Marlene, schon zu diesem Zeitpunkt reichlich genervt, aber unter Druck, weil sie mehrere Verpflichtungen eingegangen war und es sich nicht leisten konnte, sich Ärger oder sogar Prozesse einzuhandeln, antwortete daraufhin, sie wolle versuchen, genau dies in dem geplanten Film zu schaffen.

Die Dressur des deutschen Weltstars durch den nordamerikanischen Boss des Studios war noch nicht zu Ende. Es muß für Marlene demütigend gewesen sein.

Selznick erklärte rundheraus, er finde es unangemessen, daß sie sich höchst überflüssigerweise um Kameraarbeit und technische Details kümmere und dadurch manche Dreharbeit schon verzögert habe. Was er sagen wollte und auch sagte, war: Sei brav und folge den Anweisungen des Regisseurs und des Produzenten, spiele Weltklasse und halte sonst den Mund — sonst bekommst du Ärger!

Und Marlene? Sie nickte mit dem Kopf. Innerlich kochte sie jedoch vor Zorn über den arroganten Herrscher des Studios, der die Beine nicht von der Schreibtischkante nahm, während er mit ihr sprach. Aber sie widersprach nicht. Und weil sie dies nicht tat, servierte ihr Selznick am Ende des Gesprächs noch ein Zuckerstück. Er lobte sie wegen ihres Einsatzes für die Kostüme. In dem Brief an Boleslawski schreibt er darüber:

Unnahbare Erotik – das war das Geheimnis ihres Erfolges

(Links) *Marlene als extravagante Abenteuerin Lilly (»Shanghai Expreß«, 1932)*

(Rechts) *Bei Dreharbeiten von »Shanghai Expreß« (1932)*

(Unten) *Mit Anna May Wong als Hui Fei in »Shanghai Expreß« – ein umstrittener Film, aber mit hohem künstlerischen Anspruch*

(Oben) *Marlene ganz schlicht und sehr schön in »Die blonde Venus« mit Partner Herbert Marshall*

(Unten) *Die brave preußische Offizierstochter aus Schöneberg am Bügelbrett – eine ganz neue Seite der Diva (»Die blonde Venus«, 1932)*

Zwei zauberhafte Szenenfotos mit dem jungen Dickie Moore aus »Die blonde Venus« – Marlene Dietrich ohne den Glamour pompöser Kostüme

Die biedere Hausfrau Helen Faraday entpuppt sich als Musical-Star (»Die blonde Venus«)

Auch hoch zu Pferde machte Marlene eine gute Figur (Szenenfoto aus
»Das hohe Lied«/»The Song of Songs«, 1933)

Aus »Die spanische Tänzerin« (1935), Marlene Dietrichs Lieblingsfilm

(Oben) *Die Cars der Stars – Marlene und Gary Cooper mit ihren Schlitten in »Sehnsucht«*

(Unten) *Sogar im Schlaf konnte Marlene die Männer in ihren Bann ziehen – Szenenfoto aus »Sehnsucht« (1936)*

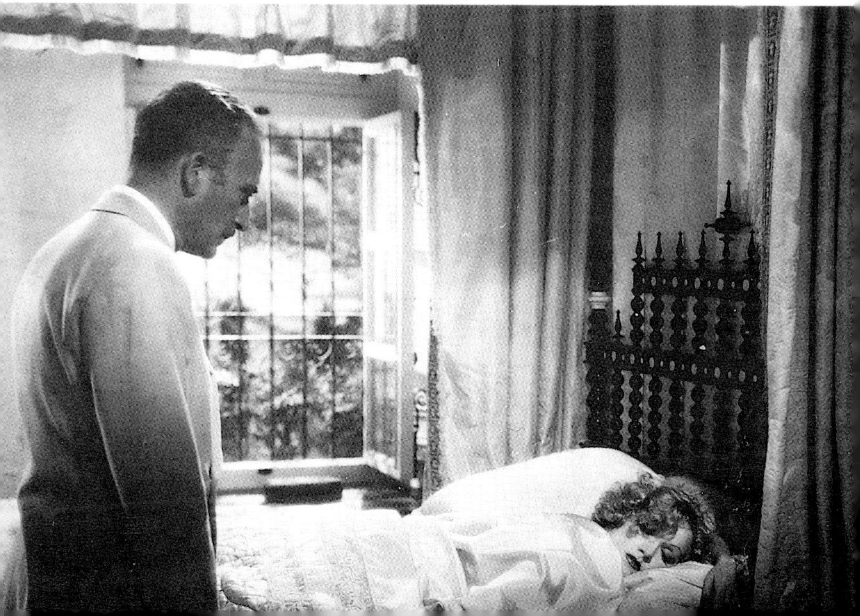

(Oben) *Der Butler bringt die Post – Marlene in dem Ernst-Lubitsch-Film »Engel« (1937)*

(Rechts) *Ein Starporträt aus dem Jahre 1937*

(Links) *Der Star zwischen zwei Männern (mit Melvyn Douglas und Herbert Marshall in »Engel«)*

(Oben) *Marlene als »gefallene« Frau – aber auch das konnte sie spielen (mit Mischa Auer in »Das Haus der sieben Sünden«, 1940)*

(Rechts) *Die berühmte Raufszene mit Una Merkel aus »Der große Bluff«*

(Rechts) *Die schöne Marlene – wie ein Märchen aus 1001 Nacht (mit Ronald Colmann in »Kismet«, 1944)*

(Links) *Die Frau, nach der man sich sehnt, die sich nur schwer fassen läßt (mit Edward G. Robinson in »Herzen in Flammen«, 1941)*

(Unten) *Nach dem Grauen des Krieges ein neuer Film: Marlene in »Martin Roumagnac« (1946)*

Szenenfoto aus »Eine auswärtige Affäre« (1948) von Billy Wilder

»Marlene hat äußerst angestrengt gearbeitet, sie ist nie vor zwölf oder ein Uhr aus dem Atelier gekommen, nachdem sie jeweils den ganzen Tag hier war, der Kostüme wegen usw. Ich finde, sie hat hinsichtlich der Kostüme Großartiges geleistet; ohne ihre Oberaufsicht wären sie längst nicht so gut geraten, auch hätte es bedeutend länger gedauert ...«

Also: David O. Selznick konnte sich unbezahlte Mehrarbeit in dieser Form durchaus vorstellen, aber jegliche Einmischung in andere Bereiche verbat er sich. So springt jemand mit einem anderen um, den er als Inventarstück ansieht und nicht als lebendiges Individuum.

Marlene verließ genervt und innerlich vor Wut zitternd, aber diszipliniert wie immer, das Studiobüro. Sie mußte in diesem Film auftreten, wollte sie nicht riskieren, sich in endlose Schwierigkeiten zu verstricken. Und die Studios – auch die sogenannten unabhängigen, saßen immer am längeren Hebel.

So begannen die Dreharbeiten zu »Der Garten Allahs«.

Eine todlangweilige Geschichte, in der Marlene praktisch nur seelenvoll in den Wüstensand zu starren brauchte. In den Augen Boyers sah man die Sonne untergehen. Diese Rolle der Domini Enfilden kann tatsächlich als späte Rache der Filmindustrie an Marlene Dietrich angesehen werden. Denn dies, und nichts anderes, hatte sie darin zu tun:

Marlene spielt Domini Enfilden

Sie steht in wallenden Kleidern da, als läge eine Zwangsjacke um ihre Schultern. Die Körperformen sind nur zu erahnen, denn Umhänge verhüllen sie. Ihr Haar ist rötlich blond gefärbt, ihr Gesicht blaß wie immer – aber es ist auch völlig unbeweglich. Der Mund ist halb geöffnet.

Sie stapft hin und wieder durch die Wüste, dann weht ein unsichtbarer Wind – er kommt aus der Windmaschine, denn der übrige Wüstensand wirbelt nicht auf – durch ihre Kleider, und die Umhänge wehen wie lange Schleppen hinter ihr her.

Das soll ein Zitat aus Marokko sein, wo Marlene ihrem Fremdenlegionär in die Wüste folgte, doch hier wirkt es nur aufgesetzt und ohne Funktion und Charakteristik für die Geschichte.

Die Geigen fideln, als sie das Ziel ihres Ganges durch die Mittagsglut erreicht; den abtrünnigen Mönch Boris Androvsky, der soeben beschlossen hat, in die Einöde des Klosters zurückzukehren und die Frau, die er liebt, sitzenzulassen.

Sie erreicht ihn – schon das eine unerhörte Bewegung in einem ansonsten statisch-starren Film. Einen Moment lang steht sie unbeweglich gegen den blauen Himmel über der Wüste – eine Madonna vor befremdlichem Hintergrund. Der Zuschauer sieht Marlene scherenschnittartig, der Mönch sieht sie nicht, er blickt starr geradeaus ins Tal hinunter.

Aber er ahnt sie. Denn sofort beginnt er darüber zu schwadronieren, daß er jetzt ins Kloster zurück müsse. Es sind ihm ansonsten kaum andere Dialogsätze mitgegeben als, sinngemäß, dieser: »Geh in die Wüste, und im Angesicht der Unendlichkeit wird dein Kummer versiegen!«

Und für diesen schlappen Merksatz bekommt der Trappist auch noch weitere Aufmerksamkeit von der Frau, die ihm aufopfernd folgte. Sie bewundert ihn, aber das darf sie in diesem Film nur ausdrücken, indem sie ihn maskenhaft starr ansieht und anmerkt: »War es so schwer für dich, dein Gelübde zu brechen?«

Damit spielt sie auf eine Liebesnacht an. Und der Mönch, mit glutvolleren Augen, als die Frau sie hat – ihn hat wieder die Leidenschaft für das Nichts gepackt –, verneint das heftig.

Marlene alias Domini (!) zieht die linke, messerscharfe Augenbraue hoch, ihre Stirn runzelt sich ein wenig, und wieder spricht sie einen tonlosen Satz in die Kamera, der ihr Liebesleid ausdrücken soll.

Ihr Haar weht dabei leicht im Wind, keine Geste ihrer Arme, keine Bewegung ihres schlanken Körpers. Nur dieser seelenvolle Blick, meist zu Boden gerichtet. Welch vergeudetes Talent! Welch vergeudete Schönheit nach den optischen Ekstasen der Sternberg-Filme! In diesem Film von Richard Boleslawski wird all das geleugnet, was die Dietrich bis dahin ausmachte, auch wenn die Zensur damit ihre Probleme hatte.

Hier ist sie nicht mehr das lebensvolle, sinnliche, schöne Wesen aus Fleisch und Blut und auch nicht mehr das auratische Zeichen ewiger Schönheit, das Sternberg an den Himmel malte, hier ist sie eine ausgetrocknete Hülle, die heftig atmet, um ihre Erregung anzudeuten. Aber mehr bleibt ihr wirklich nicht. Mehr will die Regie nicht von ihr.

Die Regie überträgt dem männlichen Hauptdarsteller Charles Boyer die Glut der sinnlichen Empfindung, des emotionalen Spiels, der glamourösen Darstellung. Einem Mönch, der nur eines will: zurück hinter Klostermauern!

Sie sieht den Mann, den sie liebt, nicht ein einziges Mal voll an, immer sind beide so vor der Kamera postiert, daß ihre Blicke aneinander vorbeigleiten, abprallen, zum Horizont schweifen, den Himmel absuchen, als gäbe es dort die Lösung.

»Damals, als wir in die Wüste hinausgezogen sind, glaubte ich, nun finge mein Leben erst an«, sagt Domini und sieht dabei so unglücklich aus, als habe sie Wüstensand in der Kehle. Dabei schimmern ihre Augen voller zurückgehaltener Tränen.

Sie ist schön, wahrhaftig, und das Führungslicht liegt mit voller Breitseite auf ihrer linken Gesichtshälfte, wie sich das bei Marlene Dietrich gehört. Aber seltsam, das bewegteste an ihr ist tatsächlich ihr Haar, das noch immer im Abendwind flattert, ansonsten nimmt man ihr die Rührung nicht ab.

Das liegt am Thema. Wer hat schon Mitgefühl mit einem feigen Mann und einer larmoyanten Frau, die sich aus Schwäche in die Wüste verkriechen? Die Seelenqualen sind nicht nachvollziehbar, sie werden nur herbeigeredet, erscheinen aber nicht in Mimik und Gebärde der Schauspieler. Marlene wirkt wie amputiert. Das Stück nackte Haut, das ihr Gesicht zeigt, ist zu wenig, um dem Zuschauer erfolgreich einreden zu können, es handele sich hier um eine Frau. Marlene wird gezeigt wie die Vorstellung eines Mönchs von einer Frau — als ein marmorner Kleiderständer, wie er auch auf öligen Mariengemälden erscheint.

Am Ende des Films steht Marlene im vollen Dress – graublaues Popelinekostüm von Ernest Dryden und Jeanette Couget auf der Terrasse des schlichten Hotel des Dunes, sie lehnt am Geländer, ganz gefaßte Fassungslosigkeit. So hatte sie schon oft dagestanden, davor aber immer mit frecher Gebärde, mit trotzigem Lächeln, mit der Ironie und dem Galgenhumor des »Nun-erst-recht«.

Jetzt ist sie nur blaß wie die Wand des Hotels, atmet schwer und sieht dem Mönch entgegen, der es auch noch wagt, sie zu seiner Fahrt zurück ins Kloster abzuholen, damit sie ihn begleite und schmerzlich verabschiede. Ein kleiner Sadist im Westentaschenformat scheint sich da in die bequeme Askese zurückzuschleichen.

Wie kann eine Schauspielerin wie Marlene Dietrich auf diese Zumutungen reagieren? Gar nicht. Oder so, wie sie es, offensichtlich mit ihrem Latein am Ende, tut:

Sie ringt die Hände, umkrampft ihren breitkrempigen Hut mit nervösen Fingern, öffnet die Lippen, sagt einen Satz, und ihr Augenaufschlag läßt die Augen wunderschön, aber für die Sequenzen in diesem Film völlig unpassend, mit den hohen Bögen der Brauen in einer geschwungenen Linie der Harmonie verschmelzen. In diesem Augenblick gleicht ihr Gesicht einer Kathedrale – zu der der Küster den Schlüssel verloren hat.

Dieses Gesicht ist vollkommen schön und vollkommen leer. Verschwendete Schönheit, vergeudetes Talent.

Der ortsansässige Pater sagt zum Abschied: »Leben Sie wohl, mein Kind!« Und dabei sieht Marlene aus wie ihre eigene Urgroßmutter, grämlich blaß vor der Ruine ihrer Gefühle stehend, halbtot vor offiziell verordnetem Elend, eine Frau, mit der man spielt – eben nur eine Frau vor dem mächtigen Gesetz der kirchlichen Orthodoxie.

Nur einmal, wirklich ganz am Ende, ist Marlene noch einmal so eingefangen, wie die Zuschauer sie liebten und sehen wollten – eingerahmt wie ein Medaillon, wieder einmal, von einem Zugfenster. Der Zug fährt an, die Schatten des Bahnhofs gleiten über ihr Gesicht, das im Abschiedsschmerz jetzt ganz weich und innig geworden ist. Ihr Hut wirft einen Halbschatten über ihre Augen, die Pastellfarben der Gardinen des Zuges verbinden sich harmonisch mit ihrer Haarfarbe, der Mund öffnet sich noch einmal, man weiß nicht: zum Abschiedsruf, zum Kuß, im Schmerz.

Dann sieht man sie nur noch von hinten. Das macht es noch schlimmer. Sie sitzt in Kostüm und Hut zusammengesunken da, der Mönch wendet sich ab und beteuert noch einmal seine Unschuld, läßt sich noch einmal bemitleiden, weil er es in seinen eigenen Augen ist, der auf alles verzichtet und der Gott angefleht hat, ihm die die Liebe zu dieser Frau zu verzeihen.

Arme Marlene! Hoffentlich läuft ihr danach bald ein Fremdenlegionär über den Weg, es muß nicht Gary Cooper sein, irgendeiner, der eine leichte Moral hat und das Mädel zu sich nimmt, damit sie sich bei einem Glas Champagner erholt.

Dann gibt es doch noch eine Umarmung, die Umarmung der Unendlichkeit sozusagen, denn damit ist der Mönch endgültig entlassen in die Wüstenei. Und endlich kann Marlene ein einziges Mal wie eine Frau wirken. Sie drückt ihn an sich, und sich an ihn, der Zuschauer empfindet für einige Sekunden mit ihr, die allein bleibt, während Boris mit verhangenen Kuhaugen zum strahlenden Himmel aufblickt. Domini hinterläßt keinen Abdruck auf ihm, aber er auf ihr, man sieht es an ihrem heftig wogenden Brustkorb. Noch eine Großaufnahme. Männerchöre. Der Abspann. Die Strapaze für Marlene ist vorüber.

Hätten die Zuschauer nur für den Abspann bezahlen müssen, wären sie in Scharen gekommen. So aber blieben sie dem Film fern. Denn der Abspann ist kurz, der Film jedoch kommt einem endlos vor, obwohl er nur 80 Minuten dauert. Und seine Figuren, Themen und Motive sind albern, naiv, unfreiwillig komisch. So sagt zum Beispiel ein weiser Seher aus der Wüste folgendes voraus: »Ich sehe ein Kamel am Kirchentor und ein Zelt in der weiten Wüste.« Was für eine wahrsagerische Leistung bei einem Film, der in der Sahara spielt! Mit solchen romantizistischen Plattheiten rettet sich das Werk über die gesamte Spielzeit.

Ein anderer äußert zu Marlene: »Dieses Land ist Feuer, und Sie sind eine Frau aus Feuer!« So blumig, man könnte auch abfällig sagen, so geschwollen reden alle Figuren dieses überhitzten Sandfilms, in dem es auch nachts nicht abkühlt.

Der berühmte Schriftsteller Graham Greene bemerkte über Marlene in diesem Film:

»Auch Miss Dietrich flüstert heiser, stilisiert, müde und eintönig große Abstraktionen, und das alles inmitten scheußlicher Technicolor-Blumen, einer gelben, mit Kratern übersäten Wüste, die einen an Schweizer Käse denken läßt, und Gesichtern in Beige.«

Mit diesem Film, dessen Außenaufnahmen in Yuma, Arizona, bei 55 Grad Celsius gedreht wurden und der im eiskalten November 1936 seine Uraufführung erlebte, war kaum Staat zu machen. Das Publikum hatte andere Sorgen, als sich mit dem Innenleben eines entlaufenen Trappistenmönchs zu beschäftigen, der weinerlich Marlene Dietrich abblitzen läßt.

Und die Kritik war durchgehend nörglerisch bis feindselig. So schrieb beispielsweise William Boehnel in »The New York World Telegram«:

»Obwohl dieser Technicolor-Film Stellen von atemberaubender Schönheit aufweist – nebst einigen, die nicht so atemberaubend sind – und dazu eine Liebesgeschichte erzählt, die das weibliche Publikum wahrscheinlich zu Tränen rühren wird, ist diese Neuverfilmung von Robert Hichen's ›Garden of Allah‹ doch ziemlich langweilig – schwerfällig in der Bewegung, schwunglos im Dialog, schwach in der Handlung.

Der Film handelt vom Widerstreit zwischen Fleisch und Geist, bringt es aber nur vorübergehend fertig, sich ob der seelischen Nöte der beiden Hauptdarsteller in einen gewissen Aufruhr hineinzusteigern. Nachdem er seinen zähflüssigen Verlauf genommen hat, läßt er einen unbefriedigt zurück, weil er weder Gemüt noch Verstand anspricht.«

Das waren deutliche Worte, die jeder bestätigen kann, der den Film gesehen hat.

Daß Marlene in diesem Film nicht überzeugte, lag sicher an der dürftigen Rolle, die sie auszufüllen hatte, aber wohl auch daran, daß sie, die »Ausgeliehene«, in ihrem letzten Paramount-Vertrag nicht unbedingt von Gefühlen der Dankbarkeit und inneren Freude erfüllt war. Und da sie auch mit Regisseur Boleslawski, der übrigens krank vom Set zurückkam und wenige Monate danach starb, nicht zurecht kam – zumal Boleslawski überflüssigerweise am Drehort versuchte, Josef von Sternberg zu imitieren –, konnte von einer guten Leistung der Deutschen nicht die Rede sein.

Deshalb war alles an diesem Film unerfreulich. Aus dem »Garten Allahs« war schon vor Drehbeginn, während des Drehs und erst recht nach Fertigstellung des Werks eine Schutthalde geworden.

Marlene schien wie befreit, als die Schufterei in der Wüste von Arizona, mit den ständig anwesenden Skorpionen als giftige Nachbarn, endlich beendet war. Sie verabschiedete sich von allen freundlich, eilte nach Beverly Hills, wo sie ihre Tochter Maria in die Arme schloß, buchte für sie beide eine Passage auf dem Passagierdampfer »Normandie« und schiffte sich nach England ein.

Kassengift

Endlich frei von disziplinierter Arbeit! Endlich einmal für Wochen nicht den Anweisungen von arroganten Regisseuren folgen müssen, die sich für Genies halten! Endlich ins Privatleben zurück! Eine schöne, lange Schiffsreise mit Maria an der Seite stand bevor. Sie wollte ihrer Tochter, die so lange eingesperrt gewesen war, einmal ein paar Vergnügungen gönnen und ihr etwas von Europa zeigen.

Jeder Schritt, den der Weltstar Marlene Dietrich in dieser Zeit tat, wurde von den Medien begleitet. Sie war wieder einmal das Tagesgespräch der Filminteressierten, der Modebewußten und der Anhänger von Klatschgeschichten.

So wußte die Öffentlichkeit natürlich auch genau, warum die Dietrich in England weilte. Sie hatte, nach ausreichend Gelegenheit, sich in den Nachtclubs von London umzusehen und mit ihrer Tochter Spaziergänge durch die Einkaufsmeile der Hauptstadt zu machen, einen Filmvertrag zu erfüllen.

Im August 1936 sollte in den Denham-Studios von London ein Filmprojekt gestartet werden, für das der Regisseur Jacques Feyder unter der Produktion von Alexander Korda verantwortlich zeichnete. Das Projekt hieß »Knight Without Armour« (Tatjana).

Marlene war froh, zum erstenmal seit dem »Blauen Engel« wieder außerhalb der Hollywood-Studios arbeiten zu dürfen. Sie liebte England und fand die Arbeitsbedingungen dort viel angenehmer als in den USA.

Die Story des Films liest sich folgendermaßen:

Ein junger Engländer, gespielt von Robert Donat, gerät im zaristischen Rußland in aufständische Kreise, wird eines Attentats verdächtigt und verhaftet. Aus einem sibirischen Arbeitslager wird er nach der Revolution von 1917 befreit. Im Auftrag der Roten Armee tätig, lernt er Alexandra kennen, die er nach St. Petersburg überführen soll. Dort weigert er sich jedoch, sie an die Bolschewiki auszuliefern, und flieht mir ihr.

Eine abenteuerliche Geschichte, von Zeitgeist durchweht, mit einem glaubwürdigen historischen Hintergrund.

Bis die Dreharbeiten begannen, genoß Marlene jede freie Minute. Sie wußte, es würde wieder anstrengend werden, wie bei jeder Filmproduktion, und sei sie von noch so angenehmen äußeren Begingungen begleitet. Also erholte sie sich, traf Freunde und Bekannte und genoß die Sommertage im heiteren London.

Sie leitete auch in die Wege, daß die inzwischen zwölfjährige Maria in ein Schweizer Internat kam, um dort endlich jene Schulbildung zu erhalten, die ihre Mutter für erforderlich hielt.

Die Trennung stand kurz bevor. Der Abschied der beiden war herzlich und schmerzlich zugleich. Für Maria war sie jedoch notwendig, denn die Zeit in Beverly Hills war für sie bisher eine einzige Zumutung gewesen. Jetzt konnte sie sich endlich entwickeln, ohne ständig eingesperrt zu sein.

Am Tag X umarmen sich beide auf dem Bahnsteig.

Maria sagt traurig: »Auf Wiedersehn, Mutter.«

Und Marlene sagt: »Liebling, ich komme dich besuchen, sobald ich Zeit habe.«

Maria antwortet: »Ich weiß. Aber wirst du Zeit haben?«

Diese Antwort gibt Marlene zu denken. Sie erwidert nach kurzem Zögern: »Ich werde in Zukunft mehr Zeit für dich haben als bisher. Ich verspreche es!«

Maria sieht sie hoffnungsfroh, aber auch skeptisch an. Wir werden sehen, scheint sie zu denken.

Marlene weiß, es ist für ihre Tochter das Beste, ins Internat zu gehen. Dort wird sie ein gesundes Selbstbewußtsein entwickeln können. Und sie hofft auch, daß die natürlichen Spannungen zwischen ihnen dadurch verschwinden.

Marlene, der Blaue Engel mit den blauen Augen, dem blonden Haar, den schlanken Beinen und der weißen Haut, fühlte sich nach der Trennung von Maria selbst wie losgelöst von den mütterlichen Sorgen um die Erziehung, die sie in der Vergangenheit nicht so ausüben konnte, wie sie gern gewollt hätte. Der Glamourstar liebte zwar die Mutterrolle, und es machte ihm auch überhaupt nichts aus, zu kochen, zu bügeln, zu putzen, aber seine öffentlichen Verpflichtungen nahmen immer mehr zu.

Sie mußte schön und glamourös sein, sich den Fotografen stellen und Filme drehen. Und für ein Kind von zwölf Jahren, das die Mutter eher so liebte, wie sie sich in den eigenen vier Wänden gab — natürlich, ungeschminkt, ohne jede Pose —, war dieses Leben unattraktiv. Lola-Lola und Schanghai-Lily als Mama — nein danke!

Nachdem der Film in London glücklich abgedreht war, die Drehzeit dauerte bis November 1936, mußte Marlene Dietrich die Erfahrung machen, daß in Hollywood etwas Seltsames vorging. Ihr Ruf ging in eine Richtung, die sie nicht recht vorausgesehen hatte.

Weitere Filmpläne in den USA verzögerten sich. Marlene sprach darüber mit ihrem Agenten. Sie fragte:

»Ich habe den Eindruck, der Name Marlene Dietrich zieht nicht mehr so recht bei den Leuten, was meinen Sie?«

Der Agent kratzte sich am Kopf. »Ja, Miss Dietrich«, sagte er zögernd, »wir müssen uns überlegen, was wir tun. Es gibt da einige Probleme ...«

»Was für Probleme?«

»Sehen Sie, nach Ihrer Periode mit Josef von Sternberg müssen wir ein anderes Image für Sie finden. Was wir jetzt haben, das ist noch unausgegoren.«

»Hm, und woran denken Sie?«

»Ich denke, Sie sollten es vielleicht mal mit leichten Komödien versuchen, nicht immer mit diesem Weltschmerz. Die Leute haben im Moment andere Sorgen, sie wollen unterhalten werden, wissen Sie ...«

»Nun, nichts dagegen, ich mache gern Komödien, aber man hat mir bisher immer vorgeworfen, ich hätte in ernsten Rollen noch nicht überzeugt!«

»Das ist schon richtig. Aber jetzt ist die Lage so, daß die Theaterbesitzer keine Frauen mehr auf der Leinwand wollen, die – sagen wir einmal – willenstark, ehrgeizig, energisch sind. Lebenslustige Kameradinnen sind eher gefragt.«

Marlene räusperte sich. »Also, wenn ich ins Kino gehe, sehe ich im Moment nichts anderes, als lebenslustige Kameradinnen! Da sind Claudette Colbert, Jean Harlow, Jean Arthur ...«

»Fassen Sie es bitte nicht als Kritik auf, Miss Dietrich«, erwiderte der Agent. »Aber vor allem kommt im Moment kein Star an, der mit den Filmbossen in Streit gerät, der gegen Vertragssysteme kämpft, der sich, kurz gesagt, wie ein Mann aufführt.«

»Tue ich das?«

Der Agent zuckte die Schultern. »Das wissen Sie am besten«, sagte er abschließend.

Marlene war hellhörig geworden. Als sie mit Freunden darüber sprach, kam heraus, daß sie bei den Verleihern und

Kinobesitzern, ebenso wie Katherine Hepburn, Joan Crawford und Bette Davis, als »Kassengift« galten. Was waren die Gründe dafür?

Bei Bette Davis lag der Fall klarer. Die Schauspielerin hatte nie einen Hehl daraus gemacht, wie sehr ihr die puritanische Moral der USA, und vor allem ihrer Filmindustrie, gegen den Strich ging. Als Frau, die auf der Leinwand nicht nur Lohn für den Helden sein wollte, sondern selbstbestimmt ihr Glück finden will, kämpfte sie »im wirklichen Leben« um angemessene Rollen. Die Warner-Studios, bei denen sie in den 30er Jahren unter Vertrag war, verhinderten ihre Entfaltung und steckten sie in Filmrollen, die für Bette wie eine Gefängnisstrafe waren. Selbstbestimmtes Handeln einer Frau wollte niemand.

Für Bette Davis bedeutete das unbeirrbare Festhalten an freier Partnerwahl und gesellschaftlicher Karriere, von den Imagemachern als Monster fixiert zu werden. Sie wurde zur »gezeichneten Frau« (so hieß auch ein Film von 1927) stilisiert, die sich in gegensätzliche, charakterliche Eigenschaften aufspaltet und verrückt wird. Diese Propaganda war so stark, daß das Publikum sie nicht mehr sehen wollte.

Bei Katherine Hepburn lag der Fall ähnlich.

Die junge Schauspielerin hatte von ihren Eltern mit auf den Weg bekommen, »niemals Angst davor zu haben, die eigene Meinung auszudrücken«. Dieses Prinzip praktizierte schon die Theaterdebütantin so uneingeschränkt, daß sie bereits bei ihren ersten Engagements meist gefeuert wurde. Später zitterten Hollywoodregisseure und -produzenten vor der furchteinflößenden Emanzipierten. Sie vertrat immer kompromißlos ihre Auffassung, legte sich mit allen an und ging keinem Desaster aus dem Weg.

Seit 1934, als sie sich aus einem Theatervertrag herauskaufte, um nur noch Kino zu machen, bekam die exzentrische, aber auch schöne und anmutige Hepburn Probleme. Ihre Einspielergebnisse blieben ständig hinter den Erwartungen der Verleiher zurück. In all den Kostümfilmen und Rührstücken, die RKO am Fließband mit ihr produzierte, schien ihr Talent immer mehr zu versiegen, sie wurde zum »Kassengift«. Das war ihre Situation Mitte der 30er Jahre, bevor sie sich entschloß, ihre romantischen Rollen zu verlassen und als funkensprühende Komödiantin, als Biest mit der Wespentaille und doppelzüngiger Engel der upperclass, reich, gebildet und rebellisch zu überzeugen.

Beide schafften es schließlich noch, zu legendären Stars zu werden, zu den »Unsterblichen des Kinos«, wie eine Buchreihe in den 80er Jahren sie, zusammen mit Marlene Dietrich und noch ein paar Auserlesenen der Kinogeschichte, nannte.

In eine Reihe mit diesen interessanten Frauengestalten der Leinwand, mit diesen großen, respektablen Stars, stellte das Publikum, vielleicht auch nur die Filmindustrie, nun Marlene Dietrich und stempelte sie als Erfolglose ab.

Marlene wollte nicht daran glauben. Sie schaute sich noch einmal die Kritiken an, die über ihren letzten Film »Tatjana« erschienen waren.

»Marlene hat viel Charme. Sie macht davon mit erstaunlicher Virtuosität Gebrauch«, schrieb jemand.

Graham Greene schrieb: »Sie schauspielert nie. Sie stellt ihren herrlichen Körper zur Schau. Sie läßt sich gnädig zu einer Pose herab. Sie ist das Marmormotiv für die Opfer und Heldentaten. Das Darstellerische? Das überläßt sie ihren Sklaven.«

Ein anderer befand: »Ihr kommt es nur auf ihr eigenes Bild an, auf ihre Erscheinung, ihre Kostüme, ihre photogene Wirkung.«

Lag es daran, daß man sie jetzt ablehnte? Aber hatte sie

überhaupt daran schuld? Lag die Präsentation des Stars nicht in Händen des Regisseurs, bestenfalls noch des Kameramanns?

Das Autorengespann Feyder/Rosay schrieb genau über diesen Punkt: »Über kleinere Unglaubwürdigkeiten diskutiert sie, entfaltet dabei eine subtile Verführungskunst und geduldige Diplomatie. Sie macht Zugeständnisse, beruft sich auf ihre Bescheidenheit, schmeichelt geschickt dem Regisseur und lobt seine absolute Genauigkeit. Er glaubt, an Boden gewonnen zu haben, ist sicher, sie beispielsweise davon überzeugt zu haben, daß die Heldin nach zwanzig Tagen Gefängnis nicht so gut frisiert sein kann und ihr Kleid wenigstens ein bißchen verknittert sein sollte.

Weit gefehlt! Wenn der Film dann fertig ist, muß er feststellen, daß sich Marlene genau so angezogen hat, wie sie es wollte. Soviel Charme hat Marlene Dietrich!«

Das klingt ja beinahe so, als habe Marlene an den Drehorten auf Grund ihrer starken Persönlichkeit immer freie Hand gehabt! Ist sie damit doch selbst verantwortlich für den Eindruck, immer nur eine Dietrich-Pose und keinen Film abliefern zu wollen?

Paul Hutzler, der neben Travis Banton die Kostüme für Marlene entwarf, sagte einmal in einem Gespräch mit George Benda: »Der Blaue Engel hat immer recht!« Und spielte damit auf die Tatsache an, daß der Star seinen Willen letztlich immer durchsetzte.

»Die Heldin, um die sich die ganze Geschichte dreht«, behauptete der englische Filmjournalist Basil Wright kurzerhand, »ist eine absolute Fehlbesetzung; oder, um gerecht zu sein, sie verfängt sich hoffnungslos in der Darstellungstechnik ihrer früheren Erfolge, so daß die Verführungsszenen vor dem gemarterten Publikum nolens volens nach einem öden Schema ablaufen. Die luxuriösen Schlafzimmer, die Flucht der Dietrich, die angesichts eines betrunken grölenden revolutionären Mobs nur mit einem Negligé bekleidet über einen altehrwürdigen Rasen läuft, das wohlgeformte Bein, das aus einem unglaublich schäumenden Bad aufragt – all das und mehr müssen wir über uns ergehen lassen. Glücklicherweise aber ist das alles sehr komisch, und man könnte meinen, daß Miss Dietrich sich absichtlich selbst parodiert hat; denn genau das hat sie, bewußt oder unbewußt, getan.«

Natürlich hatte Marlene manche ihrer Auftritte ironisiert. Den in der Badewanne garantiert. Denn bei den Dreharbeiten war sie, statt wie vorgesehen im fleischfarbenen Trikot, splitternackt erschienen, aus einer guten Laune heraus, einfach nur so, um das Studio auf den Kopf zu stellen. Und das stand dann – auf dem Kopf.

Wie auch immer. Nun war sie angeblich Kassengift, eine »gezeichnete Frau«. Beim sogenannten Box-Office unerwünscht. Dazu eine bezeichnende Zahl: Auf den schauspielerischen Ranglisten des Jahres 1937 stand sie auf Platz 126.

War es deshalb eine Trotzreaktion oder auch einfach nur der notwendige Schritt der Veralltäglichung, daß Marlene in jenen Tagen die nordamerikanische Staatsbürgerschaft beantragte? Jedenfalls tat sie dies. Als Mrs. Sieber aus Deutschland war sie nun erst einmal bei den Einwanderungsbehörden aktenkundig, alles weitere würde sich ergeben.

Zwei Jahre später erhielt sie die erwünschte Staatsbürgerschaft. Damit war sie keine Deutsche mehr.

Marlene hatte vorerst einige Wochen Zeit, sich zu überlegen, in welche Richtung ihre Karriere weitergehen sollte. Sie überlegte sich immer wieder die Worte des Agenten und sprach auch ausführlich mit ihrem Manager Harry

Eddington darüber. Dieser gab dem Agenten recht und wies auch dezent darauf hin, daß Marlene inzwischen das respektable Alter von 35 Jahren erreicht hatte. Die jugendliche Liebhaberin mit der Attitüde der Unschuld vom Lande konnte sie ohnehin nicht mehr verkörpern. Also schien es angemessen, das Rollenfach zu wechseln.

Und wenn schon Komödien, wer anders als ihr alter Freund Ernst Lubitsch konnte ihr auf diesem Weg helfen? Sie holte sich den Rat des erfahrenen Regisseurs ein, der in seinen Filmen stets Frauengestalten grandios entworfen und geführt hatte.

Lubitsch sagte zu, ihr zu helfen.

Marlene, erfreut über diese freundschaftliche Zusage, ging erst einmal tanzen. Nicht nur einmal, nein, hundertmal. Sie stürzte sich in diesen Wochen in eine Orgie von Tanzpartys, auf denen sie in immer neuen, verrückten und selbstentworfenen Kostümen erschien.

Sie blieb der Liebling der Szene, wegen ihres stets guten Einfühlungsvermögens, ihres ungebrochenen Humors, ihrer blendenden Laune und ihres Charmes überall gern gesehen. Auf den Partys jedenfalls galt sie keineswegs als Kassengift, auf den Partys war sie ausgebucht.

Sie war glücklich. Alles klappte. Nur der berufliche Erfolg lag etwas brach. Aber das war ihr im Moment egal, denn finanziell brauchte sie sich keine Sorgen zu machen. Ihr Geld war gut angelegt, dafür hatte sie gesorgt. Auch an ihre Familie war gedacht.

Und schließlich war da ja auch noch Lubitsch.

Eines Vormittags rief er bei Marlene an. Sie war gerade aus der Dusche gekommen, um sich an den Frühstückstisch zu setzen und die Morgenzeitungen zu lesen. Sie meldete sich. Und Lubitsch sagte: »Ich habe den Film für Sie, den Sie im Moment brauchen!«

»So?« antwortete Marlene, »wie soll er denn heißen?«

»Angel«, sagte der Regisseur und lachte.

»Angel«, echote Marlene, »klingt nicht schlecht. Egal, was es ist, Sie haben mich engagiert! Ich mache mit!«

»Phantastisch!« sagte Lubitsch und hängte ein.

»Angel« (Engel) – eine sprühende Komödie. Damit behalfen sich im Moment auch die anderen Stars, die in einen Karriereknick geraten waren. Und warum auch nicht? Komödien mußten nur wirklich komisch sein, und bei einem Meister wie Ernst Lubitsch bestand da keine Gefahr.

Der Film sollte die Geschichte von Maria Barker erzählen, die sich in Paris auf eine Romanze mit einem Amerikaner einläßt, der in England erfährt, daß Maria die Frau eines befreundeten Diplomaten ist. Er will sie noch einmal nach Paris einladen, doch ihr Ehemann greift jetzt ein. Er stellt sie vor die Wahl, als anonymes Date für fremde Durchreisende oder als Ehefrau weiterzuleben. Sie entscheidet sich.

Alles in allem war das ein typischer Lubitsch-Plot: eine Frau zwischen zwei – oder mehreren – Männern. Die Vorlage, ein Theaterstück von Melchior Lengyel ließ jedoch viele Fragen offen. Die Personen des Stücks waren nicht klar umrissen, ihre Handlungsweise ist nicht durchsichtig. Zwar bemühten sich die Drehbuchautoren Guy Bolton, Russell Medcraft und Samson Raphaelson nach Kräften, dem Stück Leben einzuhauchen, aber das gelang nicht recht.

Dennoch war Ernst Lubitsch schließlich damit zufrieden. Es konnte gedreht werden.

Die Kollegen an Marlenes Seite, vor allem die beiden männlichen Hauptdarsteller Melvyn Douglas und Herbert Marshall, berichten, wie gut sie mit der Dietrich ausgekommen sind.

Denn ganz im Gegenteil zu ihren bisherigen rollen und auch zu der frivolen Rolle, die sie in »Engel« spielte, war

Marlene, zur Überraschung der anderen, eine patente Frau, die zum Set Kaffee und Plätzchen mitbrachte. Marlene stellte sich als der gute Engel des Drehs heraus, und jeder mochte sie. So gehen Schein und Sein in Hollywood stets auseinander.

Natürlich wurde Marlene aus rein marktstrategischen Gesichtspunkten heraus in diesem Film als Sex-Symbol gehandelt, und wurde auch auf derLeinwand so inszeniert.

Aber sie wehrte sich, so gut sie konnte, stets dagegen, als animiertes Standbild, beseelt nur, um Unheil zu bringen, von den Kameras eingefangen zu werden. Schweigend, also geheimnisvoll, wie jede Schönheit, die nur andeutet, ohne sich im Agieren auszudeuten – das war nicht Marlene Dietrichs Sache. Jedenfalls nach Josef von Sternberg nicht mehr. Obwohl immer wieder Regisseure versuchten, diese Seite ihrer Darstellung mit ihr zu wiederholen.

Sie wollte sich mitteilen: »Mehr als ein Mann war nötig, um mich zur Schanghai-Lily zu machen«, sagt sie in »Schanghai-Expreß« – so wollte sie gesehen werden. Als rein ästhetisches Zeichen taugte sie, wie ihre Karriere gegen Ende der 30er Jahre bewies, auf Dauer nicht.

Natürlich war das ästhetische Moment gerade bei Marlene Dietrich von Bedeutung – in einer drolligen Jean-Arthur-Rolle ist sie undenkbar. Sie war auch Abbild der ewigen Frau, immer dekorativ, ein transparentes Denkmal des Weiblichen auf der Leinwand. Trotz der provozierenden Selbstdarstellung verschmückter Erotik war aber jederzeit die Frau unter der Schminke gegenwärtig, aus diesem Gegensatz leben die Grundmotive ihrer Filme.

Sie war stets ein Geheimnis – aber mit Händen zu greifen. Schon allein deshalb, weil sie sich gegen Türfassungen, Theken, Kamine, Brokatwände lehnte und dabei einen lakonisch-kühlen Ausdruck in ihr Gesicht zauberte. Dieser

Ausdruck stand sonst nur den Männern zu. Marlene machte ihn zu ihrem.

Sie löste schließlich die glamouröse Kinofrau, die sie lange selbst dargestellt hatte, aus der Schwebebahn der Unberührbarkeit, machte sich zu einer zugänglichen Person möglicher Beziehungen. Die generös Liebende und Leidende, ein bißchen Vamp, aber sehr resolut, war Sammelpunkt nicht nur von männlichen Wunschprojektionen, sondern in glamouröser Selbstbestimmtheit auch Identifikationsfigur von Frauen. Im Gegensatz zu einer anderen »Göttlichen«, zu Greta Garbo, kannte sie den Namen jedes Kulissenarbeiters. Als Paramount-Garbo war sie deshalb schon von ihrem Wesen her − nicht geeignet. Im Gegensatz zu dieser, war die Dietrich ganz gegenwärtige Gefährtin. Garbo war das Wesentliche, Dietrich ganz Erscheinung, sie war bestimmend in der Liebe. Männer verstand sie, fühlte Sympathie mit ihnen. Sie, die oft wie ein Mann wirkte, der Frauen darstellt, war als Femme fatale immer auch völlig unkomplizierte Freundin.

Der Filmstar Louise Brooks, der als »Lulu« in Deutschland eine Weltkarriere begonnen hatte, erinnert sich bezeichnenderweise so an die Marlene jener Zeit:

»Marle Dietrich kam zu einer Zeit nach Hollywood, als dort die gesamte Filmbranche Greta Garbo vergötterte − uneingestandenermaßen, aber so unverkennbar, daß es zum Lachen war. Von überallher aus Europa wurden Garbo-Imitationen eingeführt. Regisseure hielten Schauspielerinnen an, wie die Garbo zu spielen. Männliche Stars ließen sich Gagenkürzungen und Nennung an zweiter Stelle gefallen, wenn sie dafür mit der Garbo zusammenarbeiten durften. Kleine, dunkelhaarige Schauspielerinnen waren nicht mehr gefragt; andere erblondeten über Nacht, zogen die Augenbrauen in dünnen Bogen aus und trugen falsche Wimpern. Vor der Kamera hatten sie in Großaufnahmen einen geheimnisvollen starren Blick, warfen unerwartet den Kopf zurück und stürzten rücklings auf ahnungslose Betten und Sofas.

Als ich 1930 Marlene Dietrich kennenlernte, gab es niemanden, der nach Aussehen und Auftreten weniger der Garbo geglichen hätte.«

Marlenes Darbietung auf der Leinwand war ebenfalls Anti-Garbo. Sie war zwar eine im Klima des Luxus, aber dennoch am Einfachen orientiert. Verstrickt in den Zonen des zumindest atmosphärischen Exotismus und der Spelunken, stand sie mit einem Bein in allen Milieus, eine glamouröse Gestalt, die im Tingeltangel, wenn es sein mußte, herumlümmelt.

So auch in »Engel«. Auch wenn sie ständig darauf achtete, bestens ausgeleuchtet zu sein – von Kamera und Licht verstand sie alles –, arbeitete sie doch nicht überspannt wie andere Luxuswesen des Films.

Sie wollte einfach nur das Beste für das Publikum – nicht für sich. Wenn schon Kino, dann richtig.

Es lag nicht an Marlene, daß der Film nicht das wurde, was sich alle Beteiligten erträumt hatten. Als die Muster komplett waren, sah man, daß Lubitsch die Leichtigkeit der ironischen Andeutung abhanden gekommen war. Alles wirkte ein wenig zu direkt und nur mäßig witzig.

Natürlich geht es in dem Film ausschließlich um die Liebe. Für ein anderes Thema ist bei Lubitsch kein Platz. Die Liebe zwischen den Geschlechtern wird kräftig auf den Arm genommen und dennoch ganz ernsthaft durchlebt.

Marlene als Lady Barker ist frivol, abenteuernd, leichtfertig. Wo sie nur kann, bricht sie aus der langweiligen Ehe mit ihrem Diplomaten aus. Dieser denkt nur hin und wieder an seine Ehefrau, meistens beschäftigt er sich mit internationalen Krisenherden wie Jugoslawien. Und der gebildete Mr. Halton, den »Engel« in einem Pariser Edel-Bordell trifft, ist ein Faun erster Güte.

Der Film wird mit zunehmendem Verlauf zum Glück immer beschwingter und leichter. Am Ende hat der Zuschauer dann den »Lubitsch-Touch«, der amüsant und erfrischend wie eine Abendbrise nach einem heißen Tag durch die Handlung fährt.

Und Marlene ist dann bezaubernd, wenn sie unter den Blicken ihrer beiden Männer als Frau zu leuchten beginnt, sich im Begehren dreht und wendet und sich ihre erotische Taktik zurechtlegt.

Man konnte diese Schauspielerin nur unterfordern, nicht überfordern. Gerade bei diesem Film zeigte sich das ganz deutlich.

Marlene spielt Maria Barker

»Eine kleine Suite, zwei, drei Zimmer, aber bitte sehr ruhig«, verlangt sie an der Rezeption des Pariser Hotels, und dabei blicken ihre Augen kühl und ihre Mundwinkel zucken ironisch. Und sie weiß warum, denn eigentlich ist sie hier, um den pikanten, russischen Club in der Rue de la Jour Nr. 314 zu besuchen. Ein Etablissement, das es in sich hat.

Der Club wird von der Großfürstin Anna Dmitrievna geleitet, eine private Adresse auf höchstem Niveau. Und Maria Barker steht ebenfalls auf dieser Höhe, das sieht man ihrem Äußeren bereits an: distinguiert, cool, weltläufig. Eben Marlene Dietrich in jener Zeit.

In traumhaften Kostümen von Travis Banton schreitet Marlene durch exclusive Räume von Hans Dreier und Robert Usher. Sie blickt verführerisch, ihre Augendeckel klappern. Aber im Gegensatz zu späteren Filmen, beispielsweise »Kismet«, in denen das unfreiwillig komisch wirkt, ist der Zuschauer, und mit ihm der männliche Besucher des Salons der Großfürstin, Melvyn Douglas, hingerissen. Soviel Erotik war noch nie.

Sie führt das Champagnerglas zum Mund, als schwebte es zu ihren Lippen, sie wirkt überhaupt elfenhaft, körperlos, ganz aus Licht und Seidenkleidern. Eine Lichtgestalt, die sich jedoch immerhin in Paris amüsieren will, und das bestimmt nicht in Notre Dame.

Sie gibt sich verwirrt, aber das scheint nur Taktik, um den Mann an ihrer Seite ins Bett zu kriegen. Das würde sie mühelos auch so schaffen, aber sie hält es für aparter, eine kleine Rolle zu spielen. Also ist sie verwirrt. Und der Starke trägt sie auf Armen und vergöttert sie mit anderen Dingen.

Marlene und ihr Salon-Partner Melvyn Douglas champagnern sich durch die erste Viertelstunde des Films von Ernst Lubitsch. Und schon ist es »verzweifelt ernst« mit ihnen beiden, wie er es wirkungsvoll ausdrückt. Sie wollten einen heiteren Nachmittag verleben, und jetzt starren sie sich an wie Todfeinde, aber es ist die reine und unglückliche Liebesleidenschaft, die aus ihren Blicken spricht, sie sind sich hoffnungslos verfallen.

Marlene steht im Ernst so da wie in früheren Filmen, beispielsweise in Harry Piels »Sein größter Bluff« – in einer verkrampften Pose der Unsicherheit zwischen Offenbarung ihrer Reize und Rückzug aus denselben. Nur ihre Augen sprechen, sie blicken hungernd. Und nachdem er sie geküßt hat, sind ihre Lippen feucht, benetzt wie von unbändiger, animalischer Sehnsucht. Dabei benutzte sie nur einen besonders teuer schimmernden Lippenstift.

Zuviel Liebesglut macht ihr Gesicht kalkweiß. Schon sieht Marlene aus, als wäre ihr schlecht vor soviel schamloser und schneller Annäherung an einen fremden Mann. Sie zittert, sie hat Angst. Und als sie am Abend noch immer mit dem gleichen Fremden auf der Parkbank sitzt, nach einem langen Tag des Flüsterns und Schmachtens, ahnt auch der Zuschauer, daß sich hier eine Tragödie anbahnt. Es sei denn, ein Autor und Regisseur wie Ernst Lubitsch hätte die Regie übernommen. Und das hat er zum Glück.

Also geht die Sache anders weiter. Es wäre ja auch zu komisch, wenn es nicht so wäre. Schließlich ist die Story trivial genug: eine Frau zwischen zwei Männern, der eine

Gesellschaftslöwe, der andere Diplomat. Wie wird sie sich entscheiden? Es wird auf jeden Fall eine Entscheidung aus Liebe sein – doch diese Frau ist dafür geschaffen, nicht nur einen Mann zu lieben, in dieser Frau stecken Ressourcen für zwei. Und diese schockierende Tatsache konnte in dieser Zeit beinahe nur Marlene Dietrich spielen.

In der Villa ihres Gatten, des Diplomaten Sir Frederick Barker, kommen Marlenes erotische Signale nicht zur Geltung. Hier, an der Seite eines pflichtbesessenen Mannes, ist sie nur ein kostbares Ausstellungsstück in prunkvollen Räumen, eine Schönheit mehr unter schönen Dingen. Und für den Diplomaten weniger wichtig als die Lage auf dem Balkan oder Frankreich mit seinen Klassenkämpfen. Er schickt sie abends allein ins Bett, und am Morgen klopft er ohne Mangelgefühle oder schlechtes Gewissen sein Frühstücksei mit dem silbernen Löffel auf.

Marlenes Auftritte in diesem Film sind gut geeignet zu Demonstrationszwecken. Sie zeigen wie in einem Dokumentarfilm *über* Marlene Dietrich, ihre einzigartige Wirkung. Wie in einer Aneinanderreihung von Sequenzen, die untereinander kaum verbunden sind – genauer gesagt durch eine austauschbare Geschichte –, führt sie uns Kostüme und Hüte vor und spult ihr Rpertoire an schönen Gesten und Blicken herunter. Und jede Sequenz wäre geeignet, ihren Ruhm in die Welt hinaus zu tragen – wäre er dort nicht schon angekommen.

Sie lächelt offen und einfach, aber ihr Kleid ist sündhaft teuer, es glitzert in allen Farben des Edelgesteins. Ihr Lächeln leuchtet dagegen natürlich.

Einen Edelauftritt hat Marlene in der Szene, als sie ihren Geliebten aus Paris im Haus ihres Ehegatten wiedersieht. Sie spielt das – wie übrigens ihre beiden Co-Stars Melvyn Douglas und Herbert Marshall auch – mit entwaffnender

Ironie. Natürlich ist sie nicht selbst betroffen, sondern muß die Betroffenheit nur spielen, aber dennoch bleibt der Eindruck ihrer großen Souveränität zwischen Ernst und bodenlosem Spieltrieb, zwischen Tragödie und schallendem Gelächter, zwischen Liebesleid und launiger Lässigkeit.

Sie scheint so souverän, daß der Zuschauer kaum darauf kommt, Marlene könnte von einem Regisseur geführt sein. Nein, es sieht so aus, als inszeniere sie sich ganz allein selbst. Und als spiele sie sich selbst: die selbstbewußte, schöne Frau zwischen mehreren Männern.

Und der Eindruck von dieser einzigartigen Frau wird bestätigt am Ende, als Lady Barker wieder mit »ihren« beiden Männern zusammentrifft — diesmal im Pariser Etablissement der Großfürstin. Das ist eine noch heiklere Szene, und auch diesmal spielen alle drei das pikant und vollendet.

Und Marlene ist dabei noch schöner und anziehender. Sie ist außerdem: von klirrender Kälte, von beißender Ironie, von vollendeter Arroganz, von scharfer Intelligenz, von strahlendem Äußerem.

Schwere Zeiten

»Angel« wie der Film schlicht im Original hieß, erlebte seine Uraufführung am 3. November 1937 im Paramount Theatre in New York. Marlene, die mit dabei war, beschloß danach, von der Ostküste aus nach Europa zu reisen. Wieder einmal buchte sie eine Schiffspassage, fliegen mochte sie nicht. Auf dem Schiff ließ sich die arbeitsfreie Zeit genüßlicher erleben.

Bisher hatte der deutsche Star jedes Jahr mindestens einen Film gedreht. Jetzt machte sie eine Pause. Das ganze Jahr 1938 hindurch blieb sie den Filmkameras fern. Sie machte ausgiebigen Urlaub von dem Ich, das sie in Hollywood darstellte. Statt dessen besuchte sie ihre Tochter in der Schweiz, reiste nach Paris und London und knüpfte alte und neue Kontakte.

Sie besuchte auch ihren alten Freund Erich Maria Remarque, der am Lago Maggiore lebte. Remarque, Autor des Weltbestsellers »Im Westen nichts Neues«, teilte viele Interessen mit Marlene und auch viele Charaktereigenschaften. Nicht zuletzt sprachen sie die gleiche Muttersprache im Exil. Das verband sie über die Maßen.

Remarque war trotz seines Welterfolges als Schriftsteller schüchtern und verletzbar. Diese Eigenschaft beschäftigte Marlene, solange sie den Schriftsteller kannte. Er rührte an ihren Beschützerinstinkt.

Als seine Bücher von den Nazis in Deutschland öffentlich verbrannt wurden und er sich als Flüchtling ansehen mußte, nahm Marlene ihn unter ihre Fittiche. Sie wußte um seine Bedürftigkeit und lud ihn deshalb später zu sich nach Kalifornien ein, mietete ihm ein Haus und verschaffte ihm Kontakte, wo sie konnte. Nach seiner Internierungszeit — als sogenannten feindlicher Ausländer stellte man ihn wie andere in den Kriegszeiten ab 1939 unter Quarantäne — ging Remarque jedoch, so schnell er konnte, nach Europa zurück und ließ sich zuerst in der Schweiz nieder.

Ihre Freundschaft, die Mitte der 30er Jahre begann, als sie durch Josef von Sternberg am Lido in Venedig miteinander bekannt wurden, hielt an, solange Remarque lebte. Denn er war ein großartiger Mensch und Zeitgenosse, und Marlene liebte ihn dafür.

Marlene verbrachte beinahe das ganze Jahr in Paris. In den Schulferien holte sie Maria zu sich. Dem Mädchen war die bisherige Zeit im Internat sehr gut bekommen. Sie hatte abgenommen und war viel selbstbewußter geworden. Die Mutter entdeckte neben der Tochter eine Freundin in dem Kind.

In Paris traf Marlene auch Rudolf Sieber wieder, der hier für die Filmindustrie tätig geworden war. Sieber sprach darüber, daß bald ein Krieg bevorstand. Und was die Nazis dann alles mit ihren Nachbarn anstellen würden, das war nur zu ahnen.

Marlene bestand darauf, daß Sieber und Tamara nach Amerika kommen sollten, wenn es in Europa ernst wurde. Sie wollte ihn in Hollywood unterbringen und versprach, sich um alles zu kümmern. Sieber zögerte noch, gab aber sein Versprechen, sich und Tamara auf keinen Fall zu gefährden. In erster Linie jedoch galt es für alle Beteiligten, an Maria zu denken.

In der Schweiz traf Marlene auch ihre Mutter und ihre Schwester Elisabeth, die inzwischen als Lehrerin arbeitete. Die Mutter war bisher von den Nazi-Machthabern in Berlin unbehelligt geblieben, obwohl diese über Marlene Dietrich wegen deren Weigerung, zurückzukehren, den Bann verhängt hatten. Elisabeth hingegen hatte einige Male unerfreulichen Besuch von der Gestapo erhalten und war einmal auch zum Verhör in die berüchtigte Wilhelmstraße, der später so genannten Topographie des Terrors mitgenommen worden. Schreckliche Erfahrungen, die sie nicht mehr vergessen konnte.

Für Marlene war die Situation natürlich schwer. Sie wollte in den USA bleiben, aber andererseits nicht ihre Familie gefährden. So beschwor sie Mutter und Schwester immer wieder, auszuwandern. Doch die weigerten sich beharrlich. Der Mutter war es zu beschwerlich, die Schwester hielt es für Feigheit, davonzulaufen.

Aber was, wenn etwas mit den beiden geschähe? Marlene konnte diesen Gedanken nicht zu Ende denken. Sie machte sich zunehmend Sorgen, konnte nachts manchmal nicht mehr schlafen und suchte nach einem Ausweg.

Anfang 1939, nachdem sie sich immer häufiger mit Erich Maria Remarque getroffen hatte, der in dieser Zeit stark dem Alkohol verfallen war, fuhr Marlene nach Hollywood zurück. Remarque kam nach, und sie verlebten in der Hauptstadt des Filmbusiness den Frühling miteinander.

Rudi Sieber hatte sich endlich entschlossen, nach Amerika auszuwandern. Die Kriegsgerüchte verdichteten sich immer mehr. Auch in Paris waren die Emigranten nicht mehr sicher. Als Ausweg blieb nur der schwere Gang auf den fremden Kontinent, der vor allem für die schwer war, deren Beruf mit der deutschen Sprache zu tun hatte: Künstler, Schauspieler, Autoren, Regisseure, Publizisten.

Marlene wurde immer unruhiger. Es hielt sie kaum eine Woche lang am gleichen Ort. Sie tauchte an der Westküste und dann wieder an der Ostküste auf. Partyveranstalter konnten sich in dieser Zeit glücklich schätzen, denn Marlene war meistens zu Gast. Dann erschien sie in aufregenden Kostümen und war stets der Mittelpunkt der allgemeinen Bewunderung.

Und auch die Reisebüros verdienten an dem deutschen Weltstar nicht schlecht, denn Marlene war unaufhörlich auf ausgedehnten Reisen auch nach Europa.

Charles Higham erzählt in seiner schönen Biographie »Marlene. Ein Leben – ein Mythos« aus jener Zeit:

»Im Sommer 1939 hielten sich Marlene und Remarque im Hotel Eden Roc in Südfrankreich auf. Remarque, der noch mehr als früher trank, wurde besonders schwierig. Max Colpet besuchte das Paar damals und erlebte eine Marlene Dietrich, die sich über die häufige Abwesenheit ihres Freundes Remarque sehr besorgt zeigte. Colpet schreibt in seinen Memoiren, daß Marlene ihn manchmal mitten in der Nacht angerufen und gebeten habe, nach Remarque zu suchen. ›Da er einen schnellen Rennwagen fuhr, war es ihr lieber, wenn er sich nicht ans Steuer setzte.‹

Colpet fand ihn. ›Er hockte allein an der Bar und würfelte mit dem Barmann ... Boni, wie er von seinen Freunden genannt wurde, begrüßte mich herzlich. Er wußte sofort, daß Marlene mich schickte. ›Nach etlichen Gläsern gelang es Colpet, ihn ins Hotel zu schaffen. Marlene war ihm sehr dankbar.‹«

Higham, ein Kenner der Szene, beschreibt dann weiter, wie sich Marlene Dietrich in diesen Tagen verhielt. Die Liste ihrer Freunde und Bekannten, mit denen sie sich im Hotel Eden Roc traf, liest sich wie ein »Who is Who« des Künstermilieus. Der Autor schreibt:

»Sie verhandelte über einen neuen Film, ›Dedée d'Avers‹, eine Geschichte über das Leben armer Leute. Die Regie sollte Pierre Chénal übernehmen, und als Partner von Marlene waren Jean Gabin und Raimu vorgesehen. Marlene befreundete sich mit Gabin und der schönen Schauspielerin Florence Marly, der Frau von Chénal.

Auf der Gästeliste des Hotels waren in jener Saison die Namen von Marlenes Freunden in der Überzahl: Jo Carstairs und ihre Sekretärin Violla Rubber, Joe Kennedy, sein Sohn Jack, Jean Gabin, Sternberg, Remarque, Rudi, Tamara Matul und Marlenes Tochter Maria. Remarque und Sternberg spielten nachmittags oft Tennis. Marlene, Chénal, Gabin, Raimu und Sternberg trafen sich in einem der Salons zu Drehbuch-Besprechungen. Florence Marly erinnert sich, daß Marlene einmal mitten in der Besprechung aufgestanden sei, sich vor Sternberg hingekniet und ein Schnürband von seinen Tennisschuhen zugebunden habe, das aufgegangen war, während die anderen sie voller Erstaunen betrachteten.

In jenen Wochen erhielt Marlene auch einen Anruf aus Hollywood. Der Produzent Joe Pasternak, der Marlene in Berlin während der Vorbereitungen zum ›Blauen Engel‹ kennengelernt hatte, beabsichtige einen neuen Film zu machen und wollte sie unbedingt dafür engagieren.«

Man sieht, es bestand für Marlene Dietrich überhaupt kein Grund, sich als »Kassengift«, zu fühlen. Sie war begehrt, hatte ihre Tochter und ihre Freunde um sich und erholte sich in der warmen Luft Südfrankreichs.

Was wollte sie mehr?

Sie hätte gern gewollt, daß die Lage in Europa sich entspannte. Doch im Sommer 1939 war allen klar, daß ein Krieg kommen würde. Es waren die letzten, trügerisch-friedlichen Tage vor dem großen Knall.

Hitler hatte im Frühjahr den deutsch-polnischen Vertrag für ungültig erklärt. Im August schloß er plötzlich einen Nichtangriffspakt mit der Sowjetunion Josef Stalins. Das wiegte einige Beobachter in Sicherheit, doch nicht lange. Am 29. August akzeptierte Hitler scheinbar den englischen Vorschlag direkter deutsch-polnischer Verhandlungen, verlangte jedoch überstürzt schnelle Verhandlungen. Insgeheim bereitete er jedoch den Überfall auf Polen vor. Als am 31. August der polnische Botschafter Lipski seinen Auftrag, zu verhandeln, mitteilte, hatte Hitler den Angriffsbefehl für den kommenden Tag schon erteilt.

Nach dem Überfall deutscher Truppen auf Polen stellten Frankreich und England ein Ultimatum auf Rückführung der Armee und erklärten, als dieser ausblieb, den allgemeinen Krieg. Hitler mußte den Krieg nicht selbst erklären, aber er hatte die Fakten dafür geschaffen. Da das internationale Völkerrecht ihm egal war, tat er, was er für richtig hielt.

Am 1. September begann der Krieg, der sich schnell zum Zweiten Weltkrieg ausweiten sollte.

Als das geschah, befand sich Marlene wieder in Beverly Hills. Sie war dem Anruf des Produzenten Joe Pasternak gefolgt, der mit ihr den Film »Der große Bluff« (Destry Rides Again) machen wollte. Da es eilte — Weltkrieg hin oder her —, mußte Marlene zurück. Und das war ihr nicht unlieb, denn in der Nachbarschaft zu jener unseligen Nazi-Diktatur zu leben, in die sie auf keinen Fall zurück wollte, war in jenen Tagen für sie besonders unerträglich.

Joe Pasternak empfing sie herzlich. Auch er, der bereits zwei Filme mit ihr verfertigt hatte, wollte nichts davon hören, daß sie »Kassengift« sei. Man mußte nur überlegen, wie man Marlene Dietrich einsetzte, alles andere konnte dann nicht schiefgehen — dachte er.

Und er hatte recht. Denn er kannte Marlene genau. In seinem Buch »Easy the Hard Way« aus dem Jahr 1956 schrieb er, rückblickend die Deutsche charakterisierend:

»Wie alles, was diese Frau anrührt, war es jedesmal ein unvergeßliches Erlebnis. Sie ist so sehr Frau wie keine zweite, und doch, wie viele Künstler, die ihr Handwerk verstehen und jeden Augenblick wissen, was sie tun, sucht sie nie den Anschein der Mühelosigkeit zu erwecken. Sie weiß genau, wie sie beleuchtet werden sollte, und bei ihr ist das nicht Eitelkeit oder Besserwisserei. Noch jeder Kameramann, der je mit ihr zusammengearbeitet hat, mußte zugeben, daß sie recht hatte. Alles ist bis ins letzte einstudiert; auf der Bühne hatte sie immer einen hohen Spiegel oder zwei in der Nähe, um nachprüfen zu können, ob das, was sie vorhatte, auch wirksam sei. Aber, man glaube mir, eitel ist sie nicht ...«

Wie könnte eine solch kluge, schöne, selbstbewußte, selbstkritische Frau »Kassengift« sein?

Nur die seltsamsten Irrwege und Irrmeinungen Hollywoods konnten das denkbar erscheinen lassen. Man denke nur an jene rotumrandete Anzeige im »Hollywood Reporter«, jenem seichten Fachblatt, in dem Ende 1937 etliche Filmverleiher die Stars aufgelistet hatten, die ihrer Meinung nach »out« waren: obenan Marlene, gefolgt von Joan Crawford, Katherine Hepburn, Fred Astaire, Mae West, Bette Davis.

Pasternak schreibt weiter:

»Was immer sie tut, tut sie ganz. Ihr Kuchen und Konfekt – dafür kann ich mich verbürgen, sind Klasse. Ob Gastgeberin oder Gast oder Tischnachbarin – sie hat nicht ihresgleichen: immer ist sie witzig, aufmerksam, liebenswürdig und schön. Wenn sie schenkt, schenkt sie bedenkenlos. Es heißt, sie verfolge ihre Freunde mit Güte. Einer meiner Regieassistenten, eines vormittags wegen hohen Fiebers nach Hause geschickt, staunte nicht schlecht, als er abends aus unruhigem Schlaf erwachte und eine Frau auf allen vieren den Küchenboden schrubben sah. Es war der Star des Films, bei dem er mitwirkte, Marlene Dietrich, die gehört hatte, er wohne mutterseelenallein, ihm etwas Hühnerbrühe gebracht und dabei festgestellt hatte, der Küchenboden könnte sauberer sein − worauf sie das gleich selber erledigte.«

Diese bezeichnende Anekdote, die der schon erwähnte Herausgeber Werner Sudendorf in seiner Dokumentensammlung über Marlene Dietrich aufnahm, zeigt die ganze, patente Marlene. Die »Frau, nach der man sich sehnt« (wie ihr Film aus dem Jahr 1929 hieß), und die Frau, die einem noch dazu den Fußboden schrubbt, was die Sehnsucht normalerweise zum Erliegen bringt.

Eine solche Frau, mußte in einem Film unterzubringen sein, der endlich einmal an der Kasse Erfolg hatte!

Und das gelang auch. Mit ihrem nächsten Film. Er hieß »Der große Bluff«.

Mit diesem Werk des Regisseurs George Marshall, den Marlene sehr schätzte, wurde aus dem Kunstwerk Marlene die Komplizin Marlene − die sie im Alltagsleben schon längst war. Eine zweite Karriere begann für sie.

Als Barmädchen Frenchy fand sie in diesem Film zum lebendigen Tingeltangel zurück, den sie seit dem »Blauen Engel« verlassen hatte. Sie gab sich wieder rauh und herzlich, beherrschte den Saloon dieses Cowboyfilms durch Gesang und genußvolle Gefechte: als ein Weibsteufel, dem das Bier schmeckt.

Hier sorgte sie sich wieder darum, was die Jungs im Hinterzimmer haben wollten (»See what the Boys in the Backroom will have!«), war direkt, duftete und dampfte, wischte sich die strähnigen Haare aus der Stirn, über der sonst Haartürme Unberührbarkeit signalisiert hatten.

Natürlich, bis sie im Pathos eines perfekten Glänzens auf

der Leinwand in ihrer ganzen Persönlichkeit stillgelegt werden konnte, war sie zwischendurch auch mal in patenten Rollen des Kintopps aufgetreten. Darin brachte sie mit präzisen und ironischen Gesten der Erotik die Liebesverhälnisse zwischen Mann und Frau weiter, als es später die technischen Abenteuer von Breitwand und Stereo-Raumton je vermochten.

Ihre österreichische Geheimagentin X 27 in »Dishonored« – der Leser wird sich erinnern – gehörte dazu, eine Figur, die sie später in eine Pilotin, ein Straßenmädchen, eine Küchenfee vor und zurück verwandeln konnte. Wenn sie in der schon genannten Schlußsequenz dieses Sternberg-Opus, bevor sie als Spionin erschossen werden soll, den jungen Offizier um einen Spiegel bittet, in dem sie ihr Make-up schnell erneuert, dann wiegt diese trotzige Geste eines weiblichen Narziß und einer Frau, die lieber am Leben bliebe, weil nur im Hier und Jetzt Liebe möglich ist, eine ganze Jahresproduktion diffuser Dramen auf.

In »Der große Bluff«, an der Seite des köstlichen James Stewart, spielt Marlene also das zwielichtige Barmädchen Franchy, das sich an der Seite des Barbesitzers und Bandenanführers Kent, gespielt von Brian Donlevy, durchaus wohl fühlt. Als der von diesem eingesetzte Sheriff jedoch eine Ordnungshilfe engagiert, die sich als Sohn eines berühmten Revolverhelden herausstellt und in der Stadt aufräumt, muß sich Franchy für eine Seite entscheiden. Sie gerät dabei zwischen die Fronten und stirbt an einer herumirrenden Kugel.

Aber dieser Tod war nicht tragisch. Sie starb mit einem Lächeln auf den Lippen, noch im Sterben lebendiger als diejenigen, die am Leben blieben.

Marlene sang in diesem temperamentvollen Film drei Songs von Friedrich Hollaender und Frank Loesser: »Little

Joe the Wrangler«, »You've Got That Look« und vor allem jenes schon genannte Lied »The Boys in the Back Room«.

Vor allem dieser Song wurde legendär und gehörte noch später, während ihrer Showkarriere als schönste Großmutter der Welt, zu ihrem festen Repertoire. Der Song war schon in Marshalls Film wunderbar, aber er wurde später, wenn sie ihn auf der Bühne sang, beinahe noch besser.

Die Dreharbeiten begannen im Spätsommer 1939. In Europa wütete nun bereits der Krieg. Die Arbeiten waren davon nicht unbeeinflußt, die Crew und die Schauspieler diskutierten in den Arbeitspausen über die Lage. Und Marlene konnte sich kaum der Fragen erwehren, die ihr, der gebürtigen Deutschen, gestellt wurden. Aber sie hatte zu allem einen Standpunkt.

Diese Tatsache war auch nicht dadurch abhanden gekommen, daß sie nun – seit Juni des Jahres – die amerikanische Staatsbürgerschaft erhalten hatte. Sie war Amerikanerin, weil man sie aufgenommen hatte, aber im Herzen nach wie vor Deutsche und Europäerin.

Es war der erste Film der Dietrich für die Universal. Und die Arbeitsbedingungen waren ideal, dafür sorgte Joe Pasternak, der Marlene, die er verehrte, bei seinen Bossen durchgesetzt hatte und sie nun nicht aus den Augen ließ.

Da die Filmgesellschaft zu dieser Zeit in einer gewaltigen Klemme steckte und gleich drei neue, finanzbegabte Direktoren eingestellt hatte, die das untergehende Schiff sanieren sollten, waren sie zunächst stark gegen die Dietrich eingestellt gewesen. Kasse um jeden Preis, nicht Kunst war bei ihnen gefragt. Aber da Pasternak versprochen hatte, eine ganz andere Dietrich zu zeigen – wie er aus dem alten Tom-Mix-Western »Destrey« als Remake auch einen ganz anderen Film zu machen versprach –, bekam er schließlich den Zuschlag.

Marlene genoß ihren neuen Status als deftige Western-heldin — auch wenn sie dafür nur 50.000 Dollar Gage erhielt.

Die Prügelszene mit Una Merkel, die überall in den Medien Furore machte, lieferte sie perfekt ab — und ohne Double. Regisseur Marshall drehte diese lange Sequenz ohne Proben und war begeistert vom Dampf, den die beiden Kontrahentinnen machten. Una Merkel mußte danach für einige Tage zur Beobachtung ins Krankenhaus, Marlene hatte den Infight gesund überstanden. Und das mußte sie auch. Denn sie war der Star des Films und entwickelte in seinem Fortgang ungeheure Spiellaune, die die Autoren zwang, noch ein paar Szenen und Dialoge mehr für sie einzubauen.

Auch mit Co-Star Jimmy Stewart kam Marlene gut aus.

Stewart war zu jener Zeit der Mann, auf den Amerika schon immer gewartet hatte. Privat ein schlichter und sympathischer Bursche, der in seinen frühen Filmen mit brüchiger Stimme sprach und linkisch wirkte. Er spielte den Mann aus dem Mittelwesten nicht nur — er war es. Einer, der nicht weiß, wie man eine Frau behandelt. Diese Rolle spielte er in »Der große Bluff« perfekt.

Anfangs waren Komödien und Alltagsgeschichten sein Metier, in denen er als etwas tapsiger, aber doch aufrechter Streiter für Freiheit und Demokratie eintrat, auch wenn er ganz allein gegen eine Übermacht zu kämpfen hatte. Später rückte er öfter als Westerner in den Vordergrund, wurde der Mann aus Laramie, ein Scout und Trapper, der für Amerika reitet und doch nie aus der Hüfte schießt.

Stewart war durch die Klatschkolumnistin Hedda Hopper in den Studios von MGM bekannt geworden, entwickelte sich dort zu einem ganzen Kerl und wurde später im Zweiten Weltkrieg zum hochdekorierten Brigadegeneral.

Der Film »Der große Bluff« kam überall gut an. Man lobte allenthalben den frischen Ton und die Originalität des Westerns von George Marshall. Soviel Jubel, Trubel, Heiterkeit hatte es selten in einer Pferdeoper gegeben, so unterhaltsam war der Wilde Westen selten gewesen. Es war, als erlebte dieses Filmgenre eine Auferstehung – eine unter vielen vorher und nachher.

Eine Auferstehung erlebte auch Marlene Dietrich, deren Karriere zu diesem Zeitpunkt in Hollywood – wir sprachen bereits davon – auf einem Tiefpunkt war. Marlene, in voller Kriegsbemalung im Saloon, die sich sogar herrlich prügeln durfte, war nicht wiederzuerkennen – und man dankte es ihr.

»Das ist es also«, schrieb Frank S. Nugent in der »New York Times«, »ein Stück des Wilden Westens von anno dazumal, mit einem guten Stück der Marlene Dietrich von anno dazumal darin; eine großartig aufgezogene Schau ohne eine einzige tote Stelle, auch in allen Nebenrollen perfekt…«

Und im »New Yorker« war zu lesen:

»Genauso unerwartet wie seinerzeit Garbos Lachen kommt Marlene Dietrichs neue Rolle. Als Vamp in einer Grenzerkneipe ist sie Herz und Seele eines guten altmodischen Wildwesterns, an dem alles dran ist außer Indianern, und das macht die Dietrich mit Leichtigkeit wett. Ihr Handgemenge mit Una Merkel, von dem man so viel hört, wird keineswegs überschätzt, und niemand, der es miterlebt hat, zweifelt daran, daß die beiden auf einer Bahre abtransportiert werden mußten. Marlene die Streitbare ist in ›Destry Rides Again‹ glänzend in Form, und man kann nur annehmen, daß sie ihren kürzlichen Zwangsurlaub nicht im rosaroten Dämmerschein eines Boudoirs, sondern in irgendeinem Trainingslager verbracht hat.«

Der Leser weiß, wo Marlene gesteckt hatte. Es ist halt immer etwas Besonderes, mit netten Leuten zusammen zu sein und Urlaub vom Business zu nehmen. Die Regeneration ist manchmal erstaunlich.

Marlene hatte in dieser Zeit zu ihren wirklichen Fähigkeiten zurückgefunden. Eine tüchtige, patente und kameradschaftliche Frau war sie immer gewesen. Unzählige Zeugnisse von Kollegen und Freunden bestätigten dies. Und in »Der große Bluff«, konnte sie endlich auch einmal auf der Leinwand zeigen, daß sie nicht nur aus Beinen und einem verschleierten Blick bestand. In keinem anderen Film war soviel Lebenslust und Tüchtigkeit von ihr zu sehen gewesen. Und vielleicht deshalb nahm das Publikum sie wieder dankbar an.

Marlene Dietrich war nach diesem Film wieder obenauf. Wäre nicht dieser furchtbare Krieg in Europa gewesen, hätte sie jetzt die glücklichste Zeit ihres bisherigen Lebens leben können.

Sie hatte ihre Freunde um sich, stand im Zenit der Popularität, war mit 38 Jahren eine betörend schöne Frau und hatte ihre kreativen Fähigkeiten auf ein Höchstmaß entwickelt.

Seltsamerweise wurde sie jedoch gerade in dieser Zeit abergläubisch. Eine Zeitlang machte sie kaum einen Schritt aus dem Haus, ohne sich vorher von dem Astrologen Carroll Righter eine Prognose erstellen zu lassen. Sie glaubte an Vorsehung und begann mit Sterndeutung. Selbst ihre persönlichen Freundschaften machten sie manchmal von Horoskopen abhängig.

Und seltsamerweise geschahen in dieser Zeit auch Dinge, die ihrem Aberglauben recht gaben.

So hatte beispielsweise ihr Leibastrologe Righter auf den Tag genau vorhergesagt, daß sie bei den Dreharbeiten zum Film »The Lady is Willing« einen Unfall haben werde.

Damit ja nichts passiere, ließ sie sich an jenem Tag besonders vorsichtig von ihrem Chauffeur ins Studio fahren. Nichts geschah.

Als die Dreharbeiten begannen, stolperte Marlene plötzlich, drehte sich beim Fallen so, daß sie auf dem Rücken landete, und brach sich den Knöchel. Die Verletzung war sehr schmerzhaft. Aber tapfer biß sie die Zähne zusammen, ließ sich verarzten − und drehte weiter. Sie erhielt orthopädische Schuhe und hinkte von da an jeden Tag durch die Kulissen. Von da an wurde sie noch abergläubischer.

Vielleicht war es die Angst, den flüchtigen Erfolg, die Gunst des Publikums wieder zu verlieren, in die Strudel der allgemeinen Weltkrisen abzustürzen, die Marlene in jener Zeit mißtrauisch und vorsichtig machten. Sie hatte schon so viele Höhen und Tiefen erlebt, daß es ihr vorkam, als müsse und als könne sie sich darauf vorbereiten und auf alles gefaßt sein.

Möglicherweise war es auch diese Überlegung, die sie dazu brachte, nun schnell weitere Verträge abzuschließen. Jetzt, auf dem Gipfel ihres Ruhms, galt es, die Gunst der Stunde zu nutzen. Ihre Abschlüsse mit der Universal waren deshalb allesamt sehr günstig für sie. Sie bekam hohe Gagen, durfte in wichtigen Fragen mitreden und sich ihren Partner selbst aussuchen.

Und Hollywood, die Glitzerstadt, war wankelmütig, das wußte sie. Die Stadt war nicht nur auf Sand gebaut, sie gehorchte auch ausschließlich den Gesetzen des Mammons. Und die lauteten heute so und morgen so. Ein Star mußte die Dinge nehmen, wie sie kamen, und auf seinen guten Stern vertrauen.

In all diesen Dingen beriet sie der Produzent Joe Pasternak, zu dem Marlene Vertrauen hatte. Er hatte sie immer gut betreut, seine Ansichten hatten ihr weitergeholfen.

Frauenrollen, Männerrollen

Pasternak schloß deshalb auch ihren nächsten Rollenvertrag ab. Marlene sollte, nachdem ihre Rollenfigur Frenchy in »Der große Bluff« so großartig im Saloon gesungen hatte, wieder als Barsängerin auftreten. Einen Stoff gab es noch nicht, aber Pasternak bemühte sich darum. Und er fand einen.

Die Vorlage, die er nahm hieß »Seven Sinners«, (Das Haus der sieben Sünden), stammte von Ladislas Fodor und Laszlo Vadnai und erzählte folgende Geschichte:

Ein in der Südsee stationierter Marineoffizier verliebt sich in eine Barsängerin mit zweifelhaftem Ruf, die seiner Karriere nur schaden kann. Zunächst kann der Soldat nicht von ihr lassen, ja, er spekuliert sogar damit, seinen Abschied von der Truppe zu nehmen. Doch als sie davon erfährt, packt sie von sich aus – rauhe Schale, weicher Kern – die Koffer und verläßt ihn zu seinem Besten.

Eine Praderolle. Und vor allem: Marlene konnte singen. Friedrich Hollaender und Frank Loesser schrieben ihr folgende Songs: »I've Been in Love Before«, »I Fall Overboard«, »The Man's in the Navy«. Also konnte gar nichts schiefgehen.

Als Partner wurde John Wayne bestimmt. Marlene suchte ihn sich aus – wie es ihr Vertrag bestimmte. Denn Wayne, noch am Anfang seiner Karriere, hatte sie um Hilfe gebeten, und sie konnte nicht nein sagen. In Wahrheit jedoch lancierte der Regisseur Tay Garnett den gutgebauten Westerner, der seit seiner ersten Hauptrolle in »The Big Trail« von 1930 zu viele Westernhelden gespielt hatte und zu oft vom Pferd gefallen war. Er machte Wayne mit Marlene bekannt und überzeugte sie davon, daß man Wayne mit einer guten Rolle helfen müsse.

Alle seine ersten 63 Filme waren nicht erfolgreich gewesen. Zehn Jahre lang war er zwischen Cowboy-Komparsen und Protagonisten von billigen Serienprodukten, vornehmlich für die Republic-Pictures, der Spezialfirma für B-Filme, hin und her gewechselt. Mit dem Klassewestern »Ringo − Höllenfahrt nach Santa Fé« von John Ford hatte er zwar gerade einen großen Erfolg gehabt, aber er suchte nach anderen Rollen.

Jetzt bekam er eine: die des Liebhabers. Und dafür war er auch rein äußerlich ideal ausgestattet.

Und er bekam mit Marlene eine ideale Partnerin. Mit Frauen hatte der linkische und omnipotente Wayne Zeit seines Lebens Probleme gehabt − und sollte sie auch weiterhin haben. Wo Frauen waren, waren auch starke Gefühle zu Hause. In diese Art Behausung trat Wayne voller Unsicherheit, wie er kurz vor seinem Tod (im Jahr 1979) einer Reporterin verriet. Er war für die Emanzipation der Frau, solange »das Essen pünktlich auf dem Tisch steht«. Kam eine Frau in die Nähe, wurde dieses Mannsbild aus Granit abgebaut. »Ich verstehe Frauen nicht. Die besten stellen keine Fragen«, sagte er.

Es gab seit den Dreharbeiten zu »Das Haus der sieben Sünden« nur eine Frau, von der Wayne in höchsten Tönen schwärmte, und das war Marlene Dietrich.

»Sie ist die ideale Ehefrau − in jeder Beziehung«, war von ihm zu erfahren. Nach Abschluß der Dreharbeiten hielt auch Marlene nicht hinter dem Berg. »Er ist unermüdlich und vital, wie sonst nur kleine Männer. Er ist Napoleon«, sagte sie.

Monatelang danach waren Napoleon und das deutsche Barmädchen unzertrennlich, aber obgleich sie ihn als »den Besten von allen« geortet hatte, gingen sie über Nacht auseinander – und verloren kein Wort mehr darüber. Diese Affäre beschäftigte die einschlägige Presse natürlich noch lange.

Vielleicht kam es deshalb zur Trennung, weil die intellektuellen und kulturellen Unterschiede zwischen den beiden so gravierend waren. Marlene, die kultivierte, belesene Europäerin. John, der nordamerikanische Kleiderschrank, der sich damit rühmte, noch nie ein Buch gelesen zu haben. Das konnte auf die Dauer nicht gutgehen.

In »Das Haus der sieben Sünden« durfte sich Marlene wieder prügeln. Diesmal schmiß sie auch mit Gegenständen. Das gefiel ihr. Endlich war sie keine Marmorpuppe mehr. Am Ende des Films ging die ganze Inneneinrichtung des Inselcafés zu Bruch.

Marlene wurde auf der Leinwand immer »unanständiger«, und das bekam ihr gut. Mae West, diese »Statue der Libido«, die in dieser Zeit mit unverschämten Einzeilern in ihren Filmen Furore machte (»Haben Sie einen Revolver in der Hosentasche oder freuen Sie sich nur, mich zu sehen?«), wurde schon langsam nervös. Da wuchs eine sehr ernstzunehmende Konkurrentin heran.

Bosley Crowther meinte dazu in der »New York Times«:

Miss Dietrich wiegt sich fast ein wenig zu verführerisch in den Hüften, klimpert mit den Wimpern, und mit ihren dickbemalten Lippen zaubert sie ein unterkühlt amüsiertes Lächeln hervor. Und gelegentlich läßt sie sogar Gags los, die die Zensoren vor Lachen übersehen haben müssen.«

Marlene trug auch gefährlich aussehende Kleider, die die Moral der Zeit natürlich untergruben. Sie zeigte eine Menge, ließ jedoch noch mehr bloß ahnen – versteht sich. Außerdem durfte sie drei Songs zum besten geben, und damit kam sie immer gut an, und die Schlager machten danach auch außerhalb der Leinwand Furore. Mit einem Wort: Ihre Rolle der Bijou war wunderbar und machte ihr sichtlich Spaß. Und dazu trug auf jeden Fall bei, daß sie und John Wayne vor und hinter der Kamera ein bildhübsches Paar abgaben.

Es war wie ein Wunder! Plötzlich hatten die Filme mit Marlene Dietrich wieder Erfolg. Und was für einen! Es schien so, als könne sie im Moment gar nichts falsch machen. Lag es an den Sternen, die sie so aufmerksam studierte? Ihre berufliche Karriere schien unbeirrbar nach oben zu gehen.

Doch manchmal nützen die guten Sterne nichts. Dann gibt es Phasen, in denen die äußeren Umstände einfach zu schwierig sind. Oder die Stimmung im Publikum wird falsch eingeschätzt. Oder alle Beteiligten haben einen schwarzen Tag. Es gibt mannigfaltige Gründe.

So ging es Marlene schon mit ihrem nächsten Film, den wiederum Joe Pasternak für die Universal produzierte.

Pasternak hatte als Regisseur René Clair gewonnen. Der Franzose, der eigentlich René Chomette hieß, hatte in seinem Heimatland mit vom Surrealismus beeinflußten Filmen debütiert. Hauptelemente aller seiner Filme waren Humor und Burleske, mit dem Aufkommen des Tonfilms stand er der Filmkunst skeptisch gegenüber. Dennoch hatte er gerade mit dem Tonfilm einige Meisterwerke geschaffen, so »Unter den Dächern von Paris« (1930), »Die Million« (1931), »Es lebe die Freiheit«, »Ein Gespenst geht nach Amerika« (1935) und andere.

In seinem inzwischen von Klassenkämpfen und faschistischen Tendenzen zerrissenen Vaterland Frankreich, das die deutschen Truppen besetzt hielten, war es für ihn immer schwieriger geworden, Geldgeber für seine von liberalen Ideen geprägten Filme zu finden. Mit seiner Verpflichtung nach Hollywood, wo er mit Marlene den Film »The Flame of New Orleans« (Die Abenteurerin) drehen sollte, versuchte er, neue Wege einzuschlagen. Es sei aber vorweggenommen, daß er in Amerika nicht sonderlich erfolgreich wurde. Erst nach seiner Heimkehr nach Frankreich 1946 konnte er wieder an frühere Glanzzeiten anknüpfen.

»Die Abenteurerin« war ein Musterbeispiel dafür, daß die französische Ironie des Regisseurs nicht auf fruchtbaren nordamerikanischen Boden fallen konnte. Für Marlene Dietrich war es tragisch, daß sie gerade in diesem Augenblick auf René Clair stieß.

In »Die Abenteurerin« spielt sie Claire Ledeux, die in New Orleans ihr Glück machen will. Sie umgarnt die reichsten Junggesellen der Dixiland-Stadt und wird von diesem prompt zum Traualtar geschleift. Doch im letzten Moment erkennt sie, daß sie im Reichtum nicht glücklich wird, wenn Liebe und Leidenschaft fehlen, und läßt die Hochzeit platzen.

Regisseur René Clair legte die Figur dieser Claire parodistisch an. Darüber hinaus ist die ganze Handlung des Films nicht ganz ernst gemeint, der Zuschauer wird in seinen Genre-Erwartungen dauernd düpiert. Das verkrafteten die Leute nicht.

René Clair erzählte in einem Gespräch mit Charles Th. Samuels, wie es zur Besetzung mit Marlene Dietrich gekommen war. Diese Passage ist sehr aufschlußreich für Clairs Humor und für die Art und Weise, mit der damals in Hollywood Filmprojekte behandelt wurden.

»Die Universal hatte Marlene Dietrich unter Vertrag, als ich dort einen Film mit Deanna Durbin und W. C. Fields machen wollte. Joe Pasternak, der Produzent, sagte, ›hören Sie, ich würde ja gerne mit Ihnen zusammenarbeiten, aber Deanna ist gegenwärtig nicht frei. Warum machen Sie nicht einen Film mit Marlene Dietrich?‹ Ich sagte, ›ich glaube, sie entspricht nicht meiner Art‹. ›Reden Sie doch einmal mit dem Autor‹, sagte Pasternak, was dann auch geschah. In Pasternaks Gegenwart begann Norman Krasna, den ich damals noch nicht kannte, die Geschichte in groben Zügen zu entwickeln. Ich nickte beifällig, doch als ich dann wieder zu Hause war, rief ich Krasna an und sagte: ›Ihre Idee ist sehr interessant, aber doch wohl eher das, was man eine Zusammenfassung für den Gebrauch des Produzenten nennt. Wie sich das im Film realisieren ließe, davon haben Sie keinen Schimmer!‹ Liebenswürdig wie Krasna war, bemerkte er, ›ich sehe schon, Sie verstehen was vom Film.‹ Dann rief er Pasternak an und sagte ihm, er solle mich verpflichten.«

Clair verstand es nicht recht, mit Marlene umzugehen – wie schon von ihm selbst angemerkt. Und Marlene kam mit dem französischen Regisseur auch nicht zurecht. Die Dreharbeiten im Studio litten insgesamt darunter, daß René Clair, der des Englischen nicht mächtig war, sich mit dem Team nicht auseinandersetzen konnte. Man stand sich fremd gegenüber.

Dem Film war das anzusehen. Er ist uneinheitlich. Er beginnt als leichte und wirklich witzige Komödie und endet beinahe melodramatisch. Die an feste Regeln gewöhnten Besucher von amerikanischen Filmen verstanden nicht, was los war. Sie hatten nur den einen Schluß parat, daß der Regisseur nicht auf der Höhe gewesen sein konnte. Und das konnte man ihnen nicht einmal übel nehmen, denn René Clair war im Klima der Traumfabrik tatsächlich nicht auf der Höhe seiner Möglichkeiten.

Dabei ist »Die Abenteurerin«, aus der Distanz heraus betrachtet, nicht einmal so schlecht, wie es dem Publikum damals schien. Viele Anspielungen und Andeutungen waren für ein amerikanisches Publikum jedoch einfach zu feinsinnig. Und die Verulkung häuslichen Dünkels in einigen Szenen widersprach völlig dem Familiensinn der Zuschauer.

Die gesamte Handlung schien zu wenig vorwärtstreibend, zu tempoarm, um Hollywooder Ansprüchen nach Action zu genügen. Hier hatte ein Europäer Filmkunst ausprobiert und war kläglich gescheitert.

Pech für Marlene, denn der Mißerfolg des Films färbte auf sie ab. »Die Dietrich, ungeachtet ihres sagenhaften Aussehens, ist und bleibt mehr ein Rätsel als eine Schauspielerin«, schrieb ein Kritiker. Und das war sicher der Regie zu verdanken. Marlene, die sich gerade um einen Zuwachs an Robustheit verdient gemacht hatte, sah sich nach dieser Rolle in alte Zeiten zurückgestoßen.

Immerhin durfte sie auf der Leinwand trällern. Das war die Rettung vor dem völligen Absturz.

So auch in ihren nächsten beiden Filmen »Manpower« (Herzen in Flammen) und »The Lady is Willing« – als ewige Barsängerin reinen Herzens, aber mit burschikosen Umgangsformen, die sich in einem Bummslokal auf respektable Herren einläßt und für die sie am Ende mitentscheidet.

Der Fehler, den ihre Autoren in diesen Jahren machten, war, daß sie nicht so sehr auf die Storys achteten, sondern auf Marlene setzten. In einer so anspruchsvollen Zeit, wie es die 40er Jahre waren, konnte man jedoch nach dem Rezept der 20er Jahre keine Aufmerksamkeit mehr erringen. Sicher war Marlene nicht schlechter, eher besser, aber das Publikum war kritischer geworden. Es ließ sich nicht mehr mit seichten Geschichten abspeisen, die im Orient-Expreß zwischen eitlen Frackträgern und hohlen Damen in Abendroben spielten.

Das war an sich keine schlechte Entwicklung. Und man hat es ja immer wieder erlebt, daß das Kinopublikum um so anspruchsvoller wird, je mehr die Zeitgeschichte ihm zumutete. Darauf mußten die Filmemacher reagieren. Aber das taten sie nur bedingt. Ein typisches Verhalten in Hollywood, der Filmstadt, in der zu viele unkompetente Leute bei den Projekten mitreden.

»Herzen in Flammen« erzählte folgende Geschichte:

In einer Arbeitskolonne, die über Land gelegte Hochspannungsleitungen repariert, arbeiten die Freunde Hank und Johnny. Als die Barsängerin Fay Duval auftaucht, geraten sie in Interessenkonflikte. Fay verliebt sich in Johnny, akzeptiert jedoch Hanks Heiratsantrag. Als Hank erfährt, daß Johnny und Fay scharf aufeinander sind, will er Johnny töten, stirbt dabei aber selbst. Johnny hält Fay in der Schlußsequenz davon ab, mit dem Bus fortzufahren.

»The Lady is Willing« hat folgenden Plot:

Marlene Dietrich als Broadway-Sängerin Elizabeth Maddan nimmt ein Findelkind zu sich, dem sie mit einer Vernunftehe mit einem Mediziner auch einen »Vater« verschafft. Die Ehe geht nicht gut, gerät jedoch dann in ordentliche Bahnen, als der Ehemann und Arzt dem Kind das Leben rettet.

Beide Filmthemen waren wahrlich keine großen Würfe, und die Kritik reagierte auch reserviert.

Selbst die gute Besetzung in beiden Fällen rettete die Lichtspiele nicht, eben weil der Rest dürftig war. So wurden die Filme an der Kasse nicht gerade Flops, aber sie blieben auch nicht besonders im Gedächtnis eines Publikums, das sich in dieser Zeit in den USA damit herumschlagen mußte, die Söhne in den Krieg zu schicken und die Töchter als Krankenschwestern auszubilden. Dazu kam die chronische wirtschaftliche Krise, die bis zum Ende des Zweiten Weltkriegs anhielt. Welches Kinopublikum der Welt hätte sich in dieser Situation mit langweiligen Melodramen aufgehalten?

Da die Filme der Dietrich Anfang der 40er Jahre alle die gleichen Schwächen aufwiesen und Marlene darin vergeblich versuchte, an große Erfolge anzuknüpfen, wollen wir uns einmal eine typische Rolle ansehen, und zwar die der Fay Duval in »Herzen in Flammen« (deutscher TV-Titel »Gefährliche Freundschaft«). Eine Rolle, die zeigt, wie gut Marlene eigentlich war, und wie wieder einmal ihr Talent in zweitklassigen Melodramen ohne Saft und Kraft vergeudet wurde.

Marlene spielt Fay Duval

Die Dame kommt aus dem Animierbetrieb. Und während ihre zukünftigen Liebhaber sich noch im »Bureau for Power an Light« abstrampeln, um Licht ins Dunkel zu bringen, tritt sie aus dem Dunkel. Sie verläßt gerade das Frauengefängnis.

Noch werfen die Schatten der Gitter ein unseliges Muster auf ihr blasses, schönes Gesicht, das von herabfallendem blonden Haar eingerahmt wird, auf dem eine schwarze Baskenmütze schief und halbwegs verwegen sitzt. Doch ihr Gesichtsausdruck ist desillusioniert und gar nicht angriffslustig. Sie hat eine Vergangenheit und offenbar keine gute.

»Hast du 'ne Zigarette?« sind ihre ersten Worte in Freiheit, die sie an Johnny richtet, der — rauchend — am Fenster seines Kleinwagens lehnt und sie erwartet. Und dann öffnet sich ihr schäbiger Pappkoffer und heraus fällt die Unterwäsche — Fay ist noch nicht an die Verrichtungen in Freiheit gewöhnt. Sie registriert diesen Tatbestand mit einem Seitenblick aus unergründlichen Augen.

Wenn sie geht, verhakt sie die Daumen ihrer Hände im Gürtel ihres Trenchcoats, wie das zur selben Zeit auch Humphrey Bogart in Filmen wie »High Sierra« und »Der Malteserfalke« tat. Ihre schmalen Hüften swingen beim Gehen leicht hin und her. Irgendwie herausfordernd, aber nicht als provozierende Geste, sondern aus einer Art natürlicher

Sinnlichkeit heraus. Fay ist Klasse, wenn auch im Moment abgeschrammt. Wie Strandgut, das die Flut anschwemmte.

Marlene alias Fay Duval inhalliert tief und süchtig, und noch während sie sich die Zigarette an der des Mannes ansteckte, sah sie ihm tief und neugierig in die Augen. Auch das eine natürliche Reaktion, soweit man sehen kann. Reine Neugier. Und in ihren Gesten, als sie sich von dem Gefängnis »verabschiedet«, in dem sie saß, liegt auch schon Ironie. Das zeigt, daß Fay intelligent ist. Marlene vollführt eine weitausholende Geste mit der Hand, die die Zigarette hält, und steigt dann in das Auto ein, das sie in schneller Fahrt wegbringt. In dieser Geste liegt unverhohlene Lebenslust und ein Freiheitsdrang, der einiges für den Fortgang der Handlung ahnen läßt.

Als sie aussteigen, raucht sie immer noch. Sie hält die Zigarette in der hohlen Hand, als müsse sie die Glut gegen den Wind schützen. Oder als hätte sie Angst davor, beim verbotenen Rauchen ertappt zu werden. Das eine Jahr im Gefängnis sitzt noch tief in ihr drinnen.

Dann kauft sie erstmal Kosmetika ein — soviel, daß ein ganzes Damenorchester damit geschminkt werden könnte. Vielleicht kauft sie auf Vorrat, man kann ja nie wissen, wann die Gefängnistore sich wieder öffnen. »Ich brauch 'ne komplette Überholung«, konstatiert sie vor einem Spiegel, in den sie nach langer Zeit zum erstenmal wieder hineinschaut. »Diese Kur hat meiner Figur nicht gut getan.«

Dann spuckt sie in die Puderquaste und beginnt, noch in der Drogerie, sich zu schminken.

Eine Frau der Tat. Und schon zeigt sie ihre Beine. Pro Film geschieht das mindestens einmal, sonst streikt das Publikum, weiß Marlene. Also baut sie sich auf, und wischt sich provozierend langsam einen Fleck vom Rock. Wohlgeformt wie immer stehen ihre Beine fest auf dem Boden.

Diese Fay führt aufgeklärte Reden und hat für jede Gelegenheit einen flotten Spruch parat. Galgenhumor schwingt in ihrer Stimme mit, wenn sie beweist, daß sie nicht auf den Mund gefallen ist. Sie wirkt schnoddrig und patent zugleich – noch weiß der Zuschauer nicht, was später überwiegt.

Großaufnahmen rahmen ihr Gesicht vorteilhaft ein. Der Weichzeichner verklärt ihre Züge, die aber auch so makellos erscheinen. Sie deutet ein Lächeln an, indem sie den linken Mundwinkel ein bißchen nach unten zieht, hebt eine Augenbraue über den verschlafen wirkenden Augen, öffnet den Mund, dessen Lippen feucht schimmern, spricht mit betonter Langsamkeit. Alles das wirkt ironisch, bewußt verzögert und unendlich überlegen.

Und da Marlene alles von Beleuchtung und Lichtführung verstand, trifft sie das Führungslicht aus den Scheinwerfern des Studios wahnsinnig gut. Es webt gewissermaßen – auch ohne Josef von Sternberg – ein Geheimnis in ihr Gesicht.

Im »Midnight Club« ist sie die Attraktion. Marlene geht zwischen den Tischreihen durch, angetan mit einem hautengen, schwarzen Seidenkleid, das fast bis zur Hüfte geschlitzt ist. Hin und wieder bleibt sie stehen und zieht sich die Strapse zurecht. Sie trägt eine derartige Eleganz zur Schau, daß man kaum glaubt, es handele sich bei ihr um eine zweitklassige Barsängerin.

Darüber hinaus trägt sie auch noch etwas Melancholisches zur Schau. Wie sie selbst es ausdrückt: »Ich bring's nicht fertig, mich selbst zu vergessen.« Und da sie von sich offenbar nicht allzu viel hält – warum eigentlich nicht? –, ist sie schlecht gelaunt.

Aus der Tatsache, daß Fay in diesem Club nur eine kleine Nummer hart am Rand des Absturzes ist, und der Tatsache, daß Marlene Dietrich diese Fay mit betörender Attraktivität und stimmlicher Delikatesse spielt, bezieht der Film seinen Clou.

Wenn sie geht, bleibt den anwesenden Herren der Mund offen stehen, wenn sie tanzt, verschlucken sich die anderen, und wenn sie singt, ist Totenstille. Sie könnte ein Vermögen verdienen, verdient es aber nicht — obwohl sie es verdient hätte. Oder, wie sie es selbst sagt: »Reich kann ich in diesem Schuppen nicht werden, höchstens müde.« Lakonische Sprücher dieser Sorte hat Fay Duval noch mehr auf Lager.

In der nächsten Einstellung: wieder eine neue Pose. Marlene lehnt in ihrer Wohnung am Schminktisch, ihr Kleid natürlich wieder hauteng mit einem hübschen Dekolleté. Sie raucht mit links. Ihre Beine sind vorteilhaft zur Geltung gebracht. In der ganzen Szene, während sie mit einem kleinen Dicken streitet, rührt sie sich keinen Zentimeter. Das höchste an Aktion ist, daß sie die freie rechte Hand in die Seite stützt, wobei sie eine Faust macht.

Dann raucht sie weiter, als hinge davon ihr Glück ab. Gierig saugt sie den Rauch in die Lungen und stößt ihn dann aus wie eine Lokomotive — alles was sie tut, hat eben Hand und Fuß, sie macht nichts halbherzig.

Gelangweilt singt sie »I'm in No Mood for Music Tonight« und nimmt den Text so wörtlich, daß sie beim Singen gelangweilt auf dem Kaugummi herumkaut. Ihre Stimme ist dunkel, leiert jedoch ein wenig. Das liegt an der Melancholie, die sie zum Ausdruck bringen muß.

Ihre Blicke aus Augenschlitzen sind sehenswert. Sie sieht jemanden von der Seite aus umtuschten Augen an, und dieser schmilzt dahin oder versinkt im Erdboden. Ihr Make-up ist außergewöhnlich, es verstärkt den kühlen Ausdruck ihres blassen Gesichtes und läßt die Augen darin aufblitzen.

Marlene lächelt süffisant. Sie hat als Fay geheiratet. Und

zwar den kleinen dicken Hank, den sie nicht liebt. Dafür liebt er sie. Während der Hochzeit blickt sie starr geradeaus, nach der Hochzeit sitzt sie starr wie eine Marmorstatue in der Gesellschaft und trägt einen unpassenden Hut auf dem ondulierten Haar.

In solchen Momenten wirkt Marlene völlig deplaciert. Die Kamera fängt eine beliebige Handlung ein, die an ihr vorbeiläuft. Sie sitzt im Hintergrund als Teil der Komparserie herum und blickt verzweifelt in Richtung Kamera, die jedoch woanders herumfuhrwerkt. Wenn sie nicht Mittelpunkt der Inszenierung ist, wirkt sie fehlbesetzt. Erst wenn es wieder eine Großaufnahme von ihr gibt oder sie sich vom Stuhl erhebt, um die Bilder bzw. die Räume zu durchschreiten, wissen wir wieder, wer Marlene ist.

Ihr einziger Ausdruck im Fortgang dieses Films ist taxierende Ironie, dazu raucht sie unaufhörlich. Plötzlich fängt die Kamera sie ein, wie sie hinter der riesigen Hochzeitstorte sitzt – ein grotesker Anblick. Marlene mit Hütchen, Blümchen und Schleier hinter Pudding und Sahneaufbauten. Ein einziges Armutszeugnis der Regie, die mit dieser Darstellerin nicht mehr anzufangen weiß.

In der nächsten Einstellung sieht sie aus wie einen deutsche Krankenschwester. Sie steht in der Küche mit weißer Schürze und gestreifter Bluse und bereitet ihrem Ehemann Hank das Frühstück. Wäre da nicht die Zigarette zwischen ihren Kußlippen, könnte man sie für die wunderbare Hausfrau halten, die Marlene tatsächlich, außerhalb der Leinwand, war.

In dieser Aufmachung jedenfalls wirkt Marlene so sympathisch und patent, daß der Zuschauer sofort die vorherigen Einstellungen vergißt. Das hier ist die Traumfrau, die unnachahmlich Frühstücksbrötchen backen kann, nicht jene, die halb verschleiert wie eine Kuh, die gerade kalbt, nach rechts und dann nach links und dann geradeaus blickt.

Weiter geht es Schlag auf Schlag — abwärts.

In ihrer nächsten Szene — sie besucht den verunglückten Johnny im Krankenhaus — sieht sie aus, als wäre sie die Kranke. Ein Gesicht aus Marmor, ein blasser Mund, Augen wie erfroren, Schnitt.

Nächste Szene: Küchenauftritt. Marlene kocht ein Süppchen, das ihr Mann auslöffeln muß. Oder der Freund Johnny, den das Ehepaar aus dem Krankenhaus zu sich nach Hause geholt hat, damit Mama Marlene ihn nach dem Willen des Drehbuchautors hochpäppelt. Und das wirkt plötzlich wieder wie eine interessante Nachricht aus dem Privathaushalt Marlenes, von der auch der letzte Zuschauer zur Zeit dieses Films wußte, daß sie eine hervorragende und fürsorgliche Hausfrau und Gastgeberin war.

Wer sie jetzt als Küchenfee auf der Leinwand sieht, der bekommt Sehnsucht nach ihren Torten, Plätzchen und Pasteten, von denen alle schwärmten. Erst in zweiter Linie bekommt er Sehnsucht nach der Frau, deren aufreizender Körper hinter Schürzen verhängt bleibt. So änderte diese Rolle als Fay Duval Marlenes Image.

Aber dann kommt der Gegenbeweis. Marlene im Bett, bekleidet mit einem weißen Negligée, das ihre elfenbeinernen Schultern freiläßt. Sie liest in der Nacht, neben ihr schnarcht ihr besoffener Ehegatte.

Da ist sie wieder ganz die Frau, nach der man sich sehnt. Das tut auch Johnny, der neue Gast im Haus der McHenrys, der noch auf ist. Er öffnet sich gerade eine Flasche Bier, als Fay im Morgenrock erscheint. Ihre Stimme gurrt, sie blickt mit Schlafzimmeraugen. Marlene lehnt sich gegen die Türfüllung und blickt den Mann voll an. Eine entwaffnende Geste, die dazu einlädt, sie wieder gerade hinzustellen und sie bei der Gelegenheit gleich zu umarmen, inklusive weiterer Handreichungen.

Fay hat es bisher bei einem Kerl genau so lange ausgehalten, bis ein anderer auftauchte. Und diesmal? Sie ist verheiratet. Na und? Schließlich ist Johnny aufgetaucht. Wieder einmal packt Fay ihren kleinen Koffer – mehr hat sie nicht. Sie wird ihrem Mann, der auf Montage ist, nachreisen, aber nur, weil Johnny ebenfalls vor Ort ist. Die Abenteuerlust ist wieder in ihr erwacht. Und in dieser Szene ist Marlene auch glaubhafter: als Frau, die ihren inneren Stimmen unbedingt folgt.

Johnny, der harte Macker, gefällt ihr mehr als ihr Ehespießer. Auch nachdem er sie geohrfeigt hat, ist ihre Abneigung nicht kleiner geworden. Das paßt gut zu dieser Figur, die immer auf der dunklen Seite des Lebens gestanden hat. Die Frau, die es nie leicht hatte. Die Frau mit Vergangenheit.

Sie liebt ganz und gar. Deshalb küßt sie auch wie eine Ertrinkende. Und wenn sie wütend ist, wirft sie die Zigarette wie eine Handgranate auf den Boden. Dann steht sie da, vom Regen naß, in einem tropfenden schwarzen Trenchcoat, wie ausgewrungen vom Leben – aber strahlend schön. Sie ist jetzt ganz unten angekommen, aber nie war sie so attraktiv. Ein gefallener Engel, anziehend wie die Sünde, die begehrenswerteste von allen.

Ein Kontrast, wie ihn nur das Kino kennt. Und wie ihn nur Marlene Dietrich verkörpern konnte.

Geliebter Gabin:
Ein furchtloser Fatalist

»Herzen in Flammen« war natürlich die ewig alt-neue Story vom »good-bad-girl« Marlene, die mit dunkler Vergangenheit und glitzernder Oberfläche aber reinem, gefühlvollen Herzen sich den Mann ihrer Träume angelt. Er wird ihr zwar das Leben nicht leicht machen, weil er ein Spießer ist, der sie ganz für sich allein beansprucht, aber die Alternative dazu ist das ewige Tingeltangel oder die Straße. Also, da sie beides nicht mehr will, willigt Marlene ein, bei ihm zu bleiben. Und in Gestalt von George Raft war dieser Kerl ja auch ganz ansehnlich.

Die Dramaturgie dieses Films entspricht dem Groschenroman: Sie lieben sich, mißverstehen sich, trennen sich, finden sich endgültig. Vier Stationen eines trivialen Gefühlskitsches, der jedoch, gut verpackt, immer ankommt.

Eine Story dieser Art muß gut gespielt sein. Und ein Vorteil dieses Films ist seine gute Besetzung. Edward G. Robinson als Hank und George Raft als Johnny bilden die attraktiven Gegensätze, die Marlene flankieren, hier der Spießer mit den Hosenträgern, dort der Spießer mit der Abenteurer-Attitüde – mehr ließ Hollywood in jenen Jahren noch nicht zu. Wirkliche Außenseiter, Rebellen, Anarchisten, Helden gab es noch nicht. Oder sie waren so getarnt, daß man sie nicht wahrnahm.

»Herzen in Flammen« war kein großer Film und wurde deshalb auch kein großer Erfolg. Er spielte soviel ein, daß die Unkosten gedeckt waren.

Marlene tröstete sich damit, daß in diesen Wochen Jean Gabin, der große französische Darsteller, nach Hollywood gekommen war. Sie hatte ihn im Jahr des Kriegsausbruchs 1939 in Südfrankreich kennengelernt. Beide waren voneinander angetan gewesen. Da aber Marlenes enge Freundschaft mit Erich Maria Remarque einer Ausdehnung dieser Bekanntschaft im Weg stand, waren sie ohne Annäherung auseinandergegangen.

Jetzt war Gabin aus dem von Deutschland besetzten Frankreich emigriert und hatte einen Vertrag mit Darryl F. Zanuck abgeschlossen. Er wollte in der amerikanischen Filmindustrie arbeiten − und Marlene beschloß, sich um ihn zu kümmern.

Gabin war zu jener Zeit ein faszinierender Mann, und Marlene unterlag seiner Ausstrahlung. Er wirkte wie ein romantischer Abenteurer und wie ein einsamer Ausgestoßener zugleich. Kein Wunder also, daß er bei Frauen wie Marlene zugleich erotische wie mütterliche Gefühle weckte.

Er wirkte auf der Leinwand und auch im realen Leben wie einer, der aus »Zwischenzonen«, kommt, aus Hafengegenden, arabischen Stadtvierteln, Schützengräben, Nachtasylen. Auf der Leinwand wohnte dieser verdunkelte, furchtlose Fatalist überwiegend im Ödland und liebte das Halbdunkel, aus dem er sich plötzlich löst, um einen Augenblick in ein dramatisches Licht zu treten, das ihn ebenso plötzlich wieder verschluckt. Der Zuschauer von Filmen, in denen er auftrat, erfuhr selten, wo er hinwollte. Die Rollenfiguren Gabins nannten kein Reiseziel, sie wollten nur fliehen aus einer magischen Zone, die sie gefangenhielt. Das konnte eine politisch-geographische Zone ebenso sein wie eine dunkle Zone der Seele.

Der 1904 unter dem bürgerlichen Namen Jean-Alexis Moncorgé in einem Dorf der Normandie geborene Schauspieler hatte in Paris eine Maurerlehre absolviert und war mit »Jedem seine Chance« 1930 zum Tonfilm gekommen. Mit »Im Dunkel von Algier« (1937) schaffte er den Durchbruch zum Star. Darauf folgten große Filme wie »Die große Illusion« im gleichen Jahr, »Hafen im Nebel« (1938), »Die Bestie Mensch« (1938) und »Der Tag bricht an« (1939).

Im Jahr 1938 hatte Gabin in Berlin gedreht. In den Ufa-Studios entstand zur Hitlerzeit der Film »Eine Schnauze zum Verlieben«, und auch der berühmte »Hafen im Nebel«, mit Michele Morgan entstand dort, wurde jedoch wegen »negativer Stimmung aus dem Propagandaministerium«, wie Regisseur Marcel Carné später schrieb, abgebrochen. Der Film konnte in Frankreich zu Ende gedreht werden.

Gabin trat zu der Zeit, als die Dietrich ihn kennenlernte, in Rollen auf, die ausdrückten, daß das Leben eigentlich eine Gemeinheit sei. Er verkörperte die gedämpfte Ansicht vom Leben, die nicht fragt: Was kostet die Welt?, sondern: Was muß ich zahlen? Seine Haltung verriet ständig, daß er sich wehren mußte und auch wehren wollte.

Einer seiner großen Regisseure, Jean Renoir, schrieb in seinen Erinnerungen über ihn: »Gabin erreichte den Gipfel seiner Ausdruckskraft, wenn er seine Stimme nicht zu forcieren brauchte. Dieser großartige Schauspieler erreichte die größten Wirkungen mit den kleinsten Mitteln. Ausdrücklich für ihn entwarf ich Szenen, die gemurmelt werden konnten. Gabin kann mit einem leichten Zittern seines unbewegten Gesichts die heftigsten Gefühle ausdrücken. Er hob das Publikum mit einem Augenzwinkern aus den Angeln.«

Kein Wunder, daß die Dietrich, die ähnliches schon versucht und oft genug auch erreicht hatte, sich mit diesem Darsteller gut verstand. Beide kamen vom gleichen Stern. Und beide hatten ihre »besetzten« Länder verlassen. Gabin tat dies 1941 – die Deutschen hatten Frankreich überfallen, und die mit Nazi-Deutschland kollaborierende Vichy-Regierung hatte ihm endlich erlaubt, auszureisen.

Hollywood bot ihm zu Spitzengagen – die inzwischen ein Viertel des Produktionsetats verschlangen – Hauptrollen an. Gabin nahm an und spielte in »Moontide« an der Seite von Ida Lupino und in »The Imposter«. Aber es war zu erwarten, daß sein darstellerischer Stil in der nordamerikanischen Filmindustrie nicht ankam. Auch Pläne, mit Marlene Dietrich zusammen vor die Kamera zu treten, zerschlugen sich vorerst.

So blieb den beiden nichts anderes übrig, als sich gegenseitig über die schweren Zeiten hinwegzutrösten. Das dies nicht leicht war, drückt eine Erinnerung Marlenes an Gabin aus. Sie sagte später in einem Interview:

»Gabin war einfach. Nur – einen harten Schädel hatte der, so etwas, auweia!! ...«

Gabin erzählte Marlene ausgiebig von seinen Abenteuern in Frankreich, und sie lauschte ihm mit der Neugierde der mütterlichen Frau, die den drei Jahre jüngeren Mann in diesen Momenten wie einen Sohn ansieht.

Marlene versuchte, den Franzosen in das gesellschaftliche Leben von Hollywood einzuführen. Sie veranstaltete Parties und Empfänge, machte ihn mit Leuten aus der Filmindustrie bekannt und führte ihn herum. Einmal veranstalteten sie zusammen eine Aktion für das Rote Kreuz. Sie stellten sich als Liebespaar hin, und wenn jemand einen Dollar zahlte, küßten sie sich dafür. Es kamen einige Dollars zusammen.

Am meisten schätzte es der schwierige Franzose, wenn ihm Marlene leckere deutsche Gerichte kochte. Dabei handelte es sich, nach ihren eigenen Aussagen, eher um bäuerliche als um städtische Küche. Vor allem ihre Eintöpfe waren bei Kollegen berühmt, und auch Jean Gabin konnte davon nicht lassen.

Marlene bemutterte den melancholischen Schauspieler. Sie versuchte, ihm das Leben im fremden Hollywood zu erleichtern. Sie wußte um seine Schwierigkeiten, und da sie ihn sehr mochte, tat sie alles, um ihm zu gefallen und ihm Freude zu machen.

»Ich liebte es, ihn Tag und Nacht zu bemuttern«, schreibt sie dazu selbst in ihren Lebenserinnerungen. »Ich war seine Mutter, seine Schwester, seine Freundin – und mehr noch.«

Aber Gabin, der Schweiger und Vergrübelte, kam nicht zurecht. Das Leben in der Glitzerstadt langweilte ihn. Und da er außerdem seine Verwandten in Frankreich zurückgelassen hatte, machte er sich ständig Sorgen.

Aber zumindest diese konnte er ja mit Marlene teilen. Denn die erfuhr mit Entsetzen, daß ihre Schwester Elisabeth wegen Goebbels Zorn über Marlene in das Konzentrationslager Bergen-Belsen verschleppt worden war.

Marlene war über diese Nachricht aus der Heimat entsetzt. Sie konnte es nicht fassen. Tag und Nacht dachte sie daran, was sie tun konnte, um die Leiden der Schwester zu lindern.

Sie sprach mit Gabin darüber. Aber noch größere Verzweiflung war die Folge, denn es gab nichts zu tun. Eine Fürbitte für die Schwester durch Marlene bei den verantwortlichen Nazis in Deutschland hätte deren Zorn nur noch mehr entfacht.

Welch grauenvolle Zustände! Wie banal wirkten die Probleme der Filmindustrie dagegen. Und welch unselige Zeit, in der das Reden über Filme und Filmstars beinahe einem Verbrechen gleichkam, weil es ein Schweigen über soviel Schlimmes in der Welt der Politik einschloß! Gabin und Marlene waren sich in diesem Punkt einig.

Am liebsten wären sie heimlich nach Deutschland gefahren und hätten Elisabeth in einem Husarenstreich aus dem KZ befreit. Aber das war eine Kinovorstellung, die Wirklichkeit sah anders aus.

In langen Spaziergängen eher als auf Parties kamen sich Marlene und Jean näher. Der Franzose war in seinem Verhalten meistens genauso, wie in seinen großen Filmen, er spielte sich selbst auf der Leinwand und war ganz bei sich im Privatleben. Die Frauen an seiner Seite hatten es also nicht leicht. Aber Marlene, die ihn immer stärker liebte, war geduldig. Sie konnte kämpfen und war einfühlsam. Das beeindruckte diesen Mann sehr.

Marlene kannte das Privatleben des Schauspielers. Sie wußte von seiner Ehe mit Michele Morgan, der großen französischen Tragödin, die er 1938 in dem bittersüßen Schwarzweißfilm »Hafen im Nebel« zum erstenmal geküßt hatte. Die Morgan war schon kurz vor dem Einmarsch der deutschen Truppen nach Hollywood gegangen, Gabin folgte ihr. Doch das Glück hatte beide verlassen.

Gabin sagte später: »Ich hatte den Eindruck, als sei ich nicht mehr derselbe, als sei ich kein Franzose mehr.« Der »american way of life« untergrub ihn.

Die Ehe der beiden zerbrach in Hollywood, und später kehrten beide getrennt nach Frankreich zurück. Die Morgan hatte in der Zeit, als Gabin mit Marlene ein Verhältnis hatte, den amerikanischen Regisseur Bill Marshall geheiratet.

Nur von diesem Hintergrund her, zu dem Marlene ihre

eigenen Erfahrungen beisteuerte, kann man die Liaison zwischen der Deutschen und dem Franzosen richtig verstehen. Ein gemeinsamer Hintergrund in schwieriger Zeit verbindet oft mehr, als Liebesgefühle – womit nicht gesagt werden soll, daß die Dietrich im Jahr 1941 nicht wirklich in Gabin verliebt gewesen war. Sie war es.

Deshalb mietete sie auch ein Haus in Westwood, in dem sie mit Gabin zusammenleben konnte. Das Glück der beiden war für kurze Zeit vollkommen. Das Paar zog sich in die inneren Kreise der Liebe und des gegenseitigen Verständnisses zurück und ließ die rauhe Wirklichkeit der Kriegsjahre und den Rummel Hollywoods zurück.

Aber auch dieses Verhältnis war für Marlene nur von vorübergehender Natur. Und das lag hauptsächlich daran, daß sie eine moderne und emanzipierte Frau war, die sich auf Dauer nicht an einen Mann band. Ganz im Gegensatz also zu ihren Filmen, ließ sie sich nicht aus Gefühlsgründen zum Besitz eines einzigen Mannes machen.

Deshalb fiel es den Klatschkolumnisten in dieser Zeit auch leicht, darüber herzufallen, daß Marlene trotz der Verbindung zu Gabin noch andere Verhältnisse hatte. Beispielsweise das zu John Wayne, mit dem sie des öfteren vor der Kamera stand. Und darüber hinaus machte sie ganz unverhohlen deutlich, wenn sie einen Mann attraktiv fand. Das war kein Verhalten eines karrierebewußten Sternchens, sondern die Art und Weise, wie sich eine selbstbewußte, moderne Frau bemerkbar macht. In Hollywood fiel so etwas auf.

Um den Verhältnissen vorauszueilen: Im Jahr 1943 wird sich Gabin von Marlene trennen. Einfach so. Er stand bei einem geselligen Abend auf und ging. Irgend etwas hatte aus seiner Sicht das Faß zum Überlaufen gebracht. Vielleicht war er auch in jener Zeit einfach nicht seßhaft genug.

Jean Gabin, von Hollywood wohl mehr als von Marlene tief enttäuscht, geht als Soldat nach Casablanca. Dort zeichnet er sich in einer Einheit des Freien Frankreich (Forces Francaises Libres), die gegen die Nazi-Franzosen und die Deutschen kämpft, aus. In der Panzerdivision von General Leclerc verübt er Heldentaten. Einige Male entgeht er nur um Haaresbreite dem Tod. Er wird militärisch hoch dekoriert und zieht als Kommandant der Panzereinheit ins befreite Paris ein.

»Mit in den ersten Reihen der Befreier«, schrieb der Publizist Karsten Witte in »Die Unsterblichen des Kinos«, »in US-amerikanischer Uniform, war auch Marlene Dietrich, mit der Gabin kurz, nach dem Hollywood-Debakel, in New York zusammenlebte und 1946 endlich auch gemeinsam vor der Kamera stand, in ›Martin Roumagnac‹.«

Zu diesem Film: »Der gleichnamige Bauunternehmer verliebt sich in die Witwe Blanche Ferrand – Marlene Dietrichs erste französische Rolle – und erwürgt sie, aus Eifersucht. Auf diese Triebtäterschaft war Gabin, seit la ›Bete Humaine‹ und ›Le Jour se Leve!‹ abonniert.

Nach dem Krieg wirkten diese Handlungsmuster der Verklärung eines kriminellen Einzelgängers deplaciert. Zu lange hatte Gabin an diesem Stoff gehangen. Schon 1938 hatte er selbst die Verfilmungsrechte erworben und wollte Carné als Regisseur gewinnen. Doch der Versuch, den gärenden Fatalismus der Vorkriegsjahre in den bürgerlich durchregulierten Aufbruch nach dem Krieg zu überführen, scheiterte. ›Martin Roumagnac‹ war ein wirtschaftlicher Mißerfolg. Auch mit Miß Dietrich war es aus.«

Soweit die Einschätzung des Kritikers, der natürlich in einem Punkt irrt: Marlene und Gabin lebten in Hollywood und nicht in New York zusammen. Und daß es mit »Miß Dietrich« aus gewesen sei, kann sich nur darauf beziehen, daß ihr Zusammenleben beendet war.

Denn Marlene besaß in jenen Kriegsjahren einen Ruhm, den sich heute, in den vom ordinären Starkult überschwemmten 90er Jahren dieses ereignisreichen Jahrhunderts, kaum jemand richtig vorstellen kann.

Und das lag nicht nur daran, daß sie eine fabelhafte Schauspielerin war, die schöne Kleider trug, sondern auch daran, daß sie als Zeitgenossin beeindruckte. Sie hatte noch Gelegenheit, dies im Krieg, in dem sich ihr jetziges »Vaterland« Amerika gegen ihr einstiges »Mutterland« Deutschland befand, zu beweisen.

Marlene zwischen zwei Männern

Zunächst einmal mußte sich Marlene wieder darauf besinnen, daß sie Filmschauspielerin war.

Anfang 1942 hatte sie dazu wieder Gelegenheit, denn ihr Agent hatte ihr die Hauptrolle in dem Männerfilm »The Spoilers« (Stahlharte Fäuste) angeboten, der später unter dem Titel »Die Freibeuterin« lief. Der Routinier Ray Enright war für die Regie engagiert worden, die Universal produzierte den Streifen. Neben Marlene sollten ihre alte Liebe John Wayne und Randolph Scott spielen — bzw. sich prügeln.

Der Film erzählt die Story von Cherry Malotte, einer Saloonwirtin, die zwischen zwei Männern hin und her gerissen wird. Erst liebt sie einen Minenbesitzer, dann flirtet sie heftig mit einem Regierungsbeamten. Als ersterer von letzterem übers Ohr gehauen wird, ergreift sie für ihn Partei. In einem finalen Boxkampf entscheidet sich, wer von den Rivalen siegt und für wen sich deshalb Cherry entscheidet.

Ein Filmspaß. Nicht ganz ernst zu nehmen. Die Dreharbeiten fanden im Januar und Februar 1942 statt.

Der Film ist ein einziges Konglomerat von Liebesgesäusel, Intrigen, groben Sprüchen, verführerischen Augenaufschlägen und wilden Faustkämpfen. Ein Abenteuer nach dem Herzen eines Publikums, das inzwischen davon gehört hatte, wie die amerikanischen Jungs im Pazifik gegen die »Japse« fighteten.

Marlenes Rolle war etwa so handfest, als hätte sie die Barszenen mit James Stewart in »Der große Bluff« auf einen ganzen Film ausgeweitet. Sie trägt im Saloon zwar Kleider, die mit Rüschen besetzt sind, trinkt aber unaufhörlich Brandy. Sie dampft und schwitzt, wenn es die Situation mit sich bringt. Und wenn es noch nötiger wird, schmachtet sie John Wayne oder Randolph Scott an, daß es eine wahre Freude ist.

Hinreißend kostümiert wie sie war und konditionell auf der Höhe wie kaum zuvor, machte Marlene in diesem Goldfieberfilm aus Alaska eine blendende Figur. Die Drehbuchautoren Lawrence Hazard und Tom Reed hatten ihr eine Reihe spritziger Dialoge geschrieben, mit denen sie sich gegen die gutaufgelegten männlichen Co-Stars behaupten konnte.

Nach diesem amüsanten Film, der die Aufmerksamkeit des geneigten Publikums für einen Moment fesselte, bevor er wieder in Vergessenheit geriet, ließ sich Marlene in zwei Teile zersägen.

Dies geschah in dem Film »Follow the Boys«, der Story eines Steptänzers, der im Krieg zwischen die Fronten gerät und in Australien bei einem Angriff der Japaner stirbt.

Marlene trat hier zusammen mit Orson Welles vor die Kamera. Er spielte einen Zauberkünstler, sie die Dame ohne Unterleib. Als er sie zersägt, lächelt sie. Dann verschwindet sie wieder.

Das war kein Filmauftritt, der lange in den Filmographien abgehandelt wird. Es war einfach das Vorzeigen einer Nummer, die Orson Welles und Marlene bereits in Las Vegas, in einem Showroom, vorgeführt hatten, um für Kriegsanleihen zu werben. Ein hübscher Werbegag, nichts weiter. Marlene war damals für Welles Ehefrau Rita Hayworth eingesprungen, die unabkömmlich gewesen war.

Und der Film erlebte auch erst 1944 seine Uraufführung. Aber er war bemerkenswert wegen seiner äußeren Umstände. Der Film »Follow the Boys« war angelegt als Nummernrevue zur Frontunterhaltung der Jungens, die in der ganzen Welt gegen den Faschismus und seine Verbündeten kämpften. Und Marlene Dietrich begann mit diesem Film, sich in der Kriegszeit zu engagieren. Kurze Zeit darauf sollte daraus eine Riesentournee werden, die sie an die Fronten des Weltkriegs führte.

Zunächst einmal nutzte die Universal die Gunst der Stunde. Das Team von »Stahlharte Fäuste/Die Freibeuterin« war noch nicht auseinandergelaufen. Also sperrte man die Crew und einen Teil der Darsteller erneut auf dem Set zusammen und produzierte einen neuen Film: »Pittsburgh«. Der Regisseur war neu, er hieß Lewis Seiler.

Wieder wirkten Marlene, John Wayne und Randolph Scott zusammen. Auch mit Scott kam die Schauspielerin gut aus. Zwar zog er auf der Leinwand immer westwärts, was in der Mythologie des Westerns nichts anderes zu bedeuten hatte, als daß er den Umkreis der Frauen verließ, aber scheu war er nicht. Im Gegenteil, die Auguren berichteten von handfesten Annäherungen zwischen Marlene und Scott, was der engstirnige Wayne, in dieser Zeit noch immer verliebt in die Deutsche und sehr eifersüchtig, mit Argusaugen beobachtete.

Randolph Scott war in seinen Filmen eine Gestalt der Ruhe und Gelassenheit. Er wirkte wie einer, der Schweres durchgemacht, den das Schicksal hart getroffen und hart gemacht hat. Scott ist der einsame Wolf, ein Geisterreiter von fast unmenschlicher Ausstrahlung, weil von seiner privaten Existenz kaum etwas zu spüren ist. Ein Einzelgänger, dessen Wunsch nach Isolation sich sogar in seiner sozialen Rolle als Sheriff zeigen kann, wenn er sich selbst in die Gefängniszelle einschließt, um seine Ruhe zu haben. Er ist zugleich aber auch der Rastlose, ein geheimnisvoller Reiter, der von irgendwoher kommt und irgendwohin verschwindet. Der Filmpublizist Leslie A. Fielder schrieb über sein Bild auf der Leinwand:

»Der Mann auf der Flucht ist unser aller Leitbild: Modell all der antiheroischen Helden, die den Westen immer weiter in den Westen verlegten, weil sie weder zu Revolutionären geboren waren noch sich anpaßten, da sie weder das väterliche Erbe antraten und sich als Siedler niederließen noch ihre Väter umbrachten und die Macht des Staates herausforderten, sondern lieber in den Westen zogen, und das heißt: von zu Hause forttrennen.«

Mit diesem Mann flirtete Marlene nun hemmungslos auf der Leinwand in einem Film, der folgende Geschichte erzählt:

Zwei Freunde, Cash – gespielt von Randolph Scott – und Charles – gespielt von John Wayne – sind in die schöne Josie – gespielt von Marlene – verliebt. Wie sich das gehört. Cash bekommt Josie schließlich und überläßt Charles darauf seinen Anteil am gemeinsamen Kohlebergwerk. Beide trennen sich und verlieren sich aus den Augen. Jahre später treffen sie sich wieder und versöhnen sich. Josie kann das natürlich nur recht sein, so ist sie wieder mit beiden zusammen.

Da sich Wayne und Scott noch nicht von den äußeren Spuren ihrer Schlägereien aus dem Film »Stahlharte Fäuste« erholt hatten, machte es nichts, daß sie nun gleich wieder aufeinander losgehen mußten. So konnte man die alten blauen Flecken gleich mitverwenden, ohne die Maskenbildner überzustrapazieren.

Der Film ist ein überdimensionierter Fight zweier Freunde, die sich lieben und hassen. Und Marlene hat nicht viel mehr zu tun, als liebenswürdig zu sein, mit den Augendeckeln zu klappern und sich in den Hüften zu wiegen. Aber das ist ja auch nicht wenig.

Das Publikum war dankbar für die Auftritte der drei Stars und ließ sich zur Kasse bitten.

Maria

Inzwischen hatte sich Marlenes Tochter Maria entschlossen, selbst Schauspielerin zu werden. Zwar hatte sie auch die Nachteile dieser Tätigkeit vor Augen, denn sie hatte ja in ihrer Kindheit und Jugend sehr darunter gelitten, daß ihre Mutter meist außer Haus gewesen war und sie ihre Liebe mit vielen Anbetern teilen mußte. Aber die andere Seite schien ihr nun verlockender: Ruhm, eine befriedigende Arbeit, berühmte Freunde, Reichtum.

Maria besuchte seit 1940 die Schauspielschule des deutschen Theaterregisseurs und -lehrers Max Reinhardt. Dieser war inzwischen im Strom der Emigranten nach Amerika gekommen, um hier zu überleben und zu arbeiten.

Maria war durchaus begabt, und Mutter Marlene sah es gar nicht ungern, daß sie in ihre Fußstapfen trat. So tat sie alles dafür, daß Maria in kleinen Rollen auf den Bühnen ankam und praktische Erfahrungen sammeln konnte. Denn das war das wichtigste: in der Praxis zu lernen.

Maria arbeitete ungewohnt hart an ihrer Ausbildung. Ihre Rollen wurden langsam umfangreicher. Da sie immer noch aus Angst vor einer Entführung von einem Leibwächter begleitet wurde, war ihr daran gelegen, so schnell wie möglich in ein normales Berufsleben hineinzukommen, um die Isolation des Lebens in Beverly Hills loszuwerden.

Dieser verständliche Wunsch barg jedoch auch Gefahren.

Die junge Frau war emotional unsicher und neigte dazu, sich bei Männern in Sicherheit zu wiegen, die ein dementsprechendes Auftreten hatten. Ihre gefühlsmäßigen Bindungen waren deshalb unstabil.

Eines Tages verliebte sie sich in den Schauspieler Dean Goodman. Marlene war davon gar nicht begeistert, denn sie wollte unbedingt, daß Maria erst einmal ihre Ausbildung beendete, bevor sie sich band. Doch Maria setzte die jahrelange Abhängigkeit von ihrer Mutter nun in einer Weise um, die Marlene nicht lieb sein konnte. Sie schlug die Ermahnungen Marlenes in den Wind und – heiratete Goodman in Hollywood. Auch ohne die Anwesenheit der Mutter.

Das junge Paar zieht zusammen in die Wohnung eines Freundes von Goodman. Marlene hält sich fern. Sie ist mißtrauisch, und sie befürchtet, der Mann könne es auf ihr Geld abgesehen haben. Als sie sich davon überzeugt hat, daß die Befürchtungen unbegründet sind, hilft sie den beiden jungen Schauspieltalenten, die in dieser Zeit kein Geld haben.

Aber die Ehe ist – vielleicht wegen der Unsicherheit Marias – nicht von langer Dauer. Zwei Jahre später läßt das Paar sich scheiden. Maria zieht nach New York. Dort versucht sie, auf eigenen Füßen stehend, eine Theaterkarriere aufzubauen. Natürlich steht ihr die Mutter mit Rat und Tat kräftig zur Seite.

Im Jahr 1943 verlagerte Marlene Dietrich zwar ihr Engagement immer stärker vom Filmbetrieb auf andere Aktivitäten und Themen, was unter anderem mit dem Kriegseintritt der USA auf dem europäischen Kontinent zu tun hatte. Aber es blieb dennoch Zeit für einen Film, der auf vielfältige Weise interessant ist, weil er einen Bruch in Marlenes Schaffen darstellt.

Dieser Film heißt »Kismet« und erzählt die verschlungene Geschichte der schönen Jamilla, die in Bagdad die Männer verwirrt. Im intriganten Kampf des Großwesirs und des Kalifen um die Vormachtstellung spielt sie eine ebenso bedeutende Rolle wie als Komplizin des Bettlerkönigs der Stadt, der heimlich seine Tochter an den Hof des Großwesirs einschleuste.

Die Rolle der Jamilla ist, wie gesagt, anders als andere Rollen, die Marlene verkörperte, denn sie war damit völlig fehlbesetzt. Der deutsche Weltstar stellte die Schöne von Bagdad so dar:

Marlene spielt Jamilla

Sie liegt auf der mit Brokatkissen bedeckten Ottomane im Palast des Großwesirs. Ihre Stimme klingt einschmeichelnd, sie ist bis in die vom arabischen Halbmond erhellte Nacht Bagdads hinein zu hören. Sie singt: »Bist du nah, bist du fern? Meine Träume, mein Glück, meine Welt ...«

Aber ist diese Sängerin wirklich Marlene? Man muß sie genau beschreiben, um sich eine Vorstellung von dieser Frau zu machen:

Sie ist ganz und gar, von oben bis unten, in altrosa Seide gehüllt. Selbst ihr Kopftuch ist altrosa. Und ihre Haarfarbe paßt rotblond dazu. Das einzige andersfarbene an ihr sind die Augen, die nach wie vor blau sind – sie sehen irgendwie sehnsuchtsvoll in die endlose Nacht Bagdads hinaus.

Natürlich besitzt der Film von Anfang an einen Märchenton. Er will eine märchenhafte, klatschbunte Geschichte wie aus 1001 Nacht erzählen. Aber warum muß der weibliche Star dieses Märchens dabei aussehen wie die Hexe aus »Hänsel und Gretel«?

Denn: auf Marlenes Kopf thronen unförmige Haarwülste, ein Diadem hängt in ihrer glatte Stirn. Ihre Augendeckel wirken wie überdimensionale Markisen, die den Markt der Altstadt von Bagdad überdecken. Ihr Mund ist so aufgeschminkt, daß der Lippenstift wie verschmiert wirkt. Sie lächelt beim Singen, aber das wirkt unter dem dicken Make-up eher wie ein gefährliches Grinsen, bei dem sich die giftigen Boas in ihre Körbe zurückziehen.

Alles an diesem Kopf ist daneben gegangen. Die Linien des Gesichts, wenn es lächelt, die Mundpartie, die Augen, die Frisur, alles ist aufeinander abgestimmt zu einer Form, die wahrhaftig an schlimmste Märchenfiguren erinnert. Marlene, eine Comic-Königin aus dem Morgenland.

Sie liegt lasziv da, wie hingegossen in die Kissen des Großwesirs, denn sie verkörpert nur eines: gurrende Liebeslust. »Jamilla, Königin des Mondlichts!« begrüßt ein Besucher sie, aber das ist sie ganz und gar nicht, es sei denn, man hält das morgenländische Licht des Mondes für eine trübe flackernde Stallaterne, in der Gesichtszüge leicht entgleisen.

Die Mischung aus neckischem Geturtel und hexenartiger Verschrobenheit steht Marlene wirklich nicht. Man wünscht sich einen Sternberg herbei, der sie hinter Schleiern im Zwielicht versteckte – er, der wirkliche Meister des Mondlichts. Statt dessen platscht der Hauptscheinwerfer unbarmherzig in ihr Antlitz.

Man könnte diese Erscheinung akzeptieren als »Kismet« – also als die Hand des Schicksals. Aber das wäre zu schnell aufgegeben. Der Zuschauer hofft zu diesem Zeitpunkt noch, daß sich Marlene entwickelt, Ort und Kostüm verläßt und sich vielleicht in eine kratzbürstige Schöne aus dem Volk verwandelt. Aber vergeblich.

Vor dem Nachthimmel der Stadt steht sie mit aufgetürmter Frisur wie eine Micky Maus aus dem Irak. Ihr Mund, so groß wie bei der genannten Maus, lächelt unaufhörlich und sondert törichte Worte ab. Und wenn sie mit den Augendeckeln klappert, bilden sich Risse in den Grundmauern des Palastes. So überdimensional ist alles überzeichnet an dieser Königin.

Der König der Diebe, der sie umgarnen will, bemerkt offensichtlich von all dem nicht die Spur. Er ist rasend verliebt in diese Karikatur einer Königin. Vielleicht konzentriert er sich mit seinen Blicken aber auch auf ihr Dekolleté. Denn dies ist bezaubernd. Es gleicht dem Marlenes, wie wir sie in Erinnerung haben. Andrerseits darf kein Film diese Frau auf ein Dekolleté reduzieren.

Man kann es unter diesen Umständen beinahe begrüßen, daß Marlene in diesem farbigen Lichtspiel aus dem Märchenland nur drei größere Auftritte und eine kleine Anwesenheit aufweist. Auf »Kismet« bezogen mag das von Vorteil sein, aber da sich diese Auftritte nicht zu einer einheitlichen Rolle fügen, ist es für Marlene schade, die in diesem Film einfach überflüssig ist. Und das ist das Schlimmste, was man von einem Star sagen kann. Sie ist bestenfalls als Dekorationsstück interessant, und so haben die Ausstatter Edwin B. Willis und Richard Pfefferle, sowie »Irene«, die Kostümüberwacherin für Metro Goldwyn Mayer, sich alle Mühe gegeben, Marlene auszuschmücken, bis die Schauspielerin aus Deutschland unter den irakischen Ornamenten verschwindet.

Das ist in ihrer Karriere schon einmal geschehen, in ihrer amerikanischen Anfangszeit unter Sternberg. Doch dort hatte dies den dramaturgischen Sinn, ein bestimmtes Frauenbild der 30er Jahre zu entwerfen. In »Kismet« ist das nur launig und nett und bewirkt darüber hinaus, daß Marlene häßlich wie die Nacht erscheint − und gewiß nicht einmal wie 1001 Nacht.

Der Film insgesamt ist zweifellos prächtig. Großzügige Bauten und Kostüme, der Produktionsetat war nicht von Pappe. Und auch die Regie William Dieterles läßt nichts zu wünschen übrig. Wenn man diesen Film als das nimmt, was er offensichtlich sein will, nämlich als ein nicht ganz ernstzunehmendes Märchen aus dem Morgenland, unterhält er prächtig.

Bleibt Marlene.

Wir sehen sie in ihrer nächsten Szene, eine halbe Stunde später. Sie wird nun dazu verdonnert, am Hofe des Großwesirs zu tanzen. Sie, deren hauptsächliche Wirkung davon ausgeht, daß sie einen schleppenden, sinnlich-trägen Gang kultiviert, muß jetzt hüpfen und springen. Daran ist nicht nur der Großwesir von Bagdad schuld, sondern in erster Linie natürlich die Regie von William Dieterle.

Wie es sich gehört, gibt sich Marlene Dietrich immerhin große Mühe.

Noch liegt sie harfezupfend auf der Ottomane, diesmal ganz violett gewandet, und schaut sehnsuchtsvoll zur Studiodecke. Doch schon erhebt sie sich, um in der »Halle der weißen Säulen« die berühmten Beine zu schwingen.

Diese Beine sind, wie das in Hollywood jeder wußte, inzwischen vergoldet. Und jetzt stecken sie tatsächlich in Goldbrokat und sind so lang, daß Miss Dietrich zunächst darüber gar nicht sichtbar wird. Erst als sich die Kamera langsam zurückzieht, nach einer Weile, wird die ganze Frau sichtbar.

Marlene war zum Zeitpunkt des folgenden Tanzes 42 Jahre alt. Man hätte ihr diesen Auftritt ersparen sollen. Zwar dröhnt die Musik nun besonders laut und dramatisch, als kündige sie eine Weltsensation an, aber was die Tänzerin Marlene Dietrich dann effektiv zu bieten hat, ist bestenfalls Tingeltangel.

So stellt sich Klein-William eine Tanzschöne in Bagdad vor. Eine Mischung aus Agnes Moorehead, Königin der Nacht aus Mozarts »Zauberflöte« und orientalischer Bauchtänzerin.

Marlene guckt streng – wahrscheinlich nur angestrengt.

Sie setzt ein Bein vor das andere. Das dauert. Als sie die Stufen zu den anwesenden Gästen des Großwesirs hinunterschreitet, bewundert der Zuschauer im Kino zwar wieder die Kostüme von Irene — schwarze Schleier, goldener Hosenrock — aber dahinter steckt kein Geheimnis. Hinter den vielen Schleiern steckt nur Marlene, die nicht tanzen kann.

Sie versucht das auszugleichen durch ein schiefes Grinsen, mit dem sie den Kalifen beschenkt. Dann schleicht sie ein paar Schritte weiter und schlängelt sich auf die Sitzkissen der Gäste. Halb sinkt sie hin, halb kriecht sie an der Ottomane mit den Gästen entlang. Ihre Augen blinzeln, sie scheint schon außer Atem, aber da ihre Kettchen und Glöckchen am Rock so verführerisch bimmeln, will sie sofort wieder weiter und legt, nun wirklich im Mittelpunkt der Inszenierung angekommen, sogar eine Pirouette hin, die aus einer vollen Umdrehung ihres schlanken Körpers besteht.

Natürlich hält sie sich achtbar. Sie wäre nicht der Star geworden, der sie ist, wenn sie nicht professionell an ihre Aufgabe heranginge. Und schon kreuzt sie die Arme vor dem Gesicht, geht wie eine Schlange auf Beinen drei Schritte zurück, wobei sie in den Knien einknickt, rasselt wieder mit den Glöckchen und hüpft davon.

Ihr Gesicht sieht dabei so verführerisch aus wie das einer Cobra, und während sie nun auf dem Boden zusammensinkt und gymnastische Armverrenkungen unternimmt, glaubt man ihr gern, daß sie zwanzig Jahre vorher als Tanztalent durchaus eine Chance gehabt hätte. Denn sehr anmutig bewegt sie sich auf der Stelle, wie eine Artistin, die keine Knochen im Leib hat. Von Tanz ist das jedoch weit entfernt. Aber es ist eine schöne Übung in Sachen Körperkultur, die sie dadurch intensiviert, daß ihr streng eingefaßter Busen heftig bebt und die Beine immer länger und aufreizender zu werden scheinen.

Und die Schlußpirouette ist sogar als Tanzdarbietung durchaus sehenswert – wenn sie auch, für alle sichtbar, nur von einem Double und nicht von Marlene selbst ausgeführt wird. Aber das letzte Bild gehört wieder ganz ihr bzw. ihren Beinen, auf denen die Kamera verzückt verharrt.

Wie ein Baumkuchen ragen ihre Frisuraufbauten in den Nachthimmel, als wir sie danach wiedersehen. Und ihr Lächeln ist eher noch breiter geworden, sie scheint unbarmherzig heiter. Schon prägen sich Lachfalten in die glatte Haut ihres Gesichts ein.

Ein einziges Mal kann sie danach als Person mit einer akzeptablen Psychologie überzeugen. Sie muß ein junges Mädchen trösten, das Liebeskummer hat, und schon ist Marlene in ihrem Element. Diese Rolle kennt sie: die der lebenserfahrenen Frau, die sich in Dingen der Liebe zurechtfindet. Dabei ist es egal, ob sie am Hof von Bagdad oder in einer Bar im Hafen von New York agiert. Die Probleme bleiben die gleichen.

Und ihr Gesichtsausdruck wird dabei plötzlich so ernst und »realistisch«, daß wir uns wünschen, sie verschwände in den orientalischen Tanzsaal-Kulissen dieses Films und käme auf der anderen Seite, am besten im »Blauen Engel« oder im »Showroom International« von Las Vegas wieder heraus.

Wohlgemerkt: das Filmabenteuer ist unterhaltsam. Es ist üppig ausgestattet, verschwenderisch kostümiert und flüssig erzählt. Die Inszenierung tut alles, um zu unterhalten. Nur Marlene ist unerschütterlich fehl am Platz, da könnte sie sich beim Tanzen auch auf den Kopf stellen.

So gesehen ist dieser Film wirklich ein Wendepunkt in ihrer Karriere. Sie ist anwesend – und man sieht dennoch über sie hinweg. Wo Kulissen und Kostüme die Hauptrolle spielen, hat sie nichts zu suchen, also wird sie auch nichts finden, was sie dem Zuschauer bieten könnte.

Sie wirkt in diesem MGM-Spektakel wie ein reines Ausstellungsobjekt, hexenhaft schön und total überzeichnet. Jede andere Schauspielerin hätte diese Rolle spielen können – und das sollte eigentlich ungestraft niemand von einer Dietrich-Rolle sagen können.

Krieg!

Marlene Dietrichs Aktivitäten blieben in dieser Zeit nicht darauf beschränkt, vor den Kameras zu posieren. Schon gar nicht vor Kameras, die sie wie in »Kismet« als Comic-Figur präsentierten. Als Kind ihrer Zeit war sie daran interessiert, ihrem neuen Heimatland im Krieg zu helfen. Natürlich mit ihren eigenen Mitteln − durch Unterhaltung.

Die Dietrich tauchte immer häufiger auf Showbühnen auf, die ursprünglich nicht für sie gebaut worden waren. Sie sang vor Arbeitern in Werften, vor Frauen in Rüstungsbetrieben, vor Soldaten und Rekruten in den Ausbildungslagern. So manchen Tag absolvierte sie sechs bis acht Vorstellungen hintereinander. Auch des Nachts war sie oft mit ihren Auftritten oder mit der Planung der nächsten Shows beschäftigt.

Seit die japanische Armee am 7. Dezember 1941 den wichtigsten Flottenstützpunkt der USA im Pazifik, an der Südküste der Hawaii-Inseln Oahu bei Honolulu, angegriffen und dort, im Hafen von Pearl Harbour, die Pazifikflotte praktisch ausgeschaltet hatte, arbeitete die Regierung an einem offiziellen Kriegseintritt der USA.

Die Kriegsvorbereitungen liefen auf Hochtouren, das ganze Land war im Fieber der Vorbereitungen. Nicht zuletzt auch deshalb, weil das mit Japan verbündete Deutschland im Dezember 1941 den USA offiziell den Krieg erklärt hatte.

Für die Künstler des Landes bedeutete dies, ihren Platz einzunehmen, um die Moral in der Bevölkerung und vor allem bei der kämpfenden Truppe zu stärken. Dabei ging es – jedenfalls für Marlene und ihre Freunde – nur um eines: diesen sinnlosen Krieg so schnell es ging zu beenden. Sie sagte: »Ich fühlte mich mitverantwortlich für den Krieg, den Hitler verursacht hatte ... Als Japan Amerika angriff, gab ich auf, was ich besaß ...«

Marlene begann damit, innerhalb der USA herumzureisen und für Kriegsanleihen zu werben. Sie versuchte alles, um ihrem neuen Heimatland Amerika in Kriegszeiten dienlich zu sein. Ihre Freunde, Emigranten und US-Stars, wußte sie an ihrer Seite. Und sie war bei dem Engagement für diese Sache ein Vorbild für jedermann. Sie wollte mit an die Front, weil sie sich dem Land gegenüber, das sie so freundlich aufgenommen hatte und dessen Staatszugehörigkeit sie nun besaß, verpflichtet fühlte. Daß in dieser Zeit, bei Frontauftritten, kaum etwas zu verdienen war, nahm sie in Kauf. Es ging um Wichtigeres.

Im Jahr 1943 schrieb sich Marlene bei der United States Entertainment Organisation ein, die ihre Auftritte an der Front vorbereiten sollte. In der Shipbuilding Corporation Kaliforniens schuf sie bunte Programme, die dazu dienten, Geld zu sammeln, Geld wurde überall benötigt, und Marlene war sich nicht zu schade, es für den guten Zweck dort einzusammeln, wo es vorhanden war. Sie sang ihre inzwischen weltberühmten Lieder aus den Filmen und hatte damit überall Erfolg.

Anfang des Jahres 1944 fuhr Marlene nach New York, um dort eine große Europa-Tournee vorzubereiten. Auch Auftritte vor Soldaten an der Front mußten schließlich sorgfältig geplant werden. Vielleicht waren jene Soldaten sogar das anspruchsvollere Publikum.

Dann mußte sich Marlene allen möglichen medizinischen Untersuchungen unterziehen, bekam Spritzen, bis ihre Arme anschwollen — und flog in einer abenteuerlich alten Militärmaschine mit stotternden Propellern über Grönland nach Algier.

Unter dem Codewort Casablanca griff sie nun gewissermaßen in den Krieg ein. Die Offiziere der Truppenbetreuung hatten ihr nicht nur einen Revolver zugesteckt, sondern sie auch in den Rang eines Colonels erhoben — für den Fall einer Gefangennahme durch den Feind war das möglicherweise überlebenswichtig.

In Algier sah sie Jean Gabin wieder, den sie noch immer liebte. Und dort begann die Tournee des Fronttheaters über die Schlachtfelder Nordafrikas und Europas, die sich später auf den pazifischen Raum ausdehnte.

Das Team, dem Marlene angehörte, bestand neben einer Artistin aus Männern: einem Conférencier, einem Akkordeonspieler, einem Sänger. Und da sie immer unmittelbar hinter der Frontlinie auftreten sollten, war die Lebensgefahr im letzten Jahr des Krieges ständig vorhanden. Die kleine Truppe spielte kaum eine Vorstellung ohne direkten oder indirekten Beschuß des Feindes, Fliegeralarm oder Bombenwarnungen. Aber Marlene bewies ebenso wie ihre Mitstreiter von der Entertainment-Front Mut und Nervenstärke.

Und sie kam bei den GI's blendend an. Sie sprach genau ihre Sprache. Durch ihre Tüchtigkeit und kameradschaftliche Haltung ließ sie überhaupt keine Distanz zu den Männern an den Waffen aufkommen.

Sie brachte einen Hauch von Schönheit und Freude an die leidvollen Fronten. Sie sang, steppte — und manchmal hielt sie auch einfach nur eine kurze Ansprache. Etwa so:

»Hallo, Jungs! Ich möchte Ihnen sagen, daß es für mich

wichtiger ist, heute dieses Programm mit Ihnen zu teilen, als selbst zu unterhalten. Ich hätte nie gedacht, daß Unterhaltung von so hohem Kaliber hier draußen im Feld geboten werden kann. Ich möchte den Respekt und die Bewunderung teilen, den General Clark und Irving Berlin den Männern und Frauen der 5. Armee entgegenbringen. Wenn die Moral so hoch ist, wie ich es hier in Italien gesehen habe, bin ich sicher, daß wir einem raschen Sieg entgegensehen können. Auf Wiedersehen. Viel Glück. Gott mit euch!«

Marlene war jedenfalls in schwerer Kriegszeit stets präsent, wenn es darum ging, den Männern Mut zu machen. Auf ihre Weise hat sie sicher dazu beigetragen, daß der Krieg schließlich zu Ende ging. Zu spät, auf jeden Fall für all die Toten, aber er ging zu Ende.

Bis es dazu kam, war jedoch noch überall harte und lebensgefährliche Arbeit zu verrichten. Nicht zuletzt an der Unterhaltungsfront. Und Marlene schien es immer mehr Spaß zu machen.

Die Soldaten waren begeistert. Es gab keinen, der Marlene nicht kannte. Ihre Wirkung in den Lagern, vor Männern, die monatelang keine Frau, sondern nur feindlich gesinnte Soldaten gesehen hatten, war ungeheuer. Sie wurde gefeiert wie ein Lotteriegewinn, ihre Popularität stieg durch ihre Auftritte ins Unermeßliche.

Marlene tauchte oft unangemeldet auf. Plötzlich stand sie in der Kantine und aß mit den Schützen. Selbst in ihrer vorschriftsmäßigen Offiziersuniform: Jackett, Hose, Stiefel, Helm oder Mütze, wirkte sie unglaublich sexy. Besonders auf jene Soldaten, die ihre Filme kannten, in denen sie in Männerkleidung aufgetreten war, also zum Beispiel »Marokko« oder »Die blonde Venus«.

Für ihre abendlichen Auftritte hatte sie allerdings einige

Kleider dabei, die ihre Kostümüberwacherin bei MGM, Irene, für sie angefertigt hatte. Irene Lentz, wie sie mit vollem Namen hieß, war von 1942 bis 1949 Chef-Designerin für Kostüme bei dieser Produktionsfirma. Sie war so erfolgreich mit ihren Kreationen, daß sie eigene Boutiquen überall in den USA belieferte. Nach ihrer Zeit beim Film eröffnete sie ihren eigenen Modesalon. Für die Dietrich arbeitete Irene Lentz besonders gern, weil sie ihre eigenen Ideen in die Modegestaltung miteinbrachte.

Der Weg durch das Kriegsgeschehen war natürlich auch für Marlene keine reine Unterhaltungsshow. Es war nicht immer einfach, aber sie meisterte alle Hürden mit ihrer praktischen Haltung. Und für alle Fälle hatte sie ja auch noch jenen legendären zweiten Revolver in der Tasche, den ihr General Patton einmal geschenkt hatte, weil er die »soldatischen Tugenden« der Dietrich äußerst bewunderte.

Marlene wird ein paarmal krank, einmal sogar lebensgefährlich. Aber das Penicillin, die Erfindung jenes Sir Alexander Fleming, den sie in London persönlich kennengelernt hatte und der ihr dort die erste Penicillin-Kultur zum Geschenk machte, rettete sie. Im Winter erfrieren ihr einige Finger, sie hat Probleme mit einer verschleppten Kieferentzündung, in Bari muß sie eine Lungenentzündung auskurieren − die Entbehrungen an der Front gehen an ihr nicht spurlos vorüber. Aber der Lohn für alle Mühe ist der Einmarsch der nordamerikanischen Truppen im befreiten Rom − mit Marlene an der Spitze.

Kein Showstar hat in dieser Zeit so viel getan für die moralische Aufrüstung der Truppe. Deshalb hat sie auch die französischen und amerikanischen Auszeichnungen, die man ihr verlieh, hoch verdient: Die »Medal of Freedom«, der »Chevalier de la Legion d'Honneur« und der »Officier de la Legion d'Honneur«.

Unermüdlich reist Marlene von einer Front zur anderen. Wo sie abends ankommt, werden schnell ein paar Lastwagen zusammengeschoben, und die Show kann beginnen. Nicht viele Glamour-Stars hätten sich unter solchen Bedingungen aus Angst vor Imageverlust bereit erklärt, aufzutreten. Marlene und ihre Kollegen beweisen, daß sie auch an der Front Profis sind.

Daß sie sich beim deutschen Kriegsgegner damit nicht beliebter macht, ist ihr egal. Auch aus diesem Grund: Wenn sie einmal mit deutschen Kriegsgefangenen zusammentrifft, klappt die Verständigung beinahe immer, die Ressentiments sind beseitigt. Und was Goebbels und Hitler von ihr denken, kümmert sie nicht, sie weiß es ohnehin.

Jeder Zeitgenosse kennt diese Bilder: Marlene in Uniform. Und jeder wußte davon, daß sie Hitlers Rufe, nach Deutschland zurückzukehren – verstärkt von sechsstelligen Summen – überhört hatte.

Ihre letzte Kriegsvorstellung in Übersee gibt sie in Oran, Nordafrika. Wie immer auf der gesamten Tournee der letzten eineinhalb Jahre, eröffnet sie den Auftritt mit »See what the Boys in the Backroom will have« – ein Hammerhit, der immer ankommt.

Der Song aus »Der große Bluff« war ihr auf den Leib geschrieben, und sie sang ihn, als sei er direkt für die Soldaten an der Front komponiert worden. Der Friedrich-Hollaender-Song sprach die Sprache der Soldaten und war bereits ein Gassenhauer, den jeder pfiff, auch ohne sich dessen bewußt zu sein. Allein die Erwartung des Publikums, dieser Schlager würde gleich von Marlene gesungen werden, reichte schon aus, um Begeisterung zu erzeugen. Sie hätte ihn gar nicht vortragen müssen – Zitate hätten ausgereicht.

Diese Erfahrungen nutzte Marlene für ihre Showkarriere, die Ende der 50er Jahre in Las Vegas begann.

Nach den letzten Auftritten in Oran geht es übers Mittelmeer ab nach Italien, zurück nach Europa, wohin sich auch der Krieg immer mehr zurückzieht. Die letzten Wochen des Gemetzels sind angebrochen. Der letzte, eiskalte Winter des allgmeinen Tötens. Marlene hat beschlossen, bis zum bitteren Ende dabeizubleiben.

Lili Marlene

Im Jahr 1945 kehrte Marlene Dietrich nach Deutschland zurück. Sie gehörte der amerikanischen Einheit an, die als erste deutsches Gebiet befreite. Von zwei Leibwächtern tags und nachts bewacht, bewegte sie sich wieder in ihrer alten Heimat. Nun allerdings zwischen Trümmerhaufen, in zerstörten Städten, die von Rattenplagen heimgesucht werden. Hunger, Seuchen und Elend überall.

Sie campiert in Dreck, Regen, Kälte, nächtigt in Zelten, Scheunen, Ruinen, erfriert sich Hände und Füße, ist fast ständig erkältet, schwebt noch einmal in Lebensgefahr, als die Truppen zurückgeschlagen und von einer deutschen Verzweiflungsoffensive eingekesselt werden, sieht das Leid um sich herum – und tut ihre Pflicht.

Ihren Ruhm in diesen Tagen mehrt, daß das nordamerikanische Office of Strategic Services, ein Propagandainstrument des Staates, einige Platten mit Songs der Dietrich neu auflegte und in Umlauf brachte. Auch ihr »Lili Marleen« war darauf zu hören, jenes melancholische deutsche Lied von Hans Leip, das als Inbegriff der Soldatenschnulze galt und bei jeder kämpfenden Truppe, egal auf welcher Seite, gut ankam. Ein deutsches Lied, zu dem der amerikanische Schriftsteller John Steinbeck einmal sagte: »Das schönste Liebeslied aller Zeiten. Schade, daß es auf deutsch entstand.«

Diese Tatsache war jedoch keineswegs zufällig. In seinem sentimentalen, aber auch poetischen Ton, angesiedelt zwischen Marschtritt, Latrinenparolen und reinem, zartem Gefühl, ist es eben unvergleichlich deutsch.

Helga Bemmann gibt in ihrem kenntnisreichen Buch »Marlene Dietrich. Ihr Weg zum Chanson« eine kleine, interessante Entwicklungsgeschichte dieses Liedes:

»Von allen Marlene-Dietrich-Liedern ist es, so muß man zunächst sagen, das Lied mit der längsten Entstehungszeit. Der Hamburger Hans Leip schrieb es als Soldat an einem Frühlingstag im Jahre 1915 in Berlin, als er auf Wache vor der Kaserne stand. Damals hatte das Liedchen nur drei Strophen, aber schon eine eigene Melodie, die Leip selbst dazu erfand ... Von drei Strophen wuchs das Lied schließlich auf fünf Strophen im Jahre 1935 ... Gesagt werden muß, daß die bekanntgewordene Melodie von dem Berliner Komponisten Norbert Schulze stammt, einem besonders aktiven Parteigänger der Nationalsozialisten, der unter anderem ›Bomben auf Engelland‹, ›Panzer rollen in Afrika‹ und etwa 20 weitere ›Endsieg-Schlager‹ für das in seinen Bankrott marschierende faschistische System lieferte.

Mit der Niederlage bei Stalingrad wurde ›Lili Marleen‹ wegen der metaphysischen Schlußstrophe, die als wehrkraftzersetzend galt, von Goebbels verboten und durfte offiziell nicht mehr gesendet und gesungen werden. Es paßte nicht mehr in die verordnete Endsieg-Stimmung.«

Weiter schreibt Helga Bemmann:

»In den sechziger und siebziger Jahren bei ihren internationalen Auftritten gab Marlene Dietrich dem Titel stets diesen Kommentar bei: ›Und jetzt ein Lied, das mir sehr am Herzen liegt. Ich sang es während des Krieges. Ich sang es drei lange Jahre lang: in Afrika, Sizilien, Italien, in Alaska,

Grönland und Island, in England, in Frankreich, in Belgien und Holland, in Deutschland und in der Tschecheslowakei.«

In der Tat ein langer Weg für Marlene und für ihre Songs, die dadurch jedoch keineswegs alterten.

In Deutschland bei Kriegsende am 8. Mai 1945: Kaum eine Familie ohne Kriegstote. Aber die Menschen scheinen froh darüber zu sein, daß die Nazis endlich vertrieben sind und der Krieg zu Ende ist.

Jedenfalls kommt es Marlene so vor. Vielleicht will sie es aber auch nur so sehen, denn im Grunde ihres Herzens ist sie Deutsche geblieben. Deutsche durch Sprache, Kultur und Erziehung. Deutsche durch Gewöhnung. Sie ist nun wieder zurückgekehrt.

Jetzt, nachdem der Krieg zu Ende ist, kann sie endlich wieder einmal ausschlafen, ohne vor Bomben und Granaten fliehen zu müssen. Und sie kann ihre Wunden kurieren, die sie am ganzen Körper besitzt.

Als Marlene im Jahr 1945 nach Deutschland kommt, ist sie noch immer die Sängerin der Soldaten. Aber sie kommt auch als Deutsche zurück.

Noch im Mai 1945 wird sie repatriiert, flog also in die USA zurück. Der Tag, an dem sie das Flugzeug nach New York bestieg und schließlich nach denkwürdigem Flug in La Guardia landete, wird ihr für immer im Gedächtnis geblieben sein. Denn zwischen der Karriere, die sie im Krieg aufgegeben hatte, und der Karriere, die sie nun wieder aufnehmen wollte, lagen Erlebnisse, die sie entscheidend geprägt hatten. Krieg, Tod, Schmerz, Grauen, Abschied.

Die Rückkehr nach New York war eine Art Traum mit alptraumartigen Zügen. Alles schien ihr unwirklich. Sie konnte ihre eigenen Wurzeln nicht mehr spüren.

War sie Deutsche? Amerikanerin? Schauspielerin? Sängerin? Soldatin? Und was würden die kommenden Monate und Jahre bringen? Bekam sie die Chance, wieder Fuß zu fassen? Vielleicht hatte man sie ja inzwischen längst vergessen.

Sie schilderte später ihre Ankunft so: »Man setzte uns am La Guardia Airport ab. Natürlich regnete es. Niemand war da, um uns zu helfen. Wir schleppten unsere Sachen selbst, wurden von Kopf bis Fuß inspiziert – und mußten all unsere geliebten Kriegsandenken abgeben. Da standen wir nun, ohne einen Pfennig in der Tasche, vor der Taxihaltestelle und wußten nicht, wohin wir gehen sollten. Wenn man kein Geld hat, ist man vollkommen verloren, besonders in Amerika. Es nutzte nichts, als wir sagten, wir kämen gerade aus dem Krieg. Nichts zu machen. ›Wir sind beschäftigt. Also macht, daß ihr weiterkommt!‹«

Solche Erfahrungen weckten ihren Trotz. Sie beschloß, wie in alten Zeiten im Hotel Saint Regis abzusteigen – in verdreckter Uniform.

Sie brauchte einfach die alte, vertraute Suite, um die Schrecken der Vergangenheit zu vergessen. Ein langes Bad in der marmornen Badewanne, ein Glas Champagner, Musik von Gershwin, eine Handvoll Dollar, die ihre Brieftasche füllten – die beste Art, den Krieg zu vergessen.

Und sie mußte vergessen. Sie mußte an das Morgen denken, die typische Nachkriegsdepression loswerden, unter der alle litten. Was vergangen war, war vergangen. Es ging darum, sich wieder zurechtzufinden im Alltag.

Eine Amerikanerin aus Berlin

Marlene Dietrich war vor dem Kriegsende in Deutschland an der Seite des Résistance-Führers Charles de Gaulle durch das von den Nazis endlich befreite Paris geritten. Eine Amerikanerin aus Berlin von internationalem Niveau.

In Paris trifft sie später auch Hemingway wieder. Sie verlebt einige Tage mit ihm, der im Hotel Ritz wohnt, erzählt ihm von Jean Gabin, den sie hier auch wiedersehen wird, und sie trinken zusammen Champagner. Auch Maurice Chevalier sieht sie wieder, von dem sie viel gelernt hatte – vor allem die Noblesse des gesanglichen Vortrages, aber auch die tatkräftige Sorge um all die vielen Emigranten, die Europa auf der Flucht vor den Mordschergen überschwemmten.

Als Gabin in Paris eintrifft, sind die beiden bald wieder ein Herz und eine Seele. Beide haben den Krieg überstanden und nehmen ihre freundschaftliche Beziehung wieder auf. Aber Gabin ist inzwischen verheiratet, also ist es nicht mehr wie früher. Gabin wohnt in der Rue François I., Marlene wohnt in der Avenue Montaigne Nr. 12, in jener Wohnung, die sie für immer beziehen wird, nachdem sie sich in den späten 70er Jahren aus der Öffentlichkeit zurückgezogen hat.

Ihre Freunde erinnern sich später daran, wie Marlene in diesen Tagen darauf wartete, daß Gabin zu ihr zurückkehrt.

Aber das war illusorisch. Also tröstete sie sich damit, daß sie sich seine alten Filme ansah, so oft diese im Quartier Latin, am linken Seineufer, liefen.

Marlene Dietrich kam als »schönster Soldat der Navy« nach Deutschland, in den letzten Kriegswochen, immer im Troß der kämpfenden Truppe. Einer ihrer ersten Wege war der nach Celle, wo sich in der Nähe das Konzentrationslager Bergen-Belsen befand, in dem ihre Schwester Elisabeth eine Zeitlang, obwohl mit Sonderstatus, gefangen gehalten wurde.

Das Wiedersehen der beiden Schwestern ist erschütternd. Das KZ ist befreit, aber die Toten überall lassen diesen Umstand nicht wie eine Befreiung erscheinen. »Der Tod ist ein Meister aus Deutschland ...« – diese Gedichtzeile von Paul Celan aus dem Poem »Schwarze Milch der Frühe«, liegt wie ein Verhängnis über den Eindrücken, die Marlene Dietrich in jenen Tagen erfährt.

Elisabeth ist schwer gezeichnet. Körperlich zwar überlebensfähig, seelisch jedoch angeschlagen. Sie und Marlene müssen behutsam damit beginnen, ihre verwandtschaftlichen Gefühle füreinander wieder zu entwickeln. Insgeheim gibt Elisabeth der Schwester die Schuld daran, daß sie leiden mußte. Und Marlene kann sich selbst von dieser Schuld nicht ganz freisprechen, obwohl es dafür, objektiv gesehen, keinen Grund gibt.

Später, im September des Befreiungsjahres 1945, sah Marlene auch ihre Mutter wieder, die in Berlin die Kriegszeit, die Nazis und die Bombenangriffe heil überstanden hatte. Frau von Losch war jedoch nicht gesund und schloß ihre berühmte Tochter, mit der sie seit 1933 nur brieflichen Kontakt gehabt hatte, im Bewußtsein in die Arme, daß dies vielleicht das letzte Mal war.

Und so war es auch. Einige Wochen später starb sie in

Berlin. Marlene reiste sofort aus Südfrankreich, wo sie sich gerade aus beruflichen Gründen befand, in ihre Geburtsstadt und arrangierte die Beerdigung.

Danach begann für die Amerikanerin aus Berlin eine Phase hektischer Reisen. Sie mußte beruflich und privat viel unterwegs sein und versuchte, das eine mit dem anderen zu verbinden.

Bis Anfang 1946 war sie zwischen Berlin und New York ständig unterwegs, hielt sich aber, so oft sie konnte, in ihrer Wohnung in Paris auf, wo sie sich von den Spuren der Kriegsjahre erholen wollte.

In Paris traf sie jedesmal mit Gabin zusammen. Auch Jean Gabin hatte aus dem Krieg die Erfahrung mitgebracht, daß man dankbar dafür sein konnte, jeden Tag neu zu erleben und mit anderen Menschen, die man liebte, zu teilen. Für Menschen, die im Krieg gewesen waren, war jeder Tag danach viel zu kurz.

Endlich bestanden auch reale Chancen, daß Marlene und Gabin gemeinsam in einem Film auftreten konnten. Ein anderer Filmplan, bei dem Marcel Carné Regie führen sollte, war gescheitert. Nun bot sich ein Projekt an, das die französische Produktionsfirma Alcine in den Studios von Saint-Maurice realisieren wollte. Georges Lacombe sollte die Regie übernehmen. Der Titel: »Martin Roumagnac«.

Marlene und Gabin stimmten sofort zu. Es ging in dem Film um einen Bauunternehmer, der sich in die Witwe Blanche verliebt und ihr ein Haus baut. Da auch noch ein anderer Mann im Spiel ist, reist Blanche nach Paris, wird jedoch von dem Titelhelden im Affekt getötet. Es kommt zum Gerichtsprozeß, der Mörder wird freigesprochen. Als er erfährt, daß Blanche die Liaison mit dem anderen längst beendet hatte, ist er ein gebrochener Mann. Ein Verehrer der toten Blanche erschießt ihn am Ende.

Ein Melodram, wie es verwickelter nicht hätte sein können. Das Drehbuch entstand nach einem Roman von Pierre-René Wolf, das Pierre Véry bearbeitete. Es war nicht schlecht, wie überhaupt der ganze Film nicht übel angelegt zu sein schien. Gute Dialoge, das Traumpaar des französischen Kinos jener Zeit, atmosphärisch stimmig und milieuecht, schien dem Projekt der Erfolg sicher.

Was jedoch schließlich dabei herauskam, war zwar handwerklich ordentlich, aber wenig inspiriert. Es fehlte dem Film der innere Atem; allzu solide wird die Story heruntererzählt. Und die beiden Stars, die in diesem Film, jeder auf seine Weise, eine Art Nachkriegs-Debüt feierten, konnten das Ganze auch nicht zusammenhalten. Vielleicht hatten sie inzwischen außerhalb der Leinwand zuviel Realität erlebt, um das fiktive, melodramatische Geschehen zu beleben.

Für Gabin bedeutete diese erste Produktion nach dem Krieg in seinem Heimatland immerhin ein Comeback. Es war der Beginn einer neuen Ära für den ehemals jugendlichen Draufgänger und verschattete Liebhaber spielenden Narziß. Auch er war etwas in die Jahre gekommen und konnte nun den zweiten Teil seiner Karriere vorbereiten. Das Publikum akzeptierte ihn so, wie er jetzt war. Und es dankte Marlene, die ihre Rolle der Provinzschönheit in französischer Sprache gespielt und so ihre Liebe zu Land und Leuten ausgedrückt hatte.

Dennoch stand insgesamt gesehen kein guter Stern über diesem Filmprojekt. Marlene fühlte sich ausgepumt von ihren Auftritten an der Front, Gabin war sich seiner Wirkung vor den kritischen Augen der Landsleute nicht sicher, die Dreharbeiten machten niemandem rechten Spaß.

Und da es zwischen Marlene und Gabin immer häufiger kriselte, übertrug sich die Stimmung auf den Set. Niemand dachte danach mit frohen Gefühlen an diese Arbeit zurück.

Marlene begann überhaupt in diesem Jahr 1946 zu überlegen, ob sie weiterhin Filme machen wollte. Nach all den Erfahrungen im Krieg wollte sie nicht bruchlos in die Traumfabrik Hollywoods zurückkehren. Es war zu viel geschehen.

Freunde ermutigten sie, für die Zukunft eine Tournee als Sängerin und Entertainerin zu planen. Und so dachte sie intensiv darüber nach. Da sie jedoch andrerseits Geld verdienen mußte, blieb es im Moment realistisch, weiterhin vor die Kamera zu treten.

Marlene Dietrich war zwar keine arme Frau, sie hatte Besitz und Festwerte, jedoch hatte sie ein Jahr lang an der Front nichts verdient, und so war sie nicht »flüssig«. Sie durfte zum Beispiel keine Schecks mehr ausstellen und galt als nicht kreditwürdig. Ihre hohen Gagen hatte sie im Krieg mit vollen Händen ausgegeben − nicht zuletzt für in Not geratene Emigranten, denen sie einen menschenwürdigen Start in ein neues Leben ermöglichen wollte.

Marlene hat sich in ihren Memoiren »Nehmt nur mein Leben« an diese Zeit erinnert:

»Natürlich waren wir alle pleite! Wie kann man Geld verdienen, während man im Krieg ist? Man kommt ohne Geld zurück. Aber sie verleihen Orden. Orden kann man leider nicht essen ...

Als ich nach Amerika zurückgekehrt war ..., drehte ich einen Film, um Geld zu verdienen.

Wir alle wünschten, wir wären reich, weil dann unsere Sorgen kleiner wären. Geld macht glücklich, sage ich ...

Wann immer ich Geld hatte, gab ich es aus. Es gibt so viele Möglichkeiten, es auszugeben. Selten für mich selbst. Autos, Pelze, Extravaganzen kamen für mich nicht in Frage.

Trotzdem verfolgten mich Geldprobleme. Aber ich war nicht die einzige, die unter der Nachkriegsdepression litt.

Ich überlebte sie mit der Hilfe von Mitchell Leisen und ging nach Hollywood, um einen Film für ihn zu machen, und zwar (nachdem ich ›so lange von der Leinwand weg war‹) für die Hälfte meiner Vorkriegsgage.«

Das Angebot aus Hollywood kam also gerade recht. Der Regisseur Mitchell Leisen, der zuvor Filme wie »Leichtes Leben« (1937), »Das goldene Tor« (1941) oder »Keine Zeit für Liebe« (1943) gedreht hatte, plante den Film »Golden Earrings« (Die goldenen Ohrringe). Für die Rolle einer Zigeunerin hatte er sich Marlene Dietrich in den Kopf gesetzt.

Marlene war im ersten Moment überhaupt nicht begeistert von der Idee, gab es denn wirklich für gute Drehbuchautoren im Moment keine Möglichkeit, ihre eigenen Kriegserfahrungen in eine gute Rolle zu überführen? Konnten Filme nicht darauf reagieren, was in den letzten Jahren geschehen war, und sie etwas Sinnvolles spielen lassen?

Sie ließ sich jedoch − aus obengenannten Gründen − überreden, die Rolle zu übernehmen.

Auch die Paramount, für die der Film produziert wurde, konnte sich zunächst nicht für Marlene begeistern. Aber Leisen wollte den Film nur mit ihr drehen. Und als er schließlich argumentierte, man solle ihm doch eine andere, nicht mehr ganz junge Schauspielerin nennen, die unter dem Schmutz einer zigeunernden Frau absolut verführerisch sein konnte, gaben die Bosse nach.

In der Tat, dafür kam nur Marlene in Frage, die sich trotz ihrer 45 Jahre die Aura einer betörend schönen Frau bewahrt hatte.

Die Dietrich, noch immer skeptisch gegenüber den Möglichkeiten ihrer neuen Rolle, begann, Zigeunerlager in der Nähe von Paris aufzusuchen, um die Gewohnheiten, das Aussehen und die Kleidung dieser Menschen zu studieren.

Der Regisseur erinnert sich in einem Gespräch mit seinem Biographen David Chierichetti (zitiert nach einer Dokumentensammlung im Deutschen Institut für Filmkunde Frankfurt):

»Bevor sie hier ankam, fuhren wir zu Außenaufnahmen in die Berge und drehten einige Totalen mit Ray Milland und einem Double in Marlenes Kostümen. Als Marlene eintraf, warf sie nur einen kurzen Blick auf die Kostüme und weigerte sich, sie anzuziehen, weil sie wußte, daß sie nicht authentisch waren. Es war furchtbar schwierig, die von Marlene gewünschten Kleider so zu verändern, daß sie den in der Totale benutzten ähnlich sahen ...

Marlene schminkte sich natürlich selbst und entschied sich für eine sehr dunkle Grundfarbe. Sie schmierte Ruß drüber, den sie so in ihrem Gesicht verrieb, daß es bei der Aufnahme dunkler wirkte als ein schwarzes Loch. Mit ihren Fingernägeln riß sie außerdem so lange Löcher in ihr Kleid, bis ich ihr schließlich auf den Handrücken schlug und sagte, sie solle aufhören.«

Die Dreharbeiten verliefen nicht ganz ohne Aufregung. Zunächst einmal hatten die Hauptdarsteller Marlene und Ray Milland unterschiedliche Auffassungen über die Interpretation der Handlung. Die Story um die Zigeunerin Lydia, die einen Engländer mit Geheimauftrag durch die feindlichen Linien schleust und nach dem Krieg wieder mit ihm zusammentrifft, bot auch unterschiedliche Ansätze.

Darüber hinaus kam es immer wieder zu Streitereien der Hauptdarsteller. Regisseur Leisen erwies sich als zu schwach, diese zu schlichten, und so wirken einige Szenen des fertigen Films seltsam uneinheitlich, mal zu leidenschaftlich, mal unerklärlich kalt.

Von Krankheit unter den Beteiligten am Drehort und Streiks in Hollywood belastet, gingen die Dreharbeiten schließlich doch noch nach neun harten Wochen zu Ende. Und obwohl der Film an der Kinokasse ein Erfolg wurde, waren die Kritiker gar nicht zufrieden.

Bosley Crowther schrieb in der »New York Times«:

»Die märchenhaften Beine der Dietrich und ihren bemerkenswerten Charme…, kann man in dem Paramountfilm unter Bärenfett und einem Haufen Zigeunerlumpen gerade noch erkennen. Ein seltsam selbstmörderischer Impetus hat das Studio offenbar dazu getrieben, die positiven Eigenschaften von Miss Dietrich in diesem Film um jeden Preis verbergen zu wollen und sie in eine schmutzige Vogelscheuche zu verwandeln, auf die das Publikum kaum neugierig sein dürfte.«

Nach Ende der schwierigen Dreharbeiten läßt sich Marlene auf zwei andere Medien ein.

Das eine kommt gerade groß in Mode; das Fernsehen. Marlene Dietrich bekommt einen hochdotierten Vertrag und spielt in der TV-Produktion von »Grand Hotel« mit.

Das andere Medium ist schon älter und hat auf Marlene immer seinen Reiz ausgeübt: der Rundfunk. Mit ihrer wunderbaren Stimme ist sie bestens geeignet, die Menschen vor dem Empfänger zu erreichen. Sie tut es als »Madame Bovary«. Und sie tut es als Ehrung ihres Radio-Lehrers Orson Welles, von dem sie alles über dieses Medium gelernt hat.

Danach beeilt sich Marlene, wieder nach Paris zurückzufahren. Sie fühlt sich immer stärker angezogen von der europäischen Kultur, vom Lebensstil in den alten, schönen Metropolen, vom Leben und Treiben in den Straßen, den Clubs und Bars. Man sieht sie jetzt immer öfter, in wechselnder Begleitung, in der Oper, im Theater und in Cafés. Sie genießt ihr Leben nach den Strapazen des Kriegs und erzählt Freunden, daß sie jede sich bietende Gelegenheit nutzen wird, um vom Hollywood-Film wegzukommen.

In Paris lebten nach dem Krieg viele europäische Emigranten, die zwar aus den USA in ihren Heimatkontinent zurückgekommen waren, sich jedoch nicht entschließen konnten, nach Deutschland weiterzureisen. Sie alle scharten sich um Marlene Dietrich, die so etwas wie ein kulturelles und moralisches Zentrum für diese Menschen war.

Zu den Emigranten gehörte neben Walter Reisch, Otto Preminger oder Billy Wilder auch Ernst Lubitsch, mit dem Marlene ja in Hollywood schon eng zusammengearbeitet hatte (bei »Sehnsucht« und »Engel«). Der Tod Lubitschs hat Marlene damals tief berührt. Walter Reisch erinnerte sich an diesen Moment Ende 1947:

»Lubitsch wollte den Film (»Den Teufel im Leib«, B. S.) unbedingt sehen, und ich hatte eine ganze Reihe interessierter Leute dazu eingeladen: Mady Christians, Otto Preminger, Billy Wilder, Yvonne de Carlo, Edmund Goulding, Mike Romanoff und andere. Ich holte Marlene ab, die oberhalb des Sunset Boulevards in einem Apartment wohnte. Wie immer trug sie die amerikanische Freiheits-Medaille, obwohl Lubitsch gesagt hatte, er käme nur, wenn sie sie zu Hause ließe, weil ihm diese Zurschaustellung auf die Nerven ging. Wir gingen zu Wyler. Alle Gäste — außer Lubitsch — waren schon versammelt.

Er kam auch nicht mehr, denn er war am Nachmittag gestorben. Unter der Dusche hatte er einen Herzanfall erlitten. Marlene fuhr sofort zu seinem Haus in Bel Air: Sie stand neben dem Sarg und weinte still vor sich hin, ihr letztes Plattenalbum unter dem Arm, das sie auf der Party vorspielen wollte.

Es ist richtig, daß Marlene und Lubitsch sich oft gestritten hatten, aber sie hatte immer großen Respekt für sein Können. Sie stammten beide aus Berlin und hatten die ersten Lebensjahre im selben Stadtteil gewohnt. Allein das schuf eine gewisse Sympathie zwischen ihnen. Und nun stand sie, inzwischen selbst Mitte Vierzig, an der Bahre dieses großen Regisseurs, der bereits berühmt gewesen war, als sie noch mit ihrer Geige durch Berlin lief und versuchte, etwas Geld zu verdienen« (zitiert nach Charles Higham).

Kurt Pinthus schrieb in seinem Buch »Der Zeitgenosse. Literarische Portraits und Kritiken« eine etwas andere Version über den Tod des Regisseurs:

»Am 30. November 1947, einem Sonntag, fand sein Hausmeister Werner, ein ehemaliger Bankdirektor, zuletzt mehr sein Freund als sein Diener, Ernst Lubitsch nach dem Mittagessen tot im Sessel sitzend, so wie er einst allnächtlich, sehr lebendig, in Berlin am Stammtisch der Mutter Maenz in der Augsburger Straße (eine im Krieg zerstörte und nach dem Krieg in Frankfurt am Main wiedereröffnete Kneipe, B. S.) gesessen hatte, die schwarze Napoleonslocke in der Stirn über der kühn vorzinkenden Nase; die sonst so lustig blitzenden Augen und der leidenschaftlich diskutierende Mund waren jetzt für immer geschlossen, aber die geliebte Zigarre hielt er noch in der erstarrten Hand.«

Am 4. Dezember des Jahres ist auf dem Friedhof Forest Lawn in Hollywood die Beerdigung des großen deutschen Komödien-Regisseurs. Der Filmstar Jeanette MacDonald singt an seinem Grab »Beyond the Blue Horizon«, und alle seine Freunde und Kollegen sind ergriffen auf dem Friedhof versammelt. Auch Marlene.

Der große Billy Wilder hatte einmal über Marlene gesagt: »Sie ist ein wirklicher Freund. Sie nimmt ehrlich Anteil an allen Problemen. Sie hat einen Kreis von ungefähr fünfzig Leuten, die dauernd bei ihr Hilfe suchen. Ihr seine Schwierigkeiten zu beichten ist besser, als wenn man zum Psychoanalytiker geht. Niemand aber fragt sie, wie es ihr geht. Sie ist schlau, weise, hilfsbereit. Und dabei hat sie die romantische Unreife eines sechzehnjährigen Backfischs. Sie ist eine unheilbare romantische Seele. Das ist das Geheimnis ihres Aussehens und ihres Wesens.«

Schöne, liebevolle Worte eines großen Menschenkenners, der die Deutsche beinahe ein ganze Leben lang immer wieder traf und begleitete.

Als Marlene jetzt in Paris saß und überlegte, wie sie eine zweite Karriere beginnen konnte – sie mag sich dabei mit den fünfzig Personen beraten haben, von denen Wilder spricht – kam dieser in ihrer Wohnung in der Avenue Montaigne vorbei. Sie plauderten über vergangene Zeiten, vor allem über den alten Starkult in Hollywood.

Wilder sagte plötzlich: »Du sollst in deinem nächsten Film eine Person namens Erika von Schluetow spielen, die in der Nazizeit zu den Spitzen der Gesellschaft gehörte.«

»Bist du verrückt?« erwiderte Marlene. »Ausgerechnet ich, soll eine Nazikuh spielen?«

»Du darfst auch singen«, köderte Wilder sie vorsichtig. »Friedrich Hollaender schreibt alle Songs.«

»Na, immerhin«, murmelte Marlene.

»Also?«

»Wann spielt denn das ganze überhaupt?« wollte Marlene wissen.

»Der Film spielt in Berlin ...«

»... Aha ...«

»... in der Nachkriegszeit. Du singst in einem Nachtclub und hast einen amerikanischen Offizier zum Freund, der dich deckt.«

»Das schmeckt mir ja alles gar nicht, das ist doch Quatsch!«

»Warte ab, wie es weitergeht, es wird noch spannend!«

»Also gut, ich höre zu.«

»Du hattest früher einen Freund, der bei der Gestapo schlimme Dinge getan hat. An diese Figur wollen die Amerikaner jetzt ran. Deshalb deckt dich der amerikanische Offizier auch nur zum Schein. Der Trick gelingt auch, der Gestapo-Agent kommt aus seinem Versteck und wird erschossen.«

»Und was ist mit mir?«

»Du selbst wirst − in ein Arbeitslager eingewiesen. Tja ... leider ...«

»Ist ja schrecklich. Und das soll ich spielen?«

»Ich würde dich herzlich darum bitten, Marlene.«

»Also gut, weil du es bist, der mich bittet. Käme ein anderer mit einer solchen Rolle zu mir, würde ich die Polizei rufen!«

In der Tat, das Angebot kam überraschend. Die Rolle deckte sich haargenau mit allem, was Marlene verabscheute. Aber vielleicht ließe sich aus diesem Grund daraus eine gute schauspielerische Leistung machen. Denn man spielt ja böse Charaktere oft besser, weil sie dankbarer zu gestalten sind. Und hatte nicht Alfred Hitchcock einmal gesagt, je besser der Bösewicht ist, desto besser der Film?«

Billy Wilder fuhr wieder nach Amerika zurück und schickte Marlene einige Muster, die er bereits abgedreht hatte. Marlene sah sie sich interessiert an und war sehr angetan.

Sie packte wieder einmal ihre Koffer und fuhr nach Hollywood. Denn wie auch immer ihre weitere Zukunft aussehen würde, einen Film mit Billy Wilder zu machen, war einfach eine besondere Herausforderung. Außerdem würde sie die Außenaufnahmen in Berlin miterleben − ein zusätzlicher Anreiz, die Rolle zu übernehmen.

Insgesamt gesehen war das Engagement für diesen Film

ein Glücksgriff für Marlene Dietrich. Denn nicht nur das Drehbuch, das Wilder zusammen mit Charles Brackett und Richard L. Breen geschrieben hatte, war hervorragend. Die Songs ihres alten Freundes Friedrich Hollaender, unter anderem »The Ruins of Berlin« und »Black Market«, waren Marlene auf den Leib geschrieben.

Und sie steckte auch die negativen Aspekte der Rolle locker weg. Es war ja nur Kintopp ...

Die schwarze Komödie, um die es sich handelt, nimmt sich zwischen den Ruinen Berlins − der Rest entstand am Jahreswechsel 1947/48 in den Paramount-Studios in Hollywood − besonders bemerkenswert aus. Ruinen und Humor, in dieser Hinsicht hatte die Regie Wilders mit der tatsächlichen Situation der ehemaligen Hauptstadt viel gemein. Und Marlene genoß es, wieder »zu Hause« zu sein.

Sie traf, so oft es ihre Zeit zuließ, Bekannte und Freunde. Die Berliner Luft tat ihr gut − sofern sie diese trotz der unübersehbaren Not, der eisigen Kälte und des Elends in der Stadt überhaupt bewußt genießen konnte.

Der Winter 1947/48 war einer der schlimmsten, die Berlin jemals erlebt hatte. Eine Kälteperiode ohne Beispiel ließ die Bewohner in den meist unbeheizten, fensterlosen, nur notdürftig geschützten Häusern frieren. Es gab nicht viel zu heizen, das Abholzen der Bäume im Umland stand unter Strafe. Auch zu essen gab es nicht viel. Kinder ernährten sich von Rattenfleisch. Das hatten sie den großdeutschen Ideologen zu verdanken, die es sich zuvor nicht hatten nehmen lassen, »Deutschland, Deutschland über alles«, zu grölen.

Alles war auf Lebensmittelkarten rationiert. Es war genau festgelegt, wer Brot, Nährmittel, Fett, Kartoffeln, Kaffee-Ersatz oder gar echten Tee erhalten durfte und wieviel.

Salz gab es zum Beispiel 400 Gramm monatlich pro Einwohner, Schwerarbeiter und Arbeiter in »gesundheitsschädlichen Betrieben« bekamen monatlich sogar 100 Gramm Bohnenkaffee zugewiesen. Kinder erhielten 20 Gramm Fleisch und 300 Gramm Brot – im Monat. Nichtberufstätige hatten auf nicht mehr als 7 Gramm Fett monatlich Anspruch. Und Angestellte mußten mit 20 Gramm Zucker im Monat zurechtkommen.

Dennoch begann das Leben sich schon wieder zu regen, vielleicht sogar, sich zu »normalisieren«. Man räumte auf, transportierte den Schutt weg. Holz zum Feuermachen – zum Kochen, nicht zum Heizen – konnte gegen Kartoffelschalen eingetauscht werden. Und vom Anhalter Bahnhof aus fuhren täglich, besonders aber am Wochenende, die sogenannten Hamsterzüge in die umliegenden ländlichen Gebiete der Mark Brandenburg.

Am Reichstag, dem ehemaligen Regierungssitz des Preußentums und danach der Nazis, florierte der Schwarze Markt, und jeder versuchte verzweifelt, irgend etwas einzutauschen, was sich verspeisen ließ.

Das war Nachkriegsberlin in jenem Winter, als Marlene »A Foreign Affair« (Eine auswärtige Affäre) drehte.

Und sie bekam davon natürlich einiges mit, denn sie interessierte sich dafür. Im Gegensatz zu anderen Stars, die sich auf dem Set abschotteten bzw. in ihren Hotelsuiten blieben, fuhr Marlene, die Amerikanerin aus Berlin, in langen Fahrten durch ihre Heimatstadt und sah sich das Elend an. Sie bewunderte wieder einmal den Mut der Berliner, von dem sie ja selbst einiges abgekriegt hatte.

Als die Außenaufnahmen beendet waren, fuhr das gesamte Team nach Hollywood zurück, wo der Film fertiggestellt wurde.

»Marlene Dietrich fühlt sich wohl in ihrer Rolle«, schrieb die Kritikerin Dorothy Kilgallan nach Ansicht des fertigen

Films, »ihrer besten seit zehn Jahren; sie ist ihr offensichtlich auf den Leib geschrieben.«

Ein anderer Kritiker meinte jedoch: »Marlene Dietrich kennt die Männer immer noch besser als jede andere Frau, und noch immer steigt ihre Stimme durch den Rauch wie die Stimme Liliths. Aber wenn Sie unbekümmertes Gelächter in einem Krankenzimmer für unpassend halten, sollten Sie sich ›A Foreign Affair‹ lieber nicht ansehen.«

Und ein dritter Kritikaster fügte hinzu: »Der Film ... zeichnet sich dadurch aus, daß er eine der geschmacklosesten Episoden auf die Leinwand bringt, die dort jemals zu sehen waren ...«

Man kann dazu stehen, wie man will − Billy Wilder ist eben Billy Wilder. Er lacht eben auf der Intensivstation und hat auf diese Weise schon manchen großartigen Film gemacht.

Aber eines hoben alle Kritiker hervor, daß nämlich Marlene Dietrich ihre Sache hervorragend machte. Und das entsprach auch den Tatsachen.

Was man dem Film eventuell vorwerfen könnte, ist der Umstand, daß die Nazi-Charaktere darin allzu positiv weg kommen. Das war nicht einmal Wilders Absicht, es ist ihm einfach unterlaufen, weil diese Figuren ihn nicht sonderlich interessierten.

Die Nazis bei Wilder haben Lebensart − damit differenziert er sie zu wenig von den Amerikanern, die mit ihnen verkehren. Ihre politischen Motive verabscheute der Regisseur wie jeder andere intelligente Mensch, aber er verwendete zu wenig Mühe darauf, diese zu distanzieren.

Statt dessen ist er bemüht − wie weiland Ernst Lubitsch in seinem berühmten Film, »Sein oder Nichtsein«, der mit dem Makabren ebenfalls Scherze treibt − seine spezielle Komik auf den Trümmerhaufen in Gang zu bringen. Er erzählt von Menschen, die trotz des Elends heiter sind, weil sie ihre Lebensfreude gerettet haben. Um diesen Kontrast geht es ihm, und da schließt er auch Marlene Dietrich ein, die hier, wie gesagt, eine Nazi-Sympathisantin spielen mußte.

Dies war schon eine kleine Vorwegnahme der Rolle, die sie ein paar Jahre später in »Das Urteil von Nürnberg« spielte.

Der Film besaß viele Plus, die wichtigsten: Marlene, Wilder, Berlin. Da konnte nichts schiefgehen. Diejenigen, die doch einiges schief fanden, hatten einfach wenig begriffen vom Slapstick-Humor des Regisseurs.

Marlene hatte durch diesen Film wieder Lust bekommen, in der Filmindustrie zu bleiben. Und das bedeutete für sie in einer Zeit, in der sie relativ desorientiert war, viel.

Im Jahr 1950 bat die Academy of Motion Picture Arts and Science sie, bei der Oscar-Verleihung tätig zu werden. Marlene sagte zu, hatte jedoch gleichzeitig einiges dagegen einzuwenden. Sie selbst war ja nie für einen Oscar vorgeschlagen worden und hatte über diesen Preis auch ihre eigene Meinung.

In ihren Memoiren »Nehmt nur mein Leben« erstellte sie später eine Liste der »todsicheren Rollen, die einen Oscar so gut wie garantieren«:

»Priester
Berühmte biblische Gestalten
Opfer folgender Gebrechen:
Trunksucht
Blindheit
Taubheit
Stummheit
Irrsinn — einzeln oder zusammen, in erfolgreichen Filmen.

Je tragischer das Leiden, desto sicherer der ›Academy Award‹, der Oscar.«

Marlene überreichte damals die Auszeichnung im Auftrag der »Academy«. Jedoch die Veranstaltung im Pantages Theatre gefiel ihr überhaupt nicht – zuviel Brimborium um Kleider, Make-up und Superstars. Sie selbst erschien in einem schwarzen, hautengen Kleid, das bis übers Knie geschlitzt war, und erregte höchstes Aufsehen. Sie stahl den Ausgezeichneten die Show und wurde nicht ohne mehrminütige Standing Ovations wieder von der Bühne gelassen.

Marlene Dietrich hat zeitlebens eine sehr kritische Haltung gegenüber den Auswahlkriterien der verleihenden Akademie, die für die Filmindustrie tätig wird, an den Tag gelegt. Und man kann annehmen, daß sich daran auch nichts geändert hätte, wenn sie selbst ausgezeichnet worden wäre.

Seltsamerweise ist das nie geschehen. Vielleicht deshalb nicht, weil die meisten ihrer Filme keine absoluten Kassenschlager waren – und Erfolg muß ein Film schon haben, wenn er mit dem Oscar ausgezeichnet werden will. Selbst ein Schauspieler hat nur dann eine Chance, wenn er in einem Kassenfilm mitspielte. Eigentlich eine groteske Situation, wenn man bedenkt, daß große schauspielerische Leistungen nichts damit zu tun haben sollten, wieviel Dollar ein Film einspielt.

Aber so ist es nun einmal im Land des unbegrenzten Geldes. Und deshalb war es Marlene auch relativ schnuppe, daß sie nicht zu den Belohnten gehörte. Und daß sie nicht nachtragend ist, bewies sie mit ihrem Auftritt bei der Preisverleihung im Jahr 1950.

Eines jedoch wollte sie auf keinen Fall: den sogenannten Ehren-Oscar für das Gesamtwerk. In dem Film »Marlene« sagte sie dazu abfällig und nicht ohne Häme:

»Es gibt diesen Todes-Oscar — bevor man stirbt, kriegt man schnell noch einen, wenn es ans Sterben geht, dann geben sie dir noch einen. Ich nenne das den Totenbett-Oscar. Was Neues, was die da rausgefunden haben. Die sagen da: Oh, Gott, wir haben sie die ganze Zeit vernachlässigt — und geben dir schnell noch einen. Dann weiß man, daß die Person bald stirbt.«

Man kann den Mitgliedern des Auswahlgremiums, die alle aus der Filmbranche kommen, jedoch zugute halten, daß sie ehrlich und mit bester Absicht den »Totenbett-Oscar« vergeben.

Gleichzeitig erinnert man sich jedoch schaudernd an die bemüht rührseligen und verkitschten Verleihungsrituale, wenn auf der Bühne Tränen für jemanden vergossen werden, der bereits auf dem Sterbelager liegt und dessen alte Filme in Ausschnitten noch einmal vor den Augen der geladenen Gäste in Abendgarderobe gezeigt werden.

Das war oft peinlich und auch unwürdig. Marlene schlägt dagegen vor:

»Uns fehlt der Schauspieler, der einfach sagt: ›Ich habe es ganz allein geschafft, bin keinem zu Dank verpflichtet und habe die Auszeichnung hundertfach verdient. Um dann, ohne jemanden zu küssen oder eine Träne zu vergießen, abzugehen — ohne die Oscar-Statue mitzunehmen. Das wäre lustig!«

Sie hat sich ihren Humor bewahrt, jenen speziellen rauhbeinigen Berliner Humor, der die Dinge beim Namen nennt. Marlene hat diesen Humor ebenso gepflegt, wie sie die Erinnerung an die alten Berliner Songs bewahrt hat, von »Untern Linden, untern Linden« und »Kinder, heut 'abend such' ich mir was aus« bis »Nimm dich in acht vor blonden Fraun«, »Ich bin die fesche Lola« und »Ich hab 'noch einen Koffer in Berlin«.

Filmaufträge machten sich alles in allem rar in dieser Zeit. Und dazu trug Marlene das Ihre bei. Sie lebte, liebte, sang und feierte lieber als zu arbeiten. Gerade jetzt in den Nachkriegsjahren kam ihr immer stärker zum Bewußtsein, wie vergänglich das Leben war und wie sehr es jemand genießen sollte, der die Kriegszeit an der Front miterlebt hatte, ging ihr dies nicht mehr aus dem Kopf.

Ein einziges Mal erschien sie 1948/49 auf der Leinwand. Das war in einem Film, der die Story eines Mordes an einem Journalisten erzählt. Dieser hat eine rassistische Untergrundorganisation enttarnt, wird aus dem Weg geräumt und von einem mutigen Mann gerächt.

In diesem Lichtspiel namens »Jigsaw«, das im März 1949 seine Uraufführung in New York erlebte, trat Marlene lediglich in einer Szene auf, in der sie eine Nachtclubbesucherin, also gewissermaßen sich selbst, spielt. Regie führte Fletcher Markle, der in Radiosendungen »groß« geworden war, die er zum Teil zusammen mit seinem Lehrer Orson Welles produziert hatte.

Die Dietrich hatte mit Markle in New York viele Hörspiele gesprochen, klassische Rollen, die der Film ihr nie angeboten hatte, von der »Kameliendame« bis zu »Anna Karenina«. Sie schätzte ihn als Profi und spielte deshalb ohne Gage in seinem Debütfilm, um diesen aufzuwerten.

Wenn man diesen Krimi heute sieht, wünscht man sich, Marlene hätte die weibliche Hauptrolle übernommen, die damals von Jean Wallace gespielt wurde. Denn der Film besitzt ein interessantes Thema, viel Lokalkolorit und eine straffe, temporeiche Erzählweise, ist unprätentiös und spannend. Ein B-Film durchaus für die Dietrich-Filmographie, in der sich viele gespreizte, wenn auch bekanntere Werke befinden.

Ja, so bin ich ...

Nach diesem Mini-Auftritt wartete Marlene Dietrich bis 1950, bevor sie wieder auf der Leinwand erschien.

Das geschah in dem Krimi »Stage Fight« (Die rote Lola), von Alfred Hitchcock. Ein Film, der zwar nicht zu den Meisterwerken des Suspense-Regisseurs gehört, aber doch eine interessante Rolle für Marlene und eine Handvoll überraschender Einfälle hergibt. Außerdem darf sie auf der Bühne auftreten und »I'm the Laziest Girl in Town« von Cole Porter singen – und das lohnt schon den ganzen Film.

Die Handlung: Der junge Cooper muß sich verstecken, weil er wegen Mordes am Ehemann von Charlotte Inwood (Marlene Dietrich) gesucht wird. Seiner Freundin Eve gegenüber erklärt Cooper, die Inwood habe den Mord selbst begangen. Die beiden beschließen, der Inwood das Handwerk zu legen. Eve schleicht sich bei ihr als Dienstmädchen ein, aber es gelingt ihr nicht, die angebliche Täterin zu entlarven. Statt dessen gesteht ihr Cooper plötzlich, doch der Mörder zu sein und noch eine zweite Bluttat auf dem Gewissen zu haben. Mit knapper Not entkommt die entsetzte Eve daraufhin seinen Nachstellungen, während Charlotte Inwood entlastet ist. Cooper stirbt einen theatralischen Tod.

Diese Rolle der anscheinend bösen, jedoch unschuldigen Frau, die einen Mann an sich bindet, um ihre Interessen durchzusetzen, jedoch moralisch einwandfrei ist, war faszinierend. Alfred Hitchcock erinnerte sich im Interviewbuch von François Truffaut »Mr. Hitchcock, wie haben Sie das gemacht?« (in der Übersetzung von Frieda Grafe und Enno Patalas) an den Film und antwortet auf die Bemerkung Truffauts, der Film sei kein Ruhmesblatt:

»Das stimmt, aber es gab eine Sache, die mich interessierte, die Idee, eine Theatergeschichte zu drehen. Genauer gesagt, ich mochte diese Idee: Ein Mädchen, das Schauspielerin werden möchte, muß sich verkleiden und im Leben seine erste Rolle spielen, indem es bei einer polizeilichen Untersuchung mitmacht. Sie fragen sich, weshalb ich diese Geschichte genommen habe? Das Buch war kurz zuvor erschienen und verschiedene Kritiker hatten in ihren Besprechungen geschrieben: Dieser Roman ergäbe einen guten Hitchcockfilm. Und ich habe sie wie ein Idiot beim Wort genommen.«

Auf die Frage, wie er zur Besetzung seiner beiden Hauptdarstellerinnen Marlene Dietrich und vor allem Jane Wyman stehe, antwortete er:

»... Ich habe sehr viel Schwierigkeiten mit Jane gehabt. In ihrer Verkleidung als Zimmermädchen mußte sie sich häßlich machen lassen, denn immerhin kopierte sie die ziemlich unfreundliche Zimmerfrau, deren Platz sie einnahm. Bei den Mustervorführungen verglich sie sich jedesmal mit Marlene Dietrich, und dann fing sie an zu weinen. Sie konnte sich einfach nicht damit abfinden, eine bestimmte Rolle zu spielen, und die Dietrich war wirklich schön. Und so richtete sich Jane Wyman heimlich von Tag zu Tag besser her und schaffte deshalb ihre Rolle nicht.«

Aus dem Nähkästchen geplaudert sind die Histörchen doch immer am nettesten. Dem fertigen Film sieht man ja die Umstände seiner Entstehung nicht an. Und natürlich war die schöne Marlene bei solchen Vorkommnissen immer im Vorteil. Sie konnte also gelassen auf die Eifersüchteleien der Kolleginnen reagieren.

»Die rote Lola«, wurde in den Londoner Elstree-Studios gedreht. Mit Alfred Hitchcock kam die souveräne Marlene gut aus, erzählte jedoch später, daß sie ihn praktisch nicht kennengelernt habe. »Einen Mann wie Hitchcock lernt man nie richtig kennen«, sagte sie.

Sie war jedoch beeindruckt von seinen filmischen Fähigkeiten und bewunderte seine Gelassenheit. Professionalität dieses Kalibers hatte sie immer am meisten geschätzt. Das entspricht einer Fähigkeit, mit den Details einer Sache und mit Menschen gleichzeitig so umzugehen, daß man sich selbst nicht als Imperator aufspielt. Hitchcock konnte das – obwohl er seine Macken hatte, die er besonders an blonden Frauen ausließ, wie seine Biographen zu berichten wissen.

Einer der männlichen Hauptdarsteller bei »Die rote Lola« war Michael Wilding, ein charmanter und witziger Engländer. Mit ihm verbrachte Marlene in diesen Tagen viel Zeit. Auch außerhalb des Drehortes sah man sie untergehakt durch die Londoner Szene streifen, immer gut gelaunt. Und immer auf dem Sprung in ein gemeinsames, vergnügliches Abenteuer.

Marlene war damals 49 Jahre alt. Wilding 38. Dennoch paßten sie wunderbar zusammen, und das nicht zuletzt deshalb, weil Marlene noch immer unfaßbar schön war. Ja, so bin ich eben! ... sagte sie oft auf die Fragen der Reporter, wie sie das anstellte. Ihre Gesichtszüge waren straff. Ihre Figur schlank und rank, obwohl sie sich von Alfred Hitchcock oft und gern zu einem ausgiebigen Essen mit köstlichem Roastbeef einladen ließ, das von diesem aus seinen unerschöpflichen Quellen in den USA extra eingeflogen wurde.

Hitchcock war zu der Zeit der bekannteste und auch opulenteste Gourmet der Filmbranche. Und Marlene die attraktivste Dame vor allem auch für jüngere Schauspieler, die in ihr die mütterliche Beraterin und zugleich den anziehenden weiblichen Star sehen konnten.

Es gab eigentlich niemanden in der Filmbranche, der wirklich negativ von Marlene sprach. Sie war schön, hilfsbereit, freundlich, umsichtig und in jeder Hinsicht professionell eingestellt. Ein wahren Frauenwunder!

»Die rote Lola« wurde fertiggestellt und erhielt die unterschiedlichsten Kritiken. Im Londoner »Observer« stand nach der Premiere im Mai 1950:

»Eine unglaubhafte Geschichte von einem Mord unter Theaterleuten (wobei das wichtigste Indiz ein blutbeflecktes Kleid ist und der Verdacht vor allem auf einen Revuestar fällt), stellt der Film weniger auf Spannung als auf Lacherfolg ab, und was Hitchcock an makabren Einzelheiten hineingearbeitet hat, erweist sich meist als nicht stichhaltig, wenn nicht geradezu als unappetitlich. Doch Alastair Sim, Joyce Grenfell, Kay Walsh und eine Anzahl routinierter Artisten — zu denen ich Marlene Dietrich rechne, deren Kunstfertigkeit sich nie ganz ergründen läßt —, alle tragen sie nebenbei so viel zur Belustigung bei, daß die Gefahr der Langeweile gebannt bleibt ...«

Simon Harcourt-Smith schrieb in der Fachzeitschrift »Sight and Sound«:

»Während uns Jane Wyman, Richard Todd und Michael Wilding mit ihrem Gehabe bei dem voraussehbaren Katzund-Maus-Spiel zwischen dem jungen Flüchtling, dem Mädchen, das ihm hilft, und dem Detektiv kaum ein Gähnen entlocken, genügt es, daß Alastair Sim in einer Nebenrolle auftaucht oder Marlene Dietrich eines ihrer unsterblichen Beine über das andere schlägt, und schon beginnt es zu knistern in der Luft.«

Wie immer man diesen Hitchcock-Streifen auch einschätzen mag, für Marlene bedeutete er den Einstieg in eine Ära großer Charakterrollen, die sie nach dem Krieg spielen wollte.

Sie hätte gern mehr Aufträge bekommen, um zu beweisen, welch' großartige Schauspielerin sie war, aber das klappte nicht. Was für Gründe dafür maßgeblich waren, kann hier nicht im einzelnen diskutiert werden. Tatsache war jedoch, daß verschiedene Verantwortliche in der Filmindustrie Marlene inzwischen skeptisch gegenüberstanden. Vielleicht schien sie zu gut zu sein für die Art von Film, die jetzt auf den Markt geworfen wurde.

Wenn auch in Hollywood gegen sie Bedenken bestanden, in Europa galt das nicht im gleichen Maß. Deshalb war es nicht verwunderlich, daß die Schauspielerin ihre nächste Filmrolle in England anpeilte.

Henry Koster, ein Regisseur, der mit Filmen wie »Die ewige Eva« (1941) und »Mein Freund Harvey« (1950) hervorgetreten war, engagierte Marlene für seine Produktion »No Highway in the Sky« (Die Reise ins Ungewisse).

Dieser Film behandelte die Geschichte des Flugzeugingenieurs Honey, der auf einem Flug erkennt, daß die Maschine, in der er sitzt, nach seinen eigenen Berechnungen abstürzen muß. Er verhindert den Weiterflug, unterstützt von einer Stewardeß und einer Schauspielerin (Marlene Dietrich) und muß sich dafür vor einem Ausschuß verantworten.

Die Rolle für Marlene war nicht üppig. Sie wurde erst an dritter Stelle der Credits genannt. Und von ihrer starken Persönlichkeit konnte sie auch nicht allzu viel aufblitzen lassen. Aber es war eine Filmrolle, die ihr Geld brachte. Und das konnte sie in einer Zeit, in der sie sich intensiv um die Karriere ihrer Tochter kümmerte, gut gebrauchen.

Die Story des Films war beeindruckend und lief in der Umsetzung durch Koster wie am Schnürchen. Der Film ist spannend, hat eine humane Botschaft — Fortschritt muß dem Menschen nützen — und wird von Schauspielern getragen, die mit wenig Aufwand zu den schönsten Ergebnissen gelangen.

Zwar gerät der Film zum Ende hin ein wenig ins Schlingern, ebenso wie das Flugzeug, in dem er spielt, aber diese Schwäche des Drehbuchs von Alec Coppel wird wettgemacht durch viele dramatsiche Details.

Über Marlenes Spiel bestand keine Einigkeit. Ein Londoner Kritiker schrieb:

»Merkwürdigerweise scheitert der Film dort, wo er am atemberaubendsten ist. Marlene Dietrichs philosophisch-gelassener Filmstar, als Mitreisende, ist ein unglaubhaftes Geschöpf. Doch wen ficht das an, wenn die wunderbare Marlene, mit leisem Spott, dafür den einzigen wahrhaften Glanz mitbringt, der Hollywood noch geblieben ist?« (»Time and Tide«, vom 11. 8. 1951.)

Die leise Ironie, mit der Marlene Dietrich ihre Rolle anlegt, gilt der Ablehnung, mit der sie der von ihr zu spielenden Figur überhaupt gegenübertrat. Sie hielt ihre Monica Teasdale für unglaubwürdig. Im fertigen Film ist davon jedoch kaum die Rede. Der Zuschauer jedenfalls ist erfreut, sie auf den Sitzen der Passagiere zu entdecken.

Besonders freute sich die Dietrich darüber, wieder mit James Stewart zusammenzuspielen. Seit ihrem gemeinsamen Film »Der große Bluff« hatten sie sich nicht aus den Augen verloren. Und Jimmy hatte sich immer mehr zu einem liebenswürdigen Kauz entwickelt — zu eben jenem Typus, den er meist auf der Leinwand auch verkörperte.

Marlene wurde immer mehr zu einer Perfektionistin des Filmgeschäfts. Sie kannte längst ihre Wirkung vor der

Kamera und gab die Tricks und Ticks, mit denen sich eine Schauspielerin gut darstellen kann, gern an Kolleginnen und Kollegen weiter. Es hat wohl in der Filmgeschichte selten einen weiblichen Star gegeben, der sich so gut in allen Belangen, auch den technischen, des Filmemachens auskannte.

Ärger mit einem Regisseur

Die nächste Filmaufgabe, in die sie ihre Fähigkeiten einbringen konnte, war ein Western. Titel: »Rancho Notorious«, (Engel der Gejagten). Regisseur war Fritz Lang.

Marlene hatte Lang, den großen Deutschen, 1934 in Paris kennengelernt. Auch Lang gehörte zur langen Reihe der Emigranten vor den Nazis. Über Frankreich ging er nach Amerika und begann dort eine zweite Karriere.

Seine erste Karriere in Deutschland war kurios verlaufen. Lang war in der Weimarer Zeit gewiß der Regisseur gewesen, in dessen Werk sich die Stimmung jener Jahre am tiefsten eingegraben hatte.

Seine Filme waren von äußerster Künstlichkeit. Kulissen dominieren und verfremden seine Filme, wie sonst nur bei Alfred Hitchcock, dem Meister des Thrillers. Das ermöglichte Lang, eine Atmosphäre unterschwelliger Unsicherheit zu erzeugen. Und gerade dies drückte den Geist von Weimar am deutlichsten aus.

Man hat Lang einen Hang zum Ornamentalismus vorgeworfen, also einen Hang, Menschen und Massen zu bloßen Anhängseln einer Story oder von gigantischen Kulissen zu degradieren. Und tatsächlich werden in seinen mythisch-germanischen Epen der 20er Jahre, wie »Die Nibelungen« (1924), Einzelfiguren zu Wegwerfhelden. Sie dienen in gefälliger Haltung den Herrschern als schön arrangierte

Strickmuster. Aber diese Tatsache gegen Fritz Lang zu wenden hieße, den darin steckenden Wahrheitsgehalt zu leugnen.

Und die Art und Weise, wie der Regisseur die Menschen aus ihren angestammten Positionen verdrängt und dafür eine Welt der Gegenstände, der Macht und überindividuellen Kräfte inszeniert, ist nicht nur filmisch genial, sondern entspricht auch einer sehr modernen Erfahrung, die vielleicht erst heute ganz nachzuvollziehen ist.

Fritz Langs Hauptthema in Deutschland war letzten Endes doch die Auseinandersetzung des Einzelnen mit Schicksal und Gesellschaft. Der Einzelne: immer mit dem Rücken zur Wand. Er muß seine Unschuld beweisen, auch wenn die Lage aussichtslos ist. Aber es kommt bei Lang eben auf die Gegenwehr an, nicht auf den Sieg. Und auf das persönliche Gewissen. Wenn der Held »sich selbst schuldig oder unschuldig findet, was kann es dann für ihn bedeuten, ob er recht oder unrecht hat« (Fritz Lang).

Langs Helden waren also immer reine und auch letztlich unschuldige Helden.

Das traf selbst noch auf den Kindermörder in »M« (1931) zu, den Peter Lorre unvergleichlich verkörpert hatte. Dieser psychopathische Triebtäter, der völlig »normal« lebt und plötzlich in die Abgründe seiner Seele sieht, ist eine tragische, aber keine negative Figur. Er will nicht morden, er muß aber. Der Wildwuchs der Instinkte richtet ihn zugrunde. »Wer weiß denn, wie es in mir aussieht?« bricht es aus ihm heraus. »Wie es ... brüllt da innen! Wie ich's tun muß! Will nicht! Muß! Will nicht! Muß! ...«

Wenn sein grausiges Muß getan ist, kommt der Verstörte wieder zu sich, als hätte ein anderer für ihn gelebt. Gerade so erduldeten viele Deutsche später die Zeit des sogenannten Dritten Reiches.

Fritz Lang war also – und das hat auch seine spätere Kritikerin Marlene Dietrich so gesehen – ein Seelenarzt der Deutschen, der mit Kamera und Licht analysierte. Ein Dutzend großer Filme bis 1933 (darunter die Mabuse-Werke), danach boten ihm die Nazis die Leitung ihrer Filmindustrie an. Lang überlegte nicht lange. Er fuhr mit dem Taxi zum Bahnhof und emigrierte nach Paris. Dort lernte er Marlene Dietrich kennen, als er mit Charles Boyer an »Liliom« arbeitete.

Ein Jahr später ließ er sich in den USA nieder. Seinen weiteren Weg in Amerika haben ihm viele Kritiker übel angerechnet. Angeblich verlor er dort seine Kreativität. Der Autor des vorliegenden Buches ist nicht dieser Meinung.

In Frankreich hatte er noch »Liliom« realisiert. Sein erster Film in Hollywood hieß »Fury« (1936), es folgten »Du lebst nur einmal« (1937), »Rache für Jesse James« (»The Return of Frank James« – 1940) »Western Union« (1941) »Auch Henker sterben« (1943), »Die Frau im Fenster« (1944) und »Scarlet Street« (1945).

Respektable Werke, denen in den 50er Jahren noch weitere folgten. Lang, der ohne seine Frau Thea von Harbou aus Deutschland geflohen war – sie trat in die NSDAP ein, und sie ließen sich scheiden – sprach kein Wort Englisch und fand sich dennoch in der Filmiundustrie gleich zurecht. Er nahm die amerikanische Staatsbürgerschaft an und verschmolz glänzend seine Themen und Motive mit dem in Hollywood üblichen Stil.

Marlene Dietrich schätzte den Filmkünstler Lang wegen seiner oben beschriebenen Gaben sehr. Aber im menschlichen Bereich hatten beide miteinander Schwierigkeiten. Später ließ sie über ihn verlauten, er gehöre zur »Bruderschaft der Sadisten«, weil er die Dreharbeiten mit allen möglichen Vorbehalten und Schikanen erschwere.

Die »teutonische Überheblichkeit«, die Lang nach Marlenes Empfinden an den Tag legte — vielleicht war es nur Unsicherheit eines entwurzelten Regisseurs —, machte den Umgang mit ihm kompliziert.

In ihren Memoiren berichtet Marlene, daß nur ihr Co-Star Mel Ferrer sie davon abgehalten habe, den Set zu verlassen und damit den Vertrag zu brechen. Ihre Wut über den deutschen Regisseur muß wirklich groß gewesen sein. Das gemeinsame Deutschtum in beiden und die unterschiedliche Abrechnung mit demselben in ihrem Innersten mag für die Schwierigkeiten im Umgang zwischen Marlene und Lang maßgebend gewesen sein.

»Er war ein Terrorist«, vertraute sie später Maximilian Schell an. »Man kam ins Studio, man kam in die Dekoration, und da waren weiße Kreidemarkierungen überall auf dem Boden, und dann sagte er: hier gehen Sie! Setzen Sie ihren Fuß auf jede Markierung. Nun, natürlich hatte Mr. Lang viel längere Beine als ich, also paßten die Markierungen überhaupt nicht. Das war alles, was ihn interessierte.«

Das waren natürlich harte Worte. Sie wiegen besonders schwer, weil Marlene dafür bekannt war, mit allen Regisseuren gut auszukommen. Und die Schwierigkeiten, die sich mit Fritz Lang ergaben, änderten nichts daran, daß sie sein Lebenswerk hoch einschätzte.

Fritz Lang selbst erinnerte sich an die Dreharbeiten und an seinen Star Marlene mit gemischten Gefühlen:

»Ich rede nicht gerne schlecht von Marlene. Über mich hat sie ja viel Schlimmes gesagt und geschrieben; ich habe ihr allerlei Unannehmlichkeiten zu verdanken. Aber oft konnte ich mich mit der Art, wie sie etwas anpackte, schlechterdings nicht einverstanden erklären. Sie stand immer noch sehr unter Sternbergs Einfluß ... Vielleicht war ich allzu sehr von mir eingenommen und dachte, ich könnte etwas für sie tun; ja – wenn sie Vertrauen zu mir gehabt hätte ...

Gegen Ende der Dreharbeiten sprachen wir schon lange kein Wort mehr miteinander.«

Manche Kritiker halten »Engel der Gejagten« für Langs besten Western. Für andere stellte er eine leise Enttäuschung dar. Insgesamt trifft jedoch zu, was Alton Cook in »The New York World Telegram und Sun« im Jahr der Uraufführung 1952 schrieb:

»... ein überaus üppiger Wildwestern mit Landschaft, Gesang und Marlene Dietrich in Farbe. Alles was man von einem Wildwestern verlangen kann, ist reichlich vorhanden ...«

Allerdings fügte dieser Kritiker noch hinzu: »Neben all den Stars hat der Film – man denke – auch noch Fritz Lang als Regisseur aufzuweisen. Das nennt man mit einem Dampfhammer Ameisen zerquetschen.«

Die Handlung dieses kontrovers aufgenommenen Films: Vern Haskell sucht die Mörder seiner Braut. Auf einer zwielichten Farm mit Namen Chuck-a-Luck findet er ihre Spur. Die Besitzerin des Saloons auf dem Farmgelände, die Verfolgten Unterschlupf gewährt, und ihr Freund, sind scheinbar in den Fall verwickelt, erweisen sich jedoch am Ende als unschuldig. Der wirkliche Täter wird gestellt, verurteilt, kann fliehen und wird schließlich von Vern Haskell erschossen.

In der Version von Fritz Lang stellte sich diese Geschichte so dar:

»Der Held des Films ist eine Frau, die mit eiserner Faust ihre Räuberbande dirigiert, eine Bande, die auf ihre Weise ebenso fabelhaft organisiert ist wie die Gang des Dr. Mabuse.«

Und was interessierte Fritz Lang besonders an der Story?

»Ich wollte vor allem zeigen, was aus einer Frau wird, die einmal eine Königin der Nachtlokale war, und aus einem Mann, der einmal ein berühmter Bandit war, aber jetzt nicht mehr als Held hingeht, weil er zu alt geworden ist und nicht mehr schnell genug schießen kann. Dann kommt ein junger Mann dazu, der schneller im Ziehen ist als der alte. Die alte Geschichte. Außerdem interessierte ein technisches Detail mich noch sehr stark: der Versuch, einen Song als dramaturgisches Mittel einzusetzen.«

Dieses Lied heißt so wie der Saloon, in dem ein Teil der Handlung spielt: »Legend of Chuck-a-Luck«. Im Film singt es William Lee.

Als Gesamtkunstwerk in Las Vegas

Anfang 1953 war Marlene wieder in New York. Ihre Tochter Maria, die seit einiger Zeit sehr viel Engagement zeigte, um in Not geratenen Künstlern zu helfen, bat ihre Mutter, bei einer Wohltätigkeitsfeier aufzutreten. Ihr Name hatte noch immer eine gewaltige Zugkraft und würde Dollars bringen, die zum guten Zweck verwendet werden konnten.

Marlene zögerte zuerst. Nicht daß ihr die Idee mißfiel, die Maria hatte. Im Gegenteil, sie freute sich, daß ihre Tochter sich zu ihrem Vorteil entwickelt hatte und in der Lage war, von ihren eigenen Problemen abzusehen, um anderen Menschen zu helfen. Nein, sie wußte nicht recht, was sie bei einer solchen Veranstaltung tun sollte.

Schließlich kam ihr die Idee, die Rolle der Moderatorin zu übernehmen. In Stiefeln und schwarzen Seidenstrümpfen, Hot Pants und Zylinder konnte sie sich ihren ersten öffentlichen Auftritt in Zirkusatmosphäre durchaus vorstellen.

Die Show lief im Mai 1953 im legendären Madison Square Garden ab. Marlene machte ihre Sache so gut, sagte die einzelnen Nummern an, knallte mit der Peitsche und sah so sehr zum Anbeißen aus, daß die Leute Ovationen spendeten.

Dies war der Beginn einer wunderbaren Freundschaft Marlenes — mit der Live-Bühne. Der Abend machte ihr wieder einmal deutlich, wie sehr die Arbeit vor der Kamera, von Take zu Take, eigentlich behinderte. Nein, was sie brauchte und zunehmend auch wollte, das war der leibhaftige Auftritt, der Live-Auftritt!

Sie streckte ihre Fühler aus. Da nach »Engel der Gejagten« kein weiteres Filmangebot vorlag, hatte sie Zeit. Und sie mußte nicht lange warten, bis das Telefon klingelte. Bill Miller, ein Show-Manager aus Las Vegas, er managte das Hotel Sahara, bot ihr eine eigene Show und 30.000 Dollar Gage die Woche an. Marlene war überglücklich.

Sie überredete ihren langjährigen Kostümier Jean Louis, der ihr schon bei vielen Filmrollen zur Seite gestanden hatte, ihre Kleider für den Auftritt in der Spielerstadt zu entwerfen. Louis, einer der genialsten Couturiers, den die Filmbranche je hatte, sagte zu, als er von seiner Produktionsfirma Columbia dafür grünes Licht bekam.

Die Kleider, die er für Marlene entwarf, sind Theater an sich.

Sie sind auf jeden Zentimeter Körper abgestimmt, enthüllen scheinbar und verdecken doch, führen diesen Luxusleib vor, ohne etwas von ihm preiszugeben. Sie reichen vom vorgetäuschten Dekolleté, das aus fleischfarbenem Trikotstoff besteht, bis zu den Fußspitzen, ein Schlitz bis über das rechte Knie inszeniert die Darbietung der legendären Dietrich-Beine. Chiffon, Chintz und Seide, teure Tuche, leicht, wie hingeworfen über einem Körper, der unerreichbar scheint.

Eingehüllt in Pelze, Federn, Boas, irgendwas schleifte immer über den Bühnenboden oder wehte nach, absolvierte die Dietrich – jetzt nicht mehr Marlene und auch nicht mehr »The Legs«, sondern »The Voice« – ihre Show in den besten Showkostümen der Saison.

Nachdem Jean Louis als ihr Partner feststand – auch ihre

Schwester Elisabeth bot sich an, sie während der Show mit ihren praktischen Ratschlägen zu begleiten —, begann Marlene sofort intensiv mit den Vorbereitungen der Show. Ganz neue Probleme tauchten auf. Alles, was sie bis jetzt über den Auftritt vor der Kamera gelernt hatte, konnte sie zwar verwenden, aber sie mußte völlig umdenken. Beleuchtung, Timing, Kostüm, Schminke, Musik, all das war nun völlig neu. Die Show vorzubereiten war ein Abenteuer.

Wer die Auftritte der Dietrich jemals sah, wird sie nie wieder vergessen. Vor allem das Zusammenspiel so unterschiedlicher Elemente wie Farben, Formen, Kleider, Licht und Schatten, gepaart mit dem einzigartigen Bewegungsablauf der Dietrich und ihrer Stimme, gewährleisteten einen optimalen Kunstgenuß.

Endlich war Marlene bei ihren Bühnenauftritten ihr »eigener Herr«! Kein Fritz Lang mehr, der sie über die Bodenmarkierungen trieb. Kein Sternberg mehr, der sie hundertmal und mehr die gleiche Dialogzeile sprechen ließ. Keine Täuschung des Publikums mehr, kein Spielen für das Synchronstudio oder für die Cutterabteilung — jetzt zählte einzig und allein die individuelle Vorbereitung, die persönliche Auswahl, das Talent, die Tagesform. Marlene war in ihrem Element!

Dennoch hatte der große Star am ersten Abend, es war der 15. Dezember 1953, großes Lampenfieber. Sie, die schon so viele Jahre lang vor so vielen Kameras gestanden hatte, suchte nun, als sie angekündigt wurde und hinter dem schweren Samtvorhang ins Publikum spähte, die Reihen ab nach jemandem, der vielleicht Unglück bringen konnte. Es gab keinen!

Marlene trat auf die Bühne, sang ein paar Songs aus alten Filmen, was ungefähr eine gute Viertelstunde dauerte, und machte dann Pause. Die Gäste aus Las Vegas hatten danach Gelegenheit, weiter ihr Glück im Spiel zu suchen. Das Publikum in der Spielerstadt ist zwar kritisch, aber nicht sehr belastungsfähig. Man darf es nicht überfordern. Und Marlene überforderte ihr Publikum nie!

Der Abend wurde ein überwältigender Erfolg. Aus dem Auftritt wurde ein vierwöchiges Gastspiel. Es wurde jedes Jahr wiederholt. Ein neuer Showstar war geboren.

Für den Erfolg waren viele Gründe maßgeblich. Der Hauptgrund war sicherlich der, daß Marlene selbstsicher war und wußte, was sie konnte und was dem Publikum gefallen würde, sie wollte sich auf keinen Fall anbiedern und unter ihr Niveau zurückfallen. Genau das merkten die Leute — und fühlten sich geschmeichelt.

Marlene trat auf der Bühne so auf, wie sie auch auf der Leinwand erschienen war — cool, ironisch, erotisch und trotzdem warmherzig. Der Unterschied war nur, daß die Zuschauer jetzt merkten, wie echt das alles war. Es war nicht gespielt, diese Frau besaß wirklich jene Qualitäten. Das steigerte die Bewunderung in einem Maß, wie Marlene das selbst nicht für möglich gehalten hatte.

Man bewunderte auch ihre Perfektion. Obwohl alles leicht und wie improvisiert aussah, wußte doch jeder, daß es bis ins kleinste ausgetüftelt war. Und die disziplinierte Preußin spulte ihr Programm stilistisch sauber und in einzigartiger Eleganz der Dramaturgie herunter.

»Der Auftritt der Dietrich«, schrieb Klaus Geitel in seinem Aufsatz »Gesamtkunstwerk aus Straß und Stimme«, »wird eine der Vollkommenheiten des Welttheaters bleiben: eine kühne Erfrischung ohne Vorbild, ohne Nachkommenschaft — eine Création von einzigartigem Schliff und schneidender Schönheit. Er rief kühlen Rausch hervor wie ein besonders kostbares Narkotikum. Er konnte ein Ent-

Marlene 1949 als »Die rote Lola« von Alfred Hitchcock

(Oben) *In »Monte Carlo Story« (1956) spielte Marlene die Marquise Maria de Crevecoeur*
(Links) *An Bord einer absturzgefährdeten Maschine macht Marlene eine »Reise ins Ungewisse« (1951)*
(Unten) *»In 80 Tagen um die Welt« (1956), zusammen mit David Niven, Frank Sinatra und einem guten Dutzend anderer weltberühmter Darsteller*

In »Zeugin der Anklage« (1957), entfaltete Marlene Dietrich ein wahres
Feuerwerk ihres darstellerischen Könnens

Als geheimnisvolle Tanya in »Im Zeichen des Bösen« (1957) von Orson Welles. Marlene Dietrich nannte diesen Kurzauftritt den besten ihrer Karriere

(Links) *Presserummel um die Dietrich — schon bei ihren ersten Auftritten in den USA folgt ihr ein Journalistenheer*

(Unten) *Mit dem von ihr hoch geschätzten und in einer leidenschaftlichen Affäre auch geliebten Spencer Tracy in »Das Urteil von Nürnberg« (1961)*

(Oben) *Auch als Dame von Welt zeigt Marlene Bein (Szenenfoto aus »Zusammen in Paris«, 1962)*

(Rechts) *Endlich am Ziel der Wünsche! Marlene trifft 1930 mit der »Bremen« in New York ein und posiert auf ihren Koffern für die Fotografen*

(Oben) *Marlene — eingerahmt von »ihren« Männern Sieber und Sternberg in Hollywood*
(Links) *Marlene und ihr »Svengali« Joe Sternberg bei den Dreharbeiten von »Die scharlachrote Kaiserin/Die große Zarin« (1934)*
(Unten) *Ein gemeinsamer Ausflug in Hollywood mit Tochter Maria und Freundin Gerda Huber. Dahinter Ehemann Rudi Sieber und Josef von Sternberg*

(Links) *Die Amerikanerin aus Berlin – Marlene Dietrich Ende 1944 in London*

(Rechts) *Während der Dreharbeiten zu »Die Reise ins Ungewisse«, 1951*

(Oben) *Ein kühler Vamp in Hosen — durch Marlene wurde diese Kleidermode salonfähig*

(Links) *1959 in Las Vegas, wo ihre Weltkarriere als Showstar begann. Das berühmte Kostüm von Jean Louis verführte zum Träumen*

Als Amerikanerin kehrte Marlene erst 1960 nach Deutschland zurück – gefeiert und geächtet zugleich

Ein großer Auftritt geht zu Ende. Marlenes Schlußverbeugung im
»Theatre de l'Etoile« in Paris, 1959

*16. Mai 1992 –
Die Welt nimmt Abschied
von Marlene*

zücken des Verstandes verursachen, viel stärker als ein Entzücken der Sinne.«

Tatsächlich, so oder ähnlich sprachen alle, die ihre Show gesehen haben. »Variety« beispielsweise befand: »Sollte Miss Dietrich jemals Bedenken wegen einer Karriere als Nachtclubsängerin gehabt haben, so kann sie diese getrost fallen lassen. Die Wirkung, die sie ausübt, beweist, daß sie eine große Attraktion ist. Klasse und Glamour drücken ihrem Auftritt den Stempel auf.«

Und was war das Geheimnis dieser vollendeten Auftritte?

Marlene setzte, zwanzig Jahre danach, fort, was Josef von Sternberg mit ihr begonnen hatte. Sie führte nun, noch einmal perfektioniert, das schöne Kunstwerk vor, in das sie geschlüpft war und mit dem sie nie identisch geworden war. Daß die wirkliche Dietrich stets eine andere geblieben war und dennoch ihre Kunstfigur der Medien wie einen strahlenden Diamanten an der Kette des künstlichen Glamours vorführte, das gelang bei den Bühnenauftritten noch besser.

Sie war meilenweit entfernt von den Shows, die Las Vegas trotz seines Rufs, das Mekka des internationalen Showbiz zu sein, oft genug erlebt hatte und bis dahin gewohnt war. Shows, die aus Anbiederungen bestanden, mit denen populäre Stars ihrem Publikum versicherten: Ich bin genau so, wie ihr denkt, daß ich bin, und ich werde mich auch niemals ändern!

Nein, die Dietrich verweigerte sich solchen billigen Identifikationen. Ein Wunder eigentlich, daß das Publikum sie dennoch liebte. Vielleicht deshalb, weil es ihm schmeichelte, daß diese Deutsche es für würdig befand, ihrem eigenen Anspruch gerecht zu werden. Und dies spricht dafür, daß man sein Publikum niemals unterschätzen sollte.

Vom Zirkus jedenfalls und auch von der Nachtclubkunst

nordamerikanischer Glitzerstädte war diese Show weit entfernt. Sie war im besten Sinne einmalig: Sie setzte ihren eigenen Maßstab. Die Show schuf ein neues Genre.

Marlene Dietrich wußte: Es hatte genau diese zwei Jahrzehnte gebraucht, um diesen Stil zu erreichen. Es hatte die Jahre am Kurfürstendamm gebraucht, in denen sie Kabarett und Theater gemacht, gesungen und getanzt hatte. Es hatte der Lola-Lola bedurft, von der sie sich nun so weit wie möglich — und sie wußte genau, warum — entfernte! Es hatte der Verwandlung in das Juwel Sternbergscher Prägung bedurft, in die Verschmückung und die Auferstehung daraus. Es waren die vielen Comebacks notwendig gewesen, in denen Marlene als »Vamp im Varieté« unnachahmlich wieder aufstand.

Und es war nicht zuletzt um den Krieg gegangen, um die Gemeinschaft mit den anspruchsvollsten, weil ungeschultesten Zuschauern, den Soldaten, um deren Zustimmung und Liebe, bis sie jetzt hier stand.

Jetzt war sie: eine Gestalt aus Nähe und Entrücktheit, ein Gesamtkunstwerk aus Fleisch, Blut und eisigschöner Kunst, völlig vom Anspruch des Ästhetischen geformt, der nichts Nebensächliches und Zufälliges zuläßt.

In der Geschichte der Bühnenshow werden die Auftritte von Marlene Dietrich unvergänglich bleiben. Sie haben sich einem Jahrhundert eingeprägt, das von sensationellen Darbietungen, von Höchstleistungen und einmaligen Mutproben, von Genie und Wahnsinn verwöhnt war. Sie taten das deshalb, weil Marlene so fabelhaft sich selbst »zitierte«.

Egal ob im bodenlangen Abendkleid mit Schlitz, im Frack oder als Femme fatale mit meterlanger Zigarettenspitze — Marlene zeigte sich nicht selbst, sondern bot Bilder von sich, die die Medien erfunden hatten und die nun tief in den Köpfen der Zuschauer parat waren. Dort hatten sie sich eingeprägt als moderne Bilder der Frau, die sich selbst entwirft.

Abseits von Routine, Frivolität, Dümmlichkeit und der Kalkulation mit der Phantasie anderer war es Marlene Dietrich gelungen, als Ikone der Unterhaltung und als würdevolle Frau gleichzeitig haften zu bleiben.

Das Großartige an dieser Bühnenshow und damit auch an allen folgenden, bis in die Mitte der 70er Jahre hinein, war, daß sie sich nicht abnutzten. Die Shows waren geschliffen und in ihrem Ablauf genau festgelegt. Und dennoch schien es, als entstanden sie gerade jetzt und hier, an diesem Abend.

Sie erschien am Anfang ihrer Darbietungen in sehr weiblich wirkender Aufmachung, trat ans Mikrofon und betonte, sie wolle jetzt für die anwesenden Herren singen. Im zweiten Teil trat sie mit Frack und Zylinder, wie in dem Film »Marokko«, an die Rampe und betonte, nun singe sie für die Damen. Dazwischen tanzte sie mit der Girltruppe.

Marlene als Stimmphänomen, als jugendliche Großmutter, als ewig agile Besitzerin der schönsten Beine der Welt, als Identifikationsobjekt für Männer und Frauen zugleich – ein Weltwunder.

Noch in der hundertsten Wiederholung des Auftritts, während der immergleichen Nummernfolge und routiniertester Darstellung von Posen und Tricks, schien es Marlene noch immer Spaß zu machen, ihr Publikum zu unterhalten.

Sie stemmte die Arme in die Hüften und sang mit forscher Stimme das »See, what the Boys in the Backroom will have« aus dem Film »Der große Bluff«. Sie sang es zum hundertsten Mal und noch immer sang sie es »aus der Hüfte heraus«, sang es kokett und lustvoll ordinär. Natürlich trug sie nun nicht mehr das Westernkostüm aus den Saloons dieses Films, sie trug märchenhaft weiße Pelze über einem hautengen Kostüm, das mit silbern glitzernden Pailletten besetzt war, und ihre Haltung des Zitierens und Vorzeigens einer ehemaligen Rolle war unübersehbar. Doch auch wenn sie jetzt wasserstoffblondes Haar statt der wilden Mähne aus George Marshalls Film hatte, ein erotisches Leuchtfeuer war sie immer noch.

Ein anderer populärer Song, den sie immer wieder auf den Bühnen sang war »Jonny, wenn du Geburtstag hast«.

Bei diesem Lied spielte Marlene noch viel stärker als bei anderen Songs mit ihrem Image der Herzensbrecherin, die von Männern umflattert wurde wie von Motten, die das Licht verbrennt.

Dann streichelte sie mit geöffneter Hand das hochaufgerichtete Mikrofon, sang: »... bin ich bei dir zu Gast – die ganze Nacht ...«, sah dabei spöttisch und liebevoll zugleich auf das Mikro hinunter, das ein wenig zu dünn schien, schlug die Augen unschuldig auf, blickte ins Publikum, sang: »... Jonny! Ich träum' so viel von dir, ach, komm doch mal zu mir nachmittags um halb vier!« Und dann streichelte sie wieder über das Mikro, das ihre samtene, dunkle Stimme so bereitwillig auffing und technisch perfekt weitergab in einen atemlos gespannten und doch seltsam erregten Saal hinein, in dem der große, abgedunkelte Liebhaber Publikum saß und dieser Liebeserklärung seines Stars lauschte.

Ja, so war Marlene. Nicht verrucht, sondern sinnlich. Nicht kokett, sondern erfahren. Nicht ordinär, sondern ehrlich. Nicht aufdringlich, sondern direkt. Und später äußerte sie einmal in völliger Unschuld:

»Erotik haben wir damals nicht verstanden. Heute noch verstehe ich das nicht. Ich habe den Eindruck gegeben – aber ich war nicht, verstehen Sie?«

Ja, wir verstehen. Und auf die Frage, ob sie einen Unterschied zwischen Liebe und Erotik mache, antwortete sie augenzwinkernd:

»Ja natürlich. Aber es kann auch zusammen gehen. Wenn die das wollen, macht man's, nicht wahr? Wir hoffen – wir denken, um Gottes willen, wenn ich da nicht mitmache, kommt der nicht wieder. Das heißt doch aber nicht, daß wir da so verrückt darauf sind. Man kann auch ohne ...«

Du, du liegst mir am Herzen

Der Mann, der vieles im Leben von Marlene änderte, sowohl was ihr Privatleben betraf, als auch in musikalischer Hinsicht, war Burt Bacharach.

Der amerikanische Komponist und Arrangeur erfüllte ganz und gar, was sich Marlene unter Freundschaft vorstellte. Freundschaft, die mehr als Liebe ist, denn sie währt länger ... Marlene hatte darüber ihre eigenen Ansichten.

Sie lernte Burt Bacharach im Jahre 1953, kurz vor ihrem Engagement in Las Vegas, durch ihren damaligen Show-Dirigenten Peter Matz kennen. Er suchte sie in Beverly Hills auf, als sie niemanden hatte, der ihre Show hätte begleiten können, setzte sich ohne Umstände ans Klavier und begann mit ihr zu arbeiten. Präzise und genial, einfühlsam und professionell wie er war, verstand er sich musikalisch sofort mit Marlene – und privat auch.

Der Mann mit den – nach Marlenes Beschreibung – blauesten aller Augen wurde für Marlene in ihrer Bühnenzeit der allerwichtigste. Er nahm sie sozusagen an die Hand und führte sie. Er arrangierte ihre Lieder, gestaltete sie neu und machte aus ihren Auftritten jene »One Woman Show«, die bis dahin einmalig und in der Rückschau unerreichbar erscheint.

Der Erfolg der neuen Arrangements gab Bacharach recht. Aber er veränderte ein für allemal den Stil der Dietrich. Sie sang danach nicht mehr im Stil einer Anrüchigen des aufgeputzten Kurfürstendamms, sondern sie sang Las Vegas: perfekt, glamourös, souverän, verschwenderisch. Sie sang so, daß eine ganze Generation von Sängern und Entertainern von ihr lernten, sie imitierten und doch nie erreichten.

Bacharach nahm den Milieuton aus den Songs — was viele auch bedauerten. Er umgarnte Text und Musik mit opulenten Arrangements, die genau in die amerikanische Nachtclubszene hineinpaßten. Er machte die Show Marlenes zum Konzert und damit reif für den großen Auftritt vor großem Haus.

Der Stil ihrer Auftritte änderte sich unter seiner Regie. Seine Leitung der Big Band im Hintergrund umschmeichelte Marlene, die vorn an der Rampe stand und ihre »german sex songs« zum Besten gab.

Marlene schien durch die Freundschaft mit dem 28 Jahre jüngeren Burt Bacharach selbst immer jünger zu werden. Sie nannte ihn ihre »Amitié Amoureuse« und blühte auf.

Und auch ihre Performance wurde immer »jünger«. Darin machte sich jedoch auch der Zwang bemerkbar, um jeden Preis mitzuhalten. Marlene wurde nicht jünger, erkämpfte sich jedoch immer stärker die Attitüde einer Sängerin zurück, die nicht altert. Burt Bacharach war der Mann hinter diesem Bemühen, das wir vor allem später, in den 60er Jahren, deutlich an Marlene Dietrich spürten.

So gesehen war der Eindruck, Marlenes Show habe sich durch die Jahre hindurch nicht verändert, falsch. Richtiger wäre zu sagen: das schien so, weil sie sich durch ihre unterschiedlichen Arrangeure an den Zeitgeschmack total anpaßte und dennoch bei sich blieb. Ihre Show wurde immer größer, immer »raumtoniger«, immer glitzernder. Und blieb damit immer auf der Höhe der sich wandelnden Zuschauererwartung.

Marlene und Burt jedenfalls verstanden sich vollkommen. Zuerst führte er sie in den großen Erfolg, dann verhalf sie ihm zu einer Weltkarriere als Arrangeur und Komponist. Bald gab es kaum noch einen Hollywood-Film, zu dem Bacharach nicht die Musik komponiert hätte.

Aber wir haben vorgegriffen. Bleiben wir in den 50er Jahren. In einer Zeit, in der noch »alles beim alten war«. Marlene war noch die Amerikanerin aus Berlin, die Lieder von Friedrich Hollaender sang.

Im Londoner Café de Paris feierte Marlene im Jahr 1954 Triumphe. Zwar war auch da schon Burt Bacharach ihr Dirigent, aber Marlene sang noch das Lied der feschen Lola. In London pflegte anfänglich der Dichter Noël Coward ihre Auftritte mit einem Gedicht zu eröffnen. Mit Coward verband Marlene damals eine innige Liebesfreundschaft. Sie war mit ihm oft in Montreux zusammen, wo er ein wundervolles Haus bewohnte.

Sie hatte den Engländer Mitte der 30er Jahre kennengelernt. Er war es nun, der sie zu einem Auftritt in London ermutigte. Und sein Gedicht, extra für diese Abende im Café de Paris geschrieben, lautete so:

»Gott erschuf, wie man weiß, die Welt,/Berge und Meere, Wald und Feld,/mit Tausenden Arten von Tieren./Doch eines ist noch heute klar,/daß seine größte Freude war,/ungewöhnliche Frauen zu kreiieren.

Als Eva sagte zum Adam:/›Nenne mich nicht mehr Madam!‹,/nahm die Welt ein neues Gesicht an./Man pfiff auf Anstand und Moral/ und man begriff mit einem Mal,/beim ›Sex‹ kommt es nicht nur aufs Licht an.

Niemand pflegte mehr zu geizen/mit den weiblichen Reizen,/machte damals schon damit Reklame./Sogar die Venus und Juno war'n/dagegen nicht immun,/so wie die Kameliendame.

Ist auch vieles nur Illusion,/nichts als ein Traum, eine Vision,/denn alles im Leben hat Grenzen./So erreicht die Schlange vom Nil/mit einem Lächeln in Genf oft viel/mehr als sämtliche Konferenzen.

Und die Schöne Helena erhält/gewiß den Titel der ›Miß Welt‹,/geht nach Vegas als ›Entertainer‹./Doch was auch immer sie dort tut,/ich bezweifle, daß sie wäre nur ein Viertel so gut,/wie unsre geliebte, legendäre Marlene!!«

Dieses Prosagedicht, hier in der deutschen Übersetzung von Max Colpet wiedergegeben, erzeugte die richtige Stimmung beim dicht gedrängt sitzenden Publikum in einem hoffnungslos überfüllten Raum, bevor Marlene in ihrer ganzen Schönheit oben auf der Showtreppe auftauchte, langsam hinunterstieg, von Coward − oder seinen Nachfolgern − mit einem Handkuß begrüßt wurde und ans Mikrofon trat. Coward und Co. verschwanden, und Marlene begann zu singen − legendäre Momente des Showbiz!

Ihr Eröffnungslied bei diesem und vielen anderen Auftritten war jenes »Schau mich bitte nicht so an«, das sie meistens im französischen Original sang (»La Vie en Rose«). Darauf folgte »See what the Boys in the Backroom will have«, als Kontrast darauf das Liebeslied »Lazy Afternoon« und als letztes Lied des Eröffnungsblocks der Song von der feschen Lola.

Im zweiten Teil der Show herrschte wieder jener fein aufeinander abgestimmte Rhythmus von Tempowechseln und Stimmungswechseln vor, mit dem Marlene Dietrich mit ihrem Publikum spielte. Aber sie tat das auf intelligente Art, sie überwältigte es nicht.

Sie begann mit »Laziest Girl in Town« aus dem Film »Die rote Lola«, setzte dann ein melancholisches Volkslied drauf, und am Ende ihrer Show sang sie »Jonny«, »Lili Marleen«

und »Ich bin von Kopf bis Fuß auf Liebe eingestellt«. Nach zehn Songs und einer guten halben Stunde war der Auftritt für gewöhnlich beendet.

Wenn der Dichter Noël Coward im Café Paris keine Zeit für seine Einführung in die Show hatte, übernahm sie, wie schon gesagt, ein anderer berühmter Darsteller. Es kam soweit, daß berühmte Zeitgenossen, Schauspieler, Politiker, Künstler, sich danach drängten, Marlene anzukündigen – auch mit eigenen Gedichten, Sketchen, Reden, Geistesblitzen. Dies war ein einmaliger Vorgang in der Showgeschichte.

Schon nach ihrem ersten Jahr war die Dietrich als Showstar fest etabliert. Sie feilte immer wieder an ihrem Auftritt und war schließlich so perfekt, daß niemand auch nur den Hauch einer Chance gehabt hätte, etwas daran auszusetzen. Sie weitete ihre Show auf etwa 90 Minuten aus und trat, nach einem Ratschlag, den ihr der berühmte Sänger Nat King Cole gegeben hatte, zukünftig in Theatern auf.

Der britische Autor Sheridan Morley schrieb in seinem Buch über Marlene Dietrich (Übersetzung von Helmut Kossodo):

»Die Dietrich ist eine musikalische Mutter Courage, die auf niemanden und keine äußere Hilfe angewiesen ist, außer vielleicht auf das sie zärtlich umspielende Spotlight, mit dem sie eine ständige und ausschließliche Liebesaffäre unterhält. Sie strahlt eine animalische Anziehungskraft aus, das Bewußtsein, daß es nicht genug ist, nur zu singen. Sie gehört – mit Lotte Lenya, Noël Coward, Judy Garland, Edith Piaf und gegenwärtig Barbra Streisand und Liza Minelli – jener exklusiven Gruppe von Sängern an, deren Darbietungen eher theatralisch-schauspielerisch als musikalisch zu werten sind. Ich kenne keine Stimme, die so augenblicklich erkennbar, so unmittelbar ansprechend und ihrem tiefsten Wesen nach theatralisch ist. Nach rasch verflogenen neunzig Minuten ihrer Gegenwart verläßt man das Theater in dem Bewußtsein, wahrer Größe und einem der erstaunlichsten Erfolge im Schaugeschäft begegnet zu sein.«

Das Kino hat sie wieder

In den 50er Jahren war es Marlene Dietrich also gelungen, sich eine zweite Karriere als Showstar zu erarbeiten. Ihre Auftritte wurden immer begehrter, man riß sich um sie. Dennoch hatte sie den Film nicht ganz abgeschrieben. Wenn einmal ein interessantes Angebot kam, würde sie zusagen.

Im Jahr 1956 kam ein solches Angebot von dem Produzenten Mike Todd, den Marlene auch privat gut kannte. Todd plante, die Story »In 80 Tagen« neu zu verfilmen. Der Filmtüftler hatte dafür eigens ein neues technisches Verfahren erfunden, das sich nach ihm »Todd-AO« nannte. Dieses 65-mm-Breitwand-Verfahren ermöglichte eine ganz neue Vision von kinogerechtem Filmerlebnis – alles erschien größer, breiter, farbiger, akustisch und visuell aufregender.

In der aufwendigen Verfilmung des Jules-Verne-Stoffes geht es um die Realisierung einer Wette, die im Jahr 1842 im Londoner Reform Club abgeschlossen wird: Ein gewisser Phileas Fogg behauptet, die Welt in 80 Tagen bereisen zu können. Schon am nächsten Tag beginnt er mit seinem Diener die Reise und erreicht nach exakt 80 Tagen und vielen aufregenden Abenteuern seinen Ausgangspunkt.

Marlene Dietrich sollte eine Barbesitzerin in San Francisco spielen. Neben ihr traten Stars in Hülle und Fülle auf: Frank Sinatra, David Niven, Shirley MacLaine, Charles

Boyer, John Carradine, Ronald Colman, Noël Coward, Sir John Gielgud, Victor McLaglen, Peter Lorre, Buster Keaton, George Raft, Cesar Romero, Ava Gardner, Glynis Jones – um nur einige zu nennen!

Der Film, der nach Lage der Dinge natürlich kein »Marlene-Dietrich-Film« war, glänzte in erster Linie durch seine technische Brillanz. Der Effekt überwuchert alles andere, von schauspielerischen Glanzleistungen konnte keine Rede sein. Originalität in der Maske war gefragt.

Die Geschichte Jules Vernes wird von Regisseur Michael Anderson unterhaltsam im Stil guter Abendteuerfilme erzählt. Es geht dabei nicht um Tiefgang oder Psychologie, sondern zum Glück um reine Kinounterhaltung. Reisen auf der Leinwand, was kann es Schöneres geben? Das Kino und die Fortbewegung gehören ja seit der Erfindung der Flimmerkiste ohnehin zusammen. Bewegung ist alles!

Mitte 1957 gelang es Marlene, eine andere, sehr anspruchsvolle Filmrolle zu bekommen, für die sie sich lange eingesetzt hatte. Die Rede ist von ihrer Christine Vole in Billy Wilders »Zeugin der Anklage«.

Der Film erzählt die Geschichte des wegen Mordes angeklagten Leonard Vole, der so gut wie verurteilt ist. Nur seine Frau Christine könnte ihn entlasten. Doch das Gegenteil ist der Fall. Dem Rechtsanwalt Roberts werden bald Briefe zugespielt, die Christine Vole belasten, daraufhin wird ihr Ehemann Leonard freigesprochen. Doch plötzlich kommt die Wahrheit ans Licht: Die Briefe sind gefälscht und von Christine Vole selbst geschrieben worden, um ihren Mann freizubekommen. Roberts hat einen Mörder verteidigt.

Das Lichtspiel bedeutete 114 satte Minuten erstklassiger Unterhaltung – Nervenkitzel und überraschenden Pointen inklusive.

Für Marlene bedeutete die Rolle eine starke Herausforderung. Sie mußte genaugenommen zwei Rollen spielen: eine Frau aus dem Volk, die Cockney-Dialekt spricht (den ihr Charles Laughton beigebracht hatte) und die elegante Dame vor Gericht. Sie löste die Anforderungen mit Bravour.

Der Regisseur Billy Wilder hat später bekundet, er habe die Regie zu diesem Film auf Bitten der Dietrich hin übernommen, um ihr die Rolle zu verschaffen, die sie sehnlichst zu spielen wünschte. Und da er mit Marlene schon seit »Unzeiten« befreundet war – immerhin hatten sie schon bei dem Film »Eine auswärtige Angelegenheit« zusammengearbeitet –, erfüllte er ihr selbstverständlich diesen Wunsch.

Billy Wilder und Marlene Dietrich kannten sich tatsächlich schon lange und verloren sich während ihrer langen Leben auch nie aus den Augen. Wilder bewunderte Marlenes Arbeitsdisziplin, und sie schätzte seinen Humor, mit dem er die schwierigsten Momente im Leben und bei der Arbeit bewältigte.

Der Stoff des spannenden Films geht auf das gleichnamige Bühnenstück von Agatha Christie zurück. Billy Wilder und Harry Kurnitz schrieben danach das Drehbuch. Daraus wurde ein Film, der dem Gerichtsgenre entspricht: vor den Schranken desselben, bzw. in Kanzleien wird die Handlung abgewickelt, die zu immer neuen Überraschungen führt.

So lobte denn auch die Presse einhellig den Film. Die Schauspieler kamen durchweg ebenfalls gut an, vor allem die drei Hauptdarsteller Tyrone Power, Marlene Dietrich und Marlenes Lieblingspartner beim Film: Charles Laughton.

»Marlene Dietrich beweist«, schrieb Robert Downing in »Films in Review«, daß sie auch dramatische Rollen spielen kann, und eine glanzvolle Schlagersängerin ist sie immer noch (in einer Rückblende, die erklärt, wie sie ihren Mann kennenlernte, singt sie ›I May never Go Home Anymore‹). Ihr Gatte, ein des Mordes verdächtigter, opportunistischer Schwächling, wird von Tyrone Power mit so geschickter Ambivalenz gespielt, daß das Publikum nie sicher weiß, ob er schuldig ist oder nicht.«

»Zeugin der Anklage« entstand im Sommer 1957 in den Goldwyn Studios in Hollywood und wurde am 30. Januar 1958 im Leicester Square Theatre in London uraufgeführt. Er war so erfolgreich, und die Dreharbeiten hatten Marlene wieder so viel Spaß gemacht, daß sie beschloß, noch im gleichen Jahr eine weitere Rolle zu spielen.

Das Kino hatte sie wieder!

Regisseur des geplanten Streifens »Touch of Evil« (Im Zeichen des Bösen) war Orson Welles. Ein Mann, den Marlene hoch verehrte. Noch im Alter sagte sie über ihn:

»Orson Welles war ein großer, großer Mann, ein Genie. Die Leute sollten sich bekreuzigen, bevor sie seinen Namen aussprechen!«

Marlene hatte das Filmgenie während des Zweiten Weltkriegs kennengelernt. Sie wohnte eine Zeitlang in seinem Haus, und die Rollen, die sie während des Krieges bzw. in der unmmittelbaren Nachkriegszeit im Rundfunk sprach, vermittelte ihr der große Radioprofi Welles. Über ihren gemeinsamen Auftritt bei einer Zaubervorstellung in Hollywood wurde bereits gesprochen.

Zirkus und Zauberei hatten den späteren Magier der Medien schon im Kindesalter beeindruckt. Mit acht Jahren konnte er bereits Shakespeare zitieren, und mit sechzehn inszenierte er selbst seinen Karrierebeginn: Als Zeichner in Irland verschaffte er sich am Dubliner Gate Theatre durch die Lüge, ein Broadway-Aktiver zu sein, das erste Engagement. Er experimentierte unaufhörlich am Theater und gründete 1937 mit John Houseman das Mercury Theatre.

Das Theater und der Rundfunk blieben seine lebenslange Leidenschaft. Der Film war für ihn nur die Fortsetzung des Theaters mit zeitgenössischen Mitteln.

Mit 24 Jahren war das Junggenie nach Hollywood gegangen, um nach eigenen Aussagen »etwas Verwirrung in die Industrie« zu bringen. Er hatte einen Blankovertrag in der Tasche, der ihm alle Möglichkeiten einräumte, sich selbst – als Autor, Regisseur und Darsteller – in Szene zu setzen. Für die Produktionsfirma RKO sollte er den Film »Citizen Kane« drehen, und die Studiobosse räumten dem pausbäkkigen Wunderkind auf 60 Vertragsseiten völlige Produktionsfreiheit ein.

Dieses einmalige Dokument des Respekts, den Hollywood vor dem Genie hatte, basierte auf Welles Theaterspektakeln, wie »Macbeth« mit einer Farbigentruppe und auf das eingreifende Hörspiel »Krieg der Welten«. Dieses Science-Fiction-Drama von H. G. Welles war von Welles am 30. Oktober 1938 für CBS inszeniert worden. Das Hörspiel hatte darauf trotz eindringlicher Hinweise auf seinen fiktiven Charakter zu einer Massenhysterie unter der Bevölkerung aus Furcht vor angeblich gelandeten Marsbewohnern geführt.

Ein einmaliger Vorgang in der Geschichte dieses Mediums. Orson Welles Name ist damit für alle Zeiten verbunden.

In einem Rundfunksender hatte Marlene auch die Nachricht vom Ende des Zweiten Weltkriegs im Pazifik erhalten – zusammen mit Orson Welles. Das war eine der Sternstunden ihres Lebens gewesen, mit diesem Mann, den sie bewunderte, in einem der glücklichsten Momente der Weltgeschichte, zusammengewesen zu sein!

Marlene bewunderte die Professionalität von Welles. Und sie war geradezu süchtig nach seinen geistigen Gaben. Sie lernte viel von ihm, nicht nur über die Medien, sondern auch in Dingen, die sie eigentlich für ihre eigene Domäne hielt – beispielsweise die Liebe. Es schien keinen Lebensbereich zu geben, von dem Welles nichts verstand. Marlene war oft perplex angesichts der Fülle und des Tiefgangs seiner Gedanken. Sie suchte oft, wenn sie einmal erschöpft war, seine Nähe, reiste zu ihm, wo immer er sich befand, um sich seelisch und moralisch »aufzuladen«.

Vor allem aber war Marlene von der Stimme des Meisters angetan. Sie, die selbst eine so verführerische Stimme besaß, mit der sie die Massen bezauberte, erkannte neidlos an, daß Welles Sprechstimme geradezu hypnotische Kraft besaß. Sie konnte stundenlang dasitzen und ihm einfach zuhören.

Vor allem in seinem Film »Die Lady von Shanghai« – den man deshalb unbedingt im Original sehen muß! – bildete seine suggestive Erzählerstimme eine Art Kopfleiste, die den Märchen- und moralischen Fabelcharakter des Geschehens überhaupt erst ermöglichte. Erzähler war Welles vor allen anderen Dingen – in dem direkten Sinn mündlicher Beschwörung einer nur in der Einbildung vorhandenen Welt, die erst in der beschwörenden Rede sinnlich erfahrbar wird. Das gesprochene Wort ist die Grundlage seiner Filme. Erst kommt der Dialog, dann die Aktion: »Wenn ich weiß, was die Personen sagen, kann ich mir vorstellen, wie sie handeln«, sagte Welles. So weit ging seine Hingabe an das gesprochene Wort.

Marlene Dietrich schrieb über dieses Thema in ihren Memoiren »Nehmt nur mein Leben«:

»Orson Welles hat eine Stimme, die alle Hoffnungen und Wünsche erfüllt. Selbst wenn er nicht ein so überwältigend talentierter Schauspieler wäre: seine Stimme allein könnte einen durch die Wolken in den Himmel tragen.

Im allgemeinen verachten Europäer die Art, in der das sogenannte Amerikanisch gesprochen wird. Sie glauben, was sie von den amerikanischen Touristen zu hören bekommen, sei ›amerikanisch‹.

Die meisten amerikanischen Stimmen sind in der Tat eine Beleidigung für empfindliche Ohren, besonders die Frauenstimmen. Der nasale Ton ist schwer zu ertragen. Kein Wunder, daß amerikanische Touristen in Europa nicht sehr beliebt sind – und nicht nur wegen des fallenden Dollars. Sie geben schlechte Trinkgelder, und sie sind selten höflich – und dies, obwohl in vielen Ländern gerade die Amerikaner als außerordentlich höflich gelten.

Amerikanisch ist eine wundervolle Sprache – genauso schön wie Englisch. Aber es muß so gesprochen werden, wie es Orson Welles tut. Er spricht ein reines Amerikanisch (das, was für die Deutschen ›Hochdeutsch‹ ist), so daß man nicht sagen kann, aus welchem Staat er stammt.

Meine eigene Stimme ist lange nicht so berühmt ...«

Marlenes Bewunderung für den Mann, der ihr jetzt die Rolle der Zigeunerin und Puffmutter Tanya in »Im Zeichen des Bösen« anbot, war also grenzenlos.

Es war nur eine kleine Rolle. Die Dreharbeiten dafür dauerten nur eine einzige Nacht lang in Santa Monica. Aber die Rolle beeindruckte. Und in der Erinnerung an diesen Film wirkt sie größer als sie war. Das mag daran liegen, daß die mexikanisch eingedunkelte Puffmutter, die Marlene spielte, so stimmig ist in Aussehen, Kleidung, Auftreten. Selten sah man eine Schauspielerin in einer so kleinen Nebenrolle so brillant besetzt.

Diese Tanya zieht melancholisch Bilanz. Beim Kartenlegen erinnert sie sich nur noch an früher, sie ist der Gegenwart auf merkwürdige Art entzogen. In ihren Selbstgesprächen mit Rechnungen, die ihre eigene Existenz belegen sollen, ahnt man den Fatalismus, mit dem sie die Dinge der Liebe begutachtet. Am Tisch sitzend, ist ihr Gesicht die Larve einer Bilanzierenden, zu der der doppeldeutige Held des Films, gespielt von Welles selbst, kommt und um Rat bittet. Sie gibt ihm diesen Rat in einzigartiger Klarheit. Und am Ende sagt sie, aus dem Scheinwerferlicht eines Tatortes heraustretend: »Warum über Menschen reden?«

Dieser von Marlene Dietrich gesprochene Satz in der Szene, in der er fiel, war so aufregend und blieb haften, weil die Filme der Dietrich sämtlich zeigen, daß nur *das* wichtig ist, was zwischen Menschen geschieht. Für dieses Thema war Marlene die unvergleichliche Verkörperung, der einzigartige Superstar und es ist ewig mit ihr verbunden.

»Im Zeichen des Bösen« war ursprünglich nur eine Auftragsarbeit gewesen, die der Schauspieler Charlton Heston dem Regisseur Welles nach dessen zehnjähriger und unfreiwilliger Hollywood-Pause beschaffte.

Orson Welles hat dann den fertigen Film, dessen Schnitt er nicht beaufsichtigen durfte, dessen Titel er ablehnte, für dessen erklärende Zwischeneinstellungen er nicht verantwortlich ist, nie gesehen! Und dennoch ist dieser Film ein »echter Welles«: ein stolzes Ausstellungsstück der Filmgeschichte in Thema, Motiven, Filmsprache und Form.

Darüber hinaus wurde das Werk das radikalste Beispiel seines Regisseurs, ein Fausthieb gegen den offiziellen Optimismus der 50er Jahre und gegen die einfachen Weißmacher-Wahrheiten des traditionellen Genrekinos. Mit seinen düsteren Stimmungen, morbiden Szenerien, kaputten Figuren, dem moralischen Verfall und der grandiosen Bildsprache der letzte »Film Noir«, der alle Extreme dieser Gattung zum unübertrefflichen Ende führt.

Der Film zeigt eine starke Konzentration auf wenige, äußerst realistische Schauplätze im amerikanisch-mexikanischen Grenzgebiet. Und er läßt sich auf keine attraktive Beschönigung dessen ein, was es zu besichtigen gilt. Keine überflüssigen Bilder, kein Reichtum des Ambientes.

Die Handlung: In der mexikanisch-nordamerikanischen Grenzstadt Los Robles werden der frischverheiratete mexikanische Rauschgiftdetektiv Vargas und seine junge amerikanische Frau Susan in eine mörderische Affäre hineingezogen. Eine undurchsichtige Rolle spielt dabei der gehbehinderte Sheriff Hank Quinlan, gespielt von Orson Welles, dem Vargas bald Indizienfälschung nachweisen kann. Als dieser darauf Vargas ausschalten will und seine Frau kidnappen läßt, geht Vargas zum Gegenangriff über und kann Quinlan, dessen Tattheorien sich allerdings als richtig erweisen, zu Fall bringen.

In diesem komplexen Film sind auch alle handelnden Figuren von vielschichtigster Art. Jede Tat verkehrt sich unbeabsichtigt auch in ihr Gegenteil. Jeder Gedanke einer Person besitzt einen doppelten Boden. Jede Sympathie erweist sich als unbegründet, jede Gemeinheit als gerechtfertigt, jede Mordabsicht als normal.

Die Motivsuche dieses Films ist radikal: Seine Figuren präsentieren sich in unsozialem Zweckdenken, auch die Liebenden. Niemand tut etwas für einen anderen, es sei denn, er hat einen Revolverlauf an der Schläfe. Freundschaften werden aufgekündigt, wenn sie nicht schon längst zur Abhängigkeit verkommen sind. Schließlich pumpen sich die alten Kumpel gegenseitig Kugeln in den Leib.

Sheriff Quinlan, den Orson Welles mit Mut zur Häßlichkeit faszinierend darstellt, ist ein großartiger Spürhund, aber ein korrupter Charakter. Er hat nicht nur alle Glaubwürdigkeit verspielt, man sieht es ihm auch an. Unrasiert, versoffen und fett humpelt er am Stock durch den lausigen Grenzort, den er beherrscht.

Sein Gegenspieler, der Rauschgiftdetektiv Vargas (Charlton Heston), dagegen ist stolz, aufrecht, voller Zutrauen in das Gesetz. Er hat eine schöne, junge Frau und ist seines Weges sicher.

Vargas verteidigt das Gesetz, Quinlan die Gerechtigkeit. Vargas siegt, und Quinlan verreckt. Aber Quinlan, das Monster, hatte recht. Vargas nicht. Obwohl Quinlan die Beweise konstruierte und Vargas sich streng an die Paragraphen hielt. So einfach, wie Gut und Böse einst schienen, sind sie nicht. Die mittelmäßige Detektivschnüffellei des positiven Helden triumphiert über den radikalen Gerechtigkeitssinn der Negativfigur. Kleinkariertheit ist Trumpf, die großen Persönlichkeiten, korrupt geworden durch Enttäuschung, scheitern.

Und indem Orson Welles am Ende diese Wahrheiten ganz lapidar und nebenbei – mit Worten – enthüllt, während der Film mit seiner optischen Beweisführung die ganze Zeit das Gegenteil zeigte, stößt er alles noch einmal um: die Vorurteile, die Sympathievorsprünge, die Erwartungen des Publikums.

Ein schneller Film. Welles führt Schlag auf Schlag gegen langsames Denken, matte Gefühle, zähe Vorurteile, undeutliche Entscheidungen, laue Parteinahme. »Im Zeichen des Bösen« ist alles andere als ein Genrefilm, aber er ist der schnellste und rigoroseste Krimi des Kinos.

Und warum ein solch düsterer und negativer Film? Weil das Leben genauso ist – wenn man sich nicht täuschen läßt. Sagt Welles. Und Marlene Dietrich gab ihm dabei recht – wenn sie auch andere Konsequenzen daraus zog.

Marlene war ganz auf Welles' Seite. Sie verachtete die Hollywood-Gewaltigen, die versuchten, den genialen Regisseur in seiner Arbeitsweise zu beschneiden. Marlene sprach mit Welles oft und lange über all die Dinge, die der Meister anders haben wollte. Vor allem natürlich über jenes entscheidende Recht eines Regisseurs: den Endschnitt, final cut.

Orson Welles hat den Endschnitt nur ein einziges Mal besessen, das war in seinem Erstlingswerk »Citizen Kane«. Als er »Im Zeichen des Bösen« drehte, war davon nicht die Rede. Die Filmgesellschaft Universal überließ ihm für die Dreharbeiten ein paar benutzte Dekorationen, Geld war kaum vorhanden. Deshalb hat Welles auch seine Freunde gebeten, in diesem Film für wenig Gage mitzuspielen. Für Marlene und einige andere Schauspieler war das eine Selbstverständlichkeit.

Die Leistung, die sie in diesem Film brachte, hielt sie selbst für die beste in ihrer langen Karriere! Und das will etwas heißen bei der Fülle der Figuren, die Marlene in all ihren Filmen verkörperte!

Charlton Heston, der Vargas des Films, erinnerte sich später an interessante Aspekte der Vorgeschichte zu diesem filmischen Meisterwerk. Er schrieb im Jahr 1972 in »Dialogue on Film« (dies wie das folgende Zitat nach Werner Sudendorf):

»Orson nahm das Drehbuch und schrieb es um. Von Grund auf, in etwa drei Wochen, einschließlich einer wirklich wesentlichen Änderung. Worin diese zur Hauptsache bestand, glaubte Orson, der mich damals noch nicht kannte, mir während der ganzen Dreharbeit vorenthalten zu müssen; es ging darum, daß seine Rolle dankbarer war als die meine ...

Ursprünglich wollte er den Film in Mexiko drehen, was sich aus Gründen des Budgets zerschlug. Orson, der sich immer zu helfen wußte, fand ein bemerkenswert »mexikanisches« Gelände, nicht im Ostviertel von Los Angeles, sondern in Venice, Kalifornien. Alle Außenaufnahmen wurden dort gemacht, meistens nachts. Der Film war auf 880.000 Dollar kalkuliert und kam auf 1.040.000 Dollar. Für die Dreharbeiten waren 28 Aufnahmetage vorgesehen; es wurden 31 daraus. Beides widerlegt die häufig gehörte Behauptung, Welles sei ein bedenkenloser Verschwender.«

Und Herman G. Weinberg erinnerte sich in dem Buch »Saint Cinema«:

»Ich weiß noch gut, wie mir zumute war ..., als ich die Anfangssequenz des Films sah. Das rhythmische Ticken der Höllenmaschine, das in den gleichlaufenden Rhythmus eines Mambo in der nächtlichen Ortschaft an der mexikanischen Grenze überleitet, das ist wunderbar filmisch – Bild und Ton von allem Anfang an wirksam vereint. Das Ganze ist flüssig, spannend, geht an die Nieren – wie es im Kino sein sollte und heute nur noch selten ist. Nichts bleibt dem Zufall überlassen, jeder Zug ist darauf angelegt, die höchstmögliche Wirkung zu erzielen. Jedes Gesicht ist mit Bedacht ausgesucht ...

Abschließend möchte ich noch auf das rasch hingeworfene Bild eines drittklassigen mexikanischen Bordells hinweisen, so sparsam mit wenigen Einzelheiten gezeichnet ... mit Marlene Dietrich unter brauner Perücke als zigarrenrauchender Puffmutter, die den betrunkenen amerikanischen Polizisten Quinlan mit gutgelaunter Nachsicht begrüßt, obwohl eigentlich schon Betriebsschluß ist und lediglich noch Filme zur Verfügung stehen – was für welche, kann man sich denken ... Es handelt sich da um einen ästhetischen Balanceakt des Regisseurs. Wie bei diesem Film überhaupt, gibt es hier kein Liebäugeln mit dem Spießbürgertum, keine Heuchelei, keinen Bückling vor der Tugendhaftigkeit mit nachfolgendem Rückzug. Das hat mir an »Touch of Evil« (der Originaltitel, B. S.) wohl am besten gefallen.«

Wie gesagt, Marlenes Rolle in diesem Film war klein, aber sie blieb haften. Und obwohl Marlene damit kein Geld verdiente, wünschte sie sich doch, öfter solche Rollen zu spielen, die ihr alles abverlangten. Denn mit solchen Leinwandfiguren erhielt das Kino Glaubwürdigkeit, fühlte sich die Schauspielerin ernst genommen.

Mit diesem Film und all ihren anderen Beschäftigungen in den 50er Jahren erweiterte Marlene Dietrich ihre Kenntnisse und Fertigkeiten. Es gab nicht mehr viel, was sie im Bereich des Showbusiness noch hätte erreichen können bzw. noch nicht beherrschte.

Von Kopf bis Fuß auf Liebe eingestellt

Inzwischen war sie auch schon zu einer Kultfigur der Cineasten geworden, die sie genauso verehrten, wie die »normalen« Zuschauer. Es gab bereits Retrospektiven ihres Filmwerks, die vorerst größte hatte sich im Jahr 1950 ereignet, als das New Yorker Museum of Modern Art alle ihre Filme zeigte. Marlene wurde eingeladen und mußte Reden halten. Sogar vor Universitäten trat sie auf und sprach ausführlich über ihre Filmarbeit.

Für eine Rundfunkreihe engagierte die NBC sie als Plauderin über Gott und die Welt. Vor allem über die Liebe verstand Marlene Auskunft zu geben und tat das auf unvergleichlich charmante Weise.

Heute würde sie als »Sex-Beraterin« eingestuft werden, die »erotische Hygiene bzw. Sozialhygiene« betreibt. Damals war man mit derartigen Bezeichnungen zurückhaltender.

Marlene galt als eine Art Briefkastentante, die Hörerpost beantwortete. Tatsache war jedoch, daß Marlene auf sehr amüsante Art über die Liebesdinge zu plaudern verstand und die Höreranfragen so kompetent beantwortete, daß man bald ihr Honorar erhöhte, weil die Einschaltquoten rapide stiegen.

»Ich bin unschuldig – wie ein Raubtier« sagte sie etwa, wenn sie gefragt wurde, warum sie die Femme fatale spiele.

Oder: »Ich bin nicht intellektuell. Ich bin eher naiv – auch in Liebesdingen. Ich mache mich eher lustig über meine Vorstellung von Liebe, aber vielleicht ist das nur Galgenhumor.«

Auf die Frage nach ihren Vorbildern antwortete sie: »Ich verehre so manchen Mann! Große Männer und Helfer der Menschen, wie Sir Alexander Fleming, den Erfinder des Penicillins. Schauspieler wie Jean Gabin oder Gérard Philipe, Schriftsteller wie Hemingway und Remarque, große Entertainer wie Noël Coward, Musiker wie Burt Bacharach, Politiker wie De Gaulle usw. Jeder auf seine Weise ist groß und verdient es, geliebt zu werden ...«

»Erotik? Ich habe immer so getan als-ob. Aber ich war nie!«

Und einmal wurde sie auch ganz deutlich, als sie zu einem ganz speziellen Thema sagte:

»Man nennt es den Penisneid. Die haben das Ding nich', und das ist ihr ganzes Unglück! Sie wollen's haben, aber sie haben es nicht. Ihre ganze Frustration im Kopf und überall kommt da her, fürchterlich! Ich habe überhaupt kein Mitgefühl für diese Feministinnen. Die denken doch nicht klar! An den Universitäten hat man doch das Gehirn gewogen von den Frauen und von den Männern – sowas von halb!! ... Das weibliche Gehirn wiegt weniger als das männliche Gehirn – jedenfalls im allgemeinen. Ausgenommen bei meiner Mutter und bei meiner Tochter, nicht wahr! Schließlich gibt es Ausnahmen von der Regel!«

Ganz ernst gemeint war dieser Ausflug in die Biologie wohl nicht. Marlene wußte, daß es wissenschaftlich gesehen keinen beweisbaren Zusammenhang zwischen der Schwere der Gehirnmasse und Intelligenz gibt. Die Masse macht es nicht.

»Ich träume manchmal von Ihren Beinen«, erklärte ihr eines Tages ein Zuhörer.

»Ich auch«, antwortete Marlene lakonisch.

»Was sind für Sie die wichtigsten Dinge im Leben?« fragte ein anderer.

»Ehemann, Heim, Kind, Hausfrau, Beruf«, erwiderte sie.

»Warum hat Jean Gabin Sie verlassen?«

»Weil ich ihn nicht heiraten wollte.«

»Was ist Ihre Erklärung von Liebe?«

»Große Philosophen, große Dichter haben versucht, Liebe zu erklären. Wer bin ich schon, daß ich es besser könnte!«

»Haben Sie jemals einen Mann richtig gehaßt?«

»Ja, von ganzem Herzen! – Hitler!«

»Als Sie zum ersten Mal Hosen trugen, hätten sie da gedacht, daß Sie damit der Mode einen ganz neuen Impuls geben würden?«

»Nein. Ich wollte mich einfach wohl fühlen und auf den Hollywood-Hügeln nicht in Röcken herumlaufen.«

»Was denken Sie von der sogenannten lesbischen Liebe?«

»Die Frage ist schwer zu beantworten. Wenn Frauen einander lieben, ohne andere Personen mit ihrer Liebe zu belästigen, habe ich nichts dagegen, solange sie nicht junge Mädchen dazu verleiten, das gleiche zu tun.«

»Was denken Sie über das Älterwerden?«

»Da kann ich meinen Lieblingsdichter Goethe zitieren. Der sagte: Keine Kunst ist's alt zu werden, es ist Kunst, es zu ertragen.«

Kein Thema ohne eine passende Antwort Marlenes.

Sie hat sich zwar manchmal in eine Privatmeinung versteift, die der längeren Prüfung nicht standhielt, aber wenn sie etwas wirklich engagiert behauptete, hat sie niemals ganz unrecht gehabt. Und ihre Ansichten waren nobel, tolerant, liberal. Sie hat diese in einem langen Leben herausgebildet, sie hin und wieder gewandelt, aber eigentlich nie korrigieren müssen. In ihren Memoirenbänden sind diese Standpunkte nachzulesen.

Ihre Ansichten waren auch selbstkritisch und vor allem – realistisch. Marlene Dietrich hat sich nie etwas vorgemacht. Im Leben nicht, in der Liebe nicht, im Beruf nicht. Sie hat sich vor allem nie mit ihren Filmrollen verwechselt, und das ist viel angesichts der Tendenz in Hollywood, genau dies zu tun.

Sie verriet, daß sie lieber als Mann auf die Welt gekommen wäre, daß sie nicht gern berühmt sei, daß sie gern reise, lese, Musik höre, daß sie gern mehr Kinder gehabt hätte – wenn Hitler nicht gewesen wäre. Daß sie gern in Deutschland geblieben wäre. Das sie Überraschungen hasse, Freundschaften liebe und noch lange zu leben gedenke.

Ende der 50er Jahre sehen wir Marlene Dietrich in winzigen und nicht nur deshalb unbedeutenden Filmrollen. Eine davon war die in der »Monte Carlo Story« unter der Regie von Samuel A. Taylor. Eine Rolle, in der sie so gut wie nicht bemerkt wurde.

Ich hab' noch einen Koffer in Berlin

Marlene reiste viel, ging mit ihrer Shownummer auf Tournee, die sie über alle Erdteile führte – und trat zum ersten Mal auch wieder in Deutschland auf. Das war im Mai des Jahres 1960.

Sie wollte in Berlin auftreten. Aber die Plätze ihrer Kindheit hat sie auch da, obwohl sie mehr Zeit hatte, als bei ihrem Besuch unmittelbar nach Beendigung des Krieges, nicht besucht. Das Haus, in dem sie aufgewachsen ist, in Berlin-Schöneberg, Leberstraße 65, war für Marlene, die die ganze Welt durchquert hatte, nicht interessant genug.

»Warum?« fragte sie selbst, »soll man sich denn dafür interessieren, wo man geboren ist, wer einen da in den Händen gewiegt hat, was man für Milch bekommen hat – das interessiert mich nicht. Mich interessiert das Heute. Was heute ist, die Gegenwart! Ich war Schauspielerin, habe meine Filme gemacht, fertig!«

Noch auf der Gangway, beim Verlassen des Flugzeugs in Berlin-Tempelhof, wurde sie begeistert von Hildegard Knef empfangen, die sie im Jahr 1948 in Hollywood kennengelernt hatte. Die beiden Frauen mochten sich sehr. Sie verstanden sich wie Schwestern – das machte der gemeinsame Berliner Hintergrund. Beide hatten als Kinder, ohne allerdings voneinander zu wissen, in derselben Sedanstraße in Berlin-Schöneberg ihre schönste Zeit verbracht.

Marlene hatte sich um die Knef, die 1945 der erste weibliche deutsche Star in den USA war, in Amerika gekümmert, als diese ihre Karriere dort begann und fortsetzte. Sie hatte für »Hildekind«, wie sie die Knef nannte, gekocht, genäht, ihr Sprachunterricht gegeben. Sie hatte ihre gesanglichen Fähigkeiten, ihre Klugheit und Willenskraft bewundert, ihre Freundschaft hatte seitdem, durch welche Pausen sie auch unterbrochen worden war, nicht gelitten.

Marlene brachte ihre Show mit, die sie den Berlinern zeigen wollte. Aber deren Reaktionen waren teilweise schokkierend. Es gab Bombendrohungen, Stinkbomben flogen während der Vorstellung. Vor dem Titania-Palast, in dem der »Galaabend Marlene Dietrich 2000« stattfand, hatten sich Demonstranten postiert, die Schilder hochhielten, auf denen »Marlene Go Home« stand oder unverblümter »Marlene hau ab!«

Das war »Haßliebe«, wie die Dietrich diese Reaktionen selbst nannte. Man warf der Diva vor, das Land verlassen zu haben in »schwerer Zeit«. Man liebte und haßte sie dafür zu gleichen Teilen.

Aber es gab auch nette Menschen. Wie etwa jene alte Berlinerin, die vor dem Schöneberger Rathaus, in dem sich Marlene unter Aufsicht von Berlins Regierendem Bürgermeister Willy Brandt in das Goldene Buch der Stadt eingetragen hatte, auf sie zutrat und sagte: »Na, wollen wir uns wieder vertragen?«

Marlene hatte sich jedoch mit niemandem zerstritten. Ein Teil der Deutschen war es gewesen, der glaubte, ihr etwas vorwerfen zu können. Man warf ihr vor, das Land verraten zu haben an die USA – den Kriegsgegner. Aber das Gegenteil war der Fall.

Marlene hatte Mut bewiesen in einer Zeit, in der andere Deutsche diesen Mut nicht fanden und sich klammheimlich der Diktatur anpaßten oder sogar von ihr profitierten. Noch mehr Mut als die Emigranten, zu denen Marlene indirekt zählte, hatten nur jene Menschen bewiesen, die im Dritten Reich blieben und gegen Hitler kämpften – unter Einsatz ihres Lebens, in ständiger Gefahr, sich und ihre Angehörigen ans Messer zu liefern. Aber dazu gehörte leider nur ein verschwindend geringer Teil der Bevölkerung.

Sicher gehörten dazu nicht jene Leute, die nun Protestschilder gegen sie hochhielten und im Theatersaal randalierten.

Denn auf den Plaketen – und auf den überall kursierenden Flugblättern – standen schreckliche Verleumdungen von Unbelehrbaren. Beispielsweise:

»Marlene Dietrich – von Kopf bis Fuß auf D-Mark eingestellt!«

Oder: »Ein schamloses Frauenzimmer kämpft um seine Ehre! ... Die Dietrichen rächte sich an den Nazis, indem sie die amerikanischen Truppen mit Haßgesängen gegen Deutschland anfeuerte. Tausende von Gräbern deutscher Soldaten vor Aachen hat somit die Dietrichen auf dem Gewissen, indem sie nicht nur die Nazis bekämpfte, sondern auch das deutsche Volk, was andere Emigranten nicht getan haben!«

Eine Frau aus Mayen im Rheinland schrieb in einem Brief:

»Ich kann nicht anders, aber ich muß meinem Herzen Luft machen und Ihnen sagen, daß Sie das verkommenste Frauenzimmer sind, das bis heute gelebt hat.

Schämen Sie sich nicht, als gemeine und schmutzige Verräterin nochmals deutschen Boden zu betreten?

Sind Sie sich nicht bewußt, daß Sie durch Ihre infamen Hetzereien auf der Feindseite Tausende deutscher Menschen auf dem Gewissen haben?

Sie gehören gelyncht, da Sie die elendste Kriegsverbrecherin sind. Dies schreibe ich im Namen all meiner deutschen Schwestern und Brüder!«

Sie gehören gelyncht! Das ist die Sprache der Unmenschen, die zwölf Jahre lang versucht hatten, Deutschland und Europa zu ruinieren und dies auch geschafft hatten. Unfaßbar, welcher Haß nun, im Jahr 1960, noch immer in den Köpfen der Menschen herumspukte, die doch mitangesehen hatten, was aus Deutschland geworden war und die keinen Finger für die Opfer des Verbrechens gekrümmt hatten.

»Für jeden anständigen Deutschen ist es eine Schmach und eine Schande, eine Marlene Dietrich auf deutschem Boden zu wissen«, kabelte ein Mann aus Nürnberg.

»Anständiger Deutscher« war bekanntlich nach Ansicht des Nazi-Schlächters Heinrich Himmler ein Mann, der die Judenvernichtung aktiv »durchgestanden« hatte, und »dabei dennoch anständig geblieben war«. Dieses Durchstehen hielt Himmler für ein noch nie geschriebenes Ruhmesblatt deutscher Geschichte. Seitdem hätte der Ausdruck »anständiger Deutscher« eigentlich ein für allemal aus dem Wortschatz eines deutschen Staatsbürgers gestrichen sein müssen.

In einem anonymen Brief aus Berlin stand:

»Frau Marlene Dietrich,

der jüdische Snob und der intellektuelle Mob werden sich vor Begeisterung über Ihren Auftritt in Berlin kringeln! Sie und Ihre jüdischen Hintermänner haben es geschafft, den Verfall des Westens und seiner Moral und Kultur zur unabänderlichen Tatsache zu machen. In die Kloake mit Ihnen und Ihren geschäftstüchtigen Smocks.

Vaterlandsverräterin!«

Ein anderer Briefschreiber dichtete unbeholfen:

»In unserem deutschen Lande, da wachsen noch immer

die Tannen und auch das Erz, doch Du liebe Marlene hast kein deutsch fühlendes Herz.

Kein freies Lächeln kommt von Deinen von Narben verzehrten Gesicht, aber auf deutsches Geld bist Du plötzlich ganz verpicht.

Aus einem adligen Hause sollst Du sein, aber Deine Seele ist so schrecklich klein.

Doch wirst du später noch älter sein, dann werden für Dich, die von Dir ausgesprochenen Sätze über uns Deutsche sehr peinlich sein.

Wo ist Dein zu Hause, Du unruhiges Menschlein klein.

Im Namen aller deutschen Frauen und Mütter, die vieles hergeben mußten ...«

Und es fehlte auch nicht an ganz handfesten Drohungen. Ein selbstverständlich anonym bleibender Briefschreiber kündigte an:

»Ich gebe Ihnen den guten Rat, lassen Sie sich nicht in der Bundesrepublik sehen. Sie sind eine Landesverräterin und dementsprechend wird man Sie hier empfangen. Man wird Sie mit faulen Tomaten und Eiern beschmeißen, wenn nicht gar ohrfeigen, wie Sie es auch nicht anders verdient haben. In Berlin ist schon alles dementsprechend organisiert.«

Es *war* alles dementsprechend organisiert! Der Mob johlte, es flogen Stinkbomben, man quatschte während ihrer Show dazwischen. Nur Ohrfeigen gab es nicht.

Dennoch war die Bilanz dieser Deutschland-Tournee positiv. Marlene genoß es trotz aller Schwierigkeiten, in deutsch zu singen, sprechen zu können, die Liebe und Bewunderung des überwiegenden Teils der Bevölkerung zu erkennen und die Begeisterung des Publikums in den Sälen zu spüren.

Sie brauchte sich nicht zu verstellen. Sie war nun wieder

ganz die Berlinerin mit der Weltkarriere, die vor ihren heimischen Freunden singt. Und die Bewunderung des Publikums war, trotz allem, grenzenlos. Die Menschen, die Marlene liebten, ließen sich darin auch nicht von Krawallmachern abhalten. Marlene und Berlin gehörten einfach zusammen.

Die Tournee ging jedoch durch ganz Deutschland. In den großen Städten der Republik, die sich aus den Trümmern wieder aufgerappelt hatte, empfing man Marlene ebenfalls zwiespältig.

Bei ihrem Auftritt in Wiesbaden hatte Marlene einen bösen Unfall. Sie stürzte beim Abgehen von der Bühne und brach sich, da sie die Hand in der Hosentasche hatte, den linken Schulterknochen. Wie es ihre Art war, biß sie daraufhin die Zähne zusammen, bestieg wieder die Bühne und brachte die Schow, einschließlich eines Schlußtanzes mit den Girls, dennoch zu Ende.

Am nächsten Tag ließ sie sich in einem amerikanischen Militärhospital die gebrochene Schulter an den Körper binden — Gips wollte sie auf keinen Fall, das hätte ihre Auftritte ruiniert. Man stelle sich vor: Marlene in ihrem legendären 6000-Dollar-Kleid aus Seide und Pailletten von Jean Louis und dazu ein steifer, womöglich von den Bühnenkollegen bemalter Gipsarm! Nein, unmöglich!

Marlene trat weiter auf — mit angelegtem und bandagiertem Arm. Natürlich konnte sie dadurch einige wichtige Figuren nicht ausführen, war in ihrer Bewegungsfreiheit erheblich behindert und mußte die Schmerzen unterdrükken. Aber sie hatte spätestens in Kriegszeiten gelernt, sich zu disziplinieren. Also brachte sie die Tournee glücklich zu Ende, das war in München, und erholte sich danach. Ihr Lebensgefährte für jedes Problem in dieser Zeit, Burt Bacharach, half ihr dabei.

Obwohl der Ausgang also glücklich war, beschloß Marlene, nie mehr nach Deutschland zurückzukehren. Sie war tiefgerührt von der Liebe, die ihre Fans ihr entgegenbrachten, aber noch mehr getroffen von dem Haß, der ihr entgegenschlug. Sie hatte genug davon, beleidigt zu werden in einem Land, das offensichtlich aus der Vergangenheit noch immer nichts gelernt hatte. Die Deutschen hatten sich in diesen Wochen ihrer Marlene nicht als wüdig erwiesen!

Eine neue Aufgabe

Marlene hatte während ihrer Europatournee regen Austausch mit ihrer Tochter Maria, die in New York lebte. Sie telefonierte oft mit ihr, wenn sie einen Rat brauchte, denn seltsamerweise vertraute die Mutter der klugen Tochter mehr als sich selbst. Maria war für Marlene in den letzten Jahren zu einer innigen Vertrauten und Ratgeberin herangereift. Zudem war Maria inzwischen eine ausgezeichnete Schauspielerin geworden.

Sie trat in jeder Saison am Broadway auf und hatte sich soviel Wissen über die Theorie des Spielens angeeignet, daß sie Vorlesungen an der Fordham Universität halten konnte. Aber zu Beginn der 60er Jahre konzentrierte sie sich ganz auf die Erziehung ihrer Kinder. Sie besaß deren vier, gemeinsam mit ihrem Ehemann William Riva, einem Bühnendekorateur. Marlene wurde dadurch schon recht frühzeitig Großmutter, und Anfang der 70er Jahre, bevor sie sich entschließt, ihre Memoiren zu schreiben, sogar schon Urgroßmutter.

Aus dem Problemkind Maria ist längst eine erwachsene, ausgeglichene, aufgeblühte Frau geworden, die ihrer Mutter immer ähnlicher wird. Mutter und Tochter haben inzwischen eine innige Beziehung, die durch keinerlei Ressentiments getrübt wird. Sie helfen und stützen sich gegenseitig, wo es nur geht. Und das wird bis zu Marlenes Tod so bleiben. Die Schatten der Vergangenheit sind verflogen.

Was ihr im Privatleben gelang, gelang ihr nicht in ihrer Beziehung zu ihrem Heimatland Deutschland. Marlene konnte den Deutschen nicht verzeihen, daß sie ihre eigene Vergangenheit so wenig aufgearbeitet hatten. Sie liebte ihr Land immer noch – aber als Heimat der großen Geister, Dichter, Journalisten, Theaterleute, Künstler, Publizisten. Nicht als die Heimat der Volksstürmer, Rassenhetzer, Richter und Henker.

So konnte sie es nur als die Gunst der Stunde ansehen, als ihr der Regisseur Stanley Kramer eine Rolle in seinem geplanten Film »Judgement at Nuremberg« (Das Urteil von Nürnberg) anbot.

Marlene sollte darin eine Generalwitwe, Preußin, Deutschnationale spielen, eine aufrechte Deutsche, die nicht subjektiv, aber objektiv schuldig wird, wie alle anderen Deutschen auch. Eine großartige Chance, ein Stück Schuld, Deutsche zu sein, Anfang der 60er Jahre abzutragen.

Der Film würde die Geschichte eines Gerichtsverfahrens erzählen, das im Jahr 1948 gegen deutsche Juristen geführt wird, um ihre Verstrickungen in den NS-Ungeist nachzuweisen. Marlene sollte jene Frau Bertholt spielen, die sich von dem amerikanischen Vorsitzenden des Tribunals, dem Richter Dan Haywood, angezogen fühlt, jedoch an den nationalen, politischen und kulturellen Differenzen zu jenem Mann scheitert.

Der Film gab ihr Gelegenheit, neben großen Stars wie Richard Widmark, Burt Lancaster, Montgomery Clift, Judy Garland und Maximilian Schell, vor allem jedoch endlich einmal mit Spencer Tracy, zusammenzuspielen, den sie blind verehrte.

Mit Tracy teilte sie den gleichen Sinn für Humor. Und sie liebte ihn wegen seiner Ernsthaftigkeit und Gerechtigkeit.

Über ihren gemeinsamen Auftritt in »Das Urteil von Nürnberg« schrieb sie in ihren Erinnerungen:

»Den Film kann ich weder jetzt beurteilen, noch konnte ich es tun, als wir ihn drehten.

Wir hatten nur eine gute Szene miteinander. Sie war nicht mit sehr viel Talent geschrieben; es handelte sich um eine Tasse Kaffee, und ich zitterte, denn ich hatte den entscheidenden Satz zu sagen, zitterte, weil alles darauf ankam, die Stimmung zu erhalten und nicht einen ungewollten Lacher zu bekommen. Aber er machte das alles sehr leicht, für mich und für den Regisseur.

Ein wunderbarer Mann. Ein wunderbarer Schauspieler. Und gewiß ein Mann, der sehr gelitten hat. Der Tod muß für ihn eine Erlösung gewesen sein.«

Spencer Tracy starb 1967 an Krebs. Im Jahr der Dreharbeiten – Januar bis Mai 1961 in den Revue-Studios in Universal City, Außenaufnahmen in Berlin und Nürnberg – sah man ihm das beginnende Leiden bereits an.

Naturgemäß brachte die Dietrich für den Film genug Voraussetzungen mit, um in die Dreharbeiten entscheidend einzugreifen. Sie diskutierte das Drehbuch, sprach mit den Schauspielern – vor allem mit Monty Clift, der kurz vor einer Nervenkrise stand – und war für alle Beteiligten ein Engel an Geduld und Verständnis. Regisseur Stanley Kramer lobte sie denn auch über den grünen Klee.

»Das Urteil von Nürnberg« bedeutete die letzte große Rolle für Marlene Dietrich. Sie bekam dafür enthusiastische Kritiken. Deshalb soll auf den folgenden Seiten ihre Rolle, und wie sie von Marlene interpretiert wurde, beschrieben werden.

Marlene spielt Frau Bertholt

Sie ist 60 Jahre alt und kein bißchen weise. Oder doch? Hitler ist gegangen, Goebbels ist fort, Himmler ist erledigt, aber sie ist noch da. Allerdings ist sie auch keine Nationalsozialistin, sie ist nicht vom Kaliber dieser Täter. Nicht einmal vom Kaliber der Opfer. Sie war stillschweigende Sympathisantin eines Systems, dem ihr Mann angehörte. Eine noble Deutschnationale ohne Schuld. Man könnte allerdings auch sagen: eine jener Personen, die mit ihrer Gesellschaftsschicht Voraussetzung war für die Hitler-Diktatur.

Sie ist preußisch dressiert, stabil, im Wissen darum erzogen, daß man Gefühle beherrschen muß. Alle haben ihre Gefühle beherrscht, die Frauen zu Hause, die Arbeiterinnen in der Rüstungsindustrie, die Soldaten an der Front, die KZ-Schergen beim Quälen ihrer Opfer, die Juristen, die Schreibtischtäter. Deutschland war zwischen 1933 und 1945 ein Land der Beherrschten – in jeder Beziehung.

Marlene Dietrich, die ehemals Deutsche, tritt nach einer Dreiviertelstunde vor die Kamera dieses amerikanischen Films von Stanley Kramer. Sie spielt eine Hausbesitzerin, die den amerikanischen Militärbehörden gestattete, ihr Haus für die Unterbringung des Richters zu benutzen. In der Küche – wo sonst? – begegnet der Vorsitzende, gespielt von Spencer Tracy ihr zum ersten Mal.

Ihre Blicke kreuzen sich, sie flattern zunächst ziellos

herum und bleiben schließlich aneinander hängen. Wie gebannt schauen sie sich an. Und sofort, bei allen kulturellen Unterschieden – hier die disziplinierte Deutsche, dort der lässige Ami –, ist eine Verbindung hergestellt. Wenn auch vielleicht nur die des seriösen Alters.

»Hallo!« sagt Marlene knapp. Ihr Gesicht ist melancholisch und ernst. Der Mund ist etwas schmaler geworden, aber die großen Augen blicken noch immer wie früher: präzise und direkt, offen unter allen Umständen.

Sie steht da in einem schwarzen, körperbetonten Mantel mit Pelzbesatz, auf dem Kopf trägt sie einen Pelzhut. Die Andeutung eines Lächelns streift ihre Mundwinkel. Sie zeigt sich überrascht von der zuvorkommenden Haltung des Amerikaners, der, ganz Gentleman, eine Lebensmittelkiste für sie tragen will. Sie will das nicht zulassen, aber er bricht gleich hier, zum erstenmal, ihren starken Willen. Er trägt die Kiste. Und Frau Bertholt, wir erfahren nicht ihren Vornamen, gibt entwaffnet nach.

Marlene Dietrich spielt ihre erste Szene verhalten. Kaum einer ihrer Manierismen aus früheren Tagen. Nur Andeutungen davon. Das wiegende Gehen, die halbe Körperdrehung aus der Hüfte heraus, der spöttische Seitenblick, das stolze Sprechen ins Leere hinein, ohne das Gegenüber anzuschauen. Dietrich-Posen, aber sehr stark reduziert, fast nur noch als Hauch der Erinnerung. Denn hier geht es nicht nur um Erotik, sondern es geht entschieden nur um Wahrheitsfindung.

Frau Bertholt ist seit jeher in Deutschland ansässig. Seit Generationen lebt ihre Familie hier. Was empfand sie unter der Nazi-Herrschaft? Sie war eine derjenigen, die nicht wußten, was geschah.

Ihr Mann, ein hoher Offizier der Wehrmacht, wurde jedoch nach dem Krieg von den Amerikanern hingerichtet. Extreme Gegensätze und Erfahrungen haben sie geprägt und gezeichnet.

Bei ihrem nächsten Auftritt gestattet ihr die Regie, einen ganzen Raum zu durchqueren. Der Eindruck, den der Zuschauer von ihr bekommt, ist dadurch schon viel sinnlicher. Hoch aufgerichtet, schlank, grazil geht sie auf ihren noch immer atemberaubend schönen Beinen auf die Kamera zu, und die Anwesenden sind beeindruckt von ihrer Ausstrahlung.

Marlene sieht aus großen, beinahe leuchtenden Augen von links nach rechts. Sie dreht kaum den Kopf, um ihre sie flankierenden Nachbarn anzuschaun. Das erledigt sie aus den Augenwinkeln heraus. Dennoch wirkt diese Bildtechnik nicht lauernd, bei dieser Frau hat man eher den Eindruck von Scheu, denn gleich darauf schlägt sie den Blick nieder.

Natürlich ist die Müdigkeit in ihrem Gesicht nicht zu übersehen. Das Alter hat seine feinen Fäden darüber gezogen. Aber noch ist es schön zu nennen, lebendig, und sehr sensibel.

Das gleiche ließe sich von ihren Gesten sagen. Marlene hält sich sehr zurück. Zunächst spricht nur ihr Mund. Sie bewegt sich kaum und schafft so eine Stimmung von »Geistigkeit« und Körperlosigkeit, die im Gespräch angenehm wirkt.

Ihr klassisches Gesicht, und vor allem die Großaufnahme davon, paßt gut zu Klaviermusik. Und schon sehen wir sie im Konzertsaal auf der Empore, wie gemeißelt, einem Pianisten lauschen, der eine Etüde in Moll spielt. In ihrem Gesicht bewegt sich nichts. Es ist steingewordene, getragene Musik.

Erst nachdem das Konzert zu Ende ist, wird sie wieder

lebendig. Sie durchquert wieder einen Raum, für den Moment nicht mehr nur Gedanke und Erinnerung, sondern erneut Körper. Und sie lächelt sogar. Diesmal schon freier.

Und dann, während eines Ganges durch das nächtliche, zerbombte Nürnberg, an der Seite des amerikanischen Richters, während durch die Dunkelheit das Lied von »Lili Marleen« schwebt, beginnt sie plötzlich eine Zeile mitzusingen. Das ist erhaben, denn sie sieht dabei wie eine große Tragödin aus, die soeben begreift, daß ihr Leben zerstört ist, daß es aber dennoch schön war.

Das klassische Antlitz des Dramas. Edles Gesicht, umschattete Augen, schmale Wangenknochen, ein ausdrucksvoller Mund – Marlene Dietrich gibt dem Geschehen in Moll, wir schreiben schließlich die Nachkriegszeit des zerstörten Nürnberg, den angemessenen Ausdruck.

Klassisch fallende Linien umschmeicheln ihren Körper. Einfach atemberaubend sieht sie aus in ihren wunderschön geschnittenen Kleidern, Mänteln, Pelzen, für die ihr persönlicher Zuschneider Jean Louis verantwortlich zeichnete. Aber das scheint nur Nebensache zu sein, früher war es bei ihr die Hauptsache.

Langsam rückt der Filme Marlene »auf den Leib«. Schon sehen wir sie im körperbetonten, schwarzen Kleid am Kamin. Sie bereitet dem Richter einen Kaffee, und wenn sie ihm das Tablett hinüberträgt, kann der Zuschauer lange genug konstatieren, wie attraktiv Marlene mit sechzig noch immer ist. Sie hat kein Gramm Fett zuviel am Leib. Und anziehend, wie sie als Frau noch immer ist, kann sie nun auch die Küchenfee spielen – ihre alte Kontrastrolle aus Mütterlichkeit und Sex-Appeal.

Marlene tritt immer dann auf, wenn der Film eine »private« Pause im Gerichtsverfahren einlegt. Dann kann sie ihre langen Gänge durch Räume antreten, sich dem Bildvordergrund nähern, sich lächelnd bekanntmachen, sich setzen. Sprechen.

Eine inszenierte Dramaturgie, die sie dem Betrachter nicht nur näherbringt, sondern ihn in der Spannung von körperlicher Bewegung, also Attraktivität, und Stillstand, also einer folgenden Großaufnahme ihres Gesichtes bis zu den Schultern, in Atem hält.

Der Kontrast ist aufregend, und Marlene spielt ihn klug durch. Sie kennt natürlich ihre Wirkung ganz genau und korrigiert manchmal ganz leicht ihre Haltung, um das Führungslicht, das auf ihrem Gesicht liegt, besser zur Geltung zu bringen.

Und wenn sie geht, dann tut sie dies im Gegensatz zu früher nicht mehr mit jener schlendernden, aufregenden Laszivität, sondern konzentriert auf das Ziel hin ausgerichtet. Nüchtern, natürlich, ohne irgendeine erotische Absicht. Sie geht nicht als Sexsymbol, sondern als Gehende.

Gegen Ende des Films taucht Marlene alias Frau Bertholt sogar im Gerichtssaal auf, um sich die Urteile von Nürnberg anzuhören. Sie, die zum Richter sagte, man muß vergessen können und weiterleben, ist nun an der Erinnerung interessiert, eine deutsche Frau ohne eigene Schuld, aber schuldig wie alle, die keinen Widerstand ausgeübt haben.

Sie sitzt im Zuschauerraum wie eine Statue, auf die das gleißende Licht der historischen Erinnerung fällt, schweigend, unbeweglich, betroffen. Und erinnert sich daran, die Ehefrau und Witwe eines strammen deutschen Offiziers zu sein, der wie andere, den Befehl zum Überfall auf Europa gab. Schuldig oder nicht schuldig? Alle haben Schuld. Jedenfalls: Keiner ist frei von Schuld.

Der Prozeß ist zu Ende, alle sind verurteilt, das Privatleben für die anderen kann wieder beginnen. Musik setzt ein, der Richter hört ein imaginäres Orchester die Melodie von

»Lili Marleen« intonieren, er ruft Marlene an. Lili Marlene, die deutsche Frau schlechthin, die neben ihrem Telefon im Halbschatten sitzt, über ihr an der Wand das Ölgemälde von ihrem Gatten, vor sich ein halb ausgetrunkenes Glas Wein. Sie nimmt nicht ab. Sie zieht es vor, den Rest ihres Lebens zu verdämmern, in Anerkennung ihrer schuldlosen Schuld, mit der Grundstimmung in Moll.

So gehen Leben zu Ende. Deutsche Leben.

Deutsche Themen

Der dreistündige Spielfilm über Deutschland und die Deutschen unter dem Terror des Nationalsozialismus ist einem anderen Prozeß nachempfunden, der in Nürnberg nach Kriegsende stattgefunden hatte und die Hauptschuldigen des NS-Staates aburteilte. Jener berühmte Kriegsverbrecherprozeß unter dem Vorsitz von Robert Kempner klingt jedoch nur atmosphärisch an. Er endete ohne Freisprüche für die Göring, Ribbentropp, Heß und Co. und auch all jene, die es vorgezogen hatten, sich inzwischen der irdischen Gerechtigkeit durch Freitod zu entziehen.

In »Das Urteil von Nürnberg« stehen vier Angeklagte vor Gericht, die stellvertretend für die leitenden Institutionen der Nazis angeklagt sind. Das sind der Jurist, der Rassentheoretiker, der Schlächter, der geistige Mitläufer.

Naturgemäß besitzt ein solcher Film, auch wenn er in die spektakuläre Form des Gerichtsgenres gekleidet ist, etwas Lehrhaftes. Endlose Dialoge, Reden, Statements der Ankläger, Unschuldserklärungen der Betroffenen, Gut und Böse. Und der Film predigt manchmal mit einer Engelsgeduld, die unruhig macht.

Aber die Regie Kramers versteht es, das Geschehen aufzulockern. Zudem geben Außenaufnahmen der zerstörten deutschen Städte ein beklemmendes Lokalkolorit. Und wenn vor Gericht die furchtbaren Bilder aus den Konzentrationslagern auf die Leinwand projiziert werden, sind wir ganz und gar gebannt von der historischen Dimension dessen, was da verhandelt wird.

Darüber hinaus besitzt der Film einen schönen moralischen Ton, der im Namen der Menschenrechte anklagt. Und er stellt die bohrende Frage, ohne sie zu lösen: Wie konnte das alles geschehen? Vor dieser Frage werden alle Einwände gegen einen Film gering, der Ideologien verhandelt und reichlich selbstgerecht die anklagenden Amerikaner in die Rolle der Reinen versetzt.

Es sind letztlich die Schauspieler, die jede Kritik an diesem wichtigen Werk verstummen lassen.

Spencer Tracy als unbestechlicher Richter ist großartig – eine moralische Instanz, wie sie glaubwürdiger nicht sein könnte. Richard Widmark als Ankläger besitzt eine, wenn auch eindimensionale Integrität, mit anklägerischer Wut angereichert. Montgomery Clift als verwirrter Zeuge ist beinahe schon zu mitleiderregend, jedoch absolut glaubwürdig. Maximilian Schell als Verteidiger der Nazis: eine große, aufrechte Gestalt des guten, wenn auch mit Selbstzweifeln behafteten Deutschen.

Und schließlich, bei allen Einwänden, bleibt der Eindruck, während man diesen Film sieht, daß er unbeirrt auf das Richtige und das Falsche hinweist. »Das Urteil von Nürnberg« ist ein Film, der seinen Finger auf dieses Thema legt, und drei Stunden lang darauf beharrt, daß es nichts Wichtigeres gibt, als die Frage zu lösen, was wir aus der deutschen Vergangenheit zu lernen haben. Das macht ihn, gerade weil er zugibt, daß er diese Frage letztlich nicht lösen kann, groß.

Die Kritik reagierte angetan. Friedrich Luft war in »Die Welt« vom Dezember 1961 jedoch hin und her gerissen. Er schrieb:

»Der Film, so ehrlich, so sauber in seiner Intention und Beweisführung, so mutig in seinem Thema und so achtenswert in seinem unverschmierten Drang zur Wahrheit, er hat nur einen Fehler: Er ist immer zu sehr Film; er bleibt grandioses Kino, wo das Thema, das furchtbare, das so ehrlich und sauber angegangene, sich gegen die Mittel des noch so kompetenten und redlichen Films eben dauernd zu sträuben scheint.«

Und über Marlene Dietrichs Rolle bemerkte derselbe Kritiker:

»Sie hat die vergleichsweise kleine Rolle einer Generalswitwe. Ihr Mann wurde gehängt. Sie gibt eine glitzernde Figur aus Abscheu, Mitleid, Kälte, Arroganz, Haß und Attraktion. Sie ist wunderbar − Marlene aus dem Buch der Filmgeschichte. Ein Star mit einer klirrenden Nuance, einer unnachahmbaren, des Erotischen. Aber das, was sie sein sollte, eine deutsche Offiziersfrau, ist sie denn doch nicht. Sie bleibt eine Generalsfrau des hochgetriebenen Films.«

Nun ja, ganz entscheiden konnte sich da »die Stimme der Kritik«, die jeden Sonntagmorgen im Berliner Radiosender RIAS mit atemloser Stimme ästhetische und moralische Urteile verlas, doch nicht. Viel Wortgeklingel, wenig Aussage. Wer den Film sieht und die Rolle Marlenes zu würdigen versteht (es gibt eine englischsprachige Videokassette des Werks!), kann sich seine eigene Meinung bilden.

Dies kann vor allem heute, in den 90er Jahren, interessant sein, wo sich Prozesse gegen die Verantwortlichen eines anderen Unrechtsstaates, der ehemaligen DDR, ereignen. Prozesse, in denen ebenfalls die Frage gestellt wird, inwieweit die kleinen und großen Täter überhaupt schuldig gesprochen werden können, wenn sie sich in ihrem Urteilen und Handeln an geltendes Recht − und sei dies auch noch so fragwürdig gewesen − gehalten haben.

Wie auch immer: Für Marlene Dietrich war die Frau Bertholt in Stanley Kramers kontroversem Film ein Geschenk, wie es, nimmt man ihre Karriere und ihren Lebensweg insgesamt, nicht besser ausgesucht hätte sein können.

Man fragt sich überhaupt angesichts dieser Darstellung, warum die systemkritische, exilierte Deutsche nicht öfter solche Rollen angeboten bekommen hatte. In Filmen mit »deutscher« Thematik, etwa »Eine auswärtige Angelegenheit« von 1948, hatte sie auf der »anderen« Seite gestanden. Wer weiß, welche Bereicherung der Kinogeschichte es gewesen wäre, hätte Marlene auf der Leinwand die großen Rollen des europäischen Widerstands gegen Hitler spielen dürfen.

Es hat keine Angebote dieser Art für sie gegeben!

In die Nähe einer solchen denkbaren Aufgabe geriet Marlene allerdings ein Jahr später.

Der Dokumentarfilmregisseur Louis Clyde Stoumen besorgte für die Arthur Steloff-Image Produktion einen Tatsachenfilm über Hitler und das Dritte Reich. Aufstieg und Fall des Diktators und seiner Helfershelfer, eine Fülle von Material über die Schrecken des Nazireiches, und das alles in Kontrast gesetzt zu Dantes »Inferno« – den Kommentar dazu sollte Marlene sprechen.

Sie sagte sofort zu. Was gab es Naheliegenderes, als auf diese Weise bei der Aufarbeitung der Vergangenheit dabei zu sein? Die Entscheidung fiel ihr desto leichter, je mehr sie bei der Redaktion der Textvorlage eingreifen konnte. Sie lektorierte das Textbuch mit großem Sachverstand, diesmal kein Star, sondern eine deutsche Intellektuelle, die wußte, was deutsche Geschichte bedeutete.

Marlene sprach den Kommentar zu dem eineinhalbstündigen Werk mit dem Titel »The Black Fox«, das 1962 im Rahmen der Filmfestspiele Venedig aufgeführt wurde und im gleichen Jahr den Oscar für den besten Dokumentarfilm erhielt.

Die wunderbare, kultivierte, nuancierte Stimme der Dietrich bildete einen sehr wirkungsvollen Kontrast zu den Bildern. Ihre stimmliche Interpretation zu dieser Art Geschichtsunterricht in Sachen Deutschland trug wesentlich zum Erfolg des Films bei. Auch die Tatsache, daß sie Deutsche war und deutsch sprach, verschaffte der Filmmontage die nötige Aufrichtigkeit, um zu wirken.

Nach dieser Tätigkeit, die Marlene sehr befriedigte, kümmerte sie sich wieder verstärkt um ihr Privatleben.

Sie reiste zurück nach New York und verbrachte einige Tage mit Maria und ihrem Mann. Wieder einmal war sie äußerst erstaunt zu sehen, wie groß die Enkelkinder inzwischen geworden waren. Daran merkte sie wieder, daß sie selbst älter wurde, eine banale Tatsache, die ihr jedoch oft einfach aus dem Bewußtsein verschwand. Sie war gesund, schön und fit und wollte ewig weiterarbeiten, Menschen kennenlernen, reisen. Sie fühlte sich noch keine Spur müde.

Von New York aus fuhr sie weiter nach Kalifornien. Ihr Mann Rudolf Sieber, der jetzt auf einer kleinen Ranch im San Fernando Valley in der Nähe von Los Angeles lebte, war krank, und da er ohne Arbeit war, auch sehr deprimiert. Marlene versuchte ihr Bestes, ihm zu helfen.

Rudis Lebensgefährtin Tamara wurde psychisch immer labiler. Sie wird schließlich in eine Klinik in Camarillo eingeliefert, wo sie scharfer Beobachtung unterliegt. Das verstärkt natürlich die Depressionen Siebers. Und nach einer schweren Magenoperation kommt für ihn auch der Moment, wo er seine berufliche Laufbahn mehr oder weniger beenden muß.

Marlene ist todtraurig über diese Entwicklung. Warum ist

das Leben so schwer? Warum kann es nicht wenigstens für die Menschen leicht sein, die gut sind? Wenn sie von der Ranch in den Bergen zurückfährt in ihr Haus in Beverly Hills, ist sie meistens selbst deprimiert. Sie wünschte sich, ihrem Rudolf ginge es besser.

Aber der Mann früherer glücklicherer Tage erholt sich nicht mehr richtig. Im Jahr 1976 stirbt er – und Marlene kann ihn nicht einmal mehr zur letzten Ruhe begleiten, weil sie sich gerade auf einer neuen Welttournee befindet.

Später sagte sie über ihren gerade gestorbenen Mann, auch im Hinblick auf ihre Gemeinsamkeiten: »Sieber war ein ganz sensibler Mensch. Er hätte das doch gar nicht ausgehalten. Was der durchgemacht hätte, im Schatten einer so berühmten Frau – fürchterlich.«

Marlene wird in den 60er Jahren dauernd mit dem Tod konfrontiert. Ein paar ihrer engen Freunde sterben, so Gary Cooper, Ernest Hemingway, Jean Cocteau. Hat sie selbst manchmal Angst vor dem großen Schnitter, der allem ein Ende setzt? Sie sagt auf diese Frage, und darin klingt der Trotz des Jetzt-Gerade! mit:

»Ach, wer hat schon Angst davor! Man sollte Angst haben vor dem Leben, ja, aber nicht vor dem Tod! Dann weiß man doch nichts mehr, ist doch aus! Da kann man doch nicht dran glauben, daß die da oben alle rumfliegen – gibt's ja gar nicht ... Außerdem glaube ich nicht an eine höhere Macht. Oder – die höhere Macht ist meschugge!«

Eine typische Marlene-Dietrich-Antwort möchte man meinen: trotzig, berlinerisch, hellsichtig.

Einen kurzen Gastauftritt auf der Leinwand lieferte Marlene Dietrich noch einmal 1964 ab. In dem Film »Paris when it Sizzles« (Zusammen in Paris), unter der Regie von Richard Quine, sah man sie neben Noël Coward, Tony Curtis und Mel Ferrer.

Die Geschichte eines Drehbuchautos (William Holden), der bessere Tage gesehen hat, nun ein Script angeboten bekommt und zusammen mit einer jungen Frau (Audrey Hepburn) die Terminarbeit bewältigt, war hübsch und leicht hingeworfen. Aber kein Film, mit dem sich Marlene länger aufhielt. Premiere war im April 1964. Es war ihr letzter Filmauftritt für 13 Jahre. Und ihr vorletzter überhaupt.

Marlene Dietrich hatte das Gefühl, mit der Filmerei zu einem Ende gekommen zu sein. Es gab nicht mehr viel Rollen, die sie gereizt hätten. Und die interessanten Rollen bot man ihr nicht an. Also warf sie sich verstärkt auf ihre Show-Tourneen, die ihr mehr abverlangten und sie mehr befriedigten.

Ihre Show-Auftritte brachten auch einen unschätzbaren Vorteil mit sich, den sie vom ersten Augenblick an gemocht hatte: die Unabhängigkeit. Sie war ihr eigener Star und konnte jetzt, aufgrund ihrer gesammelten Erfahrungen, unabhängig von Regisseuren und Produzenten, bestimmen, was sie machte und wie sie es machte.

Die Show-Bühne wurde zu ihrem Garten Eden.

Sag mir, wo die Blumen sind ...

Und auch in den Schallplatten-Studios war sie immer mehr zu Gast. Viele ihrer schönsten Alben entstanden in den 60er Jahren – Berliner Lieder, amerikanische Filmmusik, unvergängliche Aufnahmen. Angefangen vom Potpourri aus der Revue »Es liegt in der Luft«, über »I Have Three Sweethearts« und »Falling in Love Again«, bis hin zu den Welthits »Sag mir, wo die Blumen sind« und »Die Welt war jung«.

Die vielen Schallplatten, die Marlene Dietrich besungen hat, werden sicher genauso unvergänglich bleiben wie ihre großen Filme.

Noch im Jahr 1964 reiste sie mit Burt Bacharach zu Auftritten in die Sowjetunion. Die Tour war eine Sensation.

Schon bei ihrer Ankunft in Moskau wurde sie von Hunderten von Journalisten umlagert. Sie erzählte ihnen von ihrer Liebe zu diesem Land und zur russischen Kultur. Ihr Mann Rudolf Sieber, der übrigens fließend russisch sprach, hatte sie in dieser Liebe bestärkt. Und deshalb konnte sie nun den neugierigen Medienvertretern des nachstalinistischen, aber immer noch autotirären Landes von ihrer »Russen-Manie«, wie sie selbst das nannte, berichten.

Marlene Dietrich fühlte sich im Land Lenins, Pasternaks und Jewtuschenkos sehr wohl.

Sie trat an manchen Tagen viermal auf die Bühne. Und sie absolvierte ein öffentliches Programm, das auch den Besuch von Hunderten von Künstlern, Kommiteemitgliedern, Kindern und Schauspielern mit einschloß. Sie spürte einfach, daß sie den Menschen in der Sowjetunion etwas geben konnte, daß man sie brauchte. Und sie selbst lernte viel von dem, was vereinfacht die »russische Seele« genannt wurde und was man mit Herzlichkeit, Menschlichkeit, Brüderlichkeit und Naivität umschreiben kann.

Auch durch diese Tournee zahlte sie einen winzigen Teil der Schuld ab, die die Deutschen durch ihren grausamen Überfall auf die Sowjetunion auf sich geladen hatten.

Es war ihr klar, daß es wirklich nur ein kleiner Beitrag der Vergangenheitsbewältigung war, denn wie hätte man 20 Millionen Sowjetbürger, die der Zweite Weltkrieg verschlungen hatte, aufwiegen können? Es mußte dennoch getan werden: ein Zeichen der Versöhnung zu setzen, zu dem die Politiker offenbar nicht oder nur sehr zögernd in der Lage waren. Jene Politiker, die leider immer nur vom anderen etwas forderten, ohne selbst etwas geben zu können.

Große Tourneen, große Erinerungen. Das gab's nur einmal, das kommt nicht wieder ...

Da war der Auftritt in Israel im Jahr 1960. Marlene sang zum erstenmal nach dem Krieg deutsche Lieder in diesem Land der Überlebenden des Holocaust. Sie bekam dafür eine Extragenehmigung, denn die deutsche Sprache war bis dahin in der Öffentlichkeit verboten.

Da gab es den phänomenalen Erfolg in Japan, wo Marlene wie ein Weltwunder bestaunt wurde, das nun tatsächlich lebendig geworden war, eine Frau aus einem sehr alten und sehr fernen Märchen!

Da war Rio de Janeiro, wo Marlene von 25.000 Menschen am Flugplatz empfangen wurde und wo ihre vielleicht beste Schallplatte, »Dietrich in Rio«, entstand. Und Buenos Aires, wo das Publikum völlig durchdrehte. Marlene fiel in Ohnmacht und mußte in das Theater getragen werden. Man ließ sie danach nicht mehr von der Bühne, der Auftritt ging bis spät in die Nacht.

Und da waren natürlich die vielen Auftritte in Paris, im Olympia oder im Theatre de l'Etoile; in London, in Rom, im traurigen Warschau mit seinen leidvollen Erinnerungen an Ghetto und Konzentrationslager, im lebenslustigen Brüssel, im überschäumenden Lissabon. Und in Las Vegas, der Stadt der Showbühnen und mit einem einmaligen Publikum, das seine Sache wie kein anderes versteht. Dieses Publikum kann jedoch auch eine Karriere beenden, denn es ist unbarmherzig genau.

Marlene reiste mehrere Male um die Welt. Immer fit, immer wieder mit neuen Nuancen in ihren Shownummern, mal in ihrem berühmten Jean-Louis-Kleid aus »fast nichts mit viel Musselin drum herum«, mal im schwarzen, mal im weißen Frack.

Und die Medien waren immer dabei. Man bewunderte allenthalben ihre unerschöpfliche Energie. Wo nahm sie die Kraft her?

Marlene machte praktisch alles selbst. Sie kümmerte sich um jedes einzelne Mitglied ihrer Showtruppe, schrieb Einladungen an prominente Gäste, arrangierte die Musik mit Bacharach, checkte den Sound in den großen Theatern, organisierte den weiteren Verlauf der Tour. Und wenn es Fototermine gab, stand sie frisch und ausgeruht da, lächelte ihr schönstes Lächeln und schien immer schöner zu werden.

Es gab nie Langeweile, weder für sie, noch für ihre Truppe, die nach und nach aus schließlich fünfzig Personen bestand, und schon gar nicht für das Publikum. Zwar war ihre Show praktisch seit 1954 immer die gleiche geblieben, ein Monument und ein Denkmal der Live-Unterhaltung, aber es gab immer wieder Varianten, leichte Umstellungen, wenn auch subtiler Art, die ihre Fans natürlich bemerkten. Manchmal sind feine Veränderungen die besten.

Hin und wieder nahm Marlene auch ein neues Lied in ihr Repertoire auf.

In dieser Hinsicht war das Jahr 1962 von Bedeutung. Der Folkloresänger Pete Seeger hatte auf den sogenannten Ostermärschen, bei denen es um einen Protest gegen die Atombewaffnung ging, neben dem legendären Lied »We shall Overcome«, auch seinen Song »Where Have All the Flowers Gone?« gesungen. Pete Seeger und Bob Dylan (»Blowin' in the Wind«) waren damals die Vorsänger der rebellischen Jugend der Welt.

Marlene hörte das Lied und war begeistert.

In diesem Antikriegslied mit dem deutschen Text von Max Colpet: »Sag mir, wo die Blumen sind. Wo sind sie geblieben?/Sag mir, wo die Blumen sind. Was ist geschehn?/Sag mir, wo die Blumen sind ... Über Gräbern weht der Wind ...«, kommt vollendet die Stimmung zum Ausdruck, die Marlene in der Zeit des Krieges selbst intensiv erlebt hatte.

In Paris sang sie nun dieses Lied, das zu ihrem wichtigsten und populärsten in den 60er und 70er Jahren wurde, gewissermaßen Markenzeichen und Vermächtnis, bei einer Veranstaltung zum Welt-Kinderhilfswerk, zum ersten Mal. Sie sang es zum Ausklang des Auftritts. Von da an sang sie es ständig als Höhepunkt ihrer an Höhepunkten reichen Show. Burt Bacharach sorgte mit einem effektvollen, sich ständig steigernden Arrangement dafür, daß der Song seine Wirkung auch vor großem Auditorium nicht verfehlte.

»Sag mir, wo die Blumen sind« − der Inbegriff des Antikriegssongs, in seiner unaufdringlichen, melancholischen und anklagenden Stimmung ein einzigartiges Beispiel. Und in Marlenes Interpretation für jeden, der ihre Karriere mitverfolgt hatte, glaubwürdig wie kein anderer Song. Mit diesem Lied wurden ihre Auftritte noch seriöser, schwerwiegender, authentischer. Die Palette ihrer Ausdrucksmöglichkeiten wurde damit immer breiter. Wenn ihre Wirkung überhaupt zu steigern war, dann geschah dies jetzt.

Der Literatur- und Kunstkritiker Willy Haas schrieb darüber: »Plötzlich faßt sie ein Chanson an − am nächsten Tag singen es Tausende. Dieses Spontane, Plötzliche in ihrem Erfolg ist geblieben. Man hört die schöne Sechzigjährige und noch immer Bezaubernde singen: ›Sag mir, wo die Blumen sind ...‹ und etwas Elegisches, etwas vom ewigen Untergang und Wechsel alles Seienden klingt leise durch.«

Natürlich stand ihr Erfolg mit solchen Stimmungen der Erfolg mit Liebesliedern in nichts nach. Gab es überhaupt einen weiblichen Star, der in seiner Karriere als Verkörperung der Liebe mehr Eindruck gemacht hatte?

Nein! Den gab es nie. Marlene war der Inbegriff dieser traurigen und herrlichen Affäre, die den Namen Liebe trug. Egal, ob sie dabei als Lola-Lola auftrat oder von »Jonny« sang oder all die Männer beklagte, die im Krieg gestorben waren.

Im Jahr 1967 trat Marlene am Broadway auf, wohin sie sich bis dahin nicht gewagt hatte. Der Broadway mit seinem arroganten Kunst-Klima war nicht ihre Sache gewesen. Doch jetzt feierte sie auch hier Triumphe. Alle Herzen schmolzen dahin, als sie die Songs von Seeger, Brecht, Gilbert Becaud, Friedrich Hollaender und Bob Dylan sang.

Damit war die letzte Bastion gefallen. Jetzt war sie überall »zu Hause«.

Jeder in der Welt kannte sie.

Marlene Dietrich, die Sängerin, Interpretin, Rezitatorin war längst eine Legende geworden. Ernest Hemingway hatte einmal gesagt: »Selbst wenn sie nichts als ihre Stimme hätte, könnte sie einem damit das Herz brechen ...« Wohl wahr! Denn als Persönlichkeit war Marlene einzigartig.

Zu ihrer Berühmtheit gehörte, daß sie schier unermüdlich von Auftritt zu Auftritt reiste.

»In all den Jahren«, schreibt Marlene Dietrich in ihren Memoiren »Ich bin, Gott sei Dank, Berlinerin«, »in denen ich als Sängerin auf der Bühne stand, habe ich nie eine Vorstellung abgesagt – keine Halsschmerzen, keine Krankheit, keine Entschuldigung. Immer war ich da, eine oder zwei Stunden vor dem Auftritt. Bis zu jenem verhängnisvollen Abend, an dem ich in der Dunkelheit hinter den Kulissen über ein Kabel stolperte und mir den Oberschenkelknochen brach. Das war in Sydney, 1976, in der letzten Woche meiner Australien-Tournee. Ich lehnte mich an die Schulter meines Produzenten, und er brachte mich in meine Garderobe. Die Vorstellung sagte er ab.«

Der Vorfall bedeutete das Ende der Showkarriere. Marlene wurde nach den USA zurückgeflogen. Dort lag sie mehrere Monate lang in einem New Yorker Krankenhaus. Der Bruch des linken Oberschenkelknochens war kompliziert und schwerwiegend. Sie erholte sich – im Alter von 75 Jahren – davon nur sehr, sehr langsam.

Sie hatte sich im Verlauf ihrer langen Karriere auf den Bühnen der Welt öfter verletzt, aber niemals so schwer. 1927 brach sie sich noch in Berlin den Arm, 1942 bei Dreharbeiten den Fußknöchel, 1972 erlitt sie in London eine schwere Gehirnerschütterung, und in Washington fiel sie einmal in den drei Meter tiefen Orchestergraben und blieb schwerverletzt liegen – von all den Schrammen während ihrer Zeit beim Fronttheater in Kriegszeiten ganz zu schweigen. Und wenn Marlene Dietrich nun, im Jahr 1976, meinte, jetzt sei es vorbei mit den öffentlichen Auftritten, dann wollte dies – bei ihrer eisernen Disziplin – etwas besagen.

Letzte Liebe

Marlene Dietrich hatte den australischen Kontinent auf ihren Tourneen immer wieder besucht. Bei einem ihrer Auftritte dort – es war im Jahr 1968 – lernte sie den Einheimischen Hugh Carnow kennen.

Carnow war mit seinen 30 Jahren ein recht junger Kerl. Als Journalist bemühte er sich um ein Interview mit der Dietrich, die er verehrte. Nach mehreren Anläufen gelang ihm das auch. Und was auch immer während der gemeinsamen Interview-Sitzung passiert sein mochte – keine 14 Tage später waren Marlene und der sportliche, unkomplizierte Hugh – obwohl verheiratet und Vater von Kindern – ein »Paar«.

Die Öffentlichkeit zerriß sich die Mäuler über das ungleiche Paar. Er 30, sie Ende 60. Was mag Marlene fasziniert haben an Hugh? Sicher seine erotische, männlich-kraftvolle Ausstrahlung. Sicher auch sein optimistisches, freundliches Wesen, das jedes Problem zu bekämpfen wußte.

Das Paar reiste zusammen um die Welt. Die Medien versuchten, ihnen auf den Fersen zu bleiben. Doch das gelang nicht immer. Plötzlich verschwanden beide, gut getarnt, im Privatleben, das einem undurchdringlichen Dschungel glich. Dann tauchten sie wieder auf. In Paris, in Hollywood, in Südfrankreich, in Melbourne – immer hübsch kunterbunt über den ganzen Erdball verteilt.

Eines Tages, gegen Ende des Jahres 1968, passierte ein schreckliches Unglück. Auf einer Bohrinsel vor der Küste Australiens, wohin Carnow als Reporter gefahren war, verunglückte der Hubschrauber, der ihn hingebracht hatte. Er stürzte ab, und sein Rotor trennte dem wartenden Journalisten den Kopf vom Rumpf.

Marlene stand in Melbourne auf der Bühne, als sie von dem schrecklichen Tod des Mannes erfuhr, mit dem sie fast ein Jahr verbracht hatte. Sie brach zusammen. Aber eisern wie sie war, setzte sie ihren Auftritt später fort. Wer war sie, daß ein privates Leid die berechtigten Ansprüche ihres Publikums außer Kraft setzen konnte? Sie trauerte um Hugh, aber »the Show must go on ...«

Die Show mußte auch deshalb weitergehen, weil Marlene, Ende der 70er Jahre, praktisch pleite war. Da sie für ihre Bühnenauftritte eigenverantwortlich war und für jeden Dollar an Produktionskosten selbst aufkommen mußte, außerdem sehr großzügig für die Angehörigen ihrer Familie sorgte, blieb ihr nichts von dem Vermögen, das sie einst verdient hatte.

Im Jahr 1976 arbeitete Marlene – nach einigen vergeblichen Anläufen und vorhergehenden unbefriedigenden Resultaten – an ihren Memoiren. Sie saß in der Rue Montaigne Nr. 12 und schrieb ein langes Leben auf, das mit dem Beginn des Jahrhunderts angefangen hatte. Es wurde ein Buch daraus, das ganz der Vorstellung entsprach, die das Publikum von Marlene besaß.

Die Dietrich zog sich in diesem Jahr ganz aus der Öffentlichkeit zurück.

Ihr letztes Konzert hatte sie in Paris gegeben. Es war der bewegende Abschied einer großen Entertainerin, die noch einmal vor ihr Publikum trat, um mit ihren Liedern Rückschau zu halten.

Es wäre zu einfach zu sagen, daß Marlene bei ihrem Abschiedskonzert die Bühne einfach nur betrat. Das wäre fast schon eine Beleidigung. Nein, sie schritt sie ab im Bewußtsein der Bedeutung dieses Auftritts. Die Augen hielt sie dabei fest auf ihr Publikum im Saal gerichtet. Mit einem Gang, der so siegessicher und traurig zugleich erschien, daß er allein schon ungeteilte Bewunderung verdiente.

Ihr glitzerndes Kleid, mit Pailletten besetzt, funkelte im Scheinwerferlicht, darunter straffte sich ein schlanker, eleganter Leib, der so viele Sehnsüchte auf sich gelenkt hatte.

Während das Orchester ihren berühmtesten Song »Ich bin von Kopf bis Fuß auf Liebe eingestellt«, intonierte, trat Marlene ans Mikrofon. Die Arme verschränkte sie auf dem Rücken, ihre Stimme klang fast gebrochen. Sie sagte in französischer Sprache:

»Ich muß Ihnen Adieu sagen, denn es ist zu Ende. Das war das letzte Konzert. Ich möchte Ihnen noch sagen, daß Sie mich zum Weinen bringen, da ich Sie sehr bewundere. Ich bewundere Ihren Mut während des Krieges. Ich liebe Sie ... auf Wiedersehen! ...«

Jetzt weinte sie wirklich. Sie trat schnell zur Seite. Und während das Publikum in einer Mischung aus Rührung, Selbstmitleid und uneingeschränkter Bewunderung zu stehenden Ovationen von den Sitzen aufsprang, verbeugte sich Marlene noch einmal. Beinahe devot stand sie da, auf jeden Fall aber scheu und zerbrechlich wie ein Engel.

Sie hielt den Blick gesenkt, gestattete sich nicht noch einmal diesen liebenden Blick ins Publikum. Eine allerletzte Verbeugung, so tief wie sich nur ein Star verbeugt, der es ernst meint mit der Liebe zu seinen Fans.

Die Musik schwoll an, der Führungsscheinwerfer verfolgte ihren letzten Gang in die Kulissen.

Und als sie nach einer Weile noch einmal in den Applaus,

der nicht enden wollte, zurückkam, warf sie mit einer schönen, imaginären Geste unsichtbare Blumen in den Saal, lächelte jetzt wieder, hob beide Arme zu einer typischen Berliner Geste: im schnellen Öffnen und Schließen der Hände winkte sie und nahm gleichzeitig, jetzt wieder burschikos die Rührung bekämpfend, das starke Gefühl aus diesem Abschied. Noch einmal blickte sie aus dem roten Samtvorhang, der die Bühne begrenzte, zurück. Ein endlos wirkender, unfaßbarer Augenblick, der die Zeit zerdehnte. Sie hob den linken Arm — und war für immer abgetreten.

Daß Marlene im Jahr 1976 mit allem aufhörte, hatte auch damit zu tun, daß sie kurz hintereinander zwei schwere Verluste hatte hinnehmen müssen. Im gleichen Jahr waren ihr Mann Rudolf Sieber nach einem Schlaganfall und ihr verehrter Freund und Liebhaber Jean Gabin gestorben.

Nach einigen eher unerfreulichen Auftritten im Fernsehen — Marlene schätzte dieses Medium nicht — kam noch einmal ein Kinoangebot, das die legendäre Darstellerin bewog, aus dem Schatten ihrer Zurückgezogenheit hervorzutreten.

Im Jahr 1978 geschah das Unfaßbare, das die Branche nicht für möglich gehalten hatte: Marlene trat, im Alter von 77 Jahren, nach 13jähriger Abstinenz, noch einmal in einer Leinwand-Gastrolle auf.

Sie tat es dem englischen Schauspieler und Regisseur David Hemmings zuliebe. Und es sollte auch nur ein sogenannter »Gem« sein, ein Kurzauftritt.

Zunächst ließ sie sich das Drehbuch schicken. Mit ihrer unendlichen Filmerfahrung konnte sie ein paar Ungereimtheiten im Script beseitigen. Als sie das Notwendige verbessert hatte, konnte es losgehen.

Der Film »Schöner Gigolo — armer Gigolo« sollte eine bundesrepublikanische Produktion werden. Die Hauptrolle spielte der schillernde Rockstar David Bowie, damals unbestreitbar auf dem Höhepunkt seiner an Höhepunkten reichen Karriere.

Der Film spielte zur Zeit der Weimarer Republik. Ein junger Beau und Leutnant nimmt jede Arbeit an, die er kriegen kann, und landet erst bei einem Nationalsozialisten, dann bei einer alten Baroneß, die von Marlene Dietrich gespielt wird.

Marlenes einzige Bedingung für diese Nebenrolle war, daß ihre wenigen Szenen in Paris abgedreht wurden. Sie fühlte sich zu dieser Zeit körperlich nicht fit. Regisseur Hemmings und die Produzenten willigten ein. So wurden alle Requisiten und Kulissen in einer einmaligen Aktion von Berlin nach Paris verfrachtet.

In einem Pariser Atelier stand Marlene nun zwei Tage lang noch einmal vor einer Filmkamera. Man holte sie morgens in aller Herrgottsfrühe aus ihrer Wohnung ab und brachte sie abends wieder nach Hause. Ihre persönlichen Begleiter, darunter vor allem ihre Tochter Maria, die aus New York angereist war, und der Komponist Günther Fischer, schirmten sie gegen jede Belästigung durch die Öffentlichkeit ab. Es gab keinerlei Rummel um die Dreharbeiten, Fotos durften nicht geschossen werden. Die interessierten Medien sollten komplett überrascht werden, wenn der Film fertig war.

Höhepunkt ihres Auftritts war unbestritten jenes Lied, das sie mit eindrucksvoller Altersstimme sang: »Schöner Gigolo, armer Gigolo,/denke nicht mehr an die Zeiten,/wo du als Husar, goldverschnürt sogar,/konntest durch die Straßen reiten!/Uniform passé, Liebchen sagte: Adieu!/Schöne Welt, du gingst in Fransen!/Wenn das Herz dir auch bricht,/zeig ein lachendes Gesicht,/man zahlt, und du mußt tanzen!«

Marlene sang dieses Lied in englischer Sprache, mal flüsterte, mal hauchte, mal sprach sie die fraglichen Sätze, dann hatte sie wieder eine schöne Phrasierung zu bieten. Und Günther Fischer spielte elegisch auf dem Klavier dazu.

Ihr Gesicht unter einem breitkrempigen Hut mit schwarzem Schleier bleibt dabei unbewegt, die großen Augen schauen melancholisch, sie stützt noch einmal, zum letztenmal auf der Leinwand die Arme in die Hüften, steht unbeweglich, die Stimme erstirbt. Abblende ...

Nach Ende der Drehzeit waren alle Beteiligten beeindruckt von der Vitalität und Aura der 77jährigen. Regisseur David Hemmings, der Ende der 60er Jahre in dem Kultfilm »Blow Up« die Hauptrolle gespielt hatte und damit zum Star aufgestiegen war, war natürlich überglücklich über die Mitwirkung seines legendären Superstars. Hemmings sagte:

»Sie ist ausgezeichnet in Form. Sie singt wie ein Vogel und bewegt sich herrlich!«

Etwas Ähnliches dürfte Marlene Dietrich empfunden haben, denn ihre Darstellung der Baronesse von Semmering, die in einem hohen Lehnstuhl sitzt und ihr Gesicht und ihre Stimme zum unwiderruflich letzten Mal der Öffentlichkeit präsentiert, ist wunderbar. Keine Spur von Altersbeschwerden.

Das einzige, was sie bedauerte, war, daß sie dem Hauptdarsteller David Bowie nicht begegnet ist. Dieser war bei den beiden Tagen Drehzeit in Paris nicht abkömmlich. So blieb Marlene die Begegnung mit einem musikalischen Idol nicht vergönnt. Für den Film blieb interessant, daß in einigen Szenen geschickt der Eindruck vermittelt wird, die beiden spielen und sprechen zusammen. Schnitte erzeugen diese Illusion. Sie ist perfekt.

Das langsame Abdunkeln ihres Gesichtes in der Szene

des besprochenen Films, das später, 1984 der Regisseur Maximilian Schell in seinem Dokumentarstreifen »Marlene« vornahm, war der melancholische Abschied der Deutschen von der Filmbühne. Schell gegenüber bekannte sie:

»Ich bin genug fotografiert worden. Man hat mich zu Tode fotografiert. Ich will nicht mehr.«

Von nun an blieb sie in der Rue Montaigne Nr. 12 in Paris. Ihr letzter Film »Schöner Gigolo – armer Gigolo« hatte den Kreis geschlossen. Er spielte in Berlin, dort, wo ihre Karriere begonnen hatte. Damit war es genug. Marlene wollte sich nur noch allein gehören.

Eine Jahrhundertgestalt blendete sich selbst ins Altersdunkel ab.

Avenue Montaigne Nr. 12

Nach ihren letzten öffentlichen Auftritten lebte Marlene einsam und zurückgezogen in Paris. Sie selbst behauptete aber, stets unterwegs zu sein und »aus den Koffern zu leben«.

Jeden Morgen um sechs Uhr stand sie auf, frühstückte und las die Morgenzeitungen. Danach beantwortete sie die Autogrammpost, die immer noch, nach so vielen Jahrzehnten, aus der ganzen Welt einging. Um elf Uhr kam ihre Sekretärin, mit der sie Briefe schrieb und alles Geschäftliche regelte.

Ihre einzige Zerstreuung über die Jahre hinweg war die Lektüre von Zeitungen, Zeitschriften und Büchern – sie las alles, was ins Haus flatterte, vor allem französische, englische und amerikanische Literatur. Sie verbrachte ganze Nächte mit Lesen, und als sie starb, war sie umgeben von Büchern, mit denen sie sich gerade beschäftigt hatte.

Von deutschsprachigen Autoren verschlang sie bevorzugt Heinrich Böll, Günter Grass und auch Peter Handke, von dem sie dann jedoch abließ – sie bekannte, der österreichische Dichter bleibe ihr letztlich ein Rätsel. Diese Lektüre unterbrach ihre Einsamkeit und vermittelte ihr das Gefühl, mit ihrer deutschen Heimat doch noch verbunden zu sein.

Mit den wenigen Menschen, die sie nun noch umgaben,

kam sie gut aus. Ihre Haushälterin, die sie jeden Tag sah, sagte einmal: »Mir macht sie jetzt einen viel größeren Eindruck, als ich ihn früher von ihr hatte!«

Das muß damit zu tun gehabt haben, daß Marlene mit sich im Reinen war. Endlich gab es nicht mehr die Anstregung, jemanden zufriedenzustellen – das Publikum, die Produzenten, die Regisseure, die Zeitungsleute. Nein, sie war jetzt ihr eigenes Publikum geworden, ein sehr stilles, selbstgenügsames Publikum, das mit allem zufrieden war.

Was die Öffentlichkeit über sie dachte, interessierte sie jetzt nicht mehr. Sie sagte einmal:

»Es sind mehr als 50 Bücher über mich geschrieben worden, na bitte! Denken Sie nicht, daß ich diese Bücher lese, um da von mir zu erfahren, wie wunderbar ich war! Ich gehe mich einen Dreck an!«

Und ihre alten Filme? Interessierten sie ebenfalls nicht mehr. Ins Kino ging sie schon gar nicht, obwohl die französische Cinematheque Retrospektiven am laufenden Band mit ihren alten Werken veranstaltete.

»Soll ich in ein trauriges Kino gehn«, sagte sie, »und in dreckiger Luft da sitzen und mir einen alten Film anschauen? Ich lese Bücher – da ist man nie einsam, wenn man liest.«

Gelesen hat Marlene ihr Leben lang. Und sie hat die Dichter und Schriftsteller geliebt. Nie hat es einen weiblichen Filmstar gegeben, der sich so an die schöne Literatur verschwendete.

Marlene ließ – mit einer Ausnahme, über die noch zu berichten sein wird – niemanden mehr an sich heran. Die Concierge im Parterre half ihr dabei nach Kräften. Die Medien wimmelte sie ab. Dafür telefonierte sie täglich mit ihrer Tochter und den vier Enkelkindern in New York.

New York, die Stadt ihrer schönsten Erinnerungen. Und

Paris, die Stadt ihrer Träume – zwei angemessene Orte für eine alte Dame, die ihre Karriere beendet hatte, nachdem sie um die ganze Welt getingelt war.

Paris war für ihre letzten Lebensjahre so etwas wie eine Heimkehr. Sie liebte diese Stadt wegen ihrer Menschen, wegen der Kultur, der Sprache. Und wegen des einzigartigen Lichts, das sie nach ihren eigenen Aussagen in keiner anderen Metropole der Welt gesehen hat. Das Licht über der Seine, das Licht über den Boulevards, das Licht am Montmartre. »In Paris«, schrieb sie in ihren Erinnerungen, »kann man sich ausruhen, der Welt ihren wilden Lauf lassen.« Gibt es etwas Schöneres für eine zur Ruhe gekommene alten Dame, die alles erlebt hat?

Das Viertel, in dem die Dietrich ihren Lebensabend verbrachte, war nobel. Große, alte Bürgerhäuser, gegenüber dem Haus Nr. 12 das Prominenten-Hotel »Plaza-Athenée« und einige Blocks weiter die Domizile der großen Couturiers der Seinestadt: Dior, Laroche, Scherrer.

Wenn Marlene ihre Wohnung verließ, dann tat sie dies immer im Schutz der Morgendämmerung. Ihre wenigen Freunde, die ihr noch geblieben waren, die noch überlebt hatten, schirmten sie dabei ab.

Reisen trat sie stets heimlich, manchmal sogar in Verkleidung an. Das war notwendig, denn wo auch immer sie auftauchte und man sie erkannte, war der Rummel perfekt. Für Marlene war das eine Last.

Kehrte sie in ihre Wohnung in der vierten Etage zurück, dann genoß sie die Ruhe und die Geräumigkeit dieses Fluchtpunktes – und die Erinnerungen, die in den vier Räumen des Altbaus warteten. Die Wohnung war groß, zwei Klaviere standen im Wohnzimmer, an denen Marlene oft saß und die Lieder klimperte, die sie ihr Leben lang begleitet hatten. An den Wänden befanden sich Bücherregale, die überquollen von all den Werken, die sie sich in all den Jahren angeeignet hatte. Belesen wie sie war, hatte sie fast alles verschlungen, was sich da stapelte. Vor allem die Klassiker der erzählenden Weltliteratur, Goethe, Rilke, Hemingway, Greene, Remarque, Mailer, Sartre und Camus. Marlene lebte mit diesen Büchern wie mit Menschen. Sie hatte jedoch niemals mit Menschen wie mit Büchern gelebt. Der feine Unterschied lag in ihrer Hochachtung vor dem einen, wie vor dem anderen.

Ihre Bekannten und Freunde, die Marlene Dietrich im Alter an sich heranließ, bewunderten sie grenzenlos. Und sie schwärmten von der noch immer spürbaren Lebenslust, der Gastfreundschaft, der Herzlichkeit der Dietrich. Sie hatte nichts verlernt. Nicht ihre Kochkunst, nicht ihren Witz, nicht ihre Fürsorge, nicht ihre Warmherzigkeit.

Ihre Freunde waren handverlesen. Aber ihre großen Gefährten und Freunde, die ein halbes Jahrhundert mit ihr geteilt hatten, waren tot.

Hemingway, zum Beispiel, der über sie gesagt hatte: »Sie ist tapfer, schön, zuverlässig, liebenswürdig und großzügig.«

Jean Cocteau, von dem der Satz stammt: »Marlene Dietrich ... ihr Name beginnt mit einer Zärtlichkeit und endet mit einem Peitschenschlag.«

Kenneth Tynan, der befand: »Unbeteiligt, gebieterisch, hartherzig, eiskalt berechnend – das und noch einiges andere ist sie nicht. Stolz, zeitnah, ironisch, herausfordernd und aus sich herausgehend – das sind Beiwörter, die schon eher zu ihr passen.«

Die Piaf, Remarque, Gabin, Gerard Phillipe waren tot. Und all die anderen Geister dieses Jahrhunderts, die Marlenes Stärke und ihren Gerechtigkeitssinn, ihren Gehorsam und ihren Widerspruchsgeist, ihren Humor und ihre Leidensfähigkeit geliebt hatten – vor allem auch ihr Ehemann Rudolf Sieber; daß sie ihn verlor, war der schmerzlichste Verlust von allen.

In ihren Memoiren bekannte sie: »Jeder Freund, der von uns geht, vertieft die Einsamkeit. Es tut weh, nicht mehr den Telefonhörer abnehmen und eine geliebte Stimme hören zu können, und ich gestehe, daß ich es müde bin zu leiden.«

Auch ihre Schwester Elisabeth war nach längerer Krankheit gestorben. Das war im Jahr 1977. Marlene Dietrich nahm an den Trauerfeierlichkeiten mit wenigen ausgewählten Mitgliedern der Familie teil. Danach fuhr sie, so schnell es ging, zurück nach Paris. Noch ein Verlust mehr – soviel Abschied war kaum zu verkraften.

Nur noch einmal trat sie in der Öffentlichkeit auf, das war bei einem Konzert-Gastspiel der deutschen Sängerin Ingrid Caven, die als Faßbinder-Schauspielerin und Chansoninterpretin einigen Ruhm errungen hatte. Die Deutsche trat im »Pigall's« auf und war glücklich, Marlene nach der Vorstellung hinter der Bühne begrüßen zu dürfen.

Marlene Dietrich begann damit, ihre Memoiren zu schreiben. Dies war eine Auftragsarbeit eines amerikanischen Verlages, die unter dem Titel »Tell Me, oh, Tell Me Now« erscheinen sollte. Die Autorin verbrachte lange Zeit an diesem Werk, schrieb es immer wieder um, ergänzte es, warf Teile weg. Was schließlich dabei herauskam, war das Mosaik einer Sicht auf dieses Jahrhundert, das viele Leser verblüffte. Denn es zeugte von einer klugen, sympathischen, nicht selbstgefälligen Haltung und von einer einzigartigen Persönlichkeit – aber wer hätte im Ernst etwas anderes von der Dietrich erwartet!

Im Jahr 1984 ereignete sich etwas, das die große alte Dame noch einmal herausforderte.

Der Schweizer Filmemacher und Schauspieler Maximilian Schell trat an sie heran mit der Bitte, ein dokumentarisch-filmisches Porträt von ihr drehen zu dürfen. Marlene sagte zu, die Verträge wurden ausgehandelt und die Filmarbeit begann. Doch der alte Star weigerte sich, vor die Kamera zu treten.

Maximilian Schell verzweifelte zunächst. Wie sollte er Marlene porträtieren, wenn sie sich nicht filmen lassen wollte? Nach einigem Nachdenken entschloß er sich, das Beste aus der Situation zu machen. Und das hieß: er drehte einen Film mit Marlenes Stimme, ohne sie zu filmen, ein Porträt aus Erinnerung, Radioton, Phantasie, Spekulation, ein Film auch über die Schwierigkeiten, einen Porträtfilm über eine lebende Legende abzuliefern.

Marlene präsentiert sich in diesem später mehrfach, unter anderem 1985, mit dem »Academy Award« ausgezeichneten Dokumentarfilm als intelligente, kritische, humorvolle, wenn auch rigorose Frau, die keine »neuen« Facetten mehr von sich produzieren will. »Heute bin ich nichts als eine banale Frau«, sagt sie einmal. Und ein andermal: »Wahr ist, daß das, was man über mich liest, falsch ist.«

Manchmal reagiert sie störrisch, besserwisserisch, herrisch. Aber niemals ohne Grund. Und ihre Urteile sind, wenn manchmal auch konservativ, so doch immer präzise. Und stets von großer Lebenserfahrung geprägt. So wie dieses:

»Alle diese Leute jetzt, die in den Charakter der Rolle eintauchen und das große Getue darum machen! Ich hatte das niemals, nie, Gott sei Dank ... nie! Wir mußten nicht in den Charakter eindringen. Zieh dich an ... und sei da! unterschreib ... und sei da! Sag deinen Text auf ... und verschwinde wieder! Sehen Sie, was ich verabscheue, ist dieser psychologische Scheißkram.«

Ihre Lebensklugheit und ihr Berliner Witz sind noch immer auf der Höhe. Und am Ende des 90-minütigen Films mit dem lakonischen Titel »Marlene« gibt es eine schöne, ergreifende Situation, als Maximilian Schell seinem Idol ein Gedicht von Freiligrath vorliest, in das sie hin und wieder mit einstimmt. Es ist ihr Lieblingsgedicht aus alter Zeit. Ihre Mutter las es ihr vor, wenn sie traurig war. Es lautet:

> »So lieb, solang du lieben kannst,
> So lieb, solang du lieben magst.
> Die Stunde kommt, die Stunde kommt,
> Wo du an Gräbern stehst und klagst.
> Und wer dir seine Brust erschließt,
> O tu' ihm, was du kannst, zu lieb,
> Und mach' ihm jede Stunde froh,
> Und keine Stunde trüb,
> Und hüte deine Zunge wohl,
> Bald ist ein böses Wort gesagt,
> O Gott, es war nicht bös gemeint,
> Der andere geht und klagt ...
> Dann kniest du nieder an der Gruft,
> Und sprichst, o schau auf mich herab,
> Der hier an deinem Grabe weint,
> Vergib, daß ich gekränkt dich hab',
> O Gott, es war nicht bös gemeint.
> Er aber sieht und hört dich nicht,
> Kommt nicht, daß du ihn froh empfängst.
> Der Mund, der oft dich küßte, spricht:
> Nie wieder, ich vergab dir längst.
> Er tat's, vergab dir lange schon,
> Doch manche heiße Träne fiel,
> Um dich und um dein herbes Wort,
> Doch still, er ruht, er ist am Ziel.«

Eine Woche lang dauerten die Dreharbeiten. Das Gespräch zwischen Schell und Marlene, die ihren Gast schon bei den Dreharbeiten von »Das Urteil von Nürnberg« bewundert hatte – er spielte damals den Verteidiger der angeklagten Altnazis –, wurde von einem Tonmann im Nebenzimmer aufgenommen. So blieb das Porträt intim, fast privat. Und der Zuschauer, der diesen Film bei der Premiere auf den Berliner Filmfestspielen oder danach bei einer seiner seltenen Aufführungen im Kino oder später im Fernsehen sah, hat schließlich beinahe den Eindruck, Marlene doch vor sich zu sehen, obwohl er nur ihre wunderbare Stimme hört. Sie ist vor seinem geistigen Auge da, lebendig, widersprüchlich, einzigartig weise.

Danach hörte man lange Zeit nichts mehr von der großen, alten Dame des Kinos und des Showbusiness. Sie verschwand gewissermaßen in der Avenue Montaigne Nr. 12.

Hin und wieder versuchte ein Journalist, ein Interview mit ihr zu machen. Oder ein Fotograf wollte sie unbedingt vor die Linse bekommen. Oder ein Dichter hatte wieder einmal ein Stück für sie geschrieben, ein Theaterregisseur eine Inszenierung für sie eingerichtet, ein Filmemacher einen Platz für sie reserviert. Das interessierte sie alles nicht mehr.

Dennoch beobachtete Marlene Dietrich weiterhin mit wachem Verstand, was in ihrem Namen angestellt wurde. Sie verklagte zum Beispiel einen jungen deutschen Filmemacher, der in seinem Film »Adolf und Marlene« behauptete, die Dietrich sei mit »dem Führer« liiert gewesen – ein wirklich geschmackloser Scherz.

Und im Jahr der deutschen Vereinigung, 1990, als das Bild des neuen Deutschland sich erst ganz langsam herauskristallisiert, geht sie gegen ein Plakat von linken Gruppen in der Bundesrepublik vor, auf dem ihr Bild mit dem Slogan montiert ist: »Nie wieder Deutschland!« Sie führt einen Prozeß gegen die Verursacher. Nicht einmal deshalb, weil sie jener politischen Gruppierung, die in Sorge ist wegen der tatsächlichen oder angeblichen Großmannssucht der neuen deutschen Nation konträr gegenüber stünde. Nein, sie will einfach nicht mehr genannt, verbraten, verwurstet, kommerzialisiert werden. In ihrem Namen soll nichts mehr verkauft werden.

Aus einem ähnlichen Beweggrund heraus schaltet sich Marlene Dietrich noch einmal in einen Vorgang ein, der in diesem neuen Deutschland stattfindet. Die tüchtigen »Abwickler« von der Treuhandgesellschaft aus Westdeutschland wollen die alten »DEFA«-Studios in Babelsberg bei Berlin dicht machen. Jene Studios also, in denen Marlene früher, als diese noch »UFA«-Studios hießen, gearbeitet hat. Als sie vom geplanten Ausverkauf des traditionsreichen Geländes mit seinem Fundus, seinen überaus qualifizierten Mitarbeitern und seiner Technik hört, schaltet sie sich ein, sie unterstützt eine Kampagne zur Rettung der Studios – mit ihrem Namen und auch finanziell.

Ganz zur Ruhe kommt Marlene Dietrich nie. Eines Tages erfährt sie, daß ihre Tochter Maria Riva, die, inzwischen Ende 60, mit ihrer Familie in New York lebt, ihre Memoiren veröffentlicht hat – entgegen der Absprache zwischen Mutter und Tochter. Waren es die 1,6 Millionen Mark Vorschuß, die Maria kassierte, oder kommen andere, emotionale Gesichtspunkte hinzu? Jedenfalls bricht Maria damit das Vertrauen ihrer Mutter. Und die Journalisten in aller Welt stürzen sich wieder einmal auf dieses gefundene Fressen, ein paar schamlose Blicke in jenes Privatleben zu werfen, das Marlene immer und um jeden Preis schützen wollte.

Und die Reporter, die vor ihrer Haustür lauern, lassen ihr auch keine Ruhe.

Eines schönes Tages im Februar 1992 erscheint das auflagenstärkste deutsche Boulevardblatt mit der Schlagzeile: »Marlene Dietrich. Das erste Foto seit 13 Jahren!«

Was ist geschehen?

An einem eiskalten Wintertag in Paris, es ist mittags 13.30 Uhr, ist die schwere Glastür des Hauses Nr. 12 in der Avenue Montaigne aufgegangen und ein roter Rollstuhl ist herausgerollt, in dem eine alte, weißhaarige Dame sitzt. Sie trägt ein grünes Kopftuch, ist in einen braunen Pelzmantel gehüllt und umklammert ihre schwarze Handtasche. Sie wird geschoben von zwei Frauen, die sie offenbar zum Einkaufen begleiten. Und ein Reporter vor der Tür, der schon wochenlang auf einen Schnappschuß wartet, drückt wie besessen auf den Auslöser seiner Kamera. Denn daß es sich bei der alten Frau um Marlene Dietrich handelt, ist für ihn absolut sicher.

»Plötzlich weiß der Reporter, daß sie es ist«, schildert hinterher ein Journalist in einem Massenblatt die Situation. »Die große Marlene Dietrich! Er drückt auf den Auslöser. Und die Weltsensation gelingt. Die Schauspielerin beachtet ihn nicht. Nach einem kurzen Ausflug kehrt sie in ihr selbstgewältes Gefängnis zurück.«

Das Bild im Rollstuhl geht tatsächlich um die Welt. Eine französische Zeitung bringt es zuerst, dann drucken es alle nach und machen eine große Story daraus. Marlene Dietrich ist noch immer Schlagzeilen wert!

Marlenes entfernte Verwandtschaft dementiert das Foto jedoch sofort entrüstet. Sie bezeichnet es als plumpe Fälschung. »Das ist totale Scheiße«, läßt Peter Riva, einer der Söhne von Marlenes Tochter Maria, verlauten, »mir tut die Frau leid, die auf diesem Foto abgebildet ist, oder die Familie dieser Frau – vielleicht lebt sie ja gar nicht mehr. Marlene ist das jedenfalls nicht.«

Wie auch immer. Der Vorfall grenzt an Obszönität. Man wollte partout, daß die alte und einsame Marlene in die Öffentlichkeit gezerrt wurde. Warum?

»Privatheit gibt es nicht und keine Würde«, schrieb bitter ein Kommentator in der »Frankfurter Rundschau«. »Doppelt bestraft wird Schönheit. Einmal durch ihre Vergänglichkeit – eine unumstößliche Naturtatsache. Zum anderen durch die schadenfrohe Gier, die sich der Zeugenschaft des Verfalls versichert.

Marlene Dietrich wollte ihr Gesicht wahren und verlor es jetzt erst recht an den Pöbel. Schadlos kommt der durch, der kein Gesicht (zu verlieren) hat.«

Was von diesem für Marlene nicht bedeutsamen Vorfall blieb, war die Tatsache, daß nicht nur die Deutschen ein unvermindertes Interesse an »ihrem« Weltstar besaßen. Marlene Dietrich beflügelte noch immer die Phantasie der Menschen, regte ihr Mitleid, förderte ihre grenzenlose Bewunderung. Die Legende lebte.

Nachwort

Aber die berühmte Diva mit dem internationalen Ansehen, der weibliche Inbegriff dessen, was am Kino in diesem Jahrhundert faszinierte, lebte immer stärker in finanziellen Schwierigkeiten. Jahrzehntelang war sie das Sinnbild von Großzügigkeit gewesen, hatte Freunden und Bekannten bedenkenlos mit Geld geholfen, im Krieg notleidenden Emigranten finanziell unter die Arme gegriffen, später für wohltätige Zwecke gespendet. Nun fehlten ihr selbst die Mittel.

Die täglichen Kosten fraßen ihre Rücklagen allmählich auf. Auch die Tantiemen ihrer Memoiren gingen zur Neige. Hinzu kam, daß Marlene fast täglich mit ihrer Tochter Maria in New York telefonierte. Schließlich, im Jahr 1987, war sie gezwungen, Familienschmuck, an dem sie sehr hing — acht wertvolle Stücke, Puderquasten, Zigarettenetuis — an »Christie's« in London zu verkaufen, um den Forderungen des Hausbesitzers in der Avenue Montaigne nachzukommen, der bereits damit drohte, die alte Dame vor die Tür zu setzen.

Zwar besaß Marlene Dietrich die wertvollen Grundstücke von zwei Mietshäusern in der Berliner Traditionsstraße »Unter den Linden«, die sie einst von ihren Großeltern geerbt hatte, aber sie weigerte sich standhaft, diese millionenschweren Immobilien zu veräußern. Um ihre größten Schwierigkeiten zu dämpfen, gewährte ihr schließlich der sozialistische Kulturminister Jack Lang, ein Förderer des Films und Bewunderer der Dietrich, eine diskrete Finanzhilfe.

Auch die körperlichen Kräfte der alten Dame nahmen immer mehr ab. Organisch gesund wie sie eigentlich war, konnte sie weitgehend auf Pflege verzichten. Jedoch forderte allmählich ihr langes, ereignis- und entbehrungsreiches Leben seinen Tribut. Manchmal trugen ihre an der Kriegsfront teilweise erfrorenen und bei etlichen Tourneeunfällen gebrochenen Beine sie nicht mehr. Sie mußte sich meist im Rollstuhl fortbewegen. Freunde, wie ihr lebenslanger Vertrauter, der Textdichter Max Colpet, kümmerten sich um sie, wenn sie einmal aus dem Bett in ein anderes Zimmer verfrachtet werden mußte. Es gab jedoch auch Momente, da war Marlene Dietrich wieder quickfidel und putzmunter, unternahm in den allerfrühesten Morgenstunden, wenn Paris noch schlief, Spaziergänge – wenn auch mit Hilfe eines Laufgestells und immer in Begleitung. In ihren letzten fünf Lebensjahren verließ sie die Wohnung allerdings nicht mehr.

Doch so sehr ihre Freunde und nächsten Verwandten ihr auch Mut zusprachen, Marlene selbst nahm ihren allmählichen Verfall in der schmerzhaften Wachheit wahr, die sie ein ganzes Leben lang begleitet hatte. Unvorstellbar – aber die »Blonde Venus«, der Inbegriff betörender Weiblichkeit, vermied es möglichst, in den Spiegel zu schauen. Was sie dann sah, war ein fahles, eingefallenes Gesicht, die von der Zeit zernagte Ruine einer einst stolzen, schönen und ausdrucksvollen physiognomischen Festung. Sie konnte diesen Anblick nicht ertragen.

Nur ihr in New York lebender, aber öfter in Paris weilender Enkel Pierre Riva, der Sohn ihrer Tochter Maria, durfte außer seiner Mutter und Max Colpet nun noch zu ihr. Die anderen Menschen ihres täglichen Umgangs wurden vor ihrem Schlafzimmer abgewiesen und »normale« Besucher schon vor ihrer Wohnung, die Marlene in den letzten Jahren wie ein privates Filmmuseum eingerichtet hatte. Überall hingen oder lagen Fotos, Widmungen, Bücher und Drehbücher, Briefe, Erinnerungsstücke, die sich natürlich viele Besucher gern angesehen hätten. Doch der zuverlässige Concierge in der Avenue Montaigne Nr. 12 ließ niemanden zu »Madame«, wie Marlene dort nur genannt wurde.

Aus dem Restaurant »Le Vieux Berlin« ließ sich Marlene manchmal deutsche Würstchen bringen, aus dem direkt gegenüber liegenden Nobelhotel »Plaza Athénée« ihren Nachmittagstee. Die Bediensteten, die ihr die Köstlichkeiten brachten, bekamen den alten Star jedoch nie zu Gesicht. Marlene war weniger und weniger in der Verfassung, sich mit Menschen zu beschäftigen. Ihre Kräfte erlahmten. Deshalb mischte sie sich auch nicht mehr in das aktuelle Weltgeschehen ein, obwohl sie täglich alle Zeitungen las, die sie bekommen konnte. Lediglich beim Fall der Berliner Mauer ließ sie noch einmal von sich hören. Sie äußerte sich erleichtert und begeistert über die politischen Veränderungen in Deutschland und in ihrer Heimatstadt Berlin, der sie im Herzen noch immer verbunden war.

Nach ihrem 90. Geburtstag am 27. Dezember 1991 erwartete die interessierte Öffentlichkeit eine ausführliche Würdigung des alten Stars der Leinwand. Doch nach ein paar ausgestrahlten Filmen im Fernsehen war Marlene schnell wieder abgehakt. Nicht einmal die Berliner Filmfestspiele brachten es im Februar 1991 fertig, ihr eine längst fällige Retrospektive zu widmen, die statt dessen dem 100jährigen amerikanischen Produzenten und Regisseur Hal Roach galt.

Um dieses unverzeihliche Versäumnis zu beheben, beschlossen die Verantwortlichen des Filmfestes in Cannes, ihre im Mai 1992 beginnende Veranstaltung ganz in das Zeichen der Dietrich zu stellen. Der Künstler Gottfried Hellnwein bekam den Auftrag, das offizielle Plakat für das Filmfest mit einem Porträtfoto Marlenes zu entwerfen. »Wir haben sie für das offizielle Plakat ausgewählt, weil sie die Schönste von allen war«, begründete der Festivalleiter Gilles Jacob diesen Entschluß.

Hellnwein besuchte Marlene Dietrich deshalb in ihrer Pariser Wohnung. Sein Eindruck war erschütternd. Die alte Dame, deprimiert und einsam, weigerte sich, den Künstler in das Schlafzimmer zu lassen, das sie inzwischen kaum mehr verließ. Sie telefonierte mit ihm, der im Wohnzimmer wartete, über den Hausapparat. Niemand sollte ihren äußerlichen Verfall mitansehen dürfen, schon gar nicht ein Künstler, der in ihren Augen die Aufgabe hatte, die Erinnerung an ihre Schönheit wachzuhalten.

Das Plakat entstand, eine wunderschöne Komposition aus Schwarz und Weiß, mit einer typischen Dietrich-Pose in Anlehnung an ihre »Shanghai-Lili«. Und es kam der 6. Mai, der Tag vor der Eröffnung der Filmfestspiele von Cannes, auf denen die alten Dietrich-Filme gezeigt werden sollten.

Der 6. Mai: ein Mittwoch im Pariser Frühling. Draußen trafen sich die Liebespaare in den Cafés der Stadt und im Bois de Boulogne. Marlene hatte sich seit Tagen schon unwohl gefühlt.

Schwächeanfälle zehrten ihre Substanz auf. Betrübt und mit − nach ihrem Schlaganfall im Februar 1992 − schleppender Stimme, unterhielt sie sich mit ihrem gerade in Paris weilenden Enkel Pierre Riva. Sie sprachen über den Tod. Marlene schien eine Ahnung von ihrem nahen Ende zu haben. Sie sagte: »Man muß mit sauberen Händen und ohne Reden am Tod ankommen.« Man trug sie ins Wohnzimmer, wo sie einen Teller Suppe aß und danach auf dem

Sofa alte Fotos anschaute und Erinnerungen nachhing. Körperlich schien es ihr gutzugehen, sie hatte keine Schmerzen. Aber ihre Zeit schien einfach vorbei zu sein – Altersschwäche. Plötzlich, kurz vor 15 Uhr, verlor sie kurz das Bewußtsein. Als sie wieder aus der Ohnmacht erwachte, stöhnte sie: »Maria, Maria ...!« Sie begann zu weinen. Dann wurde ihre Stimme noch leiser. Sie sagte: »Ich bin ja so müde, ich habe alles so satt ...« Danach schlief sie ein. Ihr Herz hörte auf zu schlagen. Marlene Dietrich war tot.

Die Nachricht von ihrem Ende verbreitete sich wie ein Lauffeuer um die ganze Welt. Niemand, der ihren Namen nicht gekannt hätte. Niemand, der nun nicht wenigstens für einen kurzen Moment in seinen Alltagsgeschäften innegehalten und getrauert hätte.

Das französische Fernsehen brachte noch am Abend einen ganzen Nachrichtenblock zur Hauptsendezeit. In Deutschland begnügte man sich damit, im Radio ein paar ihrer Songs zu spielen und im Fernsehen ihren sicher berühmtesten Film »Der blaue Engel« auszustrahlen, am nächsten Abend gab es »Marokko« und eine viertelstündige Würdigung mit einem Interview Hildegard Knefs, die sich an ihre ersten Begegnungen mit Marlene in Hollywood erinnerte.

Immerhin äußerte sich der deutsche Bundespräsident unmittelbar nach ihrem Tod in der Öffentlichkeit. Er sprach von einer »einzigartigen Berlinerin, deren Kraft und Konsequenz« ihn immer bewegt hätten.

Die Franzosen liebten »ihre« Marlene seit den Tagen der Résistance mindestens ebenso. Ein Filmteam bezog sofort vor dem Haus, in dem der Star nun gestorben war, Position, um jede neue Meldung unmittelbar an das begierige Publikum weiterzugeben.

Marlenes Anwalt Jacques Kam gab vor dem Haus spärlich,

aber bedeutungsvoll Auskunft über Marlenes letzte Stunden. Und die Morgenzeitungen am 7. Mai brachten in Schlagzeilen auf der ersten Seite die traurige Nachricht vom Ableben des Stars, den seit Jahren niemand mehr in der Öffentlichkeit gesehen hatte. »Der blaue Engel hat seine Flügel zusammengefaltet«, schrieb der große »France-Soir« auf seiner Titelseite. Und »Le Quotidien de Paris« meinte: »Ein Engel schwebte vorbei.« Die Zeitung »La Liberation« brachte ein Foto der Dietrich mit geschlossenen Augen.

Der französische Filmstar Jean Marais befand: »Es ist, als sei der gesamte Film ein bißchen gestorben.« Und der schon erwähnte französische Kulturminister Jack Lang meinte in einer schönen Eloge: »Einer der leuchtendsten Sterne im Pantheon der Filmberühmtheiten ist erloschen. Marlene, der blaue Engel, ist gegangen, betrauert von Bewunderern, deren Zahl Legion ist.«

Der langjährige Butler von Marlene Dietrich, Bernard Hall, ein Engländer, der in den 70er und frühen 80er Jahren Marlenes »Mädchen für alles« gewesen war, begann sofort nach ihrem Tod, sich öffentlich negativ über Marlene zu äußern, und initiierte damit etliche skandalöse Artikel in britischen Zeitungen. Marlenes langjährige Haushälterin Odette Miron Boire hingegen hielt diskret den Mund.

Aber auch so galt die Aufmerksamkeit der Franzosen Marlene in einem Maße, als handele es sich um das Ableben einer staatstragenden Persönlichkeit. Doch was ist schon eine »staatstragende Persönlichkeit«, angesichts dieser Frau, die mit ihrem beispielhaften Leben und künstlerischem Tun ein Publikum in der ganzen Welt beeindruckt und bis in die Träume und geheimsten Wünsche von Millionen Menschen hinein gewirkt hatte?

Am Morgen des 7. Mai wurde der Sarg mit den sterblichen

Überresten Marlenes aus ihrer Wohnung abtransportiert und in eine Kapelle in Nanterre überführt. Der Sarg war bedeckt mit der blau-weiß-roten Nationalflagge der Franzosen.

Dem Filmfest in Cannes oblag es nun, die ersten »offiziellen« Trauerfeierlichkeiten abzuhalten. Und gab es dafür einen passenderen Ort als eine Stätte der Kinematographie?

Im Großen Palais des Festivalgebäudes gingen am Eröffnungstag die Lichter aus. Dann schwebte Marlenes leise, brüchige, wehmütige Stimme durch den riesigen Raum. Es erklang das Lied »Ne me quitte pas« von Jacques Brel. Als es wieder hell wurde, lag in den Gesichtern aller Anwesenden Ergriffenheit. Kaum einer rührte sich, es fiel den Filmenthusiasten aus aller Welt sichtlich schwer, gleich wieder umzuschalten auf das aktuelle Angebot der Filmindustrie, weswegen sie doch hierher gekommen waren.

Und der Präsident der Jury, Gérard Depardieu, selbst ein Weltstar, erklärte mit bewegter Stimme: »Marlene Dietrich ist nicht tot. Stars sterben niemals. Sie haben dem Kino zum Leben verholfen. Dank des Kinos überleben sie.«

Dies war die Stunde, in der die Filmwelt wirklich und eindrucksvoll Abschied nahm von einem ihrer größten Stars. Einen würdigeren Abschied als diesen an der Croisette hätte sich Marlene selbst nicht ausdenken können. Und als Jacques Lang nach der Eröffnungsgala 2000 geladene Gäste zu einem Souper ins weiße Festivalzelt bat, beschwor dort noch einmal der deutsche Revuestar Ute Lemper mit ausgewählten Chansons aus dem Repertoire der Dietrich die Erinnerung an ihr eigenes Idol und das Idol der Filmwelt. Dieselbe Ute Lemper, die noch im selben Jahr unter der Regie von Peter Zadeck im »Theater des Westens« in Berlin die legendäre Marlene-Hauptrolle in der Revue »Der Blaue Engel« spielt – Lola-Lola auf der Bühne, im Jahr 1992.

Das große, aber soziologisch gesprochen »kleine« Pariser Publikum, also der Fan von der Straße, nahm am 14. Mai die Gelegenheit wahr, von seiner Marlene Abschied zu nehmen. Die Totenzeremonie in der Madeleine-Kirche, bei der die engsten Familienangehörigen von Marlene Abschied nahmen, war überwältigend. Nicht nur aus Verehrung, sondern aus wirklicher Liebe von Menschen, die ihren Star auch wegen dessen Haltung im französischen Widerstand gegen den Faschismus liebten.

Mit dem Flugzeug kam der Leichnam Marlene Dietrichs in ihre Heimatstadt Berlin zurück: in das nun wieder freie Berlin ihrer Jugendzeit. Dort fand am 16. Mai um 11 Uhr vormittags die Bestattung im kleinen Familien- und Freundeskreis statt. Die Feier war schlicht, nur ein evangelischer Pfarrer sprach am Grab. Am selben Tag, gegen 13 Uhr, bekamen die Berliner Gelegenheit, vom »Blauen Engel«, oder auch von ihrem »Girl vom Kurfürstendamm« Abschied zu nehmen. Eine endlose Schlange Trauernder defilierte auf dem kleinen städtischen Friedhof Friedenau am Grab Marlenes vorbei. Tausende trugen sich in das Kondolenzbuch ein.

Seitdem pilgern die Berliner auf den Friedhof in der Stubenrauchstraße, auf dem Marlene, entsprechend ihrem ausdrücklichen letzten Wunsch, in unmittelbarer Nachbarschaft zum Grab ihrer Mutter Josefine von Losch, die am 3. November 1945 verstorben war, ihre Ruhe gefunden hat.

Eine Straße wird in Berlin unter Einhaltung der für solche Prozeduren vorgesehenen Fristen nach Marlene Dietrich benannt werden, und posthum wird ihr die Ehrenbürgerschaft der Stadt verliehen.

Natürlich reiften auch sofort Filmpläne, das außerordentliche Leben der Dietrich auf die Leinwand zu bringen. Eine Drehbuchvorlage war schnell gefunden in der Biographie »Blue Angel« von Donald Spoto. So schloß sich der Kreis. Marlene Dietrich, die große Darstellerin des Kinos, würde nun noch einmal, wirklich ein allerletztes Mal, auf die Leinwand treten und Millionen bezaubern — wenn auch nur als Filmfigur.

Als Idol bleibt Marlene Dietrich unsterblich. Sie bleibt das Sinnbild einer ganzen Epoche, ja eines Jahrhunderts. Dies nicht nur als ästhetisches Zeichen, als weltliche Ikone des Kintopps, sondern auch als wirkliche Person, als demokratische Deutsche, die Würde und Widerstand zugleich ausstrahlte. Sie brachte damit all jene zum Schweigen, die ihr — kleingeistig im Format und kleinmütig in der Absicht — »Verrat« vorwarfen, wo nur Mut und Konsequenz zu sehen waren.

Vor allem aber bleibt Marlene, der einzige deutsche Weltstar des Kinos, unsterblich, weil sie so spielerisch moralische Normen überwand und neu definierte.

Und vor allem — sie war einfach schön. Von Kopf bis Fuß auf Sex-Appeal eingestellt. Wenn eine solche Frau auch noch die Wahrheit sagt und lebt, ist ihr ewiger Ruhm sicher.

Filme

1. So sind die Männer
D 1922. R: Georg Jacoby. B: Robert Liebmann, Georg Jacoby. K: Max Schneider, Emil Schünemann. Pr: Europäische Film-Allianz.
D: Egon von Hagen, Paul Heidemann, Harry Liedtke, Marlene Dietrich (Kathrin) u. a.

2. Tragödie der Liebe
D 1922/23. R: Joe May. B: Leo Birinski, Adolf Lantz. K: Sophus Wangoe, Karl Puth. Pr: May Film.
D: Mia May, Rudolf Forster, Emil Jannings, Marlene Dietrich (Freundin des Staatsanwalts) u. a.

3. Der Mensch am Wege
D 1923. R: Wilhelm Dieterle. B: Wilhelm Dieterle, nach Tolstoj. K: Willy Hameister. Pr: Osmania-Film, Berlin.
D: Alexander Granach, Wilhelm Dieterle, Heinrich George, Marlene Dietrich (Krämerstochter) u. a.

4. Der Sprung ins Leben
D 1923. R: Johannes Guter. B: Franz Schulz. K: Fritz Arno Wagner. Pr: Messter-Film der UFA.
D: Xenia Desni, Walter Rilla, Marlene Dietrich (Mädchen am Strand) u. a.

5. Die freudlose Gasse

D 1925. R: G. W. Papst. B: Willy Haas, nach Hugo Bettauer. K: Guido Seeber, Curt Oertel, Robert Lach. Pr: Sofar-Film.
D: Asta Nielson, Greta Garbo, Werner Krauß, Marlene Dietrich (?) u. a.

6. Manon Lescaut

D 1926. R: Arthur Robison. B: Arthur Robison, Hans Kyser, nach Abbé Prévost. K: Theodor Sparkuhl. Pr: UFA.
D: Lya de Putti, Wladimir Gaidarow, Eduard Rothauser, Fritz Greiner, Hubert von Meyerinck, Theodor Loos, Trude Hesterberg, Marlene Dietrich (Micheline) u. a.

7. Eine Dubarry von heute

D 1926. R: Alexander Korda. B: Robert Liebmann, Alexander Korda, Paul Reboux, nach Ludwig Biro. K: Fritz Arno Wagner. Pr: Fellner/Somlo für die UFA.
D: Maria Corda, Alfred Abel, Hans Albers, Marlene Dietrich (Kokotte) u. a.

8. Madame wünscht keine Kinder

D 1926. R: Alexander Korda. B: Béla Balázs, nach Clément Vautel. K: Theodor Sparkuhl, Robert Baberske. Pr: Deutsche Vereins-Film.
D: Maria Corda, Harry Liedtke, Maria Paudler, Trude Hesterberg, Marlene Dietrich (Tanzgirl) u. a.

9. Kopf hoch, Charly!

D 1926. R: Willi Wolff. B: Robert Liebmann, Willi Wolff, nach seinem gleichnamigen Roman. K: Axel Graatkjaer, Georg Krause. Pr: Ellen Richter-Film-Produktion.
D: Anton Pointner, Ellen Richter, Michael Bohnen, Max Gülstorff, Marlene Dietrich (Edmée Marchand) u. a.

10. Der Juxbaron

D 1926. R: Willi Wolff. B: Robert Liebmann, Willi Wolff, Haller und Kollo. K: Axel Graatkjaer.
D: Reinhold Schünzel, Henry Bender, Julie Serda, Marlene Dietrich (Sophie) u. a.

11. Sein größter Bluff

D 1927. R: Harry Piel. B: Henrik Galeen. K: Georg Muschner, Gotthardt Wolf. Pr: Nero-Film.
D: Harry Piel, Tony Tetzlaff, Marlene Dietrich (Yvette), Lotte Lorring, Albert Paulig, Fritz Greiner u. a.

12. Café Electric

Österreich 1927. R: Gustav Ucicky. B: Jaques Bachrach, nach Felix Fischer. K: Hans Androschin. Pr: Sascha-Film.
D: Willi Forst, Marlene Dietrich (Erni Göttlinger), Fritz Alberti, Anny Coty u. a.

13. Prinzessin Olala

D 1928. R: Robert Land. B: Franz Schulz, nach Gilbert, Bernauer und Schanzer. K: Willi Goldberger. Pr: Super-Film.
D: Hermann Böttcher, Walter Rilla, Carmen Boni, Marlene Dietrich (Chichotte de Gastoné) u. a.

14. Ich küsse Ihre Hand, Madame

D 1928. R: Robert Land. B: Robert Land, nach Land und Vanloo. K: Carl Drews, Gotthardt Wolf. Pr: Super-Film.
D: Harry Liedtke, Marlene Dietrich (Laurence Gérard), Pierre de Guignand, Karl Huszar-Puffy u. a.

15. Die Frau, nach der man sich sehnt

D 1929. R: Kurt Bernhardt. B: Ladislaus Vajda, nach Max Brod. K: Kurt Courant, Hans Scheib. Pr: Terra.
D: Fritz Kortner, Marlene Dietrich (Stascha), Frida Richard, Oskar Sima, Uno Henning u. a.

16. Das Schiff der verlorenen Menschen

D 1929. R: Maruce Tourneur. B: Maurice Tourneur, nach Franzos Keremen. K: Nikolaus Farkas. Pr: Max-Glaß-Produktion.
D: Fritz Kortner, Merlene Dietrich (Ethel), Robin Irvine, Wladimir Sokoloff u. a.

17. Gefahren der Brautzeit

D 1929. R: Fred Sauer. B: Walter Wassermann, Walter Schlee. K: Laszlo Schäffer. Pr: Strauß-Film.
D: Willi Forst, Marlene Dietrich (Evelyne), Lotte Lorring u. a.

18. Der blaue Engel

D 1930. R: Josef von Sternberg. B: Robert Liebmann, Carl Zuckmayer, Karl Vollmoeller, nach Heinrich Mann. K: Günther Rittau, Hans Schneeberger. M: Friedrich Hollaender. Pr: Erich Pommer für die UFA.
D: Marlene Dietrich (Lola-Lola), Emil Jannings, Hans Albers, Kurt Gerron, Rosa Valetti u. a.

19. Marokko — Herzen in Flammen/Morocco

USA 1930. R: Josef von Sternberg. B: Jules Furthman, nach Benno Vigny. K: Lee Garmes, Lucien Ballard. M: Robin, Hajos, Millandy, Crémieux. Pr: Paramount.
D: Marlene Dietrich (Amy Jolly), Gary Cooper, Adolphe Menjou, Ullrich Haupt, Juliette Compton, Francis McDonald u. a.

20. X 27/Dishonored

USA 1931. R: Josef von Sternberg. B: Daniel H. Rubin. K: Lee Garmes. M: von Sternberg, Hajos und diverse. Pr: Paramount.
D: Marlene Dietrich (X 27), Victor McLaglen, Lew Cody, Gustav von Steyffertitz, Werner Oland u. a.

21. Schanghai-Expreß/Shanghai Express
USA 1932. R: Josef von Sternberg. B: Jules Furthman, nach Harry Hervey. K: Lee Garmes. M: W. Franke Harling. Pr: Paramount.
D: Marlene Dietrich (Shanghai Lily), Clive Brook, Anna May Wong, Warner Oland, Louise Closser, Gustav von Seyffertitz u. a.

22. Die blonde Venus/Blonde Venus
USA 1932. R: Josef von Sternberg. B: Jules Furthman, S. K. Lauren. K: Bert Glennon. M: Rainger, Coslow, Whiting, Robin. Pr: Paramount.
D: Marlene Dietrich (Helen Faraday), Herbert Marshall, Cary Grant, Dickie Moore, Gene Morgan, Rita LaRoy u. a.

23. Das Hohe Lied/Song of Songs
USA 1933. R: Rouben Mamoulian. B: Leo Birinski, Samuel Hoffenstein, nach Hermann Sudermann und Edward Sheldon. K: Victor Milner. M: Friedrich Hollaender, Karl Hajos, Milan Rodern. Pr: Rouben Mamoulian für Paramount.
D: Marlene Dietrich (Lily Czepanek), Brian Aherne, Lionel Atwill u. a.

24. Die große Zarin/Die scharlachrote Kaiserin/ The Scarlet Empreß
USA 1934. R: Josef von Sternberg. B: Manuel Komroff. K: Bert Glennon. M: W. Franke Harling, John M. Leipold, Milan Roder. Pr: Paramount.
D: Marlene Dietrich (Sophia Frederica/Katharina II.), John Lodge, Sam Jaffe, Louise Dresser, Maria Sieber u. a.

25. Die spanische Tänzerin/The Devil is a Woman
USA 1935. R: Josef von Sternberg. B: Sternberg, S. K. Win-

ston, John Dos Passos, nach Pierre Louys. K: Josef von Sternberg. M: Ralph Rainger, Andrea Setaro. Pr: Paramount.
D: Marlene Dietrich (Concha Perez), Lionel Atwill, Cesar Romero, Edward Everett Horton u. a.

26. Sehnsucht/Desire

USA 1935. R: Frank Borzage. B: Edwin Justus Mayer, Waldemar Young, Sam Hoffenstein, nach Hans Szekely und R. A. Stemmle. K: Charles Lang, Victor Milner. M: Friedrich Hollaender. Pr: Adolph Zukor, Ernst Lubitsch.
D: Marlene Dietrich (Madeleine de Beaupré), Gary Cooper, John Holliday, William Frawley u. a.

27. Der Garten Allahs/The Garden of Allah

USA 1936. R: Richard Boleslawski. B: W. P. Lipscomb, Lynn Riggs, nach Robert Hichens. K: W. Howard Greene, Virgil Miller, Wilfred Cline, Robert Carney. M: Max Steiner. Pr: David O. Selznick.
D: Marlene Dietrich (Domini Enfilden), Charles Boyer, Basil Rathbone, C. Aubrey Smith u. a.

28. Tatjana/Knight without Armour

England 1937. R: Jacques Feyder. B: Lajos Biro, Arthur Wimperis, nach James Hilton. K: Harry Stradling. M: Miklos Rosza. Pr: Alexander Korda.
D: Marlene Dietrich (Alexandra), Robert Donat, Irene Vanburgh, Herbert Lomas u. a.

29. Engel/Angel

USA 1937. R: Ernst Lubitsch. B: Samson Raphaelson, nach Melchior Lengyel. K: Charles Lang. M: Friedrich Hollaender. Pr: Ernst Lubitsch für Paramount.
D: Marlene Dietrich (Maria Barker), Herbert Marshall, Melvyn Douglas u. a.

30. Der große Bluff/Destry Rides Again

USA 1939. R: George Marshall. B: Felix Jackson, Gertrude Purcell, Henry Myers, nach Max Brand. K: Hal Mohr. M: Frank Skinner, Friedrich Hollaender. Pr: Joe Pasternak für Universal.

D: Marlene Dietrich (Frenchy), James Stewart, Charles Winninger, Brian Donlevy, Una Merkel u. a.

31. Das Haus der sieben Sünden/Seven Sinners

USA 1940. R: Tay Garnett. B: John Meehan, Harry Tugend. K: Rudolph Maté. M: Frank Skinner, Hans Salter, Friedrich Hollaender. Pr: Joe Pasternak für Universal.

D: Marlene Dietrich (Bijou), John Wayne, Broderick Crawford, Anna Lee u. a.

32. Die Abenteurerin/The Flame of New Orleans

USA 1940. R: René Clair. B: Norman Krasna. K: Rudolph Maté. M: Frank Skinner, Charles Previn. Pr.: Joe Pasternak für Universal.

D: Marlene Dietrich (Claire Ledeux), Bruce Cabot, Roland Young u. a.

33. Herzen in Flammen/Manpower

USA 1941. R: Raoul Walsh. B: Richard Macaulay, Jerry Wald. K: Ernest Haller. M: Adolph Deutsch, Friedrich Hollaender. Pr: Mark Hellinger für Warner Brothers.

D: Edward G. Robinson, Marlene Dietrich (Fay Duval), George Raft u. a.

34. The Lady is Willing

USA 1942. R: Mitchell Leisen. B: James E. Grant, Albert McCleery. K: Ted Tetzlaff. M: W. Franke Harling, Jack King. Pr: Mitchell Leisen, Charles K. Feldman für Columbia.

D: Marlene Dietrich (Elizabeth Madden), Fred MacMurray, Aline MacMahon u. a.

35. Stahlharte Fäuste/Die Freibeuterin/The Spoilers

USA 1942. R: Ray Enright. B: Lawrence Hazard, Tom Reed, nach Rex Beach. K: Milton Krasner. M: Hans J. Salter. Pr: Charles K. Feldman, Lee Marcus, Frank Lloyd für Universal.
D: Marlene Dietrich (Cherry Malotte), Randolph Scott, John Wayne u. a.

36. Pittsburgh

USA 1942. R: Lewis Seiler. B: Kenneth Gamet, Tom Reed. K: Robert de Grasse. M: Frank Skinner, Hans J. Salter. Pr: Charles K. Feldman für Universal.
D: Marlene Dietrich (Josie Winters), Randolph Scott, John Wayne u. a.

37. Jollow the Boys

USA 1944. R: A. Edward Sutherland. B: Lou Breslow, Gertrude Purcell. K: John P. Filton, David Abel. M: diverse Songs. Pr: Charles K. Feldman, Albert L. Rockett für Universal.
D: George Raft, Vera Zorina, Orson Welles, Marlene Dietrich (Zauberkünsterlin) u. a.

38. Kismet/Kismet

USA 1944. R: William Dieterle. B: John Meehan, nach Edward Knoblock. K: Charles Rosher. M: Herbert Stothart, Harold Arlen. Pr: Everett Riskin, für MGM.
D: Marlene Dietrich (Jamilla), Ronald Colman, James Craig, Edward Arnold u. a.

39. Martin Roumagnac/Martin Roumagnac

Frankreich 1946. R: Georges Lacombe. B: Pierre Véry, nach Pierre-René Wolf. K: Robert Hubert. M: Marcel Mirouze. Pr: Marc Le Pelletier für Alcine.
D: Marlene Dietrich (Blanche Ferrand), Jean Gabin, Margo Lion, Daniel Gélin u. a.

40. Golden Earrings/Golden Earrings
USA 1947. R: Mitchell Leisen. B: Abraham Polonsky, Frank Butler, Helen Deutsch, nach Yolanda Foldes. K: Daniel L. Fapp. M: Victor Young. Pr: Harry Tugend, für Paramount.
D: Ray Milland, Marlene Dietrich (Lydia), Murvyn Vye, Bruce Lester u. a.

41. Eine auswärtige Angelegenheit/A Foreign Affair
USA 1948. R: Billy Wilder. B: Charles Brackett, Billy Wilder, Richard L. Breen. K: Charles B. Land jr. M: Friedrich Hollaender. Pr: Charles Brackett, für Paramount.
D: Marlene Dietrich (Erika von Schluetow), Jean Arthur, John Lund, Millard Mitchell, Peter von Zerneck u. a.

42. Jigsaw
USA 1949. R: Fletcher Markle. B: Markle, Vincent McConnor. K: Don Malkames. M: Robert W. Stringer. Pr: Edward J. Danzinger, Harry Lee Danzinger, für Tower Pictures.
D: Franchot Tone, Jean Wallace, Fletcher Markle, Marlene Dietrich (Nachtclub-Besucherin) u. a.

43. Die rote Lola/Stage Fright
England 1950. R: Alfred Hitchcock. B: Whitfield Cook, nach Selwyn Jepson. K: Wilkie Cooper. M: Leighton Lucas, Marguerite Monot, Cole Porter. Pr: Alfred Hitchcock.
D: Jane Wyman, Marlene Dietrich (Charlotte Inwood), Michael Wilding, Richard Todd u. a.

44. Die Reise ins Ungewisse/No Highway in the Sky
England/USA 1951. R: Henry Koster. B: R. C. Sheriff, Oscar Millard, Alex Coppel, nach Nevil Shute. K: Georges Perinal. Pr: Louis D. Lighton.
D: James Stewart, Marlene Dietrich (Monica Teasdale), Glynis Johns, Jack Hawkins u. a.

45. Engel der Gejagten/Rancho Notorious

USA 1951. R: Fritz Lang. B: Daniel Taradash, nach Sylvia Richards. K: Hal Mohr. M: Emil Newmann, Ken Darby. Pr: Howard Welsch, für Fidelity Pictures.

D: Marlene Dietrich (Altar Keane), Arthur Kennedy, Mel Ferrer, Gloria Henry, William Frawley, Lloyd Gough u. a.

46. In 80 Tagen um die Welt/
Around the World in Eigthy Days

USA 1956. R: Michael Anderson. B: S. J. Perelman, nach Jules Verne. K: Lionel Lindon. M: Victor Young. Pr: Michael Todd, William C. Menzies.

D: David Niven, Cantinflas, Shirley McLaine, Charles Boyer, Marlene Dietrich (Barbesitzerin) u. a.

47. Die Monte Carlo Story/
The Monte Carlo Story/Monte Carlo

USA/Italien 1956/57. R: Samuel A. Taylor (engl. Version), Giulio Macchi (it. Version). B: Samuel A. Taylor, nach Marcello Girosi und Dino Risi. K: Giuseppe Rotunno. M: Renzo Rossellini. Pr: Marcello Girosi, für Titanus/Tan Produktion.

D: Marlene Dietrich (Marquise Maria de Crevecoeur), Vittorio deSica, Arthur O'Connell, Natalie Trundy u. a.

48. Zeugin der Anklage/
Witness for the Prosecution

USA 1958. R: Billy Wilder. B: Wilder, Harry Kurnitz, nach Agatha Christie. K: Russell Harlan. M: Matty Malneck, R. A. Roberts. Pr: Arthur Hornblow jr., für Theme Pictures/ Edward Small.

D: Tyrone Power, Marlene Dietrich (Christine Vole), Charles Laughton, Elsa Lanchester u. a.

49. Im Zeichen des Bösen/Touch of Evil

USA 1957/58. R: Orson Welles. B: Welles, nach Whit Masterson. K: Russell Metty. M: Henry Mancini. Pr: Albert Zugsmith für Universal.

D: Orson Welles, Charlton Heston, Janet Leigh, Akim Tamiroff, Marlene Dietrich (Tanya) u. a.

50. Das Urteil von Nürnberg/ Judgement at Nuremberg

USA 1961. R: Stanley Kramer. B: Abby Mann. K: Ernest Laszlo. M: Ernest Gold, Norbert Schultze, Hans Leip. Pr: Roxlom Films.

D: Spencer Tracy, Marlene Dietrich (Frau Bertholt), Burt Lancaster, Richard Widmark, Maximilian Schell, Montgomery Clift u. a.

51. Der schwarze Fuchs/The Black Fox

USA 1962. R: und B: Louis Clyde Stoumen. Pr: Stoumen, für Steloff-Image Prod. Sprechstimme: Marlene Dietrich.

52. Zusammen in Paris/Paris when it Sizzles

USA 1964. R: Richard Quine. B: George Axelrod, nach Julien Duvivier. K: Charles Lang jr. M: Nelson Riddle. Pr: Richard Quine, George Axelrod.

D: William Holden, Audrey Hepburn, Noël Coard, Tony Curtis, Marlene Dietrich (Gastauftritt) u. a.

53. Schöner Gigolo, armer Gigolo/Just a Gigolo

BRD/USA 1978. R: David Hemmings. B: Ennio de Concini, Joshua Sinclair. K: Charly Steinberger. M: Günther Fischer. Pr: Leguan-Film.

D: David Bowie, Sydne Rome, David Hemmings, Kim Novak, Maria Schell, Marlene Dietrich (Gräfin) u. a.

54. Marlene

BRD 1983. R: Maximilian Schell. B: Schell, Meir Dohnal. K: Ivan Slapeta. Pr: Oko-Film/Bayerischer Rundfunk.

Von Berndt Schulz sind außerdem bei BASTEI-LÜBBE
lieferbar:

11 325 Dirty Dancing
11 627 Die Betty-Mahmoody-Story
11 641 Die unendliche Geschichte II
11 820 Mörderische Entscheidung
61 165 Manfred Krug
61 171 Dennis Hopper
61 212 Richard Gere
61 221 Bruce Willis